Saller/Sattler/Förster
Beraten, Trainieren, Coachen

D1706023

Im Print haben Sie die Möglichkeit, die Kienbaum-Arbeitsmittel als Kopiervorlagen zu nutzen. Für Ihre tägliche Arbeit stellen wir Ihnen alle wichtigen Arbeitsmittel am Ende des Buches als Kopiervorlagen zur Verfügung. So haben Sie die praxiserprobten und hilfreichen Gesprächsleitfäden, Checklisten und Fragebögen jederzeit zur Hand.

So gehen Sie vor: Vergrößern von DIN A5 auf DIN A4

Stellen Sie auf Ihrem Kopierer die Funktion „Vergrößern" und dann „von A5 auf A4" oder „um 141 %" ein, um die Vorlagen auf das Format DIN A4 zu kopieren.

Bibliographische Information der Deutschen Bibliothek

Die Deutsche Bibliothek verzeichnet diese Publikation in der Deutschen Nationalbibliographie; detaillierte bibliographische Daten sind im Internet über http://www.d-nb.de abrufbar.

Print: ISBN 978-3-648-01858-3   Bestell-Nr.: 00446-0001
ePub: ISBN 978-3-648-01859-0   Bestell-Nr.: 00446-0100
ePDF: ISBN 978-3-648-01860-6   Bestell-Nr.: 00446-0150

Thomas Saller, Johannes Sattler, Lars Förster
Beraten, Trainieren, Coachen
1. Auflage 2011

© 2011, Haufe-Lexware GmbH & Co. KG, Munzinger Straße 9, 79111 Freiburg

Redaktionsanschrift: Fraunhoferstraße 5, 82152 Planegg/München
Telefon: (089) 895 17-0
Telefax: (089) 895 17-290
Internet: www.haufe.de
E-Mail: online@haufe.de
Produktmanagement: Dipl.-Kffr. Kathrin Salpietro

Gesamtbetreuung und Konzeption: Ulrich Leinz, 10829 Berlin
Redaktion und Desktop-Publishing: Lektoratsbüro Peter Böke, 10825 Berlin
Umschlag: Grafikhaus, 80469 München
Druck: fgb • freiburger grafische betriebe, Freiburg

Beraten, Trainieren, Coachen

Thomas Saller
Johannes Sattler
Lars Förster

Matthias T. Meifert
(Herausgeber)

Haufe Gruppe
Freiburg · Berlin · München

Inhaltsverzeichnis

Vorwort des Herausgebers

In kaum einem anderen Berufsfeld liegen Scharlatanerie und Genialität so eng beieinander wie in der HR-Beratung. Mangels eines eindeutigen Berufsbildes bieten vielerorts selbst ernannte Glücksritter ihre Leistungen im Markt feil. Sei es unter der Überschrift „Führungstraining mit Pferden" oder „Astro-Coaching mit Herz & Hirn", das Ziel bleibt gleich. Die offerierten Leistungen sollen den Klienten helfen, mindestens ein besserer Mensch zu werden oder (unbescheiden) zu den Erfolgreichsten der Welt aufzuschließen.

In der Folge ist ein Streit entbrannt, ob die Entwicklung von Personen überhaupt etwas Sinnvolles hervorbringen kann. Das Pendel schwankt zwischen einer methodengetriebenen Euphorie und einem ausgeprägten Kulturpessimismus. Die Optimisten frohlocken, dass bei richtiger Gestaltung des Lernarrangements selbst die menschenscheusten Wesen zu Spitzen-Führungskräften werden können. Die Skeptiker hingegen rufen laut, alles sei „(Weiterbildungs)Lüge" und verdächtigen alle Maßnahmen der Personalentwicklung als unnütz.

Auch die Fachwelt ist in dieser Frage gespalten. Angesichts einer unübersichtlichen und unbefriedigenden (Markt-)Situation wird schon seit geraumer Zeit diskutiert, wie die Qualifikation des Personals in der HR-Beratung professionalisiert werden kann, um zumindest die größte „Quacksalberei" zu verhindern. Es wird unter anderem die Forderung nach einer stärkeren „Kriterienorientiertheit" gestellt. Gemeint ist eine Spezialisierung und Akademisierung des Berufswissens hin zu einem Expertenstatus (vgl. z. B. Faulstich, Döring et al.).

Die HR-Berater sollen in die Lage versetzt werden, in konkreten Situationen ihre Qualifikation angemessen anzuwenden. Dazu bedarf es Voraussetzungen.

Gefordert werden:

- festgelegte Ausbildungs- und Fortbildungswege für den Zugang zum Expertenstatus,
- klar definierte Zugangsvoraussetzungen, welche den Bewerberkreis einschränken und ein Mindestmaß an Homogenität sichern,
- spezifische Einkommens- und Aufstiegschancen, welche ein Sozialprestige verleihen und ein auf die Arbeitstätigkeit bezogenes professionalisierungstypisches Ethos ermöglichen,
- Interessenvertretungen in Form von Berufsverbänden zur Durchsetzung von Interessenlagen.

In den letzten Jahren hat sich einiges getan. So schießen die Aus- und Fortbildungen für Trainer, Coachs und Berater wie die Pilze aus dem Boden und auch die Hochschulen haben sich dieses Marktes angenommen. Seit Längerem existieren so auch einige Angebote von zielgruppenspezifischen, postgradualen Studiengängen im deutschsprachigen Raum. So bietet z. B. die Universität Bern das Nachdiplomstudium „Weiterbildungsmanagement", die Universität Bielefeld das weiterbildende Studium „Betriebliche Bildung/Personalentwicklung", die Universität Dresden das Ergänzungsstudium „Berufliche Erwachsenenbildung", die Universität Landau den Studiengang „Bildungsmanagement" mit Masterabschluss oder die Deutsche Weiterbildungsuniversität die Qualifizierung „Bildungs- und Kompetenzmanagement" an. Dennoch besteht hier mit Sicherheit für die Zukunft ein noch größeres Potenzial.

Das vorliegende Buch liefert einen wertvollen Beitrag zu einer Professionalisierung von HR-Beratern. Es führt leicht verständlich und fachkundig in das Berufsfeld ein. Es erläutert die Basiskompetenzen der Berater und kann sich die augenzwinkernden Praxiskommentare nicht verkneifen, die den Alltag ausmachen.

Ich wünsche Ihnen, verehrte Leserinnen und Leser, eine gewinnbringende Lektüre. Vielleicht werden auch Sie angesteckt von der Begeisterung unserer Autoren, die seit vielen Jahren in diesem Berufsfeld tätig sind. Für diejenigen unter Ihnen, die bereits Kolleginnen und Kollegen sind, bin ich mir sicher, dass auch Sie noch einige neue Hinweise erhalten oder einfach die eine oder andere überspitzt formulierte Situation wiederfinden, die Sie in Ihrem Alltag bereits erlebt haben. Auch wenn ich persönlich auf nahezu zwanzig Jahre Erfahrung im HR-Consulting zurückschaue: Das Buch hat es in sich!

Matthias T. Meifert

Mitglied der Geschäftsleitung und
Herausgeber der Edition Kienbaum bei Haufe

Vorwort der Autoren

Sie werden feststellen, dass wir uns beim Verfassen dieses Buches an die männliche Schreibweise gehalten haben. Dies soll ausdrücklich keine Geringschätzung weiblicher Berater, Trainer oder Coachs bedeuten. Entschieden haben wir uns für diese Schreibweise lediglich aufgrund der besseren Lesbarkeit. Wir hoffen, Sie werden uns dies nachsehen.

Der Beitrag der Koautorinnen und -autoren

Ein Buch zu schreiben macht zwar Spaß, ist manchmal aber gar nicht so einfach, weil man unzählige Ideen hat. Einige davon kann man gut umsetzen. Bei anderen ist es schwieriger, weil das nötige Wissen, die Erfahrung oder Ähnliches fehlen.

Wir hatten beim Schreiben dieses Buches das Glück, auf ein großes Netzwerk von Beratern, Trainern und Coachs bauen zu können, die uns unterstützt haben. Ganz herzlich bedanken möchten wir uns bei allen Koautorinnen und -autoren, die zum Entstehen dieses Buches beigetragen haben. Dies sind Nina Noormann-Becht, Achim Mollbach, Maria Hoppen, Yue Yang, Marie-Luise Retzmann, Barbara Foitzik, Dirk Weiß, Bernd Baumann, Anne Zeyer, Peter Henn, Andrea Datan, Martina Cohrs und André Wolff. Vielen herzlichen Dank für Ihr großes Engagement, Ihre Tipps und Tricks!

Der Beitrag der Interviewpartner

Außerdem möchten wir uns bei all jenen bedanken, die bereit waren, sich von uns interviewen zu lassen und uns an ihren Erfahrungen teilhaben zu lassen. Dies sind Karen Seelmann-Eggbert, Torsten Brandenburg, Marc Minor, Katharina Gürthler, Norbert Hildebrandt, Thorsten Veith, Andrea Nienaber sowie weitere Gesprächspartner mit interessanten Hintergrundinformationen. Danke für Ihre interessanten und realistischen Einblicke in Ihre tägliche Arbeit.

Der Beitrag der Studienteilnehmer

Die oben genannten Personen haben selber Teile des Buches geschrieben oder dazu beigetragen. Darüber hinaus gibt es jedoch zahlreiche Personen, die indirekt an der Entstehung von „Beraten, Trainieren, Coachen" beteiligt waren, z. B. durch die Teilnahme an unseren Studien. Hier denken wir besonders an die zahlreichen Trainer, Berater und Coachs, von denen wir in den letzten Jahren abschauen durften oder die wir selber ausgebildet und supervidiert haben. Unsere vielen lieben Trainerkollegen bei Kienbaum und bei Kooperationspartnern wie der Bundesagentur für Arbeit seien hier nur beispielhaft genannt. Vielleicht findet sich der eine oder andere auf den folgenden Seiten wieder?

Wieder gilt unser besonderer Dank auch der professionellen Unterstützung durch unsere Ansprechpartnerin im Haufe-Verlag, Kathrin Menzel-Salpietro, sowie durch die Redakteure Peter Böke und Ulrich Leinz. Ein herzliches Dankeschön für die gute Zusammenarbeit.

1 Was Ihnen dieses Buch bietet

Viele jüngere Menschen, die wir in unserer Berufstätigkeit kennengelernt haben, interessieren sich für die Arbeit als HR-Berater, Trainer oder Coach. Das Interesse an diesem Arbeitsfeld ist besonders bei vielen Studenten, Praktikanten und Diplomanden aus dem sozial- und wirtschaftswissenschaftlichen Bereich groß. Die Vorstellungen über genauere Arbeitsbedingungen, Tätigkeiten, notwendige Kompetenzen, Werkzeuge und Kenntnisse sind jedoch meistens weniger ausgeprägt. Wir glauben jedoch, dass „Beraten, Trainieren, Coachen" nicht nur für Berufseinsteiger eine interessante Lektüre sein kann. Denn auch bei Persönlichkeiten mit vielen Jahren Berufserfahrung stellen wir eine hohe Affinität zu diesen beratenden Tätigkeiten fest. Manche sprechen uns ganz offen an, welche Möglichkeiten wir für sie sehen, in die HR-Beratung zu wechseln. Sie arbeiten zum Beispiel gedanklich an ihrem „Einstieg aus dem Ausstieg" im Unternehmen, wollen sich also selbstständig machen. Andere wählen den Weg in die organisations- und konzerninterne HR-Tätigkeit, um sich z. B. als freigestellte Trainer innerhalb ihres Unternehmens stärker um Themen, die ihnen am Herzen liegen, kümmern zu können. Für all die oben genannten Personengruppen ist dieses Buch gedacht. Wir wollen Ihnen auf den nächsten Seiten einen Einblick in dieses zugleich faszinierende wie herausfordernde Betätigungsfeld geben und Sie genauer über die Tätigkeit als HR-Berater, Trainer und Coach informieren.

1.1 Überblick über die einzelnen Kapitel

Jedes der drei Hauptkapitel (Kapitel 2 bis 4) beginnt mit einer Beschreibung, was wir unter der jeweiligen Tätigkeit verstehen. Es enthält Beispiele für typische Themenstellungen sowie einen Überblick über die einzelnen Unterkapitel. Insbesondere im Kapitel zur HR-Beratung (Kapitel 2), haben wir einige Abschnitte mit hilfreichem Hintergrundwissen hinzugefügt, weil dieses Kapitel auch die Grundlagen für die beiden folgenden Kapitel schafft. Training und Coaching sind natürlich Teilgebiete der HR-Beratung. Wir glauben, dass man – egal ob in der Rolle als Berater, Trainer oder Coach – Unternehmen besser bei Personalfragen beraten kann, wenn man versteht, wie HR-Abteilungen aufgebaut sind und was ihre Tätigkeiten sind.

Instrumente und Techniken

Im Anschluss wollen wir Ihnen in jedem Kapitel Instrumente und Techniken vorstellen: Von der richtigen Auftragsklärung in HR-Beratungsprojekten über die Gestaltung von Übungen in Trainings bis hin zur Anwendung von Hypothesen und systemischen Fragetechniken im Coaching.

Erfahrungswerte und Praxistipps

Das Buch wäre jedoch nicht vollständig, wenn es nicht auch auf Schwierigkeiten in den jeweiligen Tätigkeitsbereichen eingehen würde. Insofern haben wir auch diesem Thema unsere Aufmerksamkeit gewidmet und in jedem Kapitel Erfahrungswerte und Praxistipps zum Umgang mit den jeweils spezifischen, konkreten Herausforderungen zusammengefasst. Was packt man als HR-Berater für eine Woche mit fünf verschiedenen Terminen in den Koffer? Wie gelingt es, trotz der häufig zeitintensiven und herausfordernden Tätigkeit genug Zeit und Energie für Familie und Freunde zu finden? Wie geht man als Trainer damit um, wenn Teilnehmer das Seminar stören oder sabotieren? Wie kommt man wieder auf die Beine, wenn das Abschluss-Feedback vernichtend war? Und wie gelingt es einem Coach, geheime Aufträge des Auftraggebers („Berichten Sie doch mal, ob mein Mitarbeiter überhaupt für seine Stelle geeignet ist!") abzuwenden?

Gastkapitel zu besonderen Themen

Um die vielen Facetten der beschriebenen Arbeitsfelder deutlicher zu machen, war es uns wichtig, auch andere Praktiker zu Wort kommen zu lassen. Sie finden daher über diese Abschnitte verteilt auch Gastkapitel zu verschiedenen Themen. Sie beschreiben zum Beispiel die besondere Herausforderung, die Doppelrolle als junge Mutter und selbstständiger Coach unter einen Hut zu bekommen, Besonderheiten von Trainings im interkulturellen Kontext mit chinesischen Teilnehmern oder relevante Unterschiede zwischen Persönlichkeits- und Business-Coachings.

Auch zu Möglichkeiten des Einstiegs in die jeweiligen Bereiche haben wir recherchiert. Wir stellen wichtige Einstiegskriterien und klassische Organisationsformen von HR-Beratungen vor und geben einen Überblick über ausgewählte Trainings- und Coaching-Ausbildungen.

Kapitel 5 spannt den Bogen über die zuvor beschriebenen Abschnitte, fasst zusammen und hält weitere Praxisbeispiele bereit. Neben einem Überblick über tätigkeitsübergreifend relevante Kompetenzen wie Humor, Flexibilität oder Empathie diskutieren wir hier auch Techniken der Selbstvermarktung, insbesondere die Netzwerkbildung für nichtselbstständige und selbstständige HR-Berater, Trainer und Coachs.

Interviews mit Trainerpersönlichkeiten

Wie in anderen Berufen auch, lernt man als HR-Berater nie aus. Insbesondere den Austausch mit anderen in diesem Bereich professionell Tätigen empfinden wir selbst immer wieder als sehr bereichernd. Erneut kommen daher im fünften Kapitel verschiedene Praktiker zu Wort. Sie finden hier Interviews mit acht interessanten Berater- und Trainerpersönlichkeiten aus ganz unterschiedlichen Bereichen sowie die Ergebnisse einer speziell für dieses Buch durchgeführten Studie zu Tätigkeitsschwerpunkten, Arbeitsbedingungen und Herausforderungen von 67 HR-Beratern, Trainern und Coachs.

1.2 Szenen aus dem Alltag der HR-Berater

Arbeiten als Trainer und Coach – ein Traumjob! Zweimal in der Woche für einen Tag vor einer kleinen Gruppe von Führungskräften stehen und ein paar Theorien vortragen und schon ist der Lebensunterhalt gesichert – was könnte es für einen schöneren Beruf geben? Weit gefehlt! Der Beruf des HR-Beraters kann mitunter auch einmal anstrengend bis hin zu nervenaufreibend sein. Das folgende Kapitel beschreibt – zugegebenermaßen stark überspitzt und etwas ironisch –, wie die Arbeit als Trainer, Coach oder Berater manchmal auch aussehen kann.

Die Geschichte ist ein Sammelsurium verschiedener Situationen, die uns selbstständige Coachs und Trainer, aber auch Berater verschiedener Unternehmensberatungen berichtet haben. Auch wenn sie in dieser Form sicher noch nicht geschehen ist, beschreibt sie doch gut die Vielfältigkeit und Arbeitsverdichtung, die der Beruf des HR-Beraters mitunter mit sich bringen kann.

Szenen aus dem Leben eines HR-Beraters

Es ist Freitag einer anstrengenden Woche von Falk Führmann: Montag und Dienstag Assessment-Center in München, jeweils von 8:00 Uhr bis 20:00 Uhr, 30 Minuten Mittagspause, Abendessen gemeinsam mit den Kandidaten, zwischendurch Telefonate. Von dort am Abend direkt nach Frankfurt, am nächsten Morgen Workshop mit der Geschäftsleitung eines Onlinebuchhändlers, es geht um die Optimierung des Employer-Brandings zur Steigerung der Unternehmensattraktivität als Arbeitgeber für High Potentials. Mittwochabends ab 18:30 Uhr Fahrt im Mietwagen weiter nach Köln, während der Fahrt und danach Telefonkonferenzen mit Kollegen bis ca. 21:00 Uhr. In Köln ein Training für Bereichsleiter eines Versicherungskonzerns, dann zurück nach Berlin, gegen Mitternacht zuhause angekommen, um 2:00 Uhr ins Bett gefallen.

Jetzt ist es Freitag, 8:15 Uhr, Falk ist seit 7:30 Uhr im Büro und müde von der Woche und der kurzen letzten Nacht. Heute ist nun zum Wochenabschluss der „Kick-off" eines Veränderungsprojektes für die Einführung eines Shared Servicecenters eines wichtigen Kunden in der Nähe von Mannheim. Der Leiter des Centers wird natürlich da sein, außerdem ca. 10 Führungskräfte verschiedener Ebenen, vom Bereichs- bis zum Teamleiter und natürlich der Betriebsrat. Die interne Stimmungslage zum Projekt ist eher durchwachsen.

Um 8:55 Uhr ist Check-in am Flughafen Berlin-Tegel. Fahrzeit um diese Tageszeit vom Büro zum Flughafen: 30 Minuten. Wenn man einigermaßen gut durchkommt, geht es auch in 25 Minuten. Falk Führmann sitzt noch in seinem Büro, um ihn herum liegen sein quasi leeres Blackberry und diverse Stapel von Unterlagen, die alle heute Nachmittag unbedingt mit dabei sein müssen, Die Teilnehmerliste kommt gerade aus dem Drucker. Es ist 8:17 Uhr, also noch viel Zeit, bis der Flug geht.

8:18 Uhr: Falk muss dringend noch das Ladegerät seines Computers einstecken.

8:20 Uhr: Jetzt aber das Taxi rufen! Es ist dauernd besetzt, in Berlin ist Berlinale. Daran hatte er gar nicht gedacht.

8:21 Uhr: Tasche zusammenpacken. Falks Material ist über den Schreibtisch verteilt, ein Teil der Kick-off-Unterlagen ist noch im Drucker, das Ladegerät für Falks Blackberry hat sich sein Kollege Nico vorhin „mal kurz ausgeliehen". Jetzt ist er irgendwie verschwunden.

8:23 Uhr: Wieder das mit dem Taxi versuchen, es klappt.

8:24 Uhr: Jacke anziehen, tief im Unterbewusstsein der Gedanke: Wo ist eigentlich meine Krawatte für heute Nachmittag?

8:50 Uhr: Ankunft am Flughafen, jetzt Taxi bezahlen. Der Fahrer nimmt keine Kreditkarten, Bargeld ist aber aus. Zum Glück gibt es am Gate 4 einen EC-Automaten, es folgt ein Sprint, der Koffer bleibt beim Taxifahrer als Pfand.

8:55 Uhr: Flugticket am Schalter holen ... Online-Check-in war nicht möglich, da es nach Mannheim mit einer winzig kleinen Fluggesellschaft geht.

Die 30 Minuten bis zum Abflug nutzt Falk, um mit seiner Assistentin zu telefonieren, welche Unterlagen sie ihm bitte für ein Training nächste Woche direkt ins Hotel nach Wuppertal schicken soll. Während er noch eifrig telefoniert und organisiert, hat das Boarding bereits begonnen. Er steigt als einer der letzten ein, es handelt sich um eine kleine Propellermaschine. Mit im Handgepäck eine viel zu volle Laptoptasche sowie ein Koffer, der die Kategorie „Handgepäck" nur mit viel Wohlwollen der Dame am Check-in erhalten hat.

Er ahnt schon, was nun kommt: Die oberen Gepäckfächer platzen bereits aus allen Nähten. Falk blickt auf das Fach, blickt auf sein Gepäck. Es gibt einfach keinen Platz mehr. Da kommt auch schon die Durchsage: „Schweres Handgepäck verstauen Sie bitte unter Ihrem Vordersitz." Falk Führmann weiß sofort, was nun bis Mannheim mit seinen Beinen und Füßen passiert. Sein Nebenmann sieht ihn mitleidig an. Falk stellt fest, dass Platz 3A außerdem direkt neben dem Propeller der Maschine ist. Gut, dass er keine Flugangst hat, denn sonst würde er sich ernsthaft Sorgen machen, wie sich ein abbrechender Propellerflügel auf seine Gesundheit auswirken könnte, wenn dieser in der Maschine einschlägt.

In der Hoffnung, noch ein wenig schlafen zu können, versucht er auf dem winzigen Platz eine angenehme Sitzposition zu finden. Das stellt sich jedoch als schwierig heraus, da die Lehne viel zu kurz ist, die Beinproblematik hatte er ja bereits beim Einsteigen erwartet. Der Steward ist zwar freundlich, aber unglaublich geschäftig: erste Runde durchs Flugzeug mit der Frage, ob jemand Zeitschriften haben möchte, dann zweite Runde: Frühstückstabletts für die erste Klasse (die auch nicht mehr Platz hat), dritte Runde: kleinen Snack verteilen, vierte Runde: Getränke ausgeben; dann noch zwei Runden, um Getränke wieder einzusammeln. Schlaf könnte aber zwischendurch auch nicht schaden ... wäre da nicht der Captain. Scheinbar ist es viel zu laut im Cockpit der kleinen Maschine, sodass er die Lautsprecheranlage voll aufdreht für seine Begrüßung kurz nach dem Start, eine Verabschiedung kurz vor der Landung und dann noch einen Wetterbericht zum Zielort zwischendurch.

Also landet Falk ohne weiteren Schlaf in Mannheim. Dafür gibt es eine Vollbremsung aufgrund der kurzen Landebahn des Sportflughafens. Falk rollt mit dem Flugzeug direkt bis vor die Tür des Flughafengebäudes (Terminal 1 von 1, Gate 1 von 1). Trotz eingeschlafener Beine macht er sich direkt auf den Weg zu Sixt, um seinen Wagen für die 80 Kilometer lange Weiterfahrt in ein idyllisches, aber ausgesprochen abgelegenes Sporthotel in der Nähe von Heilbronn abzuholen. Gut, dass er ein Navigationssystem gebucht hat. Leider ist die Sixt-Station so klein, dass sie einfach keines liefern kann.

So findet sich Falk Führmann wenig später mit einer ausgedruckten map24-Wegbeschreibung irgendwo zwischen Waibstadt und Eschelbronn wieder.

An einer Tankstelle wird ihm geholfen. Bis Heilbronn verläuft die weitere Fahrt ereignislos. Etwa 30 Minuten vor Beginn fährt er in die Tiefgarage des Hotels. Er legt seine Krawatte an, atmet zweimal tief durch, schultert die Unterlagen und nimmt den Fahrstuhl. Oben nimmt ihn der Personaler des Kunden in Empfang: „Hallo Herr Führmann! Pünktlich wie immer, schön dass Sie da sind, wir können dann gleich starten."

Der Termin verläuft hervorragend Im Anschluss geht es zurück zum Flughafen.

Der Flug nach Berlin hat eine halbe Stunde Verspätung. Diese weiß Falk natürlich sinnvoll zu nutzen. Er telefoniert mit einem Kollegen, der unbedingt mit ihm einen Workshop diskutieren möchte. Zurück in Berlin im Taxi muss er noch rasch den Computer aufklappen und das Fotoprotokoll an die Teilnehmer des letzten Workshops schicken, dabei versucht der gesprächige Taxifahrer mit ihm über seine Vorliebe für Motorräder zu sprechen. Dieser erklärt, dass er seit einem Jahr einen Führerschein habe und wie das alles so funktioniere mit dem Motorradfahren. Kennt Falk leider alles schon, denn er fährt selbst seit vielen Jahren, was der Taxifahrer nicht einmal merkt, als Falk ihm auf 10 kg genau sagen kann, wie schwer dessen Maschine ist. Also: Ohren auf Durchzug und weiter nach dem Fotoprotokoll auf der Festplatte suchen.

Um 20:30 Uhr am Freitagabend kommt Falk zu Hause an. Er wird nun erst mal einkaufen gehen. Der Kühlschrank ist mal wieder leer.

2 Berufsfeld: HR-Beratung

Kapitel 2 soll Ihnen eine Übersicht über Tätigkeitsfelder, Herausforderungen und wichtige Methoden- und Alltagskompetenzen von HR-Beratern geben. Während viele Menschen, die im HR-Umfeld tätig sind, primär mit Trainings (Kapitel 3) und Coachings (Kapitel 4) ihren Lebensunterhalt verdienen, wollen wir in diesem Kapitel auch andere Dienstleistungen, die Selbstständige und Berater in kleineren und größeren Beratungen im HR-Bereich erbringen, beleuchten.

Zum Themenfeld „Arbeiten in der Unternehmensberatung" und „Einstieg in Unternehmensberatungen" sind bereits, insbesondere im angloamerikanischen Bereich, zahlreiche Bücher geschrieben worden. Häufig fokussieren diese auf das Einüben in wichtige Modelle („Five Forces" von Porter, BCG-Matrix), die Gestaltung perfekter Präsentationsfolien (Anwendung des pyramidalen Denkens und des „Minto-Prinzips") oder aber auch auf das Lösen von Mini-Fällen, „Guesstimates" und „Brain Teasern" in den harten Einstellungsinterviews für McKinsey und Co.

Dieses Kapitel möchte einen etwas anderen Schwerpunkt legen. Zum einen wollen wir genauer erklären,

- was Beratung im HR-Bereich überhaupt ausmacht,
- was typische Projekte sein könnten,
- wer einem auf der Kundenseite gegenübersitzt und
- wie sich HR-Beratungen selber organisieren.

Zum anderen wollen wir – auf Grundlage von Erfahrungswerten und gelegentlich mit einem Augenzwinkern – Tipps und Techniken zum erfolgreichen Arbeiten im HR-Beratungsfeld zusammenfassen. Diese reichen von der richtigen Auftragsklärung über das regelmäßige Aufladen der eigenen Energiebatterien bis hin zum Vermeiden des berüchtigten Beraterjargons.

Was Sie in Kapitel 2 lernen

Zunächst erhalten Sie einen Überblick zu den einzelnen Teilkapiteln aus Kapitel 2. So haben Sie die Möglichkeit, gezielt diejenigen Themen auszuwählen, die für Sie von besonderem Interesse sind.

- **Kapitel 2.1** stellt überblicksartig verschiedene Projekte und Aufgabenfelder innerhalb der HR-Beratung dar. Schon dieser kurze Abschnitt wird zeigen, wie vielschichtig, herausfordernd, aber auch interessant Beratungsleistung im HR-Umfeld sein kann.
- „Kontextwissen" ist das Schlagwort, mit welchem sich die nächsten Kapitel am besten beschreiben lassen. **Kapitel 2.2** gibt ein detailliertes Bild über die Aufgaben und Tätigkeiten von HR- oder Personalabteilungen. Grundgedanke ist der folgende: Auftraggeber und Gegenstand zahlreicher HR-Beratungsdienstleistungen wird das interne Personalgeschäft eines Unternehmens und einer Organisation sein. Wir glauben daher, dass es wichtig ist, das Innenleben von Personalabteilungen zumindest ansatzweise zu verstehen. Sollten Sie sich also schon immer gefragt haben, was ein HR-Businesspartner eigentlich tut und wie sich Employee und Labor-Relations-Abteilungen unterscheiden, sind Sie in diesem Kapitel richtig. Aber auch auf die Fragestellung, wie wichtig intensive eigene Unternehmens- und HR-Erfahrung wirklich für die Beratungstätigkeit ist, werden wir in diesem Abschnitt eingehen.
- **Kapitel 2.3** stellt eine aktuelle Studie zur Arbeit von Personalabteilungen vor. Es geht dabei um neue Trends im HR-Bereich mit einem Fokus auf den Themen Learning- und Talent-Management. Auch dieses Kapitel dient dem besseren Verständnis, was in der HR-Beratung einen Mehrwert bieten kann.
- Das **Kapitel 2.4** stellt die Studie „Why we love HR" vor. Sie beschreibt Interessenlagen und Motivstrukturen von Hochschulabsolventen, die gerne im HR-Bereich arbeiten möchten. Das Kapitel hilft dabei, besser zu verstehen, wer Ihnen in Beratungsprojekten in Zukunft gegenübersitzen wird. Somit können Ihnen **Kapitel 2.2 bis 2.4** dabei helfen, sich besser in die Herausforderungen von Kunden einzudenken – und Ihnen unter Umständen auch Lust darauf machen, in diesem herausfordernden Bereich zu arbeiten!

- **Kapitel 2.5** ist der konkreten Arbeit in HR-Beratungen gewidmet. Wir stellen zunächst verschiedene Organisationsformen (von der klassischen HR-Beratung bis zur Selbstständigkeit) vor und beschreiben typische Einstiegsmöglichkeiten. Außerdem geben wir Tipps, worauf bei der Neueinstellung von Hochschulabsolventen besonders geachtet wird.

- Die tatsächlichen *fachlichen* Anforderungen sind je nach Teilbereich der HR-Beratung sehr unterschiedlich. Im **Kapitel 2.6** beschreiben wir typische *methodische* Anforderungen an HR-Beratungsprojekte. Unsere Tipps und Empfehlungen betreffen Bereiche wie die Auftragsklärung, Gestaltung von Projekten, Sammlung von Daten, Beziehungsgestaltung zum Klienten und die Präsentation von Ergebnissen.

- Neben Tipps zu methodischen Kompetenzen wollen wir aktuellen und zukünftigen Beratern auch Empfehlungen zu den Alltagskompetenzen des Beraters geben. So interessant der Beruf auch ist; er ist auch anstrengend und beinhaltet viele Fallstricke. In **Kapitel 2.7** „Alltagskompetenzen für HR-Berater" behandeln wir Themen wie das eigene Auftreten, auch im privaten Umfeld, das Balancieren der Ressourcen Geld und Zeit und die eigene Gesundheit und Fitness als Berater.

- Sind Sie schon mal „bilateral Essen gegangen" oder haben Sie eine „Senioritätserweiterung" durchgeführt"? Die Beratersprache ist nicht überall beliebt und mitunter auch nicht schön anzuhören. Im humorvoll aufbereiteten **„Extra 1: Die Sprache der Berater: Jargon oder Fachsprache?"** beschäftigen wir uns eingehend mit der Fragestellung: Wann ist die Beratersprache nützlich und angebracht, wann ist sie als exklusiver Jargon eher geschäftsschädigend?

- Falk Führmann, unser Held aus der Einleitung, wird uns auch im Abschnitt **„Extra 2: Die Strapazen der Berater: Aus dem Koffer leben"** beschäftigen, der sehr praktisch und erfahrungsorientiert angelegt ist. Wir plaudern aus dem Nähkästchen und geben Tipps zum Umgang mit der für den Berater typischen Reiserei. Was packe ich in meinen Koffer? Wie finde ich mein Auto im Parkhaus des Flughafens nach einer Reisewoche wieder?

2.1   Aufgabenfelder der HR-Beratung

Was passiert in HR-Beratungen eigentlich? Eine Definition fällt auch nach mehreren Jahren Tätigkeit in diesem Berufsfeld gar nicht leicht. Einige bewusst unterschiedlich gewählte Beispiele können dabei helfen, uns dem Begriff der HR-Beratung anzunähern. HR-Beratung umfasst zum Beispiel:

- die Durchführung von Assessment-Centern bei der Besetzung von Stellen für eine Firma
- die Erstellung und Analyse von Stellenbeschreibungen und der Bewertung des Anspruchsniveaus von Jobs zur Eingruppierung von Tarifmitarbeitern in bestimmte Lohngruppen
- die strategische oder operative Unterstützung beim Outsourcing von Aufgaben von HR-Abteilungen (z. B. Lohn/Gehalt, Berichtswesen), oft bei größeren Unternehmen
- das Coaching und Training von Mitarbeitern aller Ebenen, inkl. Führungskräfteentwicklung
- die Konzeption oder die Moderation von Team-Workshops, Konflikt-Workshops, Großgruppenveranstaltungen bei Veränderungsthemen in Organisationen etc.
- die Durchführung und Auswertung von Mitarbeiterbefragungen, 360-Grad-Feedbacks, Führungskräftefeedbacks etc.
- die Entwicklung und Einführung von IT-basierten Lernsystemen (z. B. zur Trainingsverwaltung oder als „Online-Learning-Programme")
- die Erstellung von Einstellungsverträgen, Aufhebungsverträgen, Sozialplänen u. Ä. (Schnittstelle zur Arbeit von Anwaltskanzleien)
- das Vergütungsmanagement, also die Berechnung von Vorstandsgehältern, die Erstellung, Berechnung und Verwaltung von Modellen der betrieblichen Altersvorsorge etc.
- die Entwicklung neuer Unternehmenswerte oder Führungsleitlinien mit Mitarbeitern und/oder der Geschäftsführung

Wer ist der Auftraggeber?

Kundenseitiger Auftraggeber der HR-Beratung ist im Allgemeinen die HR- oder Personalabteilung. Die tatsächliche Interaktion kann dann mit allen möglichen Mitarbeitern der Organisation geschehen, vom Geschäftsführer bis hin zum Meister in der Produktion, vom Sachbearbeiter bis hin zum Hochschulrektor, der sich von einem Berater im Einzel-Coaching „fit" machen lässt.

Man sieht, dass das Feld der Tätigkeiten in der HR-Beratung unvorstellbar vielseitig ist – so vielseitig wie die Themen, die von Kunden personalseitig angefragt werden. Dabei gibt es kaum Beratungshäuser, die alle oben genannten Dienstleistungen standardgemäß anbieten. Während eine Beratung sich vielleicht auf das Thema „Begleitung von Veränderungsprozessen" oder „Unternehmenskommunikation intern" spezialisiert hat, fokussiert eine andere auf die Begleitung von Outsourcingprozessen oder den Aufbau von „HR-Shared-Servicecentern". (Das sind zentrale Abteilungen, in denen für alle Geschäftseinheiten eines Konzern personalnahe Dienstleistungen gebündelt werden, wie z. B. die Erstellung von Zeugnissen, die Suche nach Azubis oder die Berechnung von Gehaltsbestandteilen von „Expatriates".)

Beispiel: Unternehmensberatungen mit großem HR-Anteil

Die Unternehmensberatung Kienbaum ist im HR-Bereich relativ vollständig aufgestellt, Aon Hewitt und Hay sind ebenfalls relativ umfassend arbeitende Beratungen mit großem HR-Anteil. Aber auch die großen Strategieberatungen, Personalberatungen („Headhunter") und einige Anwaltskanzleien bieten Teile der oben genannten Dienstleistungen an.

Welche Studienfächer sind für die HR-Beratung hilfreich?

Da die Tätigkeiten komplex und vielseitig sind, gibt es auch keine Studiengänge, die komplett auf alle beschriebenen Tätigkeiten ausgerichtet sind. Mit Sicherheit gibt es Teilbereiche der HR-Beratung, in denen Sie sich mit bestimmten Studienhintergründen zunächst einmal leichtertun werden, weil Sie Vorwissen in die Beratung mitbringen. Denken wir z. B. an Psychologie (Arbeits- und Organisationspsychologie), wo Inhalte und Methoden des Assessment-Centers oder der Einstellungsdiagnostik bereits Studieninhalte sind. In der Wirtschaftspädagogik geht es im Studium zum Teil um den Bereich der Weiterbildung. Häufig müssen Studenten in entsprechenden Seminaren schon selber Seminarkonzepte entwickeln. Dennoch finden sich auch in HR-Beratungen Hochschulabsolventen aller möglichen Studienrichtungen. Das gilt auch für Strategieberatungen, bei denen sich Wirtschaftswissenschaftler ebenso wie Juristen, Physiker, Maschinenbauer, Informatiker oder Theologen finden. Ein Schwerpunkt wird mit Sicherheit in sozialwissenschaftlichen und betriebswirtschaftlichen Studiengängen zu finden sein. Wollen Sie im Bereich der betrieblichen Altersvorsorgeplanung arbeiten oder HR-Abteilungen in arbeitsrechtlichen und sozialversicherungsrechtlichen Fragen beraten, können Abschlüsse in den Studiengängen Mathematik oder Jura aber durchaus auch hilfreich sein.

2.2   Basiswissen: Aufbau einer HR-Abteilung

Es hilft für die Arbeit als HR-Berater, wenn man Organisationen und Firmen bereits „von innen gesehen hat". Das Wissen über Prozesse und Abläufe in Organisationen erhöht die Möglichkeit, Mehrwert zu stiften und reduziert die Gefahr, nicht durchsetzbare Empfehlungen zu entwickeln oder das, was wirklich in Organisationen passiert, nicht zu verstehen.

Beispiele: Fehlende Unternehmenserfahrung rächt sich

Beispiel 1: Fehlender Kundenkontakt

Ein HR-Berater ohne Unternehmenserfahrung soll in einem Assessment-Center bei einem internen Bewerber eines Handelskonzerns die Kompetenz „Kundenorientierung" in Interviews und Rollenspielen überprüfen. Da er noch nicht in einem Handelskonzern gearbeitet hat und somit Kundenkontakt noch nie hautnah von Unternehmensseite her erleben durfte, kann er den Ausführungen des Interviewpartners zu Problemen mit seinen Kunden nur teilweise folgen. Es fällt ihm schwer einzuschätzen, ob die Aussagen des Interviewpartners eine Einschätzung seiner Kompetenz erlaubt.

Beispiel 2: Fehlende Kenntnis von Strukturen betrieblicher Mitbestimmung

In einem Change-Workshop mit mehreren Abteilungsleitern geht es um die Themen Macht und Mikropolitik. Auch Konflikte mit dem Gleichstellungsbeauftragten werden thematisiert. Der Moderator und Change-Begleiter hat keine Unternehmenserfahrung. Er versucht sich unauffällig aus der Affäre zu ziehen, da er noch nie einen Betriebsrat kennengelernt hat und nicht genau weiß, was dessen Aufgaben sind. In seiner HR-Beratung gibt es nur vier Mitarbeiter. Auch die Themen „Machtausübung" und „Allianzen und Netzwerke, die notwendig sind, um in der Hierarchie aufzusteigen" konnte er in seiner Beratung noch nicht selber erleben.

Beispiel 3: Fehlende Kenntnis innerbetrieblicher Zuständigkeiten und machtpolitischer Konstellationen

Beim Mittagessen berichtet der Kunde, Leiter eines HR-Kompetenzzentrums, von persönlichen Konflikten mit dem Arbeitsdirektor an den Schnittstellen. Der HR-Berater erwidert: „Können Sie nicht einfach zum Personalvorstand gehen und den Streit schlichten lassen?" Er ist sich nicht bewusst, dass der neu eingestellte Personalvorstand in den nächsten Jahren die Anzahl an Personalern im Konzern halbieren möchte und nur nach Gelegenheiten sucht, „problematische Mitarbeiter" zu entfernen.

Unternehmenserfahrung oder HR-Kenntnisse – was ist wichtiger?

Viele Fälle aus der Praxis zeigen: Als HR-Berater kann man auch ohne intensives internes Unternehmenswissen Projekte erfolgreich durchführen. Man kann sich einen Anteil des notwendigen Wissens auch durch Bücher und Erzählungen von Bekannten aneignen und beim Kunden viele Fragen stellen.

Auf der anderen Seite finden sich in vielen HR-Beratungen Geschäftsführer, Projektleiter oder Berater, die zuvor lange Jahre selber in einer Organisation in der Linie gearbeitet hatten, durch bestimmte Erfahrungen ihre Leidenschaft für personalbezogene Themen entdeckt hatten, um dann irgendwann „aus dem operativen Geschäft auszusteigen". In vielen Situationen haben HR-Berater mit diesem Hintergrund zwar Vorteile, wie z. B. eine bereits vorhandene

Vernetzung in Unternehmen (mit wichtigen Entscheidern und potenziellen Auftraggebern), aber auch die hohe Glaubwürdigkeit und Fähigkeit, „mitzureden". Häufig fehlen ihnen aber zunächst andere Fähigkeiten, wie z. B. ein solides Verständnis über Testverfahren und -theorien oder über Coaching-Techniken.

Man sieht: Oft ist in HR-Beratungsprojekten für beides Platz. Den perfekten HR-Berater, der sowohl Breite als auch Tiefe mitbringt, gibt es relativ selten. Manche „alte Hasen" helfen sich daher bei Kundenauftritten damit, einen HR-Fachexperten mit einem personalnahen Studium einzuladen und die Rollen nach Stärken und Kompetenzen zu verteilen.

Letztlich kann man also sagen, dass Sie als HR-Berater schon direkt nach dem Studium beim Kunden punkten können. Denn Erfahrungen über Abläufe in Organisationen sind nur eine Zutat zum Erfolg in der Tätigkeit. Genauso wichtig sind fachliche Expertise, kommunikative Fähigkeiten, Einfühlungsvermögen und analytische Stärke – alles Stärken, die nicht unbedingt mit jahrzehntelanger Berufstätigkeit korrelieren müssen.

Das Innenleben der HR-Abteilung

Schaden kann es dennoch nichts, als HR-Berater zu wissen, wie eine HR-Abteilung von innen aussieht. Viele Psychologiestudenten beenden beispielsweise das Studium mit sehr gut fundiertem Wissen über die Funktionsweise von Persönlichkeits- und Intelligenztests und den Erfolg verschiedener Trainingsmethoden, wissen aber nicht, was eine „Firmenrichtlinie" ist und ein „Employee-Relations-Manager" macht. Daher finden Sie im Folgenden eine kurze Beschreibung des Innenlebens von HR-Abteilungen. Diese ist natürlich nicht vollständig und bei Weitem nicht für jede Organisation in Deutschland eins zu eins übertragbar. Es wird eine Ihrer spannendsten Aufgaben als HR-Berater werden, die individuelle HR-Organisation in Ihrem Kundenunternehmen zu verstehen.

Grundsätzlich haben fast alle Organisationen ab einer bestimmten Größe eine HR-Abteilung oder Personalabteilung. (Die Begriffe werden fortan synonym verwendet.) Bei kleineren Betrieben erledigt normalerweise eine Person die Personalaufgaben mit, wie z. B. ein

Verwaltungsleiter, ein Controller oder aber einfach ein Assistent der Geschäftsführung oder einer der Geschäftsführer. Ab einer Größe von knapp 100 Mitarbeitern haben Unternehmen und Organisationen meist einen eigenen „Personaler".

In größeren Organisationen und Unternehmen – und das sind jene, die zumeist die Dienste von HR-Beratungen in Anspruch nehmen – gibt es meist ganze HR-Abteilungen. Es gibt zwar viele Studien über das sogenannte Betreuungsverhältnis, also auf wie viele Führungskräfte oder Linienmitarbeiter ein Personaler kommen soll; die Unterschiede in der Praxis sind dabei aber meist zu groß, um ein ideales Betreuungsverhältnis verallgemeinern zu können.

Selbstverständnis der HR-Abteilung

Unserer Erfahrung nach besteht der größte Unterschied im Selbstverständnis der HR-Abteilung auch in der Art, wie sie von den restlichen Mitarbeitern gesehen wird. Ist sie eher dazu da, das Administrative zu erledigen und lässt der Linie alle Möglichkeiten, sich auf das „Business" zu konzentrieren, ohne sich um „Lästiges" wie Einstellungsinterviews, Betriebsratsverhandlungen, Kündigungsgespräche etc. zu kümmern? Oder ist sie wirklich ein „strategischer Businesspartner", der mit daran beteiligt ist, die Firma erfolgreicher zu machen, indem sie z. B. kritische Fähigkeitsdefizite ermittelt und durch gezielte Personalauswahl, Weiterbildung und „Performance-Management" (regelmäßige Beurteilung der Leistung mit anschließendem Feedback und Coaching) dabei hilft, die Firma erfolgreich zu machen? Weitere Einblicke in diese Fragestellung finden Sie in der Kienbaum-Studie „HR Strategie und Organisation", aus der wir in Kapitel 2.3 berichten.

Ein bahnbrechendes Buch in diesem Zusammenhang, das jeder HR-Berater gelesen haben sollte, ist das Buch „Human Resources Champion" von Dave Ulrich, Professor an der Ross School of Business der University of Michigan. Er postuliert, HR habe sowohl die Aufgabe als „Administrative Expert", als „Employee-Champion", als „Change-Agent", als auch als „Strategischer Businesspartner" zu erfüllen. Im Jahr 2011 reiche es für gute HR-Arbeit nicht mehr aus, sich auf das Administrieren von Personalakten zu beschränken, um einen wirklichen Mehrwert zu leisten. Zum Bereich des Employee-

Champions gehören für ihn Themen wie die Mitarbeiterentwicklung und ein regelmäßiges Assessment des Arbeitsumfeldes sowie die Überwachung des Performance-Managements. Als Change-Agent muss er unter anderem in der Lage sein, bei Veränderungsprozessen zu beraten, zu coachen und zu moderieren. Als strategischer Businesspartner muss er nicht nur die Geschäftsstrategien verstehen, sondern diese auch mitentwickeln und implementieren, insbesondere die auf der Geschäftsstrategie aufbauende Organisations- und Mitarbeiterstrategie.

Viele Firmen haben nach Lektüre des Buches ihre „Personalreferenten" in „HR-Businesspartner" oder „Strategischer Business-Account-Manager" umbenannt. Bei einigen Unternehmen hat sich aber ansonsten nicht viel am Aufgabenfeld der Personaler verändert. Einige HR-Manager sind immer noch diejenigen, die hauptsächlich die Verträge schreiben, die Headhunter kontaktieren, die Reisekostenabrechnungen korrigieren und Trainingsanmeldungen vornehmen. Ein echter HR-Businesspartner hingegen sollte voll auf der Höhe des Geschäfts sein (oft sind HR-Businesspartner jeweils einer Abteilung oder einem Standort zugeordnet). Er sollte genau wissen, was der jeweilige Leiter der Geschäfts- oder Organisationseinheit gerade plant (besser: dies gemeinsam mit ihm planen!), wie die Geschäftszahlen sich entwickeln und wie er die Führungskräfte personalseitig unterstützen kann. Dies geschieht z. B. durch die Erstellung von Qualifizierungsprogrammen, durch die gemeinsame Entwicklung von (Personal-)Strategien, durch die Unterstützung bei der Mitarbeiterkommunikation, durch die Analyse und Verbesserung der personalrelevanten Prozesse oder durch die Suche nach geeigneten Mitarbeitern, um die zukünftigen Herausforderungen zu meistern und Aufgaben zu erfüllen.

Generell ist dabei zu sagen, dass es auch Unternehmen gibt, die sehr erfolgreich operieren, ohne HR-Businesspartner eingeführt zu haben. Letztlich ist die Ausrichtung der HR-Abteilung eine strategische Entscheidung – manche Unternehmen haben sogar überhaupt keine eigene HR-Abteilung, hier werden alle Personalaufgaben von Linienmanagern ausgeführt. Eines muss jedoch gegeben sein: Die HR-Strategie muss auf die Geschäftsstrategie abgestimmt sein!

Kernaufgaben und Themenfelder in HR-Abteilungen

Während HR-Abteilungen im Allgemeinen den Anforderungen als administrativer Experte, Mitarbeiter-Coach, Veränderungsagent und strategischer Businesspartner gerecht werden sollen, müssen sie eine Vielzahl von Einzelaufgaben und Themenfeldern bewältigen oder unterstützen. Dazu haben insbesondere Großunternehmen häufig Unterabteilungen innerhalb des HR-Bereiches.

Recruiting/Personalauswahl

Die Aufgaben von Recruiting/Personalauswahl kennen die meisten Leser sicher recht gut. Beim Employer-Branding, einem Teilbereich des Recruitings, geht es um Marketingkampagnen für potenzielle neue Mitarbeiter, z. B. für Hochschulabsolventen oder Azubis. Verantwortliche gehen auf Absolventenmessen und organisieren firmeninterne Workshops für Studenten. Die Webseite wird gestaltet, Bewerbungen werden gescreent, Anforderungsprofile für Stellen werden mit der Linie zusammen geschrieben und veröffentlicht. So werden Headhunter mit der Besetzung offener Stellen beauftragt, Assessment-Center oder Einstellungsinterviews (mit oder ohne Tests) entweder selber durchgeführt oder eingekauft und evaluiert. Häufig kümmert sich die Abteilung auch um die Einstellungsverträge, das „Betriebsrats-O. K." (bei Einstellungen in Deutschland meist ein Muss) und den Onboarding-Prozess, d. h. die Integration neuer Mitarbeiter. Oft sind die Personaler selber für alle genannten Tätigkeiten verantwortlich. In manchen anderen Unternehmen ist die Recruiting-Abteilung jedoch vielmehr dafür zuständig, die Linienmanager zu befähigen, selber zu Absolventenmessen zu gehen oder valide Interviews zu führen. HR arbeitet hier also eher als „Enabler", wie es in der Praxis häufig genannt wird.

Personalentwicklung

Auch die Aufgaben der Personalentwicklung (Weiterbildungsabteilung; Learning & Development) sind meist gut bekannt. Beispielhafte Themen sind die Entwicklung und Durchführung von Trainings, z. B. für Vertriebsmitarbeiter, Produktionsmitarbeiter, Führungskräfte oder Junior Professionals, die Entwicklung von Karrierepfaden z. B. für technische Berufe und die Durchführung von Development-Centern. Aber auch die Einführung und Verwaltung von Performance-Management-Programmen (also z. B. des jährlichen Feedback- und Bewertungsprozesses, Führungskräftefeedback), die Begleitung von Veränderungsprozessen (manchmal gibt es dafür Organisationsentwicklungsabteilungen, auch Führungskräfte stehen natürlich hier in der Pflicht), der Einkauf und die Evaluation externer Trainer und Coachs, die Durchführung von Bedarfsanalysen zum Qualifikationsbedarf oder die Einführung neuer Lernkonzepte und -welten (z. B. web-based Learning) gehören zu den Aufgaben.

Organisationsentwicklungsabteilung

Eine Organisationsentwicklungsabteilung (OE) beschäftigt sich eher mit größeren Entwicklungsthemen, also z. B. dem Aufsetzen und der Implementierung größerer Veränderungskonzepte. Aber auch Themen wie die Erstellung neuer Führungsleitlinien oder die Entwicklung eines neuen Kompetenzmodells könnten zu den Aufgaben zählen, die OE-Experten erfüllen. Oft arbeiten heutzutage OE- und PE-Abteilung nicht mehr getrennt voneinander.

Compensation & Benefits/Mitarbeitervergütung

Im Bereich Compensation & Benefits/Mitarbeitervergütung geht es um Geld und um Zusatzleistungen, mit allen Auswirkungen, die diese auf die Motivation, Bindung oder die Gewinnung von Mitarbeitern haben. Typische Aufgaben sind die Entwicklung von Gehaltsbändern für verschiedene Funktionen, Karrierestufen und Leistungen, der Vergleich der Gehälter mit denen in ähnlichen Positionen bei anderen großen Firmen, die Verwaltung von Aktienkaufplänen und Firmenpensionsplänen, die Entwicklung innovativer Entlohnungskonzepte, häufig auch die Berechnung von Expatriate-Paketen oder die Erstellung von Firmenwagenrichtlinien.

Employee-Relations/Grundsatzfragen

Wichtig ist gerade in großen Firmen der Bereich Employee-Relations/Grundsatzfragen. Böse gesagt werden diese Personaler häufig als die Hüter der Policies und Firmenrichtlinien bezeichnet. Diese Aufgabe ist nicht unbedingt der HR-Job mit der höchsten Beliebtheit, häufig aber eine der verantwortungsvollsten Tätigkeiten. Hier geht es z. B. um die Erstellung und Durchsetzung von Regeln zu

Urlaub, Firmenwagen, Umgang mit Gesetzen am Arbeitsplatz. Häufig steht auch die konkrete Arbeit an Einzelfällen auf der Tagesordnung, wie z. B. Abmahnungen und Kündigungen, wenn z. B. ein Mitarbeiter durch sexuelle Belästigungen, Betrachten verbotener Internetseiten am Arbeitsplatz, angekündigte Krankheit gegen Richtlinien oder sogar Gesetze verstoßen hat. In manchen Fällen liegt die Aufgabe, solche Fälle zu lösen oder zu verwalten, zunächst beim Personalreferenten/HR-Businesspartner. Wenn der Fall ungewöhnlich schwierig ist, wird oft an den Verantwortlichen für Employee-Relations eskaliert. Im Bereich Employee-Relations ist es wichtig, genau Bescheid zu wissen, was in der Gesetzgebung, aber auch hinsichtlich Industrie- und Organisationstrends geschieht und diese Erkenntnisse auf die Unternehmensrealität zu übertragen. Selbstverständlich hat nicht jedes Unternehmen eine eigene Employee-Relations-Abteilung. Fast alle HR-Verantwortlichen in Unternehmen müssen sich grundsätzlich mit Employee-Relations auseinandersetzen.

Labor Relations

Im Feld Labor Relations geht es primär um Betriebsratsbeziehungen und das Verhältnis zu Interessensvertretungen und Gremien, z. B. bei Tarifverhandlungen, bei der Versetzung von Mitarbeitern im eigenen Betrieb (inkl. Beförderungen), bei der Einführung einer neuen Kantine in einem Werk, bei der Errichtung eines Fitnessstudios, aber auch bei Themen größerer Tragweite wie der Erstellung eines Sozialplans bei Werksschließungen. Diese Tätigkeit wird insbesondere in Werken so bezeichnet und ist, vorsichtig ausgedrückt, nichts für schwache Nerven.

Businesspartner

Der Businesspartner ist im Optimalfall der „single point of contact" jedes Mitarbeiters, insbesondere der Führungskräfte. Dahinter steht die Idee, dass normale Vertriebsmitarbeiter, Marketingchefs, Ingenieure oder Forscher mit ihren eigenen Aufgaben schon genug zu tun haben und sich nicht auch noch darum kümmern wollen, bei jeder personalrelevanten Frage erst einmal herausfinden zu müssen, wer im HR-Bereich denn nun verantwortlich ist. Jeder Mitarbeiter hat nach dieser Idee „seinen eigenen Personaler" und dieser wird die

Fragen an die richtigen Stellen weiterleiten bzw. die richtigen Personalbereiche und -experten bei der Lösung des Anliegens einbinden. Der Businesspartner entspricht in manchen Firmen dem „Personalreferenten". Die Unterschiede sollten nach Lehrbuch gewaltig sein, da der Personalreferent eher administrativeren Tätigkeiten nachgeht und „Employee-Champion" ist (siehe Modell von Dave Ulrich, 1997), der Businesspartner hingegen optimalerweise auch „Change-Agent" und „Strategischer Businesspartner" ist und proaktiv Themen in seinem Betreuungsbereich angeht.

Personal-/HR-Strategie

Die Personal-/HR-Strategie ist selten ein eigener Bereich, in größeren Unternehmen bildet sie manchmal eine kleine Abteilung. Letztlich geht es in diesem Aufgabenfeld darum, Personalstrategien aufzusetzen, die die Unternehmens- oder Bereichsstrategien unterstützen. Dieses Vorgehen dient dazu, sicherzustellen, dass der richtige Mitarbeiter mit den richtigen Qualifikationen zum richtigen Zeitpunkt am richtigen Ort ist. Um dies zu erreichen, muss der HR-Mitarbeiter strategisch vorgehen. Ein einfaches Beispiel: Ist ein Bestandteil einer Unternehmensstrategie die massive Expansion auf dem asiatischen Markt einschließlich der Öffnung mehrerer großer Werke und Zweigstellen in China, so wäre es angebracht, in der HR-Strategie Themen wie die „Entwicklung von interkulturellen Kompetenzen beim Topmanagement", die „Rekrutierung von Führungskräften und Mitarbeitern in China" oder z. B. die „Entwicklung eines strukturierten Expatriate-Programms für Ingenieure" zu Schwerpunkten zu machen. Die Erfahrung aus der Praxis zeigt jedoch: Häufig haben HR-Abteilungen in Unternehmen gar keine ausformulierte Strategie, sondern arbeiten Aufgaben ab, oder die HR–Strategie ist nicht ausreichend mit der Unternehmensstrategie vernetzt (z. B. weil der Personalchef nicht einmal mit am Tisch sitzt, wenn die Geschäftsführung die Strategie entwickelt). Das Ausmaß, in dem eine HR-Abteilung strategisch fokussiert ist oder eben nicht, ist dabei eines der Hauptunterscheidungsmerkmale zwischen erfolgreichen und weniger erfolgreichen HR-Bereichen.

HR-Controlling

Auch zum Thema HR-Controlling gibt es nur in wenigen großen Unternehmen eigene Abteilungen und designierte Mitarbeiter. In dieser Disziplin geht es um die Erstellung und das Nachverfolgen von Kennzahlen, zum Beispiel für eine HR-Balanced-Scorecard. Erhoben und analysiert werden beispielsweise Mitarbeiterdaten zu Fehlzeiten, Fluktuation, Durchschnittsalter, durchschnittlicher Zeit von der Stellenausschreibung bis zur Einstellung, Anzahl beschäftigter Schwerbehinderter, Anteil von Frauen in Führungspositionen, Anzahl besuchter Trainingstage von Mitarbeitern der Abteilung XY und Ähnliches. Der Anzahl möglicher Personalkennzahlen ist kaum eine Grenze gesetzt. Die relevante Frage ist jedoch, welche der Zahlen sinnvoll sind und wirklich etwas über Produktivität oder Performance-Management aussagen. Interessant ist es für Berater, immer wieder zu sehen, dass in vielen Unternehmen (zum Teil mit mehreren tausend Mitarbeitern) niemand in der ganzen Organisation zumindest grundlegende Daten zu den Mitarbeitern (z. B. Anzahl der Mitarbeiter, die in den nächsten Jahren altersbedingt das Unternehmen verlassen werden) kennt.

Mitarbeiterkommunikation/Employee-Communication

Mitarbeiterkommunikation/Employee-Communication ist ein Bereich, der häufig im Bereich PR/Corporate Relations angesiedelt ist, der aber in zunehmend mehr Unternehmen in den Händen der HR-Abteilung liegt. Experten in diesem Bereich haben z. B. die Aufgaben, Mitarbeiterzeitungen und das Intranet zu erstellen und zu pflegen. Strategischer gedacht geht es aber darum, eine kommunikative Verbindung zwischen Geschäftsführung und Mitarbeitern (optimal in beide Richtungen) herzustellen. Dazu gehört die Erstellung eines regelmäßige Kommunikationsplans, die kommunikative Unterstützung (Reden schreiben, Kernbotschaften festlegen, Großveranstaltungen und CEO-Treffen organisieren und gestalten) bei Veränderungsprozessen, die Aufbereitung von kommunikativen „One-Pagern" für Führungskräfte, wenn diese ihre Mitarbeiter über Themen im Sinne der Firma informieren sollen und vieles mehr.

Diversity

Diversity ist selten eine eigene Abteilung, häufig wird sie nur durch eine Person oder ein Projekt vertreten. Manche Firmen (wie z. B. das Global Diversity Office bei Daimler) haben hingegen eigene Bereiche, die sogar an den Vorstand berichten. Mitarbeiter in diesem Bereich haben zunächst die Aufgabe, alle anderen Mitarbeiter davon zu überzeugen, dass es sich bei Diversity nicht nur um eine schöne Nebensache handelt, sondern tatsächlich um eine geschäftsrelevante Strategie. Häufig sind die Kunden von Firmen bedeutend diverser als die Unternehmen selber. So kann es schon daher sinnvoll sein, in Produkt- und Marktforschungsteams eines deutschen Unternehmens neben dem klassischen 45-jährigen Mann mit BWL Studium auch „nichttypische Mitarbeiter" zu beschäftigen: weibliche Ingenieure, Menschen mit einem anderen ethnischen Hintergrund, Philosophieabsolventen, 63-Jährige etc. Diese Diversity dient dazu, den Kunden besser zu verstehen, weil erwiesen ist, dass Teams mit größerer Diversity unter den richtigen Bedingungen innovativer sein können als nichtdiverse Teams.

Wichtigste Bestandteile von Diversity sind Gender Diversity, Cultural Diversity, Age Diversity sowie – oft vergessen – auch Style Diversity. Letztere bezieht sich z. B. auch auf unterschiedliche Persönlichkeiten und Arbeitsweisen im Berufskontext. Nicht immer verstehen sich Mitarbeiter im Team besonders gut, wenn ein Mitarbeiter extrem extrovertiert, der andere jedoch äußerst introvertiert ist oder aber ein Mitarbeiter gerne auf den letzten Drücker arbeitet, der zweite hingegen Planungssicherheit braucht. Diversity-Experten führen so in Unternehmen für Teams Workshops bezüglich Persönlichkeitsmodellen oder Typologien durch, um Verständnis für andere Arbeitsstile zu schaffen. Zur Aufgabe der Diversity-Abeilung gehören unter Umständen auch Themen wie die Reintegration von Expatriates in ihr altes Arbeitsumfeld, die Gestaltung von Rahmenbedingungen, die familienfreundlicheres Arbeiten ermöglichen, Kampagnen zur Rekrutierung älterer Arbeitnehmer und vieles mehr.

Expatriate-Management

Wechselt ein Mitarbeiter in ein anderes Land im selben Unternehmen, gibt es Arbeit für das Expatriate-Management. Auch dies ist nur in sehr großen, internationalen Unternehmen ein wirklich eigener Bereich. Seine Arbeit beginnt mit der Berechnung eines meist relativ komplexen Expatriate-Packages mit verschiedenen finanziellen Leistungen und führt über den Relocation-Service (Umzug planen, Job suchen für den Partner, Schule/Kindergarten finden, „Look & See-Trips" ins neue Land organisieren, Verträge regeln) bis hin zur Wiedereingliederung ins eigene Land nach einigen Jahren (die übrigens sehr häufig scheitert). Selbstverständlich gehört auch die Auswahl möglicher Expatriates (z. B. durch spezielle Assessment-Center) oder die vorbereitende Schulung (z. B. durch interkulturelle-Trainings) mit zu diesem Aufgabenbereich.

Arbeitsrecht

Das Arbeitsrecht ist oft eher im Grenzbereich oder in der Rechtsabteilung angesiedelt, es gibt jedoch zahlreiche Schnittstellen. Auch erlebt man immer wieder, dass die Personalreferenten oder Businesspartner viele arbeitsrechtliche Themen selber bearbeiten – mitunter nicht ohne juristisches Risiko. Die Breite möglicher Themen ist riesig, hier nur drei Beispiele für Aufgaben

* Vertretung des Unternehmens vor Gericht nach der Kündigung von Mitarbeitern (z. B. leistungsbedingt, was in Deutschland immer schwer ist, oder aber auch verhaltensbedingt, nach Abmahnungen), wenn diese gegen die Entscheidung klagen
* Ausarbeitung von Standardverträgen und speziellen Verträgen z. B. zu Altersteilzeit, Home-Office, Elternzeitregelung, Versetzungen etc.
* Änderungen aller unter Umständen „kritischen" Formulierungen auf der Rekrutierungswebseite, in Einstellungsverträgen, Informationsbroschüren etc. nach Einführung des Allgemeinen Gleichbehandlungsgesetzes (AGG)

Personalsachbearbeitung/Personalverwaltung

Die Personalsachbearbeitung/Personalverwaltung ist das, was viele in der Linie als das eigentliche Personalgeschäft bezeichnen und ohne welches es letztlich nicht mal in kleineren Unternehmen geht. Nicht gerade das, worauf sich Universitätsabsolventen einstellen, aber notwendig und das Brot- und Buttergeschäft.

Ein paar Beispiele für Arbeitsinhalte:
- Erstellung von Einstellungsverträgen
- Eingabe der Daten neuer Mitarbeiter ins System (Mitarbeiterdatenbanken)
- Erstellung und Einpflegen von Verträgen zu Telearbeit oder Teilzeitarbeitsmodellen
- Erstellung von rechtssicheren Zeugnissen auf Anfrage von Mitarbeitern oder Führungskräften
- Information von werdenden Müttern bzgl. Elternzeitregelungen, Wiedereinstellung nach Elternzeit
- Auskünfte an Mitarbeiter, z. B. wohin die Lohnsteuerkarte geschickt werden soll

Die 3-Säulen-Organisation im HR-Bereich

Viele Unternehmen verwenden nach wie vor einen dezentralen Ansatz, wenn es um HR-Unterstützung geht. In diesen Firmen haben verschiedene Geschäftseinheiten weiterhin nahezu autonom arbeitende Personalabteilungen. In anderen Organisationen wird im Rahmen der Zentralisierung jedoch die sogenannte 3-Säulen-Organisation eingeführt. Auch von diesem Modell sollte man als Berater im HR-Kontext zumindest einmal gehört haben. Die Grundidee ist, im HR-Bereich die drei Säulen
- Businesspartner/HR-Business-Account-Manager,
- Competence-Center oder Centers of Excellence und
- Shared Servicecenter
einzuführen.

Säule 1: HR-Businesspartner

Der HR-Businesspartner ist dabei die Person, die operativ arbeitet, Tag für Tag mit den Führungskräften und der Leitung seines Betreuungsbereiches (z. B. einer Forschungsabteilung, eines Produktionsstandorts, aller Finanzmitarbeiter) zusammensitzt, Auskünfte gibt, Trainings durchführt, die Führungskräfte unterstützt, Mitarbeiter informiert, bei Fragen zur Stelle ist, aber auch – aktiver gesagt – Führungskräfte auf notwendige Veränderungen hinweist und diese initiiert und mit begleitet.

Säule 2: Competence-Center

Competence-Center sind die „Gehirne", die z. B. neue Konzepte für Trainings entwickeln, kompetente Assessment-Center durchführen oder Gehaltskurven für alle Funktionen und alle Stufen in allen Ländern mithilfe von Benchmarks erstellen. Sie stellen ihre Dienste den Businesspartnern zur Verfügung, mitunter auch direkt der Linie. Neue Bedarfe werden primär über die Businesspartner an sie herangetragen.

Säule 3: Shared Servicecenter

Meistens gibt es für ein Unternehmen nur ein oder einige wenige Shared Servicecenter. In ihnen wird z. B. über Hotlines und Helpdesks gearbeitet, in extremen Fällen sind diese Servicecenter sogar ausgegliedert, gehören zu anderen Firmen oder befinden sich auf anderen Kontinenten. Die Erstellung von Bescheinigungen, die Berechnungen von Expatriate-Paketen nach genau vorgegebenen Regeln, das Pflegen der Mitarbeiterdaten, die Auswahl und Zuteilung von Azubis oder die Berechnung von Altersvorsorgebeiträgen könnten Beispiele für ihre Tätigkeiten sein. Im Grunde geht es um alle transaktionalen Tätigkeiten, die keinen hohen Grad an Qualifikation erfordern und viel Standardisierung erlauben.

Als interner Kunde und Linienführungskraft muss man die HR-interne Aufteilung nicht verstehen. Optimalerweise sollte es reichen, seinen Businesspartner für anspruchsvollere Themen gut zu kennen sowie eine Telefonnummer zu haben, unter der das Servicecenter für alles „Administrative" zu erreichen ist. Die Aufgabenteilung intern zu organisieren und den HR-Businesspartner befähigen, muss die HR-Abteilung selber.

In der Praxis funktioniert das 3-Säulen-Modell aber selbstverständlich nicht immer. Denn ein Großteil des Erfolgs hängt von der Kompetenz des HR-Businesspartners ab, wirklich Partner auf Augenhöhe für den Direktor oder Leiter der Fachabteilung zu sein. Gleichermaßen sind die HR-internen Schnittstellen sowie die mit dem Shared Servicecenter bestehenden Service-Level-Agreements wichtige Sollbruchstellen für den Erfolg des Säulen-Modells. Zumindest in der Vergangenheit hat die Einführung der Modelle häufig zu noch mehr „interner Fokussierung" der HR-Abteilungen geführt; zum Ärger der Linie, die sich häufig genug beschwert, HR würde sich zu sehr mit sich selber beschäftigen.

Schnittstellen mit der HR-Abteilung

Im folgenden Beispiel werden mögliche Schnittstellen mit der HR-Abteilung im Laufe einer Karriere im Unternehmen beschrieben.

Beispiel: Eine Berufskarriere mit Bezügen zu HR

Ich sehe als Student eine vielversprechende Anzeige einer Firma und treffe Vertreter auf dem Absolventenkongress. (HR-Bezug: Employer-Branding)

Ich schicke meine Unterlagen und werde zum Gespräch eingeladen, es läuft hervorragend und ich bekomme eine Jobzusage. (Recruiting)

Ich unterschreibe den Vertrag und bekomme am ersten Tag alles, was ich brauche, inklusive einer Einführung, ein Kärtchen mit meiner Personalnummer und vielem mehr. (HR-Bezug: Recruiting, Personalsachbearbeitung)

Ich erhalte eine Reihe von Einführungstrainings und bekomme einen Mentor zugewiesen. (HR-Bezug: Learning & Development)

Nach zwei Jahren werde ich befördert und erhalte eine „marktgerechte Gehaltserhöhung". (HR-Bezug: Compensation & Benefits)

Auf eigenen Wunsch in Gesprächen mit meiner Führungskraft und wegen hervorragender Leistungen darf ich für ein dreijähriges Assignment nach Texas. Ich erhalte Einführungsveranstaltungen, der Umzug wird organisiert und bezahlt, man gibt mir jede Menge Sonderleistungen und auch für meine Familie wird gesorgt. (HR-Bezug: Expatriate-Management, Global Diversity)

Bei der Rückkehr nach Deutschland gibt es größere Probleme mit mehreren meiner Reitpferde, die beim Umzug auf dem Schiff nach Rotterdam erkranken. Ich finde in den Firmenrichtlinien keine Informationen zur Erstattungspflicht meines Unternehmens und auch mein Ansprechpartner (Businesspartner) kann mir nicht helfen. Der Fall wird von Experten analysiert und geregelt. (Employee-Relations)

Ich werde zur Führungskraft und erhalte eine Anzahl von Führungstrainings, in denen ich lerne, schwierige Gespräche zu führen und dies auf meinen Führungsalltag zu übertragen. (HR-Bezug: Learning & Development)

Immer wieder komme ich mit einzelnen Mitarbeitern meines Teams nicht klar. Ich hole mir Hilfe und Rat (Businesspartner). Andererseits möchte ich bei einigen sehr guten Mitarbeitern von mir das Gehalt überdurchschnittlich stark erhöhen, um sie zu motivieren, und gebe dazu die Anweisungen an die Gehaltsplaner. Die Erhöhungen werden jedoch erst nach mehreren Diskussionsrunden teilweise genehmigt, da das „Gehaltsgefüge nicht gesprengt werden soll". (HR-Bezug: Shared Servicecenter, Compensation & Benefits)

Da in meinem Team mehrere Inder und Chinesen arbeiten und diese sich mit manchen deutschen Mitarbeitern nicht gut verstehen, suche ich bei meinem Businesspartner nach Unterstützung. Ein externer Trainer gibt ein von der Diversity-Abteilung entwickeltes Training zu „MBTI", einem Instrument zum besseren Verständnis von Präferenz-mustern. (HR-Bezug: Diversity)

Als Leiter einer größeren Einheit bleibt mir nichts anderes übrig, als einen Teilbereich meiner Geschäftseinheit zu schließen und andere Bereiche mit Zeitarbeitnehmern einer Drittfirma auszustatten. Mir hilft mein Kollege von Labor Relations bei den Betriebsratsverhand-lungen und dem Sozialplan. Müsste ich alle Details selber kennen und in jeder Diskussion dabei sein, käme ich nicht mehr zu anderen Geschäftsführungstätigkeiten. (HR-Bezug: Labor Relations)

Ich bin überrascht, dass die Fehlzeiten in den letzten Monaten im-mer stärker angestiegen sind und viele hervorragende Mitarbeiter das Unternehmen verlassen haben. Ich beschließe, in unserem Be-reich eine Mitarbeiterumfrage durchzuführen, ein Führungskräfte-feedback einzuführen und das Thema Führungsleitlinien stärker zu forcieren. (HR-Bezug: HR-Controlling, Organisationsentwicklung).

Aufgrund eines lukrativen Angebots, das mir durch einen Headhunter unterbreitet wird, beschließe ich, das Unternehmen zu verlassen. Mein Businesspartner berechnet mir meine Ansprüche auf Altersvor-sorge, erklärt mir, was mit meinen Stock-Options zu tun ist, die ich noch nicht einlösen konnte, erklärt mir, wie lange ich aus rechtlichen Gründen noch bleiben muss und zu welchen Unternehmen ich we-gen der Wettbewerbssperre nicht gehen darf. Er organisiert mir mein Abschlusszeugnis und weitere vertragliche Dinge, die zu regeln sind. (HR-Bezug: Businesspartner)

Erfahrungen aus der Praxis von HR-Abteilungen

Zu guter Letzt sollen hier einige Beobachtungen folgen, die wir in unserer Arbeit in Konzernen, in der Beratung und an der Universität bezüglich vieler HR-Abteilungen in Organisationen und Unternehmen machen konnten:

Anspruch und Wirklichkeit in HR-Abteilungen

Anspruch und Wirklichkeit gehen im Personalbereich oft auseinander. Personaler empfinden sich selber oft kompetenter und wirkungsvoller, als sie von der Linie beurteilt werden. Oft weiß die Linie nicht genau, was HR eigentlich macht und empfindet Tipps und Richtlinien, selbst wenn diese notwendig sind, nicht als praktikabel. HR ist in Untersuchungen häufig neben IT die unbeliebteste Funktion in Unternehmen. Besonders weil in HR und IT Fehler stärker auffallen als Themen, die sehr gut funktionieren und mit denen man glänzen kann. Trotz der negativen Einschätzung der gesamten Funktion berichten viele Führungskräfte aber auch von einzelnen, besonders guten Personalern. Die individuellen Kompetenzunterschiede sind offensichtlich im HR-Bereich sehr hoch.

Einige Personaler finden es gar nicht sonderlich attraktiv, genauer das Business zu verstehen. Sie scheinen mit ihrer Rolle oft so zufrieden wie sie ist. Auch innerhalb der HR-Abteilung ist der Wunsch, genauer mitzubekommen woran Kollegen gerade arbeiten, oft nicht allzu ausgeprägt. Die qualitativen Unterschiede bezüglich Engagement und Kompetenz von Personalern gehen daher sehr weit auseinander.

Rechtfertigungsdruck bei Personalern

Die oben genannten Themen führen bei vielen Personalern zu einem ständigen Rechtfertigungsdruck. In der Tat ist es im HR-Bereich nicht so leicht wie in anderen Bereichen, den Wertbeitrag zu messen und auszudrücken. Aus diesem Rechtfertigungsdruck heraus versuchen viele Personaler, viel zu viele Themen gleichzeitig zu bearbeiten. Die Anzahl vorhandener Herausforderungen für Personaler, die nicht nur Administratives abarbeiten wollen, ist ja nahezu unbegrenzt. Sie reicht vom Umgang mit zunehmend älteren Arbeitnehmern über Anforderungen der Generation Y an den Arbeitsplatz bis hin zur Einführung eines Gesundheitsmanagements. Oft scheitern HR-Abteilungen an ihren eigenen hohen Ansprüchen. Manchmal sind Personaler aber auch einfach „Gutmenschen", die ins Personalmanagement gegangen sind, um einen Dienst an der Gesellschaft zu leisten. Mit diesen Ansprüchen stoßen sie in der zahlengetriebenen Managementwelt dann aber nicht selten auf Unverständnis.

Dies gesagt, wollen wir natürlich nicht verschweigen, dass es auch Unternehmen mit hervorragend aufgestellten HR-Abteilungen gibt. Hier findet man sehr professionell arbeitende Personaler mit gutem Businessverständnis, strategischer Denkweise und hoher Einsatzbereitschaft und Qualifikation. Firmen wie P&G, General Electric oder Lufthansa zeigen, dass es auch anders geht!

Die oben genannten Ausführungen zeigen, wie viel Beratungsbedarf in diesem Bereich noch besteht – ein breites Betätigungsfeld. Zum anderen können wir Ihnen versichern: Wenn Sie die oben stehenden Beschreibungen verstanden und verinnerlicht haben, besitzen Sie schon einen Überblick und eine Kompetenz, beim Kunden „mitzureden", die Sie von vielen anderen, auch erfahrenen, Beratern abheben wird.

2.3 Trends in der HR-Beratung

Es gibt viele Studien, die in regelmäßigem Abstand versuchen, Trends der HR-Beratung aufzuzeigen. Dieser Blick in die Zukunft ist natürlich nicht ganz einfach und unterliegt gewissen Unsicherheiten. Trotzdem möchten wir Ihnen an dieser Stelle einige ausgewählte Ergebnisse der Kienbaum-Studie „HR Strategie & Organisation 2010/2011" vorstellen. Diese zeigen auf, welche Handlungsfelder sich insbesondere in deutschen Personalabteilungen ergeben. Wichtig erscheint es besonders deshalb, sich mit der Zielgruppe „Personalabteilungen" zu beschäftigen, weil sie in der Regel in die HR-Beratungsprozesse eingebunden sind. Wir möchten Ihnen daher einerseits einen Einblick in wichtige HR-Handlungsfelder in Bezug auf das Personalmanagement geben, andererseits möchten wir Ihnen auch die Ansprechpartner, mit denen Sie als HR-Berater zu tun haben (werden), vorstellen.

Die HR-Studie „Strategie & Organisation 2010/2011"

Im Rahmen der HR-Studie Strategie & Organisation 2010/2011 wurden 232 Unternehmen aus Deutschland, Österreich und der Schweiz zu verschiedenen Aspekten der Personalarbeit befragt. Die folgenden Kernergebnisse lassen sich aus der aktuellen Studie extrahieren:

• Weniger als die Hälfte der Personaler sind mit ihrer Arbeit zufrieden. Dies kann sich selbstverständlich auch in der Zusammenarbeit mit Ihnen als HR-Berater niederschlagen. Zum Beispiel in Form von Druck, der von der Linie auf Personaler ausgeübt und direkt an Sie als Berater weitergegeben wird.

• Die Karrieremöglichkeiten außerhalb von HR sind laut eigener Aussage der Personaler stark eingeschränkt (ca. 9 %). Nur ca. 30 % der Personalmitarbeiter waren zuvor in einer anderen Unternehmenseinheit tätig. Sie können als HR-Berater davon ausgehen, dass Sie mit einem tiefen Organisations- und Businessverständnis einen großen Mehrwert bieten können.

• Das Personalmanagement schreibt sich selbst besondere Kompetenzen eines Dienstleisters zu. Genauso werden HR-Abteilungen häufig auch innerhalb des Unternehmens gesehen: Als ausschließlich Kosten produzierende Geschäftseinheit. Eine strategische Positionierung ist dem Personalmanagement bislang in vielen Unternehmen nach wie vor eher fremd.

Kienbaum Expertentipp

Sorgen Sie in Ihren Beratungsprojekten daher stets auch dafür, die Position Ihrer Ansprechpartner in den HR-Abteilungen zu stärken, beispielsweise indem Sie für Personalabteilungen Präsentationen erstellen, die „businesskompatibel" sind. Gemeint sind damit Präsentationen, die so gestaltet sind, dass Personaler sie gegenüber Vorständen und Geschäftsführern halten können. Dies zahlt sich nicht nur in einer guten Kundenbeziehung aus, sondern sorgt gleichzeitig dafür, dass die wichtige Personalfunktion im Unternehmen gestärkt wird.

• Besondere Defizite der Businesspartner (interne Beratungsfunktion des HR-Managements für Führungskräfte des Unternehmens, vgl. Kapitel 2.2) zeigen sich im Bereich des Change-

Managements. Gerade dies ist aber eine Aufgabe, bei der HR wirklich wertschöpfend arbeiten kann und wo dies auch von der Linie erwartet wird. Achten Sie aus diesem Grund in Ihren Projekten auch immer auf ein umfassendes begleitendes Veränderungs- und Kommunikationskonzept. Auch wenn Sie nicht immer mit einem umfassenden Konzept beauftragt sein werden, so wird eine Sensibilisierung für diese Thematik auf Klientenseite immer positiv aufgenommen.

- • Die strategische Orientierung der Personalarbeit hat sich in den letzten Jahren kaum verbessert. Eine große Hürde dabei wird in mangelnden personellen Ressourcen und einem großen Ausmaß operativer Tätigkeiten gesehen. Es stellt sich gleichzeitig aber die Frage, welche Personen sich eigentlich für eine Karriere im Personalmanagement entscheiden und welches die Beweggründe hierfür sind (vgl. Kapitel 2.4). Rechnen Sie in Ihren Projekten nicht damit, dass ein Interesse an der Integration eines Projektes in die Unternehmensstrategie automatisch gegeben ist. Auch in diesem Fall können Sie jedoch Ihr Gegenüber für die Bedeutung dieser Integration sensibilisieren und damit einen Mehrwert über den tatsächlichen Auftrag hinaus bieten.

Über die beschriebenen Handlungsfelder im Personalmanagement hinaus beleuchtet die Studie mit den Bereichen **Talent-Management** und **Learning-Management** zwei weitere wichtige Beratungsdisziplinen. Folgende Kernhandlungsfelder lassen sich in diesen Bereichen identifizieren:

Handlungsfelder im Talent-Management

Im Talent-Management geht es um alle Fragen der langfristigen Sicherung der Besetzung kritischer Positionen in einem Unternehmen. Hierfür wird eine Vielzahl von personalpolitischen Maßnahmen eingesetzt. An dieser Definition (vgl. Handfield-Jones & Axelrod, 2001) wird deutlich, dass es sich in der Regel bei Talent-Management-Projekten um umfassende Projekte handelt, die dementsprechend eher von größeren HR-Beratungen durchgeführt werden als von Einzelpersonen. Interessieren Sie sich also für dieses Thema, so dürften solche Beratungshäuser spannende Arbeitgeber für Sie sein. Die folgenden Erkenntnisse und Handlungsempfehlungen gelten insofern im Schwerpunkt für Beratungsteams größerer Beratungen, treffen aber natürlich auch für jeden einzelnen Projektmitarbeiter zu:

- Die Bedeutung des Themas Talent-Management ist aufgrund eines anhaltenden Fachkräftemangels und der Auswirkungen der demografischen Entwicklung weiterhin im Vormarsch. Projekte zu diesem Thema werden Ihnen vermutlich häufiger begegnen. Es lohnt daher, sich in diesem Bereich Kompetenzen anzueignen oder zumindest sprachfähig zu sein.
- Das Budget und der unternehmensinterne Einsatz in dieses Themenfeld sind häufig jedoch verhältnismäßig gering. Gehen Sie daher (als Einzelperson oder mit Ihrem Beratungsteam) mit guten Argumenten in Verhandlungen. So können Sie darlegen, warum ganze Talent-Management-Systeme, die ebenfalls in der Unternehmensstrategie verankert sind, langfristig sinnvoll sind. Zeigen Sie beispielsweise Risiken auf und analysieren Sie die finanziellen Implikationen für den Fall, dass Schlüsselpersonen das Unternehmen verlassen oder wichtige Positionen über längere Zeit vakant bleiben.
- Talent-Management-Systeme sind, wenn vorhanden, häufig nicht mit einem Kennzahlensystem hinterlegt. Achten Sie darauf, klar definierte Erfolgskriterien und messbare Kriterien zu hinterlegen, um den Erfolg Ihrer Arbeit zu verdeutlichen.
- Viele Talent-Management-Programme konzentrieren sich ausschließlich auf Potenzialträger und High Potentials. Lassen Sie in Ihren Projekten auch Fach- und Führungskräfte nicht außer Acht.

Dass im Bereich Talent-Management ein großer Beratungsbedarf herrscht, zeigt sich auch daran, dass es in nur wenigen Personalabteilungen einen eigenständigen Unterbereich gibt, der sich mit diesem Themenkomplex beschäftigt (vgl. Kapitel 2.2). Das Thema ist wichtig, wird aber nach wie vor eher stiefmütterlich behandelt.

Handlungsfelder im Learning-Management

Das Themenfeld des Learning-Managements wird ebenfalls eher von größeren HR-Beratungen angeboten, lässt sich in Teilaspekten jedoch auch gut durch Einzelpersonen oder kleinere Beratungen bearbeiten. Unternehmenseinheiten oder Berater, die sich mit Learning-Management auseinandersetzen, arbeiten an allen Fragen rund um das Lernen in Organisationen. Dies betrifft geeignete Seminarangebote ebenso wie ganze Systemlandschaften, die das Lernen unterstützen, es betrifft Fragen des Wissenstransfers zwischen den Mitarbeitern und die Evaluation von Lernangeboten.

- Nach wie vor sind Learning-Management-Systeme in vielen Unternehmen gar nicht oder nur unzureichend etabliert. Das Topmanagement misst diesem Handlungsfeld dementsprechend eher geringe Bedeutung zu, was oftmals in nur geringen Budgets resultiert. Es ist daher wichtig, erste Erfolge in einem Projekt deutlich sichtbar zu machen und für weitere Investitionen in diesen Bereich zu werben.
- Neuere Entwicklungen in der Weiterbildung (z. B Web 2.0 oder Blended-Learning-Konzepte, also eine Mischung aus Onlinetraining, Classroom-Training und anderen Elementen des Lernens) sind in der Praxis bisher häufig noch nicht angekommen. Nach wie vor wird Weiterbildung meistens auf herkömmliche Weise betrieben, d. h. „Classroom-Trainings" und Frontalunterricht sind nach wie vor auf der Tagesordnung. Dies kann einerseits dazu führen, dass Sie mit ungewöhnlichen Ideen zunächst auf Widerstand stoßen. Andererseits steckt in innovativen Zugängen aber auch ein großes Potenzial.

Kienbaum Expertentipp

Interessante Ideen – z. B. Transferunterstützung durch Smartphone-Apps, webbased-trainings – zu diesem Thema finden Sie auf der Internetpräsenz der edutrainment company:

www.edutrainment-company.com

- Das Bildungscontrolling geht in den meisten Fällen über die Abfrage von Zufriedenheiten der Teilnehmer nach einem Seminar nicht hinaus. Lernerfolgskontrollen sind eher die Ausnahme.

Achten Sie darauf, Ihre Projekte stets so gut wie möglich (der Kunde bestimmt den möglichen Umfang des Controllings) zu evaluieren. Die Ergebnisse dienen Ihnen einerseits als Beleg für Ihre gute Arbeit beim Kunden selbst, andererseits stellen sie eine objektive Referenz für die Akquisition neuer Projekte dar.

2.4 Ansprechpartner im HR-Management

Personen, die im Personalmanagement tätig sind, arbeiten dort in der Regel nicht zufällig. Die Beweggründe sind zwar zu einem gewissen Grad unterschiedlich, häufig überschneiden sie sich aber auch zu einem erheblichen Teil. Nicht selten ist dieser gemeinsame Teil Grund dafür, dass es zwischen der Geschäftsleitung und dem Personalbereich zu Verständigungsschwierigkeiten kommt. Je nach Ihrer eigenen Herkunft und Ihren Beweggründen, in der HR-Beratung tätig zu werden, können Sie auf ähnliche Kommunikationsprobleme stoßen. Zum Innenleben und den Kernaufgaben von Personalabteilungen finden Sie in Kapitel 2.2 nähere Informationen.

Ergebnisse der Kienbaum-Studie „Why we love HR"

In der Studie „Why we love HR" sind einige unserer Kollegen der Frage nachgegangen, welche Gründe für die Kommunikationsprobleme verantwortlich sein könnten. Zu diesem Zweck wurden mehr als 800 Studierende und junge Hochschulabsolventen zu ihren Präferenzen bezüglich des Berufseinstiegs und der Attraktivität des Personalbereichs befragt. Folgende Erkenntnisse lassen sich aus dieser Studie ableiten:

- Personen, die im Personalmanagement tätig werden wollen, nennen die folgenden Kriterien für einen zukünftigen Job als besonders wünschenswert:
  - interner Kundenkontakt
  - private und berufliche Interessen gut miteinander vereinbaren
  - anderen Menschen helfen zu können
  - an herausfordernden Tätigkeiten zu arbeiten

- Personen, die nicht im Personalmanagement tätig werden wollen, nennen die folgenden Kriterien für einen zukünftigen Job als besonders wünschenswert:
  - gute Weiterbildungsmöglichkeiten
  - Gestaltungsspielraum
  - viel Geld
  - schnelle Karriere

- Gute Weiterbildungsmöglichkeiten und interner Kundenkontakt sind die Kriterien, die tatsächlich mit einer Arbeit im Personalmanagement in Verbindung gebracht werden. Die HR-Studie „Strategie & Organisation" zeigt jedoch deutlich, dass ausreichende Weiterbildungsmöglichkeiten für HR-Mitarbeiter in den meisten Fällen nicht gegeben sind. Gehen Hochschulabsolventen mit der Vermutung, gute Weiterbildungsmöglichkeiten vorzufinden, in den Personalbereich, so besteht zumindest die Gefahr, dass diese Erwartung enttäuscht wird. Wir haben im Laufe unserer Beraterpraxis häufiger HR-Mitarbeiter erlebt, die genau diese Diskrepanz zwischen Erwartungen und Möglichkeiten erlebt hatten. Stellen Sie sich daher auch auf das Risiko eines gewissen Maßes an Frustration bei Ihrem Gegenüber ein.

- 47 % der Befragten glaubten nicht, im Personalmanagement viel Geld verdienen zu können oder schnell Karriere zu machen. 45 % verbinden eine Stelle im Personalmanagement nicht damit, gut angesehen zu sein. Die Möglichkeit, kreativ zu arbeiten, wird HR-Bereichen ebenfalls nicht zugeschrieben.

- Etwa die Hälfte der Befragten bezeichnen die Mitarbeiter des Personalmanagements als „Dienstleister", „Verwalter" oder „Menschenfreunde". Als „Partner auf Augenhöhe" werden Personaler nur von ca. 9 % gesehen. Der Anteil für die Kategorie „Verwalter" steigt noch einmal deutlich, wenn man nur die Antworten derjenigen Personen betrachtet, die keine Position im Personalmanagement anstreben.

Fazit

Insgesamt lässt sich in der Studie feststellen, dass der Personalbereich momentan primär eine bestimmte Klientel an Bewerbern anspricht. Diese Personen sehen sich selbst zum größten Teil als

Dienstleister und scheinen noch keinen gesteigerten Anspruch auf eine schnelle Karriere oder ein hohes Einkommen zu erheben. Überspitzt formuliert deuten die Studienergebnisse darauf hin, dass ein betriebswirtschaftliches Denken vielen Mitarbeitern des Personalmanagements eher fremd ist.

Ansprüche an die Tätigkeit als HR-Berater

Mit diesen grundlegenden Wertvorstellungen und den Ansprüchen an die eigene Tätigkeit werden Sie als HR-Berater im Kontakt mit Personalabteilungen häufiger konfrontiert sein. Zwischen den Stühlen erfordert diese Situation viel Fingerspitzengefühl, um die Perspektiven beider Seiten miteinander zu vereinen. Gelingt es Ihnen letztlich, beide Seiten zu verstehen und die Aktivitäten aufeinander abzustimmen, leisten Sie einen großen Mehrwert für Ihren Kunden.

> **Kienbaum Expertentipp: Weitere Informationen zu der Studie**
>
> Wenn Sie mehr über die genauen Inhalte der hier zitierten Studien erfahren möchten, können Sie diese bei Kienbaum beantragen. Die jeweils aktuelle Auflage der HR-Studie „Strategie & Organisation" erhalten Sie auf Anfrage über die E-Mail-Adresse strategiestudie@kienbaum.de. Die Studie „Why we love HR" können Sie direkt über eine E-Mail an Matthias Meifert (matthias.meifert@kienbaum.de) beziehen.

2.5   Formen der Zusammenarbeit in der HR-Beratung

Sollten Sie Interesse daran haben, eine Berufskarriere in der HR-Beratung anzustreben – und davon gehen wir aus, wenn Sie dieses Buch in den Händen halten –, so ist es mit Sicherheit empfehlenswert, zunächst einen Überblick darüber zu erhalten, in welchen Formen HR-Berater zusammenarbeiten. Im Anschluss erhalten Sie weitere nützliche Tipps zum Einstieg in die Beratungstätigkeit. Etwas vereinfachend kann man zwischen sechs Kooperationsformen oder Arten der Selbstorganisation unterscheiden:

- Arbeit als Freelancer/Selbstständiger
- Arbeit in Netzwerken

- Arbeit in „HR-Boutiquen"
- Arbeit in großen HR-Beratungen
- Arbeit in großen Beratungen im Bereich HR
- Arbeit in anderen Organisationsformen

Arbeit als Freelancer/Selbstständiger

Da die Eintrittsbarrieren in den Markt der HR-Berater – ein nicht geschützter Titel – relativ gering sind, findet sich auf dem deutschsprachigen Markt eine große Zahl selbstständig arbeitender HR-Berater. Viele davon sind in den Bereichen Coaching und Training tätig, dazu kommen Moderatoren, Diagnostiker oder auch Headhunter.

Um die Organisation von Reisen, Buchhaltungsfragen, die Pflege der Webseite, das Sekretariat, die Vervielfältigung von Materialien u. Ä. kümmern sich dabei viele der Einzelkämpfer selber. Häufig übernimmt diese Aufgabe auch eine Teilzeitkraft (nicht selten der Lebenspartner aus dem Home-Office). Manche der Berater haben eigene Büros, andere operieren aus dem Home-Office und mieten für Veranstaltungen Büros oder Seminarhotels an oder lassen diese beim Kunden stattfinden.

Als Kunde ist man bezüglich der Auswahl eines selbstständig arbeitenden Dienstleisters häufig stark auf den persönlichen Eindruck sowie auf Empfehlungen angewiesen. So unterscheiden sich die Anbieter von ihrem Namen her oft wenig. Es findet sich hier meist eine beliebig kreative oder unkreative Kombination der Wörter „HR" „Personal" „Mensch" „Coach" „Training", oder die Beratungen heißen einfach „Dr. Meier/Huber Beratung". Auf der Webseite werden ein breites Leistungsspektrum und viele Referenzen angegeben, häufig finden sich hier aber auch etwas geschönte Wahrheiten. Hinzu kommen einige Kundenzitate und nach Möglichkeit zwei bis drei Artikel, die der Berater in einschlägigen Personalmagazinen publiziert hat.

Ob der HR-Berater tatsächlich geeignet ist, zeigt sich häufig erst in der direkten Interaktion. So arbeiten viele der Einzelkämpfer über Jahre hinweg mit einigen wenigen oder sogar nur einem langfristigen Kunden zusammen. Finanziell reicht dies schnell zum „Durchkommen" aus. Man bedenke einen Tagessatz von 1.500 Euro bei Trainings (siehe Kapitel 5.3) – hier könnte man bei regelmäßigen Aufträgen und zwei dreitägigen Einsätzen im Monat schon das Back Office, Werbungskosten und ähnliche Posten gut finanzieren. Komplette Selbstständigkeit kann mittel- bis langfristig ein sehr attraktives Ziel sein. Sollten Sie dieses Buch als Universitätsabsolvent lesen, raten wir Ihnen von dieser Art der Selbstorganisation als Einstiegsmodell jedoch eher ab. Selbst nach vielen Jahren Berufserfahrung beklagen sich viele „Einzelkämpfer" dass die Kundenakquisition auf diesem großen, unübersichtlichen Markt schwierig ist. Werbekampagnen, Search Engine Optimization, die Ausarbeitung des eigenen USP (Alleinstellungsmerkmal) und Ähnliches helfen alleine auch nicht weiter. Fast alle Unternehmen arbeiten bei Beratungsfragen lieber mit langfristigen Kontakten (häufig mit ehemaligen Mitarbeitern) zusammen oder sie führen große Ausschreibungen durch, bei denen Sie als Bewerber ohne gute Referenzlage nur selten eine Chance gegen die Etablierten haben.

Hinzu kommt die Unsicherheit, von einem oder wenigen Kunden finanziell und geschäftlich abzuhängen. Wir haben in unserer Beratungszeit zahlreiche ehemalige Einzelkämpfer kennengelernt, die in finanzielle und geschäftliche Schieflage geraten waren, da ihr einziger Kunde (aufgrund von Budgetkürzungen oder aber negativen Vorfällen in der Beratungsinteraktion) die Zusammenarbeit beendet hatte.

Fazit

Dennoch: Langfristig bietet die Selbstständigkeit viele attraktive Möglichkeiten. Zeitliche Flexibilität, inhaltliche Unabhängigkeit und die Möglichkeit, für das eigene Portemonnaie zu arbeiten. Lesen Sie in Kapitel 5.2 die Kurzinterviews von Trainern, Coachs und HR-Beratern, die es „geschafft" haben und ihre Selbstständigkeit nicht wieder aufgeben wollen.

Arbeit in Netzwerken

Die Arbeit in Netzwerken unterscheidet sich nur bezüglich eines Merkmals von der Arbeit als Selbstständiger. Die HR-Berater arbeiten zwar weitgehend selbstständig, sind aber mit anderen Trainern,

Diagnostikern, Moderatoren und Coachs unterschiedlich stark vernetzt. In der Praxis kann dies bedeuten: Als HR-Berater bedienen Sie in unterschiedlichem Ausmaß eigene Kunden, werden gleichzeitig aber von Netzwerkpartnern für kleinere und größere Aufträge (häufig dann mit einem niedrigeren Tagessatz) angefragt. Gleichzeitig beliefern Sie unter Umständen selber Netzwerkpartner mit Aufträgen, zum Beispiel weil Sie ein größeres Beratungsprojekt für einen Kunden nicht alleine abarbeiten können oder in einem Bereich nicht über die nötige Kompetenz und Expertise verfügen. Für die Vermittlung des Auftrags wird oft jedoch ein Teil des Tagessatzes, der mit dem Kunden vereinbart wurde, einbehalten.

HR-Beratung ist ein Networking-Job

An dieser Stelle zeigt sich, dass die Arbeit in der HR-Beratung zuallererst ein „Networking-Job" ist. Möchte man in dieser Organisationsform gut im Rennen sein, geht es also nicht nur darum, gegenüber Kunden professionell aufzutreten, sondern auch Netzwerke zu pflegen, anderen HR-Beratern zu zeigen, dass man verlässlich ist und dass man etwas „auf dem Kasten hat". Ein Alleinstellungsmerkmal wirkt sich natürlich auch in einem Netzwerk sehr günstig aus.

Arbeit in „HR-Boutiquen"

Sozusagen eine strukturelle Entwicklungsstufe weiter oben angesiedelt (wobei dies keine Aussage über die Qualität der Beratungsleistung sein muss) sind kleinere HR-Beratungen. Wir nennen sie hier Boutiquen, dieser Begriff ist aber in der Branche nicht sehr geläufig. Häufig sind diese wie folgt aufgebaut:
Man findet einen oder zwei Geschäftsführer, etwa zwei bis fünf festangestellte HR-Berater, Sekretariat/Praktikant und ein bis zwei Juniorberater, die allmählich an Aufträge herangeführt werden, z. B. über die umfangreiche Vorbereitung von Trainingsmaterialien. Dazu verfügt die Beratung über ein mehr oder weniger großes Netzwerk freier Berater, die für bestimmte Beratungsaufträge angeheuert werden können (siehe oben).

Häufig sind diese Boutiquen Ausgründungen von größeren Beratungen (Berater gehen und nehmen ihren Kundenstamm mit), oder an der Spitze stehen sehr erfahrene und akquisitionsstarke Berater, die ihre Aufträge alleine nicht mehr abarbeiten können. Mitunter findet sich in dieser Kategorie auch das Nischengeschäft, z. B. bei Beratungen, die ausschließlich im öffentlichen Bereich, ausschließlich für Mittelständler im Bayerischen Wald oder Ähnliches arbeiten.

> **Kienbaum Expertentipp: Achten Sie auf qualifizierte Weiterbeschäftigungsmöglichkeiten nach dem Praktikum**
>
> Für Hochschulabsolventen bieten Juniorpositionen häufig ideale Einstiegsmöglichkeiten in die Beratung. Schon bei der Wahl des Praktikums sollten Sie allerdings darauf achten, ob Möglichkeiten bestehen, bei guter Arbeit und zufriedenstellender Kundenlage danach als Juniorberater einzusteigen. Achten Sie auch darauf, ob man selber im Laufe der Zeit verantwortungsvollere Tätigkeiten übernehmen kann oder man auch nach abgeschlossenem Studium vor allem als „Kopierknecht" eingesetzt wird.

Zusätzlich sollten Sie darauf achten, ob man wirklich etwas lernen kann und man sich auch mit den Geschäftsführern und Beratern persönlich wohlfühlt – letztlich ist es doch ein sehr menschliches Geschäft, und man wird in den ersten Jahren stark von diesen Personen abhängen und intensiv mit ihnen zusammenarbeiten.

Arbeit in großen HR-Beratungen

Einige wenige größere Beratungen haben sich zu einem Löwenanteil auf HR–Beratungsdienstleistungen fokussiert, z. B. Hay Group, Aon Hewitt, Kienbaum oder bereits in Deutschland kleinere Beratungen wie Odgers Berndtson und Towers Watson.
Im Folgenden finden Sie einige generelle Beobachtungen zum Einstieg in eine HR-Beratung.

Einstiegsposition und Beförderungsstufen

Ein Einstieg geschieht häufig in der Funktion als Juniorberater oder Beratungsassistent, die nächsten Stufen lauten Fachberater, Seniorberater, Projektleiter (oder Expert), Bereichsleiter (oder Senior-Expert) und Partner/Direktor. Die Beförderungszeiten variieren zwischen 1,5 und 4 Jahren pro Stufe und eigener Performance.

Einstiegsgehalt

Nach einer Studie von E-Fellows aus dem Jahr 2010 können in der HR-Beratung zum momentanen Zeitpunkt Einstiegsgehälter von durchschnittlich 42.000 Euro realisiert werden. Je nach Qualifikationsprofil kann dies auch etwas niedriger oder höher liegen. Die Bezahlung ist also tendenziell niedriger als in großen Strategie-Beratungshäusern, vergleichbar mit Einstiegsgehältern in der Marketingberatung, und höher als Gehälter in der IT-Beratung. Nach sieben bis zehn Jahren können inklusive Boni aber auch sechsstellige Gehälter realisiert werden, als Partner in guten Jahren weitaus höhere Gehälter im sechsstelligen Bereich (www.gehalt.de). Dies jedoch nur in guten Jahren, da mit zugenommener Seniorität die variablen Anteile (für Vertrieb, Publikationen u. Ä.) größer werden.

Up-or-Out-Prinzip

Es gilt meist ein moderates Up-or-Out-Prinzip. Die Regeln sind oft weniger strikt als in den großen Strategieberatungen, eine starke Zahlen- und Leistungsorientierung ist dennoch in vielen HR-Beratungen gegeben.

Einstellungsprofil

Bezüglich des Einstellungsprofils werden je nach momentaner Auftragslage und Konjunktur Hochschulabsolventen eingestellt oder eher nach berufserfahrenen, vertriebsstarken neuen Mitarbeitern gesucht. Generell steigen die Chancen, als erfahrener Mitarbeiter eine Position in einer HR-Beratung zu finden, wenn man bereits über ein Kundennetzwerk verfügt und somit sozusagen Marktpotenziale mitbringt, über ausreichend Erfahrung, Expertise und Seniorität verfügt, um bereits beim Kunden einsetzbar zu sein oder man eine Nische bedient (z. B. Chinesisch spricht, Experte für Arbeitsrecht ist oder Ähnliches).

Einstellung von Hochschulabsolventen

Sehr gute Hochschulabsolventen werden besonders dann eingestellt, wenn sie zuvor in Praktika gute Leistungen erbracht haben. In den hierfür kreierten Einstiegspositionen können Sie sich jedoch in den ersten Jahren auf harte Arbeitszeiten und eine steile Lernkurve einstellen.

Arbeit in großen Beratungen im HR-Bereich

In den letzten Jahren richten sich auch die großen Beratungshäuser bei den meisten Beratungsprojekten mehr auf die Rolle der Menschen mit ihrem Verhalten und ihren Emotionen aus. Dies trifft vor allem auf McKinsey, BCG, booz&co., Bain & Company, Roland Berger, aber auch Accenture, PWC und etwas kleinere Häuser wie Horváth oder Droege zu.

Es ist zwar nach wie vor erstaunlich, wie oft man bei erfahrenen Beratern auf ein sehr mechanistisches Menschen- und Organisationsbild stößt. Häufig dominiert immer noch die Vorstellung: „Wir bereiten die Soll-Prozesse vor, entwerfen neue Organisationsstrukturen, entwickeln neue Systeme und damit ist der Auftrag abgeschlossen und das Problem gelöst. Letztlich müssen die Menschen nur noch umsetzen, was wir modelliert und präsentiert haben."

Vielen Firmen stößt diese Art der Beratung hingegen immer stärker negativ auf. Denn sie machen die Erfahrungen, dass die tatsächliche Implementierung von Empfehlungen der Beratungen oft gar nicht so leichtfällt, wie es in den Präsentationen und Dokumentationen aussieht. Menschen zeigen Veränderungswiderstand, Mitarbeiter sind nicht ausreichend qualifiziert oder motiviert, Prozesse umzusetzen, und vieles mehr.

Der integrierte Beratungsansatz

Beim integrierten Beratungsansatz geht es darum, in Beratungsprojekten nicht nur die harten Faktoren (Systeme, Prozesse, Strukturen), sondern auch die weichen Faktoren (Emotionen, Verhaltensweisen, Qualifikationen, Macht- und Mikropolitik, Widerstände) zu betrachten – schon im Prozess der Analyse und Entwicklung von Empfehlungen, aber auch bei der Implementierung. Kienbaum und einige andere Beratungen verfolgen diesen Grundgedanken bereits, mehr und mehr andere Beratungen erkennen auch die Notwendigkeit, sich um HR-Faktoren stärker zu kümmern. So finden sich zunehmend auch bei Beratungen wie McKinsey oder BCG HR- und Organisationsexperten wieder. Ein zukünftiger Berufseinstiegspfad für HR-Berater könnte somit auch bei den großen Strategieberatungen liegen. Accenture sucht bereits ganz konkret nach Beratern und Trainern mit HR-Hintergrund, andere Beratungen folgen.

In großen Strategieberatungen liegen häufig die Einstiegsgehälter etwas höher als bei den reinen HR-Beratungshäusern. Von Insidern wird der interne Wettbewerb und die Arbeitslast jedoch als größer als bei reinen HR-Beratungen beschrieben. Vorteilhafterweise bieten besonders viele große Beratungshäuser Modelle an, bei denen Neueinsteiger zwei Jahre in der Beratung arbeiten und dann ein Jahr „freigestellt" werden, um zu promovieren oder einen MBA zu absolvieren. Genauere Informationen dazu finden Sie auf den jeweiligen Webseiten.

Um in den genannten Beratungshäusern erfolgreich zu sein, ist eine starke Businessorientierung (guter Umgang mit Zahlen, Interesse an betriebswirtschaftlichen Prozessen) ausgesprochen wichtig. Dies gilt natürlich immer mehr auch für viele HR-Beratungen. Reines „Gutmenschtum" wird auch im professionellen HR-Bereich häufig sehr skeptisch beäugt – obwohl menschliche Wärme (gerade beim Coaching) und Interesse an Menschen selbstverständlich Grundvoraussetzung für den Erfolg in der HR-Beratung sein sollten (vgl. Kapitel 2.4). Hier zeigt sich also die erforderliche Vielseitigkeit, auf die wir an verschiedenen Stellen noch eingehen werden.

Für Hochschulabsolventen sind die Juniorpositionen in großen Beratungshäusern häufig interessante Einstiegsmöglichkeiten in die Beratung. Diese suchen auch ganz explizit nach Hochschulabsolventen.

Arbeit in anderen Organisationsformen

In Zukunft werden mit Sicherheit andere Organisationsformen (wie z. B. HR-Experten in Inhouse-Beratungen) eine größere Rolle spielen. Momentan gibt es diese Stellen aber erst in wenigen Unternehmen und Organisationen, z. B. bei der Deutschen Bahn oder beim Bundesfinanzministerium.

Empfehlungen für den Einstieg in die HR-Beratung

Viele wichtige Punkte haben wir auf den vorigen Seiten bereits genannt, hier finden Sie noch einmal eine Zusammenfassung unserer Empfehlungen für einen gelungenen Einstieg in die HR-Beratung:

Berufseinstieg durch ein Praktikum

Praktika sind nach wie vor der Königsweg zum Einstieg in die HR-Beratung. Nehmen Sie sich die Zeit und suchen Sie sich Ihre Praktikumsstellen sorgfältig aus. Es lohnt sich im jeden Falle, vor der Wahl eines Praktikumsplatzes Referenzen einzuholen. Unterhalten Sie sich mit ehemaligen Praktikanten oder recherchieren Sie im Internet. Nicht alle Praktika halten das, was sie versprechen. Auf der anderen Seite ist ein gutes Praktikum bereits die halbe Miete beim Einstieg in die HR-Beratung. Sie können sich ein gutes Bild davon machen, ob Ihnen Kultur und Arbeitsweise gefallen und gleichzeitig eine Visitenkarte von sich hinterlassen.

Kienbaum Expertentipp: Nutzen Sie die richtige Gelegenheit

Achten Sie während Ihres Praktikums auf die „Big Points", also auf Momente, bei denen Sie mit Entscheidern (Partnern, Geschäftsführern oder Ähnliches) zusammenarbeiten. Häufig entscheiden diese kurzen Momente (eine Kundenpräsentation, die Vorbereitung eines Konzepts) über den Eindruck, den ein Entscheider von Ihnen bekommt. Sprechen Sie das Thema „Interesse an einer Übernahme nach dem Studium" proaktiv an. Verlassen Sie sich bei Ihrem Ansprechpartner nicht auf die Kunst des Gedankenlesens. Wenn Sie den Eindruck haben, dass eine gegenseitige Passung besteht, sollten Sie beginnen, gegen Ende des Praktikums nach weiteren Formen der Zusammenarbeit zu fragen (Werksvertrag, Masterarbeit oder Ähnliches).

Ein abgerundetes Beraterprofil entwickeln

Achten Sie auf ein abgerundetes Beraterprofil. Versuchen Sie sowohl Erfahrungen im eher menschenorientierten Bereich (Pädagogik, Psychologie, Soziologie) als auch im betriebswirtschaftlichen Bereich zu sammeln. Dazu muss es kein BWL-Studium sein – schon die regelmäßige Lektüre von Zeitschriften wie *brand eins*, dem Manager Magazin oder des Wirtschaftsteils großer Tageszeitungen hilft Ihnen, auch das Denken in diesem Bereich zu schulen.

Zusatzkompetenzen erwerben

Entwickeln Sie interessante Zusatzkompetenzen. Sind Sie Experte im Arbeitsrecht? Sprechen Sie fließend Holländisch oder Dänisch? Haben Sie schon eine Zusatzausbildung als Moderator gemacht? Haben

Sie schon eine Ausbildung und zwei Jahre Berufserfahrung als In-
dustriekaufmann hinter sich? Wunderbar! All dies sind Qualifikationen, die Sie interessant machen und Ihnen ein Alleinstellungsmerkmal geben. Selbstverständlich jedoch nur, wenn Sie eine Beratung finden, die mit Kunden arbeitet, die diese Qualifikationen
schätzen.

Bewerbungsunterlagen und Interview vorbereiten

Des Weiteren gilt für den Einstieg in die HR-Beratung das Gleiche
wie für den Einstieg in jeden anderen Job: Stellen Sie gute Bewer-
bungsunterlagen zusammen. Bereiten Sie sich auf die Gespräche und
auf Ihr Gegenüber gut vor. Seien Sie im Interview selbstbewusst und
halten Sie nicht mit Ihren Stärken hinterm Berg. Zeigen Sie sich
jedoch selbstreflektiert und Ihrer Schwächen und Entwicklungsfelder durchaus bewusst – bitte keine „Pseudoschwächen!" („Mein
Problem ist, dass ich immer so hart und perfekt arbeite ..."). Ganz
besonders wichtig und häufig vergessen: Machen Sie den Auswahlprozess zu einem beidseitigen Kennenlernen. Stellen Sie Fragen und
testen Sie aktiv, ob auch Sie sich in der Kultur der Beratung wohlfühlen würden. Letztlich muss es immer von beiden Seiten aus passen.

Wir sind nach wie vor fest davon überzeugt, dass eine Karriere in
der HR-Beratung zum Spannendsten und Faszinierendsten gehören
kann, was die moderne Arbeitswelt zu bieten hat. Wenn Sie individuelle Fragen zum Einstieg in diesen Bereich haben, freuen wir uns
sehr, wenn Sie mit uns persönlich oder per E-Mail Kontakt aufnehmen. Viel Erfolg bei Ihrer Bewerbung!

2.6   Methodenkompetenzen für HR-Berater

Abhängig davon, ob Sie in der Vergütungsberatung, im Bereich
Führungskräfteentwicklung oder in einem Bereich wie dem Feld der
HR–Strategie oder des Outsourcings arbeiten, werden Sie mit signifikant unterschiedlichen inhaltlichen Anforderungen an Ihre Arbeit
als Berater konfrontiert werden. Insofern ist es an dieser Stelle nicht

möglich, einen vollständigen Überblick über notwendige **fachliche Kompetenzen** an Ihre Beratungstätigkeit zu vermitteln. Geht es um allgemeine **methodische, also fachübergreifende Kompetenzen**, gibt es aber durchaus einen gemeinsamen Nenner. Wir fassen daher auf den folgenden Seiten einige Tipps und Tricks zusammen, die Ihnen – unabhängig von den Inhalten der Beratung – helfen können, Beratungsprojekte erfolgreicher zu meistern.

Ablauf eines Beratungsprojektes

Zunächst erhalten Sie einen kurzen Überblick über den typischen Ablauf eines Beratungsprojektes. Fast alle Schritte werden Sie sowohl bei HR-Beratungsprojekten als auch bei Strategieberatungsprojekten oder in anderen Fachberatungen (IT, Finanzen etc.) finden. Der Umfang, mit dem die einzelnen Schritte bearbeitet werden, hängt dabei von der Größe des Projektes ab. Ebenso wird sich der Grad unterscheiden, zu dem Sie als neuerer Berater in den einzelnen Phasen involviert sein werden. So bleibt in manchen Beratungen die Abschlusspräsentation erfahrenen Beratern in Leitungspositionen überlassen; in anderen kann es aber durchaus sein, dass Sie schon als Beratungsanfänger „ran" müssen.

Phase 1: Auftragsklärung

Nach Angebotserstellung, Projektanbahnung und Zuschlag ist die erste Projektphase die Auftragsklärung. In dieser Phase sprechen Berater mit dem Auftraggeber auf Kundenseite. Was ist genau zu tun? Was sind die Projektziele? Wie soll vorgegangen werden? Wer muss einbezogen werden? Welche Methoden dürfen nicht zum Einsatz kommen? Woran sollen die Ergebnisse gemessen werden?

Phase 2: Projektplanung

Im zweiten Schritt geht es an die Projektplanung. Berater stellen, mit oder ohne Kundenvertretern (es gibt auch gemischte Projektteams) den Projektplan auf. Wer muss was wann machen? Wann werden Ergebnisse vorgestellt? Was sind wichtige Meilensteine? Wann soll z. B. eine Befragung durchgeführt sein, wann soll das Konzept stehen? Wer hat hierin welche Aufgaben?

Phase 3: Analyse und Datenerhebung

Die Analyse- oder Diagnosephase findet sich in fast jedem Projekt. Aussehen kann sie in der Praxis sehr unterschiedlich. Berater können Interviews führen, Fragebögen versenden, Daten aus dritten Quellen sammeln (akademische Literatur, Best Practices, Benchmarking-Datenbanken) und vieles mehr. Häufig wird in der Literatur von dieser Phase eine spezielle Phase der Hypothesenbildung beschrieben. Selbstverständlich ist diese unverzichtbar, denn als Berater sollte man immer nur hypothesengeleitet Daten sammeln. Sollen die Berater z. B. ein Führungskräfteentwicklungsprogramm entwickeln, ist es sinnvoll, in dieser Phase mit Führungskräften zu sprechen und zu verstehen, was ihre typischen Herausforderungen sind. Dahinter steht die Hypothese: „Wir können Führungskräfte am besten trainieren, wenn wir Ihre Alltagsherausforderungen verstehen und anhand derer im Training üben".

Phase 4: Konzeption und Lösungsentwicklung

Auf Basis der Analysen – die häufig in einer Zwischenpräsentation vorgestellt und diskutiert werden – wird nun die für den Kunden eigentlich wertschöpfende Arbeit durchgeführt, die Konzeption und Lösungsentwicklung. In dieser Phase werden Lösungen, Konzepte, Empfehlungen, Tools oder Ähnliches entwickelt. War der Auftrag beispielsweise, in einem Unternehmen kompetenzbasiertes Personalmanagement einzuführen, wären die Berater in diesem Schritt dazu angehalten, ein Kompetenzmodell für das Unternehmen zu entwickeln. Dabei sollten die von Mitarbeitern erwarteten Kompetenzen und Verhaltensweisen selbstverständlich auf Analyseergebnissen aus der Vorphase (z. B. Interviews mit Topmanagement, Vergleich mit Unternehmen derselben Branche) beruhen.
Am Ende dieser Phase steht häufig eine weitere umfangreiche Präsentation der Ergebnisse oder ein Ergebnisbericht.

Phase 5: Implementierung

In der Phase der Implementierung ist nicht mehr jede HR-Beratung mit im Boot. Aus finanziellen, politischen oder fachlichen Gründen übernehmen hier häufig die Unternehmen und Organisationen selber. In manchen Fällen bedeutet dies im Extremfall, dass aus den

Konzepten, Lösungsvorschlägen u. Ä. gar nichts gemacht wird und die Beratervorschläge in der Schublade verschwinden. In vielen anderen Fällen werden Organisationen aber Vorschläge umsetzen – z. B. das zuvor beschriebene Kompetenzmodell im Unternehmen einführen oder das Führungskräfteentwicklungsprogramm durchführen. Gerade im HR-Bereich werden Berater aber häufig auch in dieser Phase selber beteiligt werden – z. B. indem sie selber die Programme durchführen oder Einführungsworkshops zu einem neuen Kompetenzmodell gestalten.

Herausforderungen für HR-Berater in der Praxis

Befragt man jüngere Berater aus unserer oder anderen Beratungen oder Studenten, die in studentischen Unternehmensberatungen oder an Business-Schools selber Beratungsprojekte durchführen, nach den größten Herausforderungen in der Praxis, erhält man im Allgemeinen Antworten zu den folgenden sechs Themenbereichen und Fragestellungen:

Berater müssen lernen,

1. herauszufinden, was der wirkliche Auftrag ist und welche Ziele damit verfolgt werden,
2. Projektpläne zu erstellen und Arbeit zu strukturieren,
3. eine gute und dauerhafte Beziehung zum Klienten aufzubauen,
4. relevante kundenseitige Daten und Informationen zu sammeln,
5. Ergebnisse sinnvoll und logisch aufzubereiten,
6. wirklich zu verstehen, was den Klienten interessiert und weiterbringt.

Viele der oben genannten Themen überraschen Neueinsteiger und Studenten, die in Praktika zum ersten Mal Beratungsluft schnuppern; sind sie doch im Allgemeinen nicht Teil des Lehrplans an Universitäten. Dennoch: Davon auszugehen, nach erteiltem Kundenauftrag ginge es nur noch darum, ein Projekt abzuarbeiten, würde bedeutend zu kurz greifen.

Empfehlungen für die Tätigkeit als HR-Berater

Im Folgenden finden Sie eine Sammlung von Praxistipps und Empfehlungen zu den oben genannten sechs Herausforderungen für den HR-Berater. Vollständigkeit ist dabei leider nicht zu gewährleisten. Auch wird gerade bei kleineren Projekten nicht jeder der genannten Punkte wichtig sein. Zu einem gewissen Anteil bleibt es Bestandteil und Herausforderung der Arbeit als Berater, selber zu diesen Fragestellungen Erfahrungswerte aufzubauen.

1. Empfehlungen zum Thema:
Den Auftrag und die damit verbundenen Ziele klären

Sollten Sie einen Auftrag von einem Kunden erhalten haben, nehmen Sie den Wortlaut des Auftrags nicht automatisch für bare Münze. Häufig wird der Kunde mit Sicherheit genaue Vorstellungen davon haben, was er will. Manchmal verbergen sich aber auch verschiedene Aufträge, Ziele und Ideen hinter dem offiziellen Auftrag. Mitunter sind sich Auftraggeber auch noch gar nicht bewusst, mit welcher Methode die Ziele am ehesten erreicht werden könnten. So wird manchmal dem Klienten erst im Laufe eines Projektes klar, wo der Knackpunkt wirklich liegt – dies kann zu einer Anpassung oder Schärfung des Auftrags führen. Eine weitere Herausforderung ist der „verdeckte Auftrag" – Auftraggeber verteilen einen offiziellen Auftrag (z. B. Coaching für zehn Führungskräfte), erwarten aber eigentlich etwas anderes (z. B. Assessment der besagten zehn Führungskräfte). In Kapitel 3.2 werden wir auf den Umgang mit diesem Phänomen noch genauer eingehen.

Seien Sie sich dessen bewusst, dass Berater aus ganz verschiedenen Gründen ins Haus geholt werden. Nicht immer geht es um besondere fachliche Kompetenzen. Weitere Gründe können sein:

- Gewinnung von zusätzlichen Kapazitäten bzw. personellen Ressourcen
- Legitimierung bereits getroffener Entscheidungen
- Zugang zu (externen oder internen) Daten
- Schaffung eines Verantwortlichen für unpopuläre Entscheidungen
- …

Stellen Sie relativ rasch mit Ihren Kollegen Hypothesen auf, in welcher Rolle Sie in diesem Projekt fungieren. Der tatsächliche Auftrag unterscheidet sich von Rolle zu Rolle signifikant. Sind Sie eher in der Rolle der zusätzlichen Kapazität („verlängerte Werkbank") beim Kunden, könnte es sein, dass weniger konzeptionelle Leistung von Ihnen erwartet wird.

Machen Sie sich bewusst, dass Klienten selber Lösungen auf Probleme in der Art und Weise suchen, wie sie diese bisher gelöst haben. So könnte ein Bereichsleiter ein „Konflikttraining für Mitarbeiter" in Auftrag geben, weil sich Trainings in der Vergangenheit bewährt haben. Die richtige Problemlösung wäre in jenem Fall jedoch eine Konfliktmoderation zwischen dem Bereichsleiter und zwei Teamleitern. Partiell ist es Ihre Aufgabe, nach einer Ausgangsdiagnose den Auftrag neu „auszuhandeln" bzw. alternative Methoden zur Lösung des Problems vorzuschlagen.

Sorgen Sie für mehr Klarheit über den Auftrag durch systemische oder zirkuläre Fragen wie diese: „Welches Thema sollen wir bewusst nicht behandeln?" „Was sind Nichtziele?" „Wenn ich hierzu den Vorstand fragen würde, was hätte er für Vorstellungen?" (Vgl. Kapitel 4.3.)

Stellen Sie sicher, dass Sie mit den „richtigen" Personen auf Kundenseite zusammenarbeiten. Nicht jeder Mitarbeiter, mit dem Sie im Unternehmen sprechen, ist Entscheider oder wird in der Abschlusspräsentation mit am Tisch sitzen. Selbstverständlich sollten Sie auch mit anderen Mitarbeitern wertschätzend sprechen und ihre Ideen aufnehmen. Am Ende des Tages fahren Sie aber besser damit, wenn Sie den Auftrag jener Person ausführen, die Sie dafür bezahlt.

Betreiben Sie „Re-Contracting": Sollten Sie erkennen, dass der eigentliche Auftrag nicht mehr aktuell ist (z. B. dadurch, dass sich Rahmenbedingungen ändern, geschäftspolitische Entscheidungen revidiert werden oder Ähnliches), sprechen Sie dies aktiv im Gespräch mit Ihrem Kunden an.

2. Empfehlungen zum Thema:
Projektpläne erstellen und die eigene Arbeit strukturieren

Sollte dies in Ihrer Beratung nicht automatisch der Fall sein oder von einem Projektleiter übernommen werden: Bestimmen Sie einen

Projektleiter und definieren Sie klare Rollen im Projekt. Wer übernimmt die regelmäßige Kommunikation mit dem Kunden? Wer macht Qualitätssicherung und Dokumentation? Wer analysiert Kundendaten?

Als Berater werden Sie im Projektteam häufig über Distanz arbeiten. Machen Sie sich rechtzeitig Gedanken zu Tools, mit denen die Zusammenarbeit – auch virtuell – funktionieren kann: Team-Spaces, E-Mail-Verteiler, regelmäßige Telefonkonferenzen etc.

Machen Sie in Besprechungen auch die Zusammenarbeit im Projektteam (persönliche Beziehungen, Kommunikation untereinander, Verteilung der Arbeitslast, Nutzung von Stärken etc.) an sich zu einem regelmäßigen Thema. Insbesondere bei längeren, größeren Projekten ist dies ein wichtiger Punkt, der nicht zu kurz kommen darf.

Akzeptieren Sie im Projektteam eine „Storming"-Phase. Es ist ein normaler Teil jeder Teamdynamik, dass nach der Neuformierung einer Arbeitsgruppe und einer ersten Abtastphase Differenzen in der Arbeitsweise, gewünschten Vorgehensweise und Erwartungshaltung verschiedener Gruppenmitglieder auftreten. Machen Sie sich darauf gefasst, aber sorgen Sie auch dafür, dass diese Phase die Produktivität nicht zu lange lähmt. Klare Spielregeln können helfen.

Planen Sie mit Meilensteinen und Pufferzeiten. Im Allgemeinen wird ein professionelles Projektmanagement auch vonseiten Ihres Kunden als Teil der Beratungsleistung erwartet. Und: Gehen Sie nicht davon aus, dass jeder Kunde stringentes Projektmanagement beherrscht.

Planen Sie insbesondere für das Thema „Datensammlung" genug Zeit ein. Im Allgemeinen gestaltet sich der Prozess schwieriger, als man zuvor annimmt – aufgrund von anderen internen Prioritäten, Betriebsrateinbindung und vielen anderen Gründen.

3. Empfehlungen zum Thema:
Eine gute und dauerhafte Beziehung zum Klienten aufbauen

Auch wenn es um eher fachlich-trockene Themen geht. Achten Sie auf gute Beziehungen zum Kunden. Ein gutes Verhältnis ist Grundlage für alle weiteren Themen.

Kienbaum Expertentipp: Schaffen Sie ein Vertrauensverhältnis

Zeigen Sie Verlässlichkeit und bauen Sie so Vertrauen in Sie und Glauben in Ihre Kompetenzen auf. Dazu gehört, dass Sie Deadlines einhalten, Informationen rechtzeitig zurückmelden und in Zwischenpräsentationen und Interviews oder Auftragsklärungsgesprächen Kompetenz zeigen.

Unterschätzen Sie nicht die Rolle von Smalltalk. Viele neue Projekte/Folgeaufträge sind schon am Rande von Abschlusspräsentationen oder Trainings entstanden. Aber Vorsicht: Nicht jeder Kunde ist personenorientiert – bei äußerst sachorientierten Kunden kann Smalltalk auf taube Ohren stoßen.

Vergessen Sie niemals, auch das wertzuschätzen, was der Kunde in der Vergangenheit gemacht hat. Kein Geschäftsführer freut sich über einen Bericht in der Tonart: „Bisher haben Sie alles falsch gemacht. Aber ab heute zeigen wir Ihnen, wo es lang geht".

Analysieren Sie auch kundeninterne Rollen und Erwartungen im Projekt. Bei fast keinem Beratungsauftrag gibt es „DEN Kunden". Fast immer finden Sie klientenseitig ein Konglomerat verschiedener Personen mit verschiedenen Hintergründen und auch eigenen persönlichen Agenden vor. So kann die Aussage: „Wir müssen Ihre Führungskräfteentwicklung komplett umkrempeln" beim jungen, aufsteigenden Trainee im Personalbereich auf komplett andere Resonanz stoßen, als beim Leiter Führungskräfteentwicklung, der den Bereich schon seit fünfzehn Jahren „verwaltet" und durch Ihre Aussage zunächst seine Machtbasis angegriffen sieht. Manchmal bedeutet dies für Sie eine Gratwanderung. Am besten löst man diese durch vorsichtige Formulierungen und der Grundeinstellung: „Neues vorschlagen, aber dabei Altes würdigen".

Ganz wichtig: Halten Sie interne Schwierigkeiten intern. Kein Kunde interessiert sich für Streitigkeiten im Projektteam oder nicht funktionierende IT-Systeme in Ihrem Beratungsunternehmen!

4. Empfehlungen zum Thema: Interviews führen und Informationen sammeln

Machen Sie sich bewusst, dass ein Interview immer mehr als die Sammlung von Daten bedeutet. Gleichzeitig ist es Ihre Visitenkarte und Ihre Möglichkeit, als Berater einen positiven Eindruck zu hinterlassen und für positive Mundpropaganda im Unternehmen zu sorgen. („Der stellt hier wirklich die richtigen Fragen – sprich du mit dem Berater doch auch mal!")

Achten Sie bei der Datensammlung auf Hierarchieebenen, interne Politik und Machtstrukturen. Mitunter ist es zum Beispiel gefährlich, ein Interview mit einem Mitarbeiter eines Bereiches zu führen und diesen anzuschreiben, bevor man mit seinem Vorgesetzten gesprochen hat. Optimalerweise finden Sie eine Person im Projektteam auf Kundenseite, die Sie über „interne Stoppschilder" aufklärt, bevor Sie ins Fettnäpfchen treten.

Erklären Sie in Gesprächen auch immer, wofür Sie die Informationen brauchen und was sie damit machen werden. Wenn möglich: Spiegeln Sie dem Gesprächspartner auch in späteren Projektphasen zurück, was aus seinen Informationen geworden ist.

Dies ist eigentlich eine Selbstverständlichkeit, die jedoch immer wieder in Vergessenheit gerät: Fragen Sie am Ende jedes Gesprächs (vor dem obligatorischen Dank): „Mit wem sollte ich Ihrer Meinung nach noch sprechen?" und „Wenn ich weitere Fragen zu diesem Thema habe – darf ich Sie noch einmal kontaktieren?"

Machen Sie sich bewusst, dass Sie auch auf sehr ideologisch geprägte, persönliche Ansichten stoßen können. Nicht alles, was Sie erfahren, ist die Wahrheit. Aber auch gegensätzliche Aussagen verschiedener Interviewpartner können eine interessante Informationsquelle sein und in der Kundenpräsentation wichtig werden.

Unterschätzen Sie nicht die Schwierigkeit, Gesprächspartner überhaupt zu finden. Hier ist Überzeugungsarbeit gefragt. Benutzen Sie zum Beispiel die Hierarchie (Einspielen der Befragung über den Vorstand), appellieren Sie an Vernunft, aber auch an die Eitelkeit („Ihre Meinung wäre hier besonders wichtig"). Nutzen Sie unbedingt auch Netzwerke und „Opinion-Leaders" auf der Suche nach weiteren Gesprächspartnern.

Gerade für Onlinebefragungen gilt: Pilotieren Sie Befragungen erst, bevor Sie diese firmenweit ausrollen. So können mögliche (technische) Probleme rechtzeitig behoben werden, bevor es peinlich wird. Überschätzen Sie auch nicht die „Computer-Mindedness" sowie die generelle Bereitschaft zur Teilnahme an Befragungen im Unternehmen. Eine „Response-Rate" von über 50 % kann oftmals schon als Erfolg verbucht werden.

5. Empfehlungen zum Thema: Ergebnisse erfolgreich präsentieren

Erklären Sie in jeder Präsentation zunächst die Kernziele („key objectives"), stellen Sie eine Agenda vor und nennen Sie das Thema. Dies sind eigentlich Selbstverständlichkeiten, sie werden aber immer wieder im Eifer des Gefechts vergessen. Gehen Sie nicht davon aus, dass die Unternehmensvertreter sich mit einer Thematik schon so lange beschäftigt haben wie Sie. Nicht selten stolpern Vorstände und Geschäftsführer in Beraterpräsentationen einfach hinein – z. B. zwischen Aufsichtsratssitzungen und Presseterminen.

Arbeiten Sie unbedingt mit „Action-Titles"

Der Titel jeder Folie sollte ein kompletter Satz sein und die Kernaussage der Folie zusammenfassen. Liest man alle Action-Titles hintereinander, ohne auf den Rest der Folie zu schauen, sollte sich die komplette Geschichte, die Sie erzählen wollen, ergeben („Storyline"). Action-Titles zu erstellen ist zunächst harte Arbeit, weshalb viele Berater und semiprofessionelle Beratungen diesen Schritt scheuen. Das Erstellen von Action-Titles schult das Denken aber enorm und sorgt auch beim Ersteller selber für die notwendige Fokussierung: „Was will ich mit dieser Folie wirklich sagen?" Wissen Sie selbst nicht, was Sie mit einer Folie sagen wollen, so wird es Ihr Kunde vermutlich auch nicht verstehen. (Literaturempfehlungen zum Thema Präsentieren in der Beratung finden Sie am Ende des Buches.)

So schmerzhaft es auch ist: Der Ansatz „Hauptsache der Inhalt wird klar, die Form ist egal" ist bei Beraterpräsentationen nur selten akzeptabel. Diese sollten tatsächlich perfekt sein. Ohne Rechtschreibfehler, ohne verschiedene Formatierungen, mit guten Grafiken und auf Basis einiger weniger, gut verständlicher Metamodelle („Frameworks"). Dies ist im Allgemeinen die Erwartung des Kunden: „Wenn wir schon so viel bezahlen, können wir doch zumindest eine fehlerfreie Präsentation erwarten."

Es ist durchaus legitim, am Anfang einer Präsentation das Vorwissen der Zuhörer zu erfragen. Optimalerweise sollten Sie schon vor der

Präsentation den Wissensstand kennen und Ihre Aussagen, Geschwindigkeit und Tiefe an Voraussetzungen der Zielgruppe anpassen. Dennoch werden Sie immer wieder in den Genuss kommen, plötzlich neue Gesichter in Ihrer Ergebnispräsentation zu erleben. Stellen Sie sicher, dass Sie Ihr Präsentationsniveau und die Inhalte an die Zielgruppe anpassen. Sollte das Niveau sehr heterogen sein, ist natürlich der „Entscheider" im Raum die wichtigste Referenz.

Kienbaum Expertentipp: Stellen Sie keinen Teilnehmer bloß

Stellen Sie sicher, dass kein Teilnehmer durch Ihre Aussagen vor anderen Teilnehmern bloßgestellt wird. Angenommen, der HR-Chef und der Vorstand nehmen an Ihrer Abschlusspräsentation teil: Durch eine Aussage wie „In Ihrem Unternehmen wurde HR bislang unprofessionell gemanagt" würde der HR-Chef möglicherweise sein Gesicht verlieren, eine solche undiplomatische Aussage würde aber zugleich ein schlechtes Licht auf Sie werfen.

Klären Sie vor der Präsentation, wie interaktiv diese sein soll. Ist es ein Arbeitsmeeting? Wollen Sie diskutieren? Oder sollen Sie zunächst die Ergebnisse vorstellen und dann in die Diskussion gehen? Ein kleiner Tipp zum Schluss: Am Tag vor der Präsentation und am selben Morgen kann es helfen, Nachrichten zu hören und zu lesen! Nichts ist peinlicher, als wenn Sie beim Kunden nicht wissen, dass am heutigen Tag der Geschäftsführer ausgetauscht, eine neue Firma akquiriert oder ein neues Produkt auf den Markt gebracht wurde. Gleichzeitig sorgen Sie für ein gutes Einstiegsthema, wenn Sie über die aktuellen Entwicklungen informiert sind.

6. Empfehlungen zum Thema: Verstehen, was für Klienten wirklich wichtig ist

Auch hierzu gibt es selbstverständlich keine allgemeingültigen Aussagen. So unterschiedlich die Hierarchiestufe, der Hintergrund und die Persönlichkeit, so sehr können sich auch die Interessen der Klienten unterscheiden. Insbesondere, wenn Sie aber häufiger vor demselben Kunden referieren und präsentieren, lohnt es sich unter Umständen, ein „Profiling" durchzuführen. Achten Sie darauf, was den Kunden besonders interessiert, wo er beginnt, Notizen zu machen, oder wo die Diskussionen besonders intensiv werden. Die

Wahrscheinlichkeit, dass Sie damit einen Nerv getroffen haben, ist groß.

Nehmen Sie die Perspektive Ihres Kunden ein

Am Anfang jeder Präsentation sollte der Perspektivenwechsel stehen: „Was würde ich anstelle des Kunden schon wissen, was wäre für mich neu?"
Generell haben wir die Erfahrung gemacht, dass die folgenden Themen häufig als interessant empfunden werden:

- Benchmarks und Best Practices von anderen Unternehmen (im hektischen operativen Alltag haben Manager dafür selten Zeit)
- Stimmen aus der Organisation, wenn sie sinnvoll aufbereitet sind (man kann im Allgemeinen nicht davon ausgehen, dass insbesondere höhere Führungskräfte diese ungeschönt zu hören bekommen)
- Daten und Zahlen – diese sollten jedoch wirklich fundiert sein
- persönliche Eindrücke, Intuition, Bauchgefühl, die eigene Meinung (diese muss jedoch selbstverständlich behutsam eingeführt werden)

Insbesondere bei Empfehlungen ist es wichtig, konkret zu werden. Schwierigkeiten haben Kunden häufig mit zu komplexen Theoriemodellen. Überhaupt sind „akademische Lehrbuchlösungen" nicht bei allen Kunden beliebt.

2.7 Alltagskompetenzen für HR-Berater

Viele Berufseinsteiger und andere Beratungsinteressierte, mit denen wir sprechen, beschäftigen sich intensiv damit, Strategien zu entwickeln, um den Einstieg in die Beratung zu schaffen. Das ist sicherlich richtig und notwendig. Über das nachhaltige „Überleben" in der Beratung, einmal dort angekommen, machen sich dabei zunächst jedoch die wenigsten Gedanken. Mit Sicherheit gilt meistens: Bevor man sich mit Problem 2 beschäftigt, sollte man zunächst Problem 1 gelöst haben. Gerade bei einer derart wichtigen Lebensentscheidung empfehlen wir aber, vor einem Einstieg in die Beratung sich auch mit der Frage zu beschäftigen, ob man in dieser Branche längerfristig bleiben möchte und dies auch im Alltag bewältigen kann. Die folgenden „Überlebensstrategien" beziehen sich dabei weniger auf den in vielen Beratungen offen kommunizierten und gelebten internen Wettbewerb, der durch das Up-or-Out-Prinzip entsteht. Sie sollen vielmehr Methoden aufzeigen, mithilfe derer es gelingen kann, den stressigen und oft auch emotional belastenden Beratungsalltag unbeschadet zu überstehen.

Tipp 1: Markieren Sie Ihren Urlaub und besondere Tage rechtzeitig im Kalender

Die Tätigkeit in der Beratung bietet genug Gelegenheiten und Verlockungen, auch über die 38-Stunden-Woche hinaus zu arbeiten. Selbst wenn Sie Projekte gerade erst abgeschlossen haben, kann es Ihnen als erfolgreicher Berater durchaus passieren, dass das nächste Projekt bereits auf Sie wartet. Oft überschneiden sich Projekte sogar, sodass Sie als Berater gleichzeitig für Kunde A einen Abschlussbericht schreiben und für Kunde B ein Konzept entwerfen.

Dem Burnout vorbeugen

Sicherlich ist Auslastung schmeichelhaft. Natürlich freut es den Berater, wenn er von Kunden oder internen Projektleitern für neue Aufträge angefragt wird. Sich ohne konkretes Projekt und Auftrag im Büro die Zeit zu vertreiben (Berater sagen oft, sie sind „on the beach"), ist tatsächlich eine der unbefriedigendsten Erfahrungen, die man als Berater machen kann. Zumal es im Rahmen des Up-or-Out-Prinzips vieler Beratungen nicht unbedingt hilfreich ist, für Wochen keine Auslastungstage auf seinem Konto verbuchen zu können. Dennoch: Zu viel Auslastung ist auf Dauer nicht für jeden Berater gesund. In unserer Berufspraxis und Interviews mit Beratern haben wir Geschichten von höchst erfolgreichen Beratern mit Burnout-Symptomen erleben müssen und auch die eine oder andere Trennung vom Lebenspartner mitbekommen. Der Grund war fast immer der gleiche: Beim Berater hatte eine kaum mehr kompensierbare Arbeitswut eingesetzt, er hatte oft über Monate und Jahre keinen Urlaub mehr genommen. Am besten lässt sich unseres Erachtens dieser Arbeitseifer durch eine Mischung aus inhaltlicher Begeisterung, finanziellem Interesse (mehr Auslastung = mehr Geld), Höflichkeit („Ich kann nicht Nein sagen") und Angst vor dem Einbruch der Geschäfte (weniger Auslastung = Jobverlust) erklären. Erfolgreich hätten die besagten Berater aber durchaus auch mit einigen Kundentagen weniger im Jahr sein können.

> **Buchen Sie Ihren Urlaub frühzeitig**
>
> Nehmen Sie Urlaub, denn er ist wichtig und notwendig – nicht nur, um die eigenen Energiebatterien aufzuladen, sondern auch für ein harmonisches Umfeld. Er sollte rechtzeitig, wenn möglich schon am Anfang des Jahres gebucht und die Tage im Kalender blockiert werden. Selbstverständlich besteht auch in diesem Fall eine Chance, dass Sie den Urlaub wegen einer dringenden Projektphase verschieben müssen. Wir haben diesen Fall aber in vielen Jahren nur äußerst selten erleben müssen. Noch seltener passierte dies an besonderen Tagen, z. B. an Hochzeitstagen, Geburtstagen des Partners, Abschlussfeiern der Kinder. Blocken Sie diese fest und früh.

Auch Ihr Kunde schätzt einen Berater mit Privatleben

So ernüchternd dies auch klingen mag: Kurz- bis mittelfristig ist fast jeder Berater ersetzbar, und die Welt geht meistens auch nicht unter, wenn ein Workshop nicht an einem bestimmten Termin durch einen bestimmten Berater durchgeführt werden kann. Bemerkenswert ist aber vor allem: Sogar die meisten Kunden haben Verständnis für private Belange von Ihnen als Berater! Viele sind ebenfalls Familienmenschen, die versuchen, ein Leben neben der Arbeit zu balancieren. Sie wünschen daher zwar einen kompetenten Berater, aber keine Arbeitsmaschine an ihrer Seite.

Tipp 2: Beschweren Sie sich niemals über andere Berater, insbesondere nicht bei Ihrem Kunden

So gerne Kunden bei Beratern (gerade im HR–Bereich) auch die menschliche Seite sehen, so gefährlich kann es dennoch werden, in den Kundenbeziehungen zu vertraulich zu werden.
Die Versuchung kann – gerade bei längeren Projekten im Hause des Kunden – groß werden. Die eigene Zentrale ist weit entfernt, den

größten Teil des täglichen Lebens verbringen Sie mit dem Kunden zusammen und im Haus des Kunden. Nur allzu menschlich, dass man versucht, persönliche Beziehungen aufzubauen. Nicht nur aus geschäftlichen Gründen, sondern auch, um sich wohler zu fühlen und die Atmosphäre angenehmer zu gestalten.

Was läge da näher, als die Gelegenheit zu nutzen, die eigenen Karten im Spiel mit dem Kunden weiter zu verbessern? Ein paar negative Bemerkungen und man könnte den lästigen Konkurrenten in Bezug auf die Beförderung schnell alt aussehen lassen. Vielleicht hört ja sogar der Projektleiter davon, dass sich Ihr Berufskollege nicht gerade gut beim Kunden verkauft hat?

Beispiel: Keine Beschwerden über andere Mitarbeiter an den Kunden

Manche Kunden, so haben wir (leider) immer wieder erlebt, genießen es sogar, wenn sie von dem Berater Interna erfahren können: „Sagen Sie doch mal ganz ehrlich, jetzt wo wir hier bei einem Bier zusammensitzen. Was halten Sie denn von Ihrem Co-Trainer wirklich? So richtig toll ist das ja nicht, was Ihr Kollege in den Trainings erzählt. Glauben Sie, der wird bei Ihnen in der Beratung noch Karriere machen?"

Einer Sache können Sie sich sicher sein: Sollten Sie sich auf diese Gespräche einlassen, wird es nicht bei diesem einen Gespräch bleiben. Die entsprechenden Kunden werden häufiger Gelegenheiten suchen, mit Ihnen Insiderinformationen aus Ihrer Beratung auszutauschen. Und es wird der Moment kommen, bei dem diese Informationen nicht nur zu Ihrem Vorteil genutzt werden.

Oder es kommt der Moment, in dem Sie auf ein Beratungsprojekt bei einem anderen Kunden wechseln und Ihr besagter Kollege den Kunden übernehmen soll. Dieser weigert sich jedoch nach Ihren Insiderinformationen, den Kollegen zu akzeptieren, und kündigt die Partnerschaft gleich vollständig auf („Sie oder keiner!").

Gewinnen können Sie langfristig kaum, wenn Sie zu tief „in das System fallen". Nebenbei: Sie können sich fast sicher sein, dass besagte Kunden ähnliche Gespräche mit Ihren Kollegen über Sie führen werden. Ähnliches gilt aber auch intern. Natürlich werden Sie immer wieder von Kollegen und Vorgesetzten gefragt: „Du hast doch schon mit Werner zusammengearbeitet. Wie macht er sich denn so beim Kunden. Können wir ihn da hinschicken?" Hier ist

Fingerspitzengefühl gefragt. Einerseits wollen Sie den Kollegen natürlich nicht anschwärzen, wenn Sie ihn für noch nicht geeignet halten. Andererseits wollen Sie auch nicht, dass der Kollege bei einem Kunden eingesetzt wird, dort persönlich Schiffbruch erleidet, das Projekt unter Umständen gefährdet und die Schuld aufgrund einer falschen Empfehlung Ihnen angelastet wird. Gute Erfahrung haben wir mit einer ehrlichen, aber balancierten Einschätzung gemacht: Stellen Sie sowohl die Stärken als auch die Schwächen dar und verdeutlichen Sie, in wie vielen Situationen Sie den Kollegen erlebt haben.

Tipp 3: Achten Sie auf Ihr Auftreten – in jeder Situation

Bei aller Freundschaftlichkeit und Nähe: Bleiben Sie professionell! Diese Regel gilt wohl nicht nur für Berater, sondern auch für Führungskräfte, Lehrer, Ärzte, Rechtsanwälte, Bürgermeister und viele andere Berufsgruppen, an die von vielen verschiedenen Seiten ganz unterschiedliche Rollenerwartungen gestellt werden.

Wahren Sie eine professionelle Distanz zum Kunden

So schön es auch ist, mit Auftraggebern oder Trainingsteilnehmern ein oder zwei Gläschen am Seminarabend zu trinken: Übertreiben Sie das Get-together nicht. Berichten Sie gerne über Ihre Familie oder Ihren nächsten Urlaub, aber lehnen Sie die Einladung zum gemeinsamen Saunabesuch mit dem Kunden dankend ab.
Gleichermaßen gilt: Für die Mitarbeiter werden Sie immer den Stempel „Berater" tragen, so sehr Sie auch vom Kunden akzeptiert werden. Gerade während der ersten Tage im neuen Unternehmen sollten Sie sich Ihrer Wirkung und Rolle besonders bewusst sein. In vielen Organisationen stellt schon die Anwesenheit eines Beraters im Anzug und Krawatte eine deutliche Intervention dar. Dass Sie durchs Haus gehen, kann alle möglichen Emotionen auslösen; von Furcht um den Arbeitsplatz („der räumt hier auf!") und offenkundiger Ablehnung (wieder ein „Versager in Nadelstreifen!") bis zu Vorfreude („endlich tut sich hier was!").

Setzen Sie Statussymbole vorsichtig ein

Unterschätzen Sie nicht die Wirkung von Insignien und Symbolen, die Sie als Berater im Kundenkontakt tragen. Sollten Sie für einen ersten Workshop zu einem Restrukturierungsprojekt in einem Produktionsbetrieb fahren und die freundliche Dame bei der Autovermietung meint es besonders gut mit Ihnen und gibt Ihnen einen Upgrade auf den neuen Sportwagen: Seien Sie klug und überlegen Sie, ob Sie nicht lieber einen Kilometer vor dem Werksgelände parken und die letzten Meter zu Fuß laufen möchten oder lassen Sie sich einfach einen bescheideneren Wagen geben.

Tipp 4: Achten Sie auf Bewegung, gesunde Ernährung und Schlaf

Gerne vergisst man im anstrengenden und vielseitigen Beratungsjob das „Drumherum". Arbeit gibt es genug, menschliche Interaktion ist in Hülle und Fülle vorhanden, und meistens gibt es auch genug zu essen und zu trinken.

Sorgen Sie für Erholungsphasen

Um den Marathonlauf in der Beratung zu überstehen, sollten Sie lernen, Ihre Kräfte einzuteilen und Ihren Energiehaushalt zu managen. Bauen Sie bewusste Erholungsphasen ein, um Ihre Batterien aufzuladen. Legen Sie Obst- und Gemüsetage ein. Trinken Sie ausreichend Wasser und Tee. Nehmen Sie auf Trainings Ihre Joggingschuhe mit und suchen Sie sich Auszeiten, um eine halbe Stunde rauszukommen.

Da jeder Mensch über unterschiedliche Strategien verfügt, sich fit zu halten, ist es an dieser Stelle nicht möglich, pauschale Empfehlungen zum optimalen Vorgehen zu geben. Wichtig ist die Grundeinstellung: Beratung ist ein anstrengender Beruf, der aufgrund von Reisetätigkeit, Arbeitsmenge, Erwartungsdruck und Interaktionsdichte höhere geistige und körperliche Anforderungen an Sie stellen wird als mancher klassische Bürojob. Die bekannte Redewendung *Mens Sana in Corpore Sano* wird daher für Sie als Berater noch wichtiger – insbesondere wenn Sie über mehrere Jahre in diesem Feld tätig sein möchten.

Tipp 5: Managen Sie die Erwartungen des Umfeldes an Ihre zeitliche Verfügbarkeit

Radikale Bücher zum Einstieg in die Beratung enthalten häufig Tipps wie diesen: „Misten Sie Ihren Freundeskreis aus und konzentrieren Sie sich auf maximal fünf Personen, die Ihnen wirklich wichtig sind." Dies halten wir für groben Unsinn, der zeigt, wie gefährlich es sein kann, zu viel Zeit mit bestimmten Unternehmensberater-Typen (in diesem Fall Strategieberater amerikanischer Prägung) zu verbringen.

Arbeitsintensive Phasen und ruhigere Zeiten wechseln sich ab

HR-Beratung verläuft häufig zeitlich anders als es manche Ratgeber suggerieren. Sie manifestiert sich nicht in regelmäßigen 70-Stunden-Wochen, sondern in Tagen und Wochen besonderer Anstrengung (Moderation vor Ort, Projektpräsentationen), aber auch Phasen stärkerer Autonomie und niedrigerer zeitlicher Belastung (z. B. Angebotserstellung, Konzeption, Nachbereitung von Trainings).

Auf regelmäßige Hobbys verzichten

Für die meisten HR-Berater gilt, dass sich die verfügbare Zeit für Freunde gegenüber der Studienzeit verringern oder zumindest anders verteilen wird. Besonders schwer ist es für HR-Berater, regelmäßigen Hobbys nachzugehen. „Was, du kommst nicht mehr jeden Montagabend um 17:30 Uhr zu unserer Doppelkopfrunde? Typisch Berater ...!" Und auch regelmäßige Sportveranstaltungen an den Wochentagen sind aufgrund der Reisezeiten schwierig einzuhalten.

Wichtig ist in diesem Zusammenhang ein realistischer Umgang mit der eingeschränkten zeitlichen Verfügbarkeit, gerade in Bezug auf Partner, Familie und den engsten Freundeskreis. Wenn Sie intuitiv wissen, dass Sie für ein Projekt wochenlang intensiv arbeiten müssen, versprechen Sie Ihrem Partner nicht, ab 20:00 Uhr ganz für ihn da zu sein. Wenn Sie zwei Tage in einer Stadt verbringen, in der eine alte Bekannte wohnt, Sie aber von 8:00 bis 19:00 Uhr einen Topmanagement-Workshop durchführen müssen, verabreden Sie sich nicht um 20:00 Uhr, nur um später doch absagen zu müssen. Ihr Partner oder Ihre Bekannten werden Ihnen jenes Verhalten wahrscheinlich stärker übel nehmen, als wenn Sie von vorneherein deutlich machen, dass Sie in den nächsten Tagen wenig oder keine Zeit haben werden.

Oder sie werden Ihnen die Freundschaft oder die Beziehung aufkündigen, was Sie vor neue Fragen stellt: Sind dies die richtigen Freunde? Ist dies der richtige Partner? Ist dies der richtige Job? Aller Erfahrung nach ist auch dieser häufig schmerzhafte Findungsprozess für eine dauerhafte Arbeit in der Beratung hilfreicher als ein ständiger Eiertanz und der Versuch, alle Menschen in Ihrem Umfeld glücklich zu machen und dann doch ständig zu vertrösten.

An Wochenenden muss nicht gearbeitet werden

Insbesondere in der HR-Beratung sind die Wochenenden meistens frei (zumindest kann man sie sich frei halten) und auch ein Urlaub kann fast immer genommen werden. Außerdem gibt es immer wieder Phasen reduzierter Arbeitslast. Viele Berater berichten sogar, dass sie seit dem Einstieg in die Beratung über mehr „Qualitätszeit" mit Menschen, die ihnen etwas bedeuten, verfügen als zuvor.

Tipp 6: Wägen Sie die Ressourcen Zeit und Geld ab

Für viele Berufseinsteiger ist die gute Bezahlung einer der wichtigsten Beweggründe für die Arbeit als Berater. In HR-nahen Beratungszweigen fällt die Bezahlung zwar häufig nicht ganz so üppig aus wie bei der Arbeit für die großen Strategiehäuser oder für Anwaltskanzleien. Überdurchschnittlich sind die Gehälter aber auch hier.

Freie Zeit ist eine knappe und wertvolle Ressource

Spätestens nach einigen Berufsjahren (und der einen oder anderen Gehaltserhöhung) sind finanzielle Engpässe nicht mehr die zentrale Problematik der Arbeit in der Beratung. Immer stärker wird deutlich, dass die freie persönliche Zeit eine bedeutend knappere, vielleicht sogar wichtigere Ressource wird.

> **Manchmal sollten Sie sich etwas gönnen**
>
> Wir haben die Erfahrung gemacht, dass jene Berater langfristig besser mit der beruflichen Last zurechtkommen, die sich ab und zu „etwas gönnen" – zum Beispiel in dem sie auch privat ein Taxi nehmen, anstatt

zwei Stunden ihrer knappen Freizeit auf einen Bus zu warten, zweimal umzusteigen und in der Straßenbahn durch die Stadt zu fahren. Oder indem sie für ihren jährlichen Urlaub einen etwas teureren Direktflug buchen, anstatt einen Tag im Transit zu verlieren.

Letztlich bleibt es jedem Berater selber überlassen, wie, wann und ob er sein Geld ausgeben oder lieber sparen möchte. Wer sich die Strapazen der Arbeit aber maßvoll mit Angenehmerem versüßt und seine wenigen freien Stunden primär der Erholung widmet, ist häufig besser für den Beratungsmarathon gerüstet.

Tipp 7: Legen Sie im privaten Umfeld Ihre Beraterrolle ab

Beispiel: Berater Wolf in der Freizeit

An einem der wenigen freien Samstagabende hat sich der Berater Wolf mit alten Studienfreunden in einer Berliner Kneipe verabredet. Christoph berichtet von seinem neuen Job in einem Konzern, Thomas steckt noch mitten in der Doktorarbeit und Florian hat seine neue koreanische Freundin mitgebracht, die in einem Schweizer Tourismusressort asiatischen Gästen Luxusuhren verkauft. Er hatte sie im Urlaub kennengelernt, und sie besucht ihn dieses Wochenende zum ersten Mal in Deutschland.

Schon nach wenigen Minuten ist Wolf in seinem Element: Das Geschäftsmodell des Uhrenhändlers wird sogleich analysiert. Dass die Prozesse in dem Schweizer Laden noch nicht ausreichend modelliert worden sind, ist ihm auch schnell klar geworden. Jetzt wird das CRM-System von Florians neuer Freundin auf Herz und Nieren getestet. Schon nach wenigen Minuten sehnt sich Florians Freundin nur noch nach einem: dass nicht alle deutschen Freunde von Florian so wie Wolf sind und sie in Berlin auch entspanntere Gespräche führen wird ...

Klischees zum Beraterberuf

Mit Politikern und Journalisten haben Berater besonders eines gemein: Ihr Berufsstand ist nicht unbedingt beliebt und die häufig sinnvolle und auch schwierige Arbeit wird nicht von jedem gewürdigt.

Klischees zum Beraterberuf gibt es wie Sand am Meer:

* „Berater verkaufen Common Sense, um damit jede Menge Geld abzusahnen."

- „Das sind doch eigentlich unsichere, elitäre Muttersöhnchen, die noch nichts vom Leben gesehen haben, aber glauben, die Weisheit mit Löffeln gefressen zu haben."
- „Gerade erst aus der Uni raus und denken schon, sie wüssten, wie die Welt zu funktionieren hat."
- „Ein Leben in Saus und Braus: Schickes Auto, Rolex, neuestes Handy. Da hält die menschliche Reife oft nicht mit der Dicke des Geldbeutels mit."
- „Arbeitstiere, sehen die Welt nur mit der rationalen Brille. Der Mensch und das Gefühl bleiben dabei auf der Strecke."

Die Liste von Klischees ließe sich beliebig fortsetzen. In jedem dieser Beschreibungen mag zwar auch für bestimmte Berater ein Fünkchen Wahrheit stecken. Der Großteil der Aussagen entspringt jedoch oft bloßer Unwissenheit oder ist die Vereinheitlichung eines Eindrucks, der vielleicht einmal bei der Interaktion mit einem einzelnen „Berater-Prototypen" gewonnen wurde oder einfach gerne weitererzählt wird, weil es so lustig ist.

Sie können sich also darauf einstellen, nicht überall als Berater beliebt zu sein. Dies gilt oft, obwohl Sie als HR-Berater das angeblich „typische Beratungsspiel" (in die Firma reinkommen – alles auf den Kopf stellen – Leute rausschmeißen – die Firma im Chaos hinterlassen) ja gar nicht spielen.

Höchstwahrscheinlich wird es dennoch von Ihrem Umfeld mit Dankbarkeit aufgenommen werden, wenn Sie auch einige Jahre nach dem Berufseinstieg immer noch „derselbe wie früher sind". Protzen Sie daher nicht zu aufdringlich mit Ihren neuen Statussymbolen (Dienstwagen, iPhone etc.), auch wenn Sie das Gefühl haben, sich diese hart verdient zu haben. Analysieren und optimieren Sie nicht auch im Privaten alles bis zur Perfektion. Zeigen Sie Verständnis dafür, dass andere Menschen anders sind als Sie und oft andere Ziele und Werte haben.

Wenn Sie diese Ratschläge nicht beherzigen wollen („Ich bin wie ich bin") und Ihr früheres Umfeld Sie in Ihrer neuen Beraterrolle nicht akzeptieren möchte, bleibt Ihnen selbstverständlich noch immer die Möglichkeit, sich ein neues Umfeld zu suchen und aufzubauen. Nicht zuletzt deshalb findet man viele Berater-, Coach- und Trainerehen und erlebt oft Freundschaftsbeziehungen, die sich aufgrund gemeinsamer Projekte entwickelt haben. Gemeinsamkeit schafft nun einmal Nähe.

Tipp 8: Suchen Sie „Parallelwelten" auf und erleben Sie diese bewusst

Insbesondere wenn Personen in Ihrem nahen Umfeld in einem ähnlichen Kontext wie Sie arbeiten, wird es für Sie zunehmend wichtiger werden, auch andere Lebensrealitäten als jene des Beraters bewusst aufzusuchen und zu erleben. Denn die Gefahr besteht: Wohlgebettet in den schönsten Hotels, abwechselnd im Flugzeug, der ersten Klasse im ICE und im Taxi unterwegs und auch im Bekanntenkreis von gebildeten Menschen umgeben, hat schon so mancher Berater die Bodenhaftung verloren. Dies gilt übrigens nicht nur für Berater. Auch Investmentbanker sind aufgrund der langen Arbeitszeiten und des speziellen Umfeldes für dieses Phänomen besonders prädestiniert.

HR-Berater haben nicht nur mit Topmanagern zu tun

Als HR-Berater werden Sie nicht ausschließlich mit Topmanagern und Geschäftsführern arbeiten. Ein Training mit Sachbearbeitern, ein Workshop mit Meistern und Vorarbeitern in der Produktion bringt Sie ohnehin rasch wieder auf den Boden der Tatsachen zurück.

Am besten, Sie bleiben aber gleich auf dem Boden stehen und heben erst gar nicht zu weit ab. Wir haben Berater erleben dürfen, die durch unpassenden Habitus, Kleidung oder Wortwahl beim Kunden wichtige Aufträge und Projekte verloren haben. Nicht jeder Meister in der Produktion freut sich darauf, von Ihnen über Ihren neuen Porsche unterrichtet zu werden. Der Ausflug in „Parallelwelten" – sei es die freiwillige Mitarbeit in sozialen Projekten beim Corporate Volunteering, die Reise in weniger entwickelte Länder oder einfach der Sonntag mit Verwandten im Seniorenheim – kann auch persönlich sehr bereichernd sein; nicht zuletzt, weil er dabei hilft, eigene berufliche und private Probleme zu relativieren.

Tipp 9: Pflegen Sie langjährige Kundenbeziehungen

Spätestens in einem beruflichen Stadium, in dem die Akquise neuer Aufträge Teil Ihrer Beraterarbeit wird, sollte Ihnen bewusst sein: Es ist fast immer leichter, bestehende Aufträge zu erweitern oder bei einem langjährigen Kunden neue Projekte zu verkaufen als bei der Akquise in neuen Organisationen Fuß zu fassen.

Pflegen Sie also lange, intensive Kundenbeziehungen. Achten Sie auf Möglichkeiten zur Erweiterung bestehender Projekte, ohne dabei übermäßig aufdringlich und marktschreierisch zu agieren. Die meisten Kunden werden dankbar sein, auch beim nächsten Assessment-Center nicht nach einem neuen Dienstleister suchen zu müssen, sondern sich auf Ihre Qualität verlassen zu können. Durchaus können Sie sich hierfür selber ins Gespräch bringen. Haben Sie bereits Veränderungsworkshops für alle Teamleiter einer Firma durchgeführt, schlagen Sie dem Personalverantwortlichen doch vor, nun auch die Bereichsleiter zu entsprechenden Workshops einzuladen!

Investieren Sie in Ihre Kundenbeziehungen

Investieren Sie in die Beziehungen. Dazu kann unter Umständen auch gehören, eine kleinere Dienstleistung für Ihren engsten Kunden nicht auf Heller und Pfennig abzurechnen. Nach unserer Erfahrung zahlt sich dieses Verhalten in fast allen Fällen früher oder später aus. Amerikaner sprechen in diesem Zusammenhang gerne vom „Emotional Bank Account". Das deutsche „Eine Hand wäscht die andere" beschreibt den Sachverhalt nur ungenau.

Es gibt wohl kaum ein schöneres Kompliment für einen Berater, als vom besten Kunden für einen weiteren Workshop angefragt zu werden. Allein dafür lohnt sich die Beziehungsarbeit.

Extra 1: Die Sprache der Berater: Jargon oder Fachsprache?

Die Beratersprache ist nicht überall beliebt und gelegentlich Gegenstand von Satire. Im diesem humorvoll aufbereiteten Kapitel beschäftigen wir uns mit der Fragestellung: Wann ist die Beratersprache nützlich und angebracht, wann ist sie als exklusiver Jargon eher geschäftsschädigend? Lesen Sie zur Einstimmung das (selbst-)ironische Beispiel der Vollblutberater Flücker und Franzmann. Gleich im Anschluss finden Sie ein Glossar zur Übersetzung des verwendeten Beraterjargons.

Beispiel: Flücker hat einen Hidden Champion erlegt

Darauf hatten der Principal Konstantin Flücker und der Senior Consultant Frederik Franzmann von der Firma „Process Consultants" lange hingearbeitet! Sie haben einen sehr erfolgreichen Mittelständler aus der Automobilzuliefererindustrie für ein erstes Projekt gewinnen können – Flücker würde vermutlich sagen, er habe einen „Hidden Champion erlegt". Es geht zunächst um eine Effizienzanalyse der bestehenden Prozesse der Personalabteilung ... oder, wie Franzmann sagen würde, um einen „HR-Quick-Check". Die beiden sitzen noch allein im Büro des Personalleiters Herrn Vogt und bereiten sich auf das bevorstehende Auftragsklärungsgespräch vor:

Flücker: Den Kick-off müssen wir nutzen, um uns hier richtig reinzubohren!

Franzmann: Du, ich hab da keinen Sweat mit! Wenn wir denen ein paar Quick Wins generieren können, sind wir direkt mit im Boot. Das sollte aus meiner Sicht unser erstes Doing sein. Das PMO habe ich schon gebrieft, die wissen Bescheid. Wenn wir die Botschaft dann gleich im richtigen Moment bei Herrn Vogt droppen können, ist die Sache safe.

Flücker: Das sehe ich genauso, ein richtig dickes Projekt hier wäre genau das richtige Geschenk zu meiner nächsten Senioritätserweiterung in 6 Monaten! (Anm. d. Red.: Er meint seinen Geburtstag ...)

Der Personalleiter Herr Vogt kommt ins Büro, die beiden verstummen nur kurz, dann ergreift Flücker – der Ranghöhere – wieder das Wort:

Flücker: Schön, dass das so kurzfristig geklappt hat, Herr Vogt! Ich habe schon von Ihrem Kollegen gehört, dass Sie sehr Berater-minded sind, das freut uns natürlich! Wir sind überzeugt, dass wir Ihnen mit unseren USPs im Bereich HR-Prozesse zu einem weiteren Refinement Ihres Verantwortungsbereichs verhelfen können!

Franzmann: So stellen wir auch sicher, dass die Arbeit Ihrer Abteilung wirklich aligned mit der Unternehmensstrategie ist, danach geht es dann letztlich nur noch um Finetuning!

Flücker: Das Proceeding ist aus unserer Sicht das Folgende: Wir müssten dafür zunächst mal heute einen sauberen Prozess einsteuern und im ersten Schritt die relevanten Unterlagen screenen. Hierfür haben wir eine Reihe innovativer Tools im Gepäck, das geht ganz fix, Sie werden sehen! Wir sammeln in Debriefings aus anderen Projekten systematisch Learnings und Best Practice Cases zu diesem Topic. Am Ende des Tages kommt es schließlich darauf an, dass Ihre Prozesse perfekt engineert und designt sind. Das muss ja alles Value haben!

Franzmann: Wenn Sie uns zu den Daten kurzfristig Zugang verschaffen, delivern wir innerhalb der nächsten zwei Wochen sämtliche strategischen Needs für Ihren Bereich. Dazu brauchen wir dann natürlich Ihr zeitnahes Feedback.

Flücker: Da bin ich ganz bei dir, Fil, geben Sie uns dann dazu gern asap Rückmeldung, Herr Vogt, sodass wir im Anschluss kurzfristig die finalen Results verabschieden können. Hier müssen wir uns klar auf die Prozessebene fokussieren, das darf natürlich bei aller Prozessgeschwindigkeit kein Quick-and-Dirty-Approach werden! Und machen Sie sich keine Sorgen bezüglich der Deadline, Herr Vogt! Berater, die bei uns im Projekt nicht performen, landen ganz schnell auf unserer internen Shootout-List! Aber ich würde das jetzt gern auch mal von extern wissen, Herr Vogt, was denken Sie dazu?

Herr Vogt blickt die beiden irritiert an: Entschuldigung, was haben Sie gerade gesagt? Ich habe offenbar gerade abgeschaltet ...

Flücker: Kein Problem Herr Vogt, da bin ich ganz bei Ihnen, das kennen wir. Wir denken schnell und wir reden schnell. Herr Franzmann muss seinen Flug nach Zürich erwischen, er pitcht dort morgen gegen einen Wettbewerber von uns. Lassen Sie uns beide doch am besten im Anschluss einfach bilateral essen gehen, dann hole ich Sie noch mal ins Boot. Was denken Sie, will Ihr GF uns vielleicht heute Abend noch joinen?

Vogt: Herr Flücker, ich befürchte, das will er nicht. Er spricht kein Englisch. Und ich habe leider auch überhaupt keine Zeit, fällt mir ein. Danke Ihnen für das Gespräch. Ach so, Herr Flücker? Die Auftragsbestätigung ist, soweit ich weiß, noch nicht unterschrieben, oder?

Glossar zum Beraterjargon

Beraterjargon	Übersetzung in die Alltagssprache
etwas droppen	eine Botschaft platzieren
Hidden Champion	Ein Unternehmen, welches in seiner Branche zu den erfolgreichsten gehört, das aber kaum jemand kennt
Senioritätserweiterung	Geburtstag
PMO	Abkürzung für Projectmanagement-Office, der Ort, an dem ein Projekt koordiniert wird
Pitch	Angebotspräsentation beim Kunden
Principal	Führungsfunktion in einer Beratungsfirma
Senior Consultant	mittleres Beraterlevel
Ich hab da keinen Sweat mit.	Das geht für mich völlig in Ordnung.
Doing	Aktivität/Aufgabe
jemanden briefen	jemanden mit relevanten Informationen zu einem Thema versorgen
Der Kunde ist Berater-minded.	Der Kunde schätzt die Zusammenarbeit mit Beratern.
USP	Abkürzung für Unique Selling Proposition (Alleinstellungsmerkmal)
Refinement	Verbesserung/Optimierung
aligned	abgestimmt
Proceeding	Vorgehensweise
screenen	etwas sichten/prüfen/durchsehen, z. B. Unterlagen
Debriefing	Abschluss- und Auswertungsgespräch z. B. nach einem Projekt
Learnings	Dinge, die man aus einem Projekt für die Zukunft lernen will – positive wie negative
Best Practice Cases	Beispiele anderer Projekte/Kunden, bei denen es besonders gut läuft

Beraterjargon	Übersetzung in die Alltagssprache
delivern	Ergebnisse liefern
asap	Abkürzung für „as soon as possible" (so schnell wie möglich)
Quick-and-dirty-Approach	eine Aufgabe schnell, aber oberflächlich bearbeiten
Shoot-out-List	Liste, auf der Dinge zum Aussortieren stehen, z. B. Themen, Projekte, Personen
bilateral essen gehen	zu zweit essen gehen

Jargon oder notwendige Fachsprache?

„Berater reden zu hören klingt in der Tat absonderlich", schreibt Steffen Richter in einem Text zu Falk Richters „Consulting-Oper", die im Rahmen der Ruhr Triennale 2007 zu sehen war (Richter, 2007). Und tatsächlich spürt man eine deutliche Irritation, wenn die Anglizismen wie in unserem (ironischen) Beispiel nur so niederprasseln. All diese Formulierungen sind uns bereits im Berateralltag begegnet. Was soll uns das nun sagen? Sind Berater nicht mehr in der Lage, wie normale Menschen mit normalen Menschen zu kommunizieren?

Steffen Richter wird in seinem Text bald versöhnlich: „Die Sprache der Berater, so lässt sich festhalten, ist durchaus nicht die eines fremden Fabeltiers. Sie taugt nur wenig zur Denunziation des Berufsstandes, gehören ihre Bestandteile doch ebenso gut in konventionelle oder populäre Kommunikationszusammenhänge."

Das führt uns zum Punkt: Wie jede andere Sub- und Branchenkultur bilden auch Berater eine eigene Sprache aus. Ähnlich wie Journalisten, Werber, Finanzspezialisten, Möbelverkäufer, Skater oder Hip-Hopper. Und innerhalb der Beratungsbranche gibt es wiederum viele verschiedene Sprachen, die sich teils deutlich voneinander unterscheiden und die bei der jeweils anderen Fraktion Befremden auslösen. Setzen Sie beispielsweise mal einen systemischen Berater mit psychologischem Hintergrund und einen klassischen Fachberater mit Finanzhintergrund für eine Stunde zusammen in einen Raum, und bitten Sie sie darum, sich über einen gelungenen „Projektangang" in einem Change-Prozess zu unterhalten. Sie werden wahrscheinlich zwei stark irritierte Menschen antreffen, wenn Sie die Türen wieder öffnen.

Die Beratersprache sollte anschlussfähig für die Kunden sein

Wie anschlussfähig Ihre Sprache also ist, hängt in erster Linie vom Kontext ab, in dem Sie sich als Berater bewegen. Das kann zum einen die *Branche* sein: Bei Kunden aus dem Mittelstand wirkt die Sprache der beiden Berater in unserem ironischen Beispiel abgehoben und befremdlich. Wenn Sie damit bei Führungskräften einer Landespolizei auflaufen würden, kämen Sie vermutlich gerade mal bis zum Schreibtisch Ihres Gesprächspartners, nur um sofort wieder rausgeschickt zu werden. In einem internationalen Konzern hingegen fällt es möglicherweise nicht mal auf.

Ein weiteres wichtiges Kriterium ist, auf welcher Ebene in der *Hierarchie* einer Organisation Sie sich bewegen. Interviewen Sie Meister und deren Mitarbeiter, werden diese Ihre Sprache anders aufnehmen und bewerten, als wenn Sie mit einem Bereichsleiter oder einem Vorstandsmitglied zusammensitzen. Stellen Sie sich Flücker und Franzmann mit Ihrem Auftritt mal auf dem – wie die beiden es nennen würden – „shopfloor level" (also der Produktionebene) vor. Weiterhin gilt das außerdem für unterschiedliche *Unternehmensbereiche*. Im Personalbereich sind häufig eher Berater mit einer weichen, konsensorientierten Sprache gern gesehen, während „diese Weichspülerei" im Werk häufig gar nicht gut ankommt. Hier wird eher ein klares Wort geschätzt. Auch auf Topmanagement-Ebene kommt in der Regel eher der handlungs- und zahlenorientierte Berater gut an. Der Unterschied macht ja auch Sinn, wenn man sich überlegt, an welchen Themen Personalbereich, Finanzbereich und Topmanagement arbeiten und welchen Fokus sie dementsprechend auf Themen haben: Dem stereotypen Finanzspezialisten werden Ausdrücke wie „die emotionale Ebene in Change-Prozessen" vermutlich fremd sein, und bei einem Ingenieur sprechen Sie vielleicht besser von einem „Eindruck" oder einer „Überzeugung" als von einem „Bauchgefühl" oder einer „Intuition".

Fazit

Es gibt nicht die richtige oder falsche Beratersprache. Es gibt aber sehr wohl bewusste und selbstreflektierte Sprache. Als Berater müssen Sie wissen, was Sie bei wem mit Ihrer Sprache auslösen, bei wem Sie damit anschlussfähig sind und bei wem nicht. Damit möchten wir Ihnen nicht empfehlen, ein sprachliches Chamäleon zu werden. Sie sollen nicht, je nachdem wer vor Ihnen steht, eine vollkommen andere Sprache sprechen. Letztlich muss Ihre Sprache ja auch zu Ihrer Persönlichkeit passen. Es kann aber durchaus sinnvoll sein, Nuancen zu verändern und zum Teil einen anderen Ton anzuschlagen oder einfach bestimmte Vokabeln wegzulassen. Damit erleichtern Sie sich sowohl Ihr Beraterleben als auch das Ihres Kunden ungemein.

Bewusstsein für die eigene Sprache entwickeln

Die folgenden Tipps zeigen Ihnen, wie Sie in Ihrem Sprachgebrauch als Berater sensibel und aufmerksam bleiben.

Tipp 1: Vermeiden Sie Monokulturen

Umgeben Sie sich nicht nur mit Ihren Kollegen! Das erhöht die Gefahr, dass ein bestimmtes Beratervokabular so sehr zur Normalität wird, dass Sie außerhalb Ihrer Beraterkreise von niemandem mehr verstanden werden.

Tipp 2: Hören Sie auf Korrektive

Partner und Familie, die nichts mit Ihrem Job zu tun haben, wirken als ein wichtiges Korrektiv für abgehobene Phrasendrescherei. Hier werden Sie in der Regel schnell entlarvt: „Na, hier kommst du mit deinem SABVA-Prinzip (SABVA = sicheres Auftreten bei völliger Ahnungslosigkeit) nicht weiter, was? Wenn das Baby schreit, dann schreit es!"

Tipp 3: Stellen Sie sich auf Ihre Kunden ein

Klingt banal, hilft aber ungemein: Als Berater sollten Sie nicht gleich losreden, ohne Luft zu holen, wie Flücker und Franzmann in unserem Beispiel, sondern dem Kunden zunächst richtig zuhören. So können Sie sich auf seinen Modus einstellen und in ein gemeinsames Fahrwasser bezüglich der jedem Gespräch eigenen Dynamik kommen. Dann klappt es auch mit der Sprache in der Regel fast automatisch.

Tipp 4: Legen Sie Glossare an

Bei größeren und länger laufenden Projekten mit großen Beratungsteams haben wir uns angewöhnt, ein Glossar anzulegen, in dem wir die wichtigsten Abkürzungen, knackige, die Unternehmenskultur des Kunden treffende Zitate und Ähnliches ablegen. Das ermöglicht Kollegen, die später dazukommen, eine schnelle Orientierung im jeweiligen Sprachgebrauch einer Organisation.

Tipp 5: Kasse einrichten

Legen Sie mit Beraterkollegen eine Kasse an, in die bei jeder Worthülse, jedem Anglizismus und jeder Übertreibung zwei Euro eingezahlt werden müssen. Das erinnert zum einen an Kindertage, in denen solche Kassen gern gegen den Gebrauch von Schimpfwörtern eingesetzt wurden. Zum anderen haben Sie immer ausreichend Geld, um nach Projektende mit den Kollegen noch einen Drink zu nehmen.

Extra 2: Die Strapazen der Berater: Aus dem Koffer leben

In diesem Kapitel treffen Sie Falk Führmann, unseren Held aus der Einleitung, wieder. Bevor wir Ihnen praktische Tipps zum Umgang mit der typischen Reisetätigkeit des Beraters geben, lesen Sie zum Einstieg von seinen ambivalenten Reiseerfahrungen:

Beispiel: Falk Führmann bei der ABUS Versicherung

Ein neuer Auftrag, ein neuer Kunde, ein weiterer spannender Lebens- und Arbeitsabschnitt für Falk Führmann. Für die ABUS Versicherung darf unser Protagonist 22 Trainings durchführen. Die Tinte ist gerade getrocknet, da erfährt er von seiner Firma schon die Details. Thema: Vertriebsorientierung im Außendienst. Zeitraum: November bis Februar. Trainingsdauer: je drei Tage.

Besonders reizvoll sind die Standorte der regional aufgestellten Versicherung. Es gibt Tagungshotels in Hameln, in Donauwörth, in Oldenburg, in Altenburg (der Skat-Stadt in Thüringen!), im schönen Baden-Baden und in Kassel, mitten in Deutschland!

Alles Orte, die Falk Führmann noch nicht kennt. Nach Auftragserteilung wird zunächst im Internet gesurft. Verreist ist Falk schon immer gern, und spannende neue Hotels guckt er sich auch gerne in Reiseprospekten an, z. B. wenn es um die Planung des nächsten Urlaubs geht.

Das „Zur Mühle", das „Ringhotel Meier" und die „Alte Sonne" sind komfortable 4-Sterne-Hotels mit hauseigenem Wellnessbereich. Der „Landgasthof Kurpfalz" wirbt auf seiner Webseite für die gutbürgerliche Küche und das „rustikale Ambiente". Und im „Erlebnis- und Tagungshotel zum Deutschen Landsmann" wird sogar damit geworben, dass man „nach getaner Arbeit in der urgemütlichen Atmosphäre der hauseigenen Discotheque entspannen kann". Die Schreibweise der Disko macht Falk zwar etwas nachdenklich, doch er freut sich auf die schönen Hotels. Die Trainingsreihe startet in Hameln. Bei Ankunft im Hotel ist es leider schon dunkel, der Rattenfänger kann also nicht mehr gesehen werden. Schließlich gilt es auch noch, das Training vorzubereiten. Der Seminarraum ist zumindest nett und schön beleuchtet. Am zweiten Tag werden morgens im Dunkeln noch ein paar Flipcharts gemalt, abends geht's ans Networken mit den Teilnehmern in der Hotelbar. Dritter Tag: packen, Training, auschecken, Training, Feedback, Rückflug. Was von Hameln gesehen? Fehlanzeige. Es war doch bei der Ab- und Anreise dunkel.

Das Spiel wiederholt sich an den fünf anderen Standorten. Mit ein paar Ausnahmen: In der „Alten Sonne" wird umgebaut, Falk wird ins nahe gelegene „Hotel Schloss" verlegt. Auch hier ordentliche Zimmer, der Fernseher geht leider nur vorne an, die Fernbedienung funktioniert nicht. Auf dem fünfminütigen Fußweg zur „Alten Sonne" lernt er das Gewerbegebiet kennen. Im „Ringhotel Meier" ist der Wellnessbereich eine Kabine eines kostenpflichtigen Solariums mit Dusche und ein Korb mit drei Äpfeln. Highlight ist das letzte Training in Kassel. Dort gelingt es Falk Führmann, auf dem Weg zum Bahnhof noch eine Mütze Tageslicht zu erhaschen. Aus dem Taxi macht er ein Foto des Rathauses.

Irgendwie hat sich Falk Führmann die Berufsreise anders vorgestellt.

Klischee vom Berateralltag

Wer hat nicht schon davon geträumt? Die tollsten Luxushotels an den spannendsten Orten der Welt, herausragende Dinner mit Hummer, Champagner und Kaviar, mit der dicken Limousine vom Flughafen abgeholt werden, nachdem man zuvor – natürlich Business-Class – einmal quer durch die Welt gejettet ist. Zwischendurch ein paar spannende Meetings in mit bequemen dunklen Ledersofas ausgestatteten, holzgetäfelten Board-Rooms mit Skyline-Blick, dann Party mit den Beraterkumpels; in Stockholm, Paris, London oder am besten gleich auf den Malediven. Und das natürlich alles auf Kosten der Beratung und des Kunden!

Unterhält man sich mit Studenten der einschlägigen Universitäten und Business-Schools, bemerkt man, dass dieses Klischee vom Berateralltag immer noch relativ weit verbreitet ist. Für viele Beratungsaspiranten bilden diese Klischees sogar eine Motivationsquelle für die Wahl des Beraterberufes. Tatsächlich werben viele der besonders beliebten Strategiehäuser bei Recruitingveranstaltungen, auf Messen oder Workshops auch offensiv mit diesem Lebensstil. „Work hard, play hard", heißt es dann zum Beispiel, und die begeisterten BWL-Drittsemester werden nach einem Workshop ins beste Restaurant der Stadt eingeladen und erhalten als Geschenk noch eine Kiste Riesling. Oder es geht gleich zum Recruiting-Workshop nach Kreta, in die Dolomiten zum Bergsteigen mit Reinhold Messner oder zum Stierkampf nach Andalusien.

Wird hier ein falsches Bild vom Berateralltag gezeichnet? Nicht komplett. Viele Berater, Projektleiter, Principals und Partner der „Top 5", aber auch Anwälte in den großen Law-Firms berichten auch nach Jahren in ihren Firmen noch mit einem Leuchten in den Augen von gesammelten Statusmeilen, tollen Incentive-Events und dem Frühstück im Hilton. Ein gewisser Luxus als Kompensation für die bei der Arbeit verbrachte Lebenszeit ist mit Sicherheit auch verständlich und wünschenswert – wer so viel investiert, möchte es zumindest schön haben und nicht abends noch eine halbe Stunde auf die Straßenbahn warten, um ins Autobahnmotel zu kommen. Dass viele Kunden jedoch in ländlichen Regionen ansässig sind, sollte einem bei der Berufswahl zumindest bewusst sein. In Biberach an der Riss oder in Marktredwitz gibt es eben kein Hyatt-Hotel – und der nächste Flughafen liegt auch nicht in Steinwurfweite.

Der Stil des Beraters sollte dem Stil des Kunden entsprechen

Wie so oft liegt die Wahrheit in der Mitte oder, wie ein guter HR-Vertreter eigentlich in fast jeder Situation zu erwidern weiß: „It depends". Auf gut Deutsch: Das Beraterleben ist, gerade im Personalgeschäft, immer eine Wundertüte. Mal ruht man im Dresdner Schloss über der Elbe und hat nur eine Rafting-Tour mit Managern zu moderieren – mal geht es bis tief in die Nacht im Sport-Stüberl und danach wartet das Stockbett in der Sportschule.

Dabei gilt folgende Grundregel: **Der Berater arbeitet so, wie der Kunde dies wünscht und wie es dem Stil des Kunden entspricht.** Dies gilt auch für den Lifestyle während des Einsatzes. Ist der Kunde im Ländlichen ansässig, arbeitet der Berater im Ländlichen. Er fährt aufs Land, schläft dort und sucht dort mitunter abends ein einigermaßen vernünftiges Lokal. Arbeitet man beim Kunden normalerweise von 6:30 bis 15:00 Uhr, kann man als Berater nicht erst um 10:00 Uhr beginnen. Dafür wird der Arbeitstag nicht so lang und man muss schauen, wie man sich in der Kleinstadt die Zeit vertreibt. Liebt der Kunde opulente Dinner mit der gesamten Führungsmannschaft, wird man in den Genuss des einen oder anderen zusätzlichen Pfundes kommen. Und gibt's beim Kunden in der 35 Grad warmen Werkshalle nichts zu trinken, tut man gut daran, die eigene Wasserflasche im Moderatorenkoffer dabei zu haben.

Viele Beratungen, auch kleinere Personalberatungen, Trainingsanbieter, versuchen sich in diesem Zusammenhang mit Mindestforderungen (z. B. Bahnfahrten in der ersten Klasse) zu positionieren. Hier kommt es mit Sicherheit auch immer auf die momentane Markt- und Konkurrenzsituation an, ob der Kunde darauf eingeht. Für viele Kunden ist dies gar kein Problem: „Schicken Sie uns danach einfach alle Spesenrechnungen", heißt es dann. Aber wir haben auch schon erlebt, dass der firmeninterne Controller im Sekretariat der Beratung anruft und nach einer Taxiquittung über sechs Euro fragt, die gefehlt habe.

Checkliste: So sorgen männliche Berater für ein gepflegtes Äußeres	
Rasur ordentlich durchgeführt? Keine Haarreste? Rasierschaum komplett entfernt? Hier insbesondere die Ohren überprüfen!	
Möglichen Alkohol- oder Knoblauchgeruch vom Vortag beseitigt? (Deodorant, Mundwasser, Parfüm, Kaugummi)	
Kleidung passend ausgewählt: Anzug, Hemd, Krawatte, Hose, Gürtel, Schuhe, Socken farblich aufeinander abgestimmt?	
Krawatte vernünftig gebunden, kurzes Ende in Schlaufe, Krawatte sollte hinten nicht aus dem Kragen schauen, oberer Hemdknopf geschlossen, Krawattenknoten ausreichend hochgezogen, Länge angemessen?	
Hemd überall gleichmäßig in der Hose (nicht in der Unterhose)? Alle Knöpfe geschlossen, keine Flecken?	
Jackett sauber und in gleicher Farbe wie Hose? Knopfregel bei Sakko beachtet (unterer Knopf nie geschlossen)?	
Hose geschlossen und fleckenfrei? Hose nicht in den Socken? Gürtel durch alle Schnallen gezogen?	
Socken ausreichend lang, um nicht das Bein zu entblößen? Socken sauber, frisch und lochfrei?	
Schuhe gereinigt, lochfrei, farblich abgestimmt und zugeknotet?	
Sportzeug als unverzichtbarer Begleiter für längere Trips eingepackt?	
Bei mehrtägigen Besuchen: Ersatzkleidung in verschiedenen Farben, alles sauber und gebügelt?	

Checkliste: Utensilien für den Beraterkoffer	
Beraterkoffer mit allen wichtigen Utensilien ausgestattet?	
• Laptop	
• Netzwerkkabel (sehr wichtig!)	
• UMTS-Karte	
• Mappen für Kunden (mit Namen der Firma und der Ansprechpartner)	
• Schreibblock und Kugelschreiber (optimal mit Logo der eigenen Firma)	
• Geldbeutel mit ausreichend Bargeld und Kreditkarte	
• Miles & More-Karte, Mietwagenkarte, Führerschein, BahnCard	
• Autoschlüssel und Haustürschlüssel	
• Personalausweis oder Reisepass (sehr wichtig!)	
• ausreichend Visitenkarten, z. B. in der Jacken-Innentasche	
• Handy, Blackberry, beide mit Ladegerät, Headset für Telefonate	
• Flugticket (bzw. e-Ticket-Nummer), Bahnticket	
• Taxis rechtzeitig (eventuell am Vorabend) bestellt?	
• Kopfschmerztabletten, Parfüm und Fleckenstift	
• Moderationsmaterialien, zumindest aber einige gute, funktionierende Flipchart-Stifte, Laserpointer, Beamer etc.	

Weitere Empfehlungen für den Berater auf Reisen

Empfehlungen für die Anreise

Zum Flughafen dauert es immer länger als man denkt. Bestellen Sie Ihr Taxi möglichst schon am Vortag, und zwar so, dass Sie zwanzig Minuten vor dem Ende des Check-ins am Flughafen ankommen, bei Bahnfahrten reichen fünfzehn Minuten der vor Abfahrt). Die meisten deutschen Flughäfen schließen Ihre Gates dreißig bis vierzig Minuten vor Abflug. Lufthansa ist hier im Vergleich zu anderen Fluggesellschaften meist recht großzügig. Es hängt aber sehr von

dem Flughafenpersonal ab. Legen Sie die Quittungen immer griffbe-
reit in die Laptop-Innentasche.
Notieren Sie beim Parken unbedingt, in welchem Deck des Parkhau-
ses Sie geparkt haben, und verstauen Sie das Parkticket an einem
sicheren Ort.

Der Check-in am Flughafen

Der Online-Check-in ist eine prima Sache. Wenn man aber zwischen Sicherheitskontrolle und Gate ist, sollte man auf dem Weg
nicht die Tickets verlieren (bzw. auch vor dem Online-Check-in
prüfen, ob man sein Ticket überhaupt ausdrucken kann). Es empfiehlt sich, die Tickets immer in derselben Jackentasche oder Sakko-
tasche zu deponieren.

Wasserversorgung

Die Dehydration ist der größte Feind des Beraters. Volle Wasserflaschen sind der Retter. Diese kommen aber leider bei Flügen nicht
durch die Kontrolle. Kaufen Sie bei Ankunft am Zielflughafen also
gleich neue Wasserflaschen.

Flug

Fliegen auf kürzeren Strecken ist eigentlich immer langweilig und
unbequem. Am Laptop zu arbeiten lohnt sich auf Flügen innerhalb
Deutschlands kaum. Das Ausdrucken von Materialien für den Flug
oder die gute alte Zeitung sind immer noch das Beste.

Diskretion

Führen Sie möglichst keine vertraulichen Telefongespräche mit
Kunden am Flughafen bzw. posaunen Sie die Namen der Kunden
nicht herum. Es gibt Folien, die man auf dem Laptop-Bildschirm
befestigt und die seitliche Einblicke verhindern. Gerade bei kleineren
Flügen (z. B. nach Genf oder Brüssel) sind fast immer auch Mitarbeiter des Kunden oder anderer Beratungen an Bord.

„Rote-Augen-Flieger"

Meiden Sie die sogenannten „Rote-Augen-Flieger" (z. B. Montag,
gegen 7:00 Uhr von Frankfurt nach München). Diese sind voll besetzt mit aggressiv wirkenden Managern, die offensichtlich unzu-

frieden sind, nach dem Wochenende ihr Zuhause wieder verlassen zu müssen. Sie machen eindeutig schlechte Laune.

Mietwagen

Bei Mietwagen lohnt es sich immer, das Navigationssystem noch im Parkhaus zu starten und erst dann loszufahren. Es gibt unterschiedliche Navigationsmodelle, je nach Automarke, die nicht alle intuitiv zu bedienen sind. Insofern sollte man nicht erst auf der Autobahn beginnen, den Zielort einzugeben.

Kienbaum Expertentipp: Kaufen Sie einen guten Reiseführer

Gerade bei exzessiven Reisen innerhalb Deutschlands lohnt es sich, einen Deutschland-Führer zu kaufen. Die Reiseführer *Let's Go* oder *Lonely Planet* sind umfangreicher als die deutschen Führer und behandeln fast jede Stadt. Reisen Sie am Vorabend an oder bleiben Sie etwas länger, um zumindest ein bis zwei lokale Sehenswürdigkeiten zu sehen oder spazierenzugehen. Das erdet und hilft, ein Leben zwischen Hotel, Flughafen und Büro besser zu verkraften. Insbesondere eröffnet es aber tolle Möglichkeiten für den Smalltalk und trägt auch zur Wertschätzung des Kunden bei, besonders wenn dieser lokal verankert ist.

3 Berufsfeld: Training

In diesem Kapitel erhalten Sie einen Einblick in das Berufsfeld des Trainers. Sie wenden sich damit einem sehr spannenden und schönen Themenbereich zu. Spannend deshalb, weil Sie als Trainer vor der Gruppe eine große Verantwortung haben und ständig präsent sein müssen. Spannend aber auch, weil Sie mit sehr vielen verschiedenen Personen zusammenarbeiten und sehr unmittelbar und häufig intensiv interagieren werden. Schön ist das Berufsfeld „Training" deshalb, weil Sie in kaum einem anderen Beruf ein so direktes und ehrliches (manchmal leider auch zu ehrliches) Feedback zu Ihrer eigenen Leistung, Ihrem Auftreten und manchmal sogar zu Ihrer Persönlichkeit bekommen können.

Was Sie in Kapitel 3 lernen

„Wo Licht ist, ist auch Schatten", sagt man. Und so werden wir auch zum Bereich Training über einige schwierige Situationen, „störende" Teilnehmer, widrige Rahmenbedingungen und vieles mehr sprechen müssen. Zunächst erhalten Sie einen detaillierten Überblick zu den einzelnen Teilkapiteln aus Kapitel 3. So haben Sie die Möglichkeit, gezielt diejenigen Themen auszuwählen, die für Sie von besonderem Interesse sind.

- Mit **Kapitel 3.1** steigen wir in die Trainingswelt ein. Sie erhalten einen ersten Überblick über verschiedene Trainingsarten sowie den Blick auf ein wesentliches Trainingselement: den Trainer selbst und dessen Kompetenzen.
- Zu Beginn eines jeden Auftrags steht die Auftragsklärung. Dies gilt, unabhängig davon, ob Sie als Selbstständiger, als interner Trainer oder als Trainer einer HR-Beratung involviert sind. Dieser erste Kontakt mit dem neuen Auftraggeber legt die Basis für das Gelingen des Gesamtprojektes. In **Kapitel 3.2** wollen wir diejenigen Aspekte ansprechen, die Sie aus unserer Sicht dringend

klären sollten, und Ihnen hierfür Leitfragen an die Hand geben, die sich in der Praxis als hilfreich erwiesen haben. Wir wollen aber auch auf Gefahren und Fallstricke hinweisen, die direkt zu Beginn eines Projektes auf den Trainer warten.

- In **Kapitel 3.3** haben wir uns bemüht, alle wichtigen Aspekte für die Gestaltung eines erfolgreichen Trainings zu beschreiben. Wir diskutieren dort das Design einer einzelnen abgeschlossenen Trainingssequenz, aber auch Metastrukturen des Trainingsaufbaus, erklären Befunde aus der Gedächtnisforschung und wie man sie im Training nutzen kann, reflektieren die Bedeutung von Trainingszielen sowie -methoden und stellen unsere Erfahrungen zum Thema „Transfer" dar. Arbeiten Sie im Schwerpunkt an Trainingskonzepten, so ist dieses Kapitel sicherlich von besonderem Interesse für Sie.

- Dass das Trainerdasein auch seine Schattenseiten hat und welche dies beispielsweise sein können, beschreiben wir in **Kapitel 3.4**. Gleichzeitig stellen wir Ihnen in diesem Kapitel einige Methoden und Techniken vor, wie Sie mit kritischen Situationen im Training professionell umgehen können.

- **Kapitel 3.5** fasst unsere Erfahrungen mit misslungenen Seminaren zusammen. So gut Sie als Trainer auch sein mögen, früher oder später werden Sie ein Seminar durchführen, mit dem die Teilnehmer nicht zufrieden sind, was sie Sie unter Umständen auch deutlich spüren lassen. Die Gründe können vielseitig sein und müssen nicht unbedingt mit Ihrer Arbeit als Trainer zu tun haben. Wichtig ist es jedoch, mit solchen Rückschlägen professionell umzugehen. Dazu soll dieses Kapitel einige Anregungen geben.

- **Kapitel 3.6** beleuchtet die Frage, in welchen Ausbildungen Sie als zukünftiger Trainer all das und noch mehr lernen können, was wir in den vorigen Kapiteln beschrieben haben. Sicherlich lernt man einige der zuvor diskutierten Themen hauptsächlich über Erfahrung, die Grundlagen werden aber in einer guten Trainerausbildung gelegt. Welche Fragen Sie sich selbst vor der Auswahl einer Ausbildung stellen und worauf Sie bei der Auswahl aus unserer Sicht achten sollten, stellen wir Ihnen in diesem Kapitel vor. Außerdem beschreiben wir drei exemplarische Curricula, die wir empfehlen können.

• Anschließend reflektieren wir eine wichtige Kompetenz des Trainers, die wir bis dahin nur am Rande angesprochen haben, da sie normalerweise in den Randzeiten des Trainings zur Anwendung kommt (z. B. in Pausen, am Abend, vor dem Training, zwischen Trainingsmodulen). Es ist hier die Rede vom Smalltalk. Einige Anregungen zu passenden Smalltalk-Themen haben wir in dem **Extra-Beitrag „Smalltalk als Eisbrecher"** zusammengestellt.

• Wenn drei männliche Autoren ein Buch schreiben, werden einige Aspekte häufig ausgeblendet. Besonders das Training hält jedoch für Trainerinnen und Trainer teilweise unterschiedliche Sonderthemen bereit. Wir freuen uns daher, dass unsere ehemalige Kollegin und Trainingsexpertin, Maria Hoppen, uns in der Analyse dieses Sonderthemas für weibliche Trainer unterstützt und den **Extra-Beitrag „Vor- und Nachteile der Arbeit als Trainerin"** verfasst hat.

• Der dritte **Extra-Beitrag „Interkulturelles Training"** gibt Ihnen einen Einblick in die Themen und Fragestellungen des interkulturellen Trainings. Yue Yang von der Universität Hamburg hat sich bereit erklärt, einen Erfahrungsbericht zum interkulturellen Training im deutsch-chinesischen Kontext zu schreiben.

Über die Jahre in der HR-Beratung durften wir mit vielen Trainerinnen und Trainern zusammenarbeiten und diese teilweise auch ausbilden. Jeder Trainer entwickelt im Laufe der Zeit seine eigenen Strategien, um sich das Trainerleben zu erleichtern. Den oben beschriebenen Kapiteln thematisch zugeordnet finden Sie einige Praxistipps von Personen aus unserem Trainernetzwerk. Lesen Sie selbst und urteilen Sie, welche davon auch für Sie hilfreich sein könnten!

3.1 Trainingsarten und Trainerkompetenzen

Zu den Begriffen „Training", „Workshop" und „Seminar"

In der Trainerliteratur gibt es vielfältige Bemühungen, eine saubere Abgrenzung zwischen Begriffen wie „Training", „Workshop", „Seminar" oder „Schulung" zu erreichen. Für eine saubere theoretische Fundierung ist das sicherlich auch hilfreich. So werden Schulungen z. B. häufig eher mit einer hohen Inputorientierung und Wissensvermittlung, weniger jedoch mit konkreten Übungen verknüpft. Workshops wiederum wollen in der reinen Lehre gerade keine Inhalte vermitteln, sondern mit den Teilnehmern „prozessorientiert" an einem Thema arbeiten. Und Trainings … sind irgendwie auch eher Schulungen, aber mit mehr Übungsanteilen?

Aus unserer Erfahrung hängt die Begriffswahl häufig von der persönlichen Geschichte des Trainers und nicht zuletzt von der Präferenz des Kunden ab. Wir haben schon methodisch identische Veranstaltungen unter allen oben beschriebenen Begriffen durchgeführt – ohne ein schlechtes Gewissen zu haben. Wenn wir bei einem jungen Automobilzulieferer arbeiten, dann passen häufig die Begriffe „Training" oder „Workshop" am besten zum Selbstverständnis der Organisation. In einer öffentlichen Einrichtung hingegen werden derlei Veranstaltungen seit Jahren als „Schulungen" oder „Seminare" bezeichnet, der Begriff ist dort gesetzt. Warum also nicht mit diesen geläufigen Begriffen arbeiten und dafür über innovative Methoden positive Akzente setzen? Viel wichtiger ist es schließlich, dass man seine Trainings, Workshops oder Schulungen so gestaltet, dass sie für alle Beteiligten erfolgreich werden. Wir werden in diesem Buch mit dem Begriff „Training" arbeiten und verstehen darunter eine Mischung aus praktischen Übungen, theoretischen Elementen und einigem mehr, wie sich im Folgenden noch zeigen wird.

Was zeichnet ein Training aus?

Aus unserer Sicht sind Trainings grundsätzlich durch folgende zwei Merkmale gekennzeichnet:

• gezielte Vermittlung von praxisrelevantem Wissen zu einem vorher konkret definierten Thema

- hoher Übungsanteil mit Methodenvielfalt, Faustregel „30/70", d. h. 30 % Input durch den Trainer, 70 % Arbeit der Teilnehmer an den relevanten Themen

Im ersten Teil dieses Kapitels werden wir Ihnen einige Arten von Trainings vorstellen. Ziel ist es, Ihnen einen ersten Überblick zu verschaffen und Sie außerdem anzuregen, sich über das eigene heutige und zukünftige Trainingsportfolio Gedanken zu machen, also die Zusammenstellung der eigenen Trainingsarten und -themen.
Im zweiten Teil des Kapitels beschäftigen wir uns mit der Frage, welche Kompetenzen Sie als Trainer mitbringen sollten, um professionelle Arbeit leisten zu können. Ziel dieses Teils ist es, Sie zur Reflexion Ihrer eigenen Kompetenzen anzuregen, sodass Sie ein klareres Bild darüber entwickeln können, wo Ihre Stärken und Entwicklungsfelder liegen.

Welche Trainingsarten gibt es?

Wer sich auf dem Trainingsmarkt umsieht, entdeckt eine große Vielfalt an Trainingsthemen von A wie Akquise über S wie SAP bis Z wie Zeitmanagement. Es wird an fachlichen ebenso wie an überfachlichen Themen trainiert, nicht selten auch an beiden zusammen. Und selbstverständlich soll sich der Teilnehmer nach Möglichkeit dabei auch immer irgendwie persönlich weiterentwickeln. Da ist es als potenzieller Teilnehmer nicht immer einfach, sich im Trainings-Dickicht zurechtzufinden und etwas Passendes für den eigenen Bedarf zu finden. Als (zukünftiger) Trainer sollte man es da etwas einfacher haben, denn in der Regel hat man eine erste Vorstellung davon, was man trainieren kann und möchte, oder? In jedem Fall sollten Sie als Trainer Ihre Themenfelder möglichst sauber herausarbeiten, um ein eigenes aussagekräftiges und stimmiges Trainerprofil zu entwickeln. Ansonsten wirken Sie auf dem Markt so, wie es Holger Rust, Professor und Kolumnist des Harvard Business Managers in „Genie oder Scharlatan" so treffend beschreibt: „Wenn aus einer einzigen Feder Erfolgskonzepte zu Rhetorik, Karriere, Zeit-, Konflikt-, Projekt- und Selbstmanagement, Führung, Verkaufsstrategie, Kreativität und Smalltalk, die Zukunft der Arbeit und buchstäblich zig andere Dinge des Unternehmensalltags fließen [...], dann haben wir es entweder mit einem unter Millionen einzigartigen Genie zu tun, [oder mit einem Scharlatan]. (Rust, 2011). Oder stellen Sie sich ein Restaurant vor, in dem es Schnitzel, Thai, Burger, Pizza, TexMex und Sushi gibt. Wie viel Vertrauen hätten Sie in die Küche?

In der folgenden Tabelle haben wir zur ersten Orientierung einige Trainingsarten voneinander abgegrenzt und mit entsprechenden Beispielen hinterlegt – ohne Anspruch auf Vollständigkeit. Hier zeigen sich die inhaltliche Vielfalt und gleichzeitig die Notwendigkeit, sich als Trainer zu fokussieren, um glaubwürdig und in der eigenen Arbeit wirksam zu sein.

Trainingsart	Kurzbeschreibung	Beispiele
Fachtrainings	Fokus liegt auf dem Erlernen konkreter fachlicher Inhalte zur Anwendung in der Praxis	• IT-Systeme • Recht • Controlling • Grundlagen der BWL • Logistikprozesse • Sales
Trainings für Metakompetenzen/ „Soft Skills"	Fokus liegt im Erlernen bestimmter Instrumente/Tools um fachübergreifenden Anforderungen des Arbeitsalltags professioneller gerecht zu werden	• Kommunikation • Führung • Konfliktmanagement • Projektmanagement • Moderation und Präsentation • Zeitmanagement • Verhandlung • Change-Management • Train-the-Trainer/ Train-the-Coach
Trainings zur Persönlichkeitsentwicklung	Fokus liegt auf der Reflexion und Weiterentwicklung der eigenen Person	• Selbst- und Stressmanagement/Resilienz • professionelle Selbsterfahrung • professionelle Neuorientierung

Bewusstsein für die eigenen Vorlieben entwickeln

Diejenigen unter Ihnen, die bereits im Markt unterwegs sind, können natürlich sofort sagen, in welchem der drei Bereiche sie zurzeit schwerpunktmäßig arbeiten und in welchem Bereich sie sich zuhause fühlen, wo also ihre persönlichen Präferenzen liegen. Idealerweise fällt beides zusammen, nicht immer ist das jedoch der Fall. Dann gilt es, genau hinzusehen und Wege zu entwickeln, wie Sie sich Ihrem Wunschbereich annähern können. Ein Tipp für diejenigen unter Ihnen, die noch nicht als Trainer arbeiten:

> **Kienbaum Expertentipp: Eigene Schwerpunkte setzen**
>
> Je früher Sie Klarheit haben, wohin Sie wollen, desto besser können Sie sich auch in Bezug auf Ihre zukünftigen Angebote frühzeitig ausrichten und entsprechende Schwerpunkte setzen.
>
> In der Regel ist es so, dass man sich zu Beginn seiner Tätigkeit nicht alles nach Belieben aussuchen kann – und insbesondere nicht alles, was nicht das eigene Lieblingsthema ist, ablehnen kann. Nichtsdestotrotz sollte man jederzeit ein gutes Bewusstsein für die eigenen Vorlieben bewahren. So kann man bewusst darauf hinarbeiten und auch in dem Moment, in dem sich eine gute Möglichkeit ergibt, beherzt zupacken und seine Chance nutzen, sich für das Lieblingsthema zu empfehlen!

Für einige Trainingsthemen, wie zum Beispiel „Große Organisationseinheiten führen", ist es ohnehin hilfreich, wenn man etwas mehr Lebens-, Berufs- und Trainingserfahrung mitbringt. Die Zeit arbeitet also durchaus für Sie! Auf Dauer werden Sie als Trainer nur erfolgreich und zufrieden sein, wenn Sie die Themen bedienen, die Ihnen wirklich liegen und in denen Sie somit eine besondere Relevanz für die Teilnehmer herstellen können. Für halbherzige Sachen ist das Angebot an guten Trainern einfach zu groß und zu gut.

Welche Trainerkompetenzen benötigen Sie?

Gleichgültig welche der oben beschriebenen Trainingsthemen Sie als Trainer anbieten möchten, in jedem Fall benötigen Sie neben dem inhaltlichen Fachwissen ein ausgewogenes Set an speziellen Kompetenzen, um Ihre Inhalte professionell zu vermitteln.

Ihre Kompetenzen erlauben es Ihnen als Trainer erst,

- eine lernförderliche Atmosphäre im Training herzustellen,
- eine gewisse Stimmung in der Trainingsgruppe aufzubauen und
- Gruppendynamiken in die beabsichtigte Richtung zu lenken.

Über die letzten Jahre durften wir viele angehende Trainer ausbilden und sie bei ihren ersten Schritten als Trainer im Rahmen von Trainer-Coachings und -Supervisionen begleiten. Dabei ließ sich beobachten, dass die erforderliche Kombination von Kompetenzen im Detail nicht festgelegt ist. Umso wichtiger erscheint es, eigene Kompetenzen zu reflektieren und dahingehend zu hinterfragen, ob diese die gewünschten Resultate in einem Training unterstützen oder behindern. Wir nutzen häufig Kompetenzmodelle in Auswahlprozessen für interne Führungskräftetrainer, die im Anschluss dann an Train-the-Trainer-Programmen teilnehmen. In diesen Programmen arbeiten wir regelmäßig mit dem Weiterbildungsdidaktiker Prof. Klaus Wolf Döring der Technischen Universität Berlin zusammen. Seine Kompetenzcluster für Trainer (Döring, 2008), haben wir ebenfalls in unser Kompetenzmodell einfließen lassen.

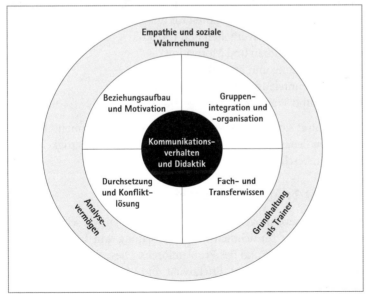

Abb.: Trainerkompetenzen

101

Fähigkeiten und Fertigkeiten

Wir unterscheiden zwischen **Fähigkeiten** im Außenkreis und **Fertigkeiten** in den inneren weißen und schwarzen Bereichen (siehe Abbildung).

Die **Fähigkeiten** sind Ihre persönlichen inneren Voraussetzungen für die professionelle Trainerarbeit und nur begrenzt erlernbar. Für die Teilnehmer eines Trainings sind sie nicht direkt beobachtbar, machen jedoch an verschiedenen Stellen Ihres Trainings einen deutlichen Unterschied hinsichtlich Trainingsqualität und -erfolg.

- Analysevermögen
- Empathie und soziale Wahrnehmung
- Grundhaltung als Trainer

Diese Fähigkeiten sind außerdem notwendige Voraussetzungen für einige der Fertigkeiten im Innenkreis. So werden Sie ohne Empathie und eine gute soziale Wahrnehmung als Trainer große Schwierigkeiten damit haben, eine Gruppe erfolgreich zu integrieren und zu organisieren.

Die **Fertigkeiten** beschreiben Ihr im Training direkt beobachtbares Trainerverhalten. Hierzu gehören für uns

- Kommunikationsverhalten und Didaktik
- Beziehungsaufbau und Motivation
- Durchsetzung und Konfliktlösung
- Gruppenintegration und -organisation
- Fach- und Transferwissen

Was verbirgt sich nun konkret hinter diesen Dimensionen? Auf den folgenden Seiten werden diese acht Fähigkeiten und Fertigkeiten im Einzelnen beschrieben.

Fähigkeit 1: Analysevermögen

Unter Analysevermögen eines Trainers verstehen wir seine kognitiven Fähigkeiten hinsichtlich der Verarbeitung von Informationen, des Schlussfolgerns und des Problemlösens. Dies wirkt entscheidend zum Beispiel auf Qualität, Effektivität und Effizienz in der Konzeption Ihrer Veranstaltungen.

Beispiel: Analysevermögen bei komplexen Trainingsmodulen

Stellen Sie sich vor, dass Sie zwei oder drei mehrmodulige Trainingsprogramme für verschiedene Kunden parallel konzipieren und durchführen, die zwar inhaltlich im Groben viele Ähnlichkeiten, im Detail aber große Unterschiede aufweisen bezüglich konkreter Anforderungen und Wünsche seitens Ihres Auftraggebers (Unternehmenskultur, Branche, Entwicklungsstand und -ziel der Teilnehmer etc.). Hier hilft es ungemein, wenn Sie die Themen trotz der hohen Komplexität im Kopf sauber auseinandersortieren und jeweils bedarfsgerecht umsetzen können. Selbstverständlich benötigen Sie diese Fähigkeit aber auch im Rahmen eines einzelnen Trainingsprozesses. Denken Sie nur an die saubere Auftragsklärung und die anschließende Trainingskonzeption. Auch Ihre intellektuelle Lebendigkeit und Vielseitigkeit während des Trainings profitiert natürlich von einem hinreichend ausgeprägten Analysevermögen.

Fähigkeit 2: Empathie und soziale Wahrnehmung

Empathie ist die Fähigkeit, sich in die Lage des einzelnen Teilnehmers hineinzuversetzen, seine Sichtweisen und sein Verhalten zu verstehen und das eigene Verhalten entsprechend anzupassen. Mit sozialer Wahrnehmung eines Trainers beschreiben wir seine Fähigkeit, soziale Interaktionen, Beziehungen und Rollen in der Gruppe binnen kurzer Zeit wahrzunehmen und in all ihrer Komplexität richtig zu interpretieren. Als Trainer müssen Sie sich häufig in die Haut Ihrer Teilnehmer versetzen: Wie sind bestimmte Reaktionen im Hinblick auf die Einstellung des Einzelnen zu interpretieren? Welche Rolle spielt möglicherweise die Gruppendynamik im Trainingskontext?

Beispiel: Empathie für verschlossene Führungskräfte

Vor einigen Jahren trainierten wir eine Gruppe von Topführungskräften einer Organisation, die sehr verschlossen, abwartend und streckenweise ablehnend im Training saßen. Versuchen Sie einmal, sich zwölf Führungskräfte vorzustellen, die alle Motorradhelme mit geschlossenen, verspiegelten Visieren tragen. So ungefähr haben wir uns gefühlt: keine Reaktionen auf Fragen, kein Nachfragen, keine Diskussionen, keine eigene Meinung, kaum Mimik ... nur Schweigen und dann und wann ein destruktiver Kommentar z. B.: „Erzählen Sie mir doch mal was Neues! Ich führe meine Mannschaft seit 25 Jahren!"

Was ist in dieser Situation zu tun?

Wir waren zunächst ratlos, testeten dann aber Folgendes: Wir teilten die Gruppe und ließen sie in verschiedenen Kleingruppen weiterarbeiten. Die Hypothese ging auf: Dort arbeiteten sie in kollegialen Fallberatungen (siehe Kapitel 3.3) ausgesprochen konstruktiv zusammen, im großen Kreis zeigte sich dann wieder das zuvor beschriebene Phänomen. Es wurde klar, dass nicht etwa das Konzept nicht funktionierte oder die Trainer unfähig waren, sondern dass es eine Reihe äußerst schwieriger persönlicher Konstellationen und Historien innerhalb des Teilnehmerkreises gab, die eine offene, vertrauensvolle Zusammenarbeit massiv erschwerten. Wir passten unser Konzept entsprechend an und beschränkten uns im Plenum auf reine Wissensvermittlung, um dann in kleineren, vertraulicheren Runden die Themen zu diskutieren und zu bearbeiten.

Fähigkeit 3: Grundhaltung als Trainer

Die Grundhaltung eines Trainers beschreiben wir stark vereinfacht als die innere Einstellung eines Trainers zu seinem Stoff, seiner Methodik und insbesondere zu seinen Teilnehmern. Eine hilfreiche Trainergrundhaltung speist sich unter anderem aus Partnerschaftlichkeit, Respekt, Neugier, Selbstbewusstsein, der Fähigkeit zur Reflexion und eigener Trainererfahrung. Klaus Wolf Döring zählt zu der Grundhaltung des Trainers außerdem dessen geistig-seelische Energie und Frische (Döring, 2008). Gerade der letzte Aspekt ist natürlich schwer steuerbar. An dieser Stelle wird deutlich, wie wichtig es als Trainer ist, gut mit seinen individuellen Energiereserven hauszuhalten, wie wir es in Kapitel 2, im Abschnitt „Alltagskompetenzen für HR-Berater" bereits beschrieben haben.

Letztlich beschreibt die Grundhaltung das Selbstverständnis eines Trainers, welches sich dann wiederum im Umgang mit der Gruppendynamik, aber auch in scheinbar so banalen Dingen wie Serviceorientierung spiegelt. Ausführlicher beschreiben wir das Thema Grundhaltung in Kapitel 4.3.

Beispiel: Die Fachkräfte verweigern die Mitarbeit

Einer der Autoren sollte als junger Trainer eine Gruppe von Fachkräften während eines laufenden Umstrukturierungsprozesses zum Thema Zeitmanagement trainieren. Bereits im Laufe des ersten Vormittags wurde an verschiedenen Stellen spürbar, dass ein Teil der Gruppe nicht im Geringsten vorhatte, dieses Thema zu bearbeiten. Nach der Mittagspause schlug die Stimmung dann bei allen in offenen Widerstand um: „Mal ehrlich! Was sollen wir mit den dämlichen Zeitmanagementinstrumenten, wenn in unserem Unternehmen intern kein Stein auf dem anderen bleibt?! Ist das eine Ablenkungsmasche unseres Geschäftsführers?"

Wie wären Sie mit der Situation umgegangen?

Je nach Grundhaltung könnten Sie der Gruppe nun als Trainer zum Beispiel zustimmen und sich dafür entschuldigen, dass Sie mit diesem Thema vor ihr stehen und darauf pochen, dass man das jetzt einfach gemeinsam durchziehen müsse. Sie könnten auch versuchen, die Teilnehmer davon zu überzeugen, dass Zeitmanagementtechniken für sie auch in Umstrukturierungen eine große Hilfe darstellen. Sie könnten auch die Rückmeldung offen aufnehmen, Ihre Sicht der Dinge darstellen, den Auftrag darlegen und mit der Gruppe daraus mögliche Alternativen zum Weiterarbeiten ableiten. Wofür auch immer Sie sich entscheiden, hängt auch in hohem Maße von Ihrer inneren Grundhaltung als Trainer ab. Im beschriebenen Beispiel hat die Gruppe sich nach einer kurzen Pause und dem anschließenden Nebeneinanderlegen von Alternativen aus verschiedenen Gründen gemeinsam dafür entschieden, dass Thema weiter zu bearbeiten. Nachdem die Entscheidung aus der Gruppe kam, und diese die Alternativen gemeinsam mit dem Trainer beleuchtet hatte, verliefen die nächsten beiden Tage konstruktiv und professionell. Ein Nebeneffekt ist die Verbesserung der Beziehungsebene, wenn der Trainer die Anliegen seiner Teilnehmer wirklich ernst nimmt.

> **Expertentipp: Mit eigenen Ressourcen umgehen**
>
> von Andrea Datan, Flensburg
>
> Auf meinen Trainings begleitet mich immer ein Miniaturbuddha, der auf dem Nachttisch meinen Schlaf bewacht. Ich trinke täglich eine Kanne heißes Wasser, damit ich unnötige Mengen von Kaffee vermeide und der Körper sich nicht auch noch der Anstrengung des Flüssigkeitserwärmens annehmen muss. Ich betrachte am Morgen des Abreisetags mein Kofferpacken am Trainingsort als Ritual und bin damit immer pünktlich vor dem Frühstück fertig (dann bleibt Muße für das Frühstück und statt der Zahnbürste nehme ich anschließend ein Zahnpflegekaugummi). Nach einem anstrengenden Trainingstag drehe ich gute Musik, die ich immer dabei habe, im Trainingsraum laut auf, lasse Luft rein und kann dann den Raum gut nach- und vorbereiten.

Fertigkeit 1: Kommunikationsverhalten und Didaktik

Wir beschreiben das Kommunikationsverhalten als die Fertigkeit, logisch, strukturiert, verständlich und deutlich zu kommunizieren. Hierzu gehört unter anderem auch das sichere Beherrschen zentraler Gesprächs- und Fragetechniken. Didaktik wiederum bedeutet „Lehrkunst" und beinhaltet zum Beispiel die Fähigkeit zur angemessenen Stoffreduktion, die lerngerechte Strukturierung der Inhalte und den professionellen Umgang mit Methoden und Medien. Humor ist übrigens ein sehr hilfreicher Bestandteil des eigenen Kommunikationsverhaltens, der immer wieder gern dezent dosiert eingesetzt werden darf. Für didaktische Anregungen siehe Kapitel 3.3.

Fertigkeit 2: Beziehungsgestaltung und Motivation

Erfolgreiche Beziehungsgestaltung hängt für uns in hohem Maße von den oben beschriebenen Fähigkeiten ab, also unserer Empathie und unserer sozialen Wahrnehmung sowie unserer Grundhaltung. Gepaart werden müssen diese Fähigkeiten dann mit den eben beschriebenen kommunikativen Fertigkeiten. Der häufig entscheidende Moment der Beziehungsgestaltung spielt sich bereits vor Trainingsbeginn ab, wenn die ersten Teilnehmer den Raum betreten. Interesse und Aufmerksamkeit für die Teilnehmer sind wichtige

Faktoren für einen gelungenen Start in der Beziehungsgestaltung. Der nächste entscheidende Moment ist der Einstieg in die Veranstaltung. Hier geht es vordergründig natürlich um Organisatorisches, die gegenseitige Vorstellung und die Ziele der Teilnehmer. Währenddessen gestalten Sie aber als Trainer insbesondere die Arbeitsbeziehung zu Ihren Teilnehmern für die nächsten Tage. Erfolgreiche Beziehungsgestaltung wiederum hat in der Regel einen positiven Einfluss auf die Motivation Ihrer Teilnehmer.

Beispiel: Die Kultur des Unternehmens achten

Wir führen seit einigen Jahren Nachwuchsführungskräftetrainings für ein großes Logistikunternehmen durch, in dessen Kultur Pünktlichkeit eine zentrale Rolle spielt. Insgesamt ist also ein sauberes Zeitmanagement für die erfolgreiche Beziehungsgestaltung bei diesem Kunden bedeutend wichtiger als in anderen Unternehmen. In einem Jahr haben wir parallel mit zwei Gruppen gearbeitet. Eine Kollegin von uns war mit der Vorbereitung bereits 45 Minuten vor Seminarstart fertig. Das war eine gute „kulturkonforme" Idee, denn in der Regel stehen dann prompt auch die ersten Teilnehmer überpünktlich im Seminarraum. Sie konnte diese Zeit dann bereits für erste Smalltalks nutzen und an aktuelle Themen der Firma und ihres Marktes anknüpfen. Ihr Kollege hingegen war erst spät zum Frühstück erschienen und dementsprechend auch erst 30 Minuten vor Seminarbeginn im Raum, um „noch eben kurz" die Agenda, Regeln zur Zusammenarbeit und Hinweise zum Organisatorischen vorzubereiten.

Die ersten Teilnehmer warteten bereits auf ihn vor dem Raum, der noch abgeschlossen war. Auch er übte sich im Smalltalk, während er parallel versuchte, seine Flipcharts zu beschriften. Das Ergebnis war, dass die Hälfte des Gesprächs an ihm vorbeiging, was die Teilnehmer natürlich bemerkten. Außerdem musste er die Flips zum Großteil mehrmals beschriften, weil er unkonzentriert war, was den Teilnehmern ebenfalls nicht entging. Auch er gestaltete also die Beziehung für die nächsten Tage, allerdings nicht unbedingt zu seinen Gunsten, erste Teilnehmer waren gleich zu Beginn irritiert. Das bedeutet natürlich nicht, dass nach so einem Start ein Training unwiderruflich gelaufen ist. Sie machen es sich aber deutlich einfacher, wenn Sie den Aspekt der Beziehungsgestaltung vom ersten Moment an berücksichtigen, und nicht erst, wenn Sie bei Trainingsbeginn offiziell Ihre Rolle als Trainer einnehmen.

Expertentipp: Zur Kleiderordnung für den Trainer

von Martina Cohrs, München

- Kleidung bei Frauen: niemals zu sexy (auch wenn's hübsch ist). Die Teilnehmer erinnern sich anschließend nur an die Einblicke in das Dekolleté und die Einblicke, die eigentlich vermittelt werden sollten, bleiben auf der Strecke.

- Kleidung bei Männern: keine braunen Schuhe zu blauen oder schwarzen Hosen! Bitte niemals während des Seminars die Socken hochziehen.

- Achten Sie als Trainer immer auf saubere Schuhe. Teilnehmer achten nämlich wirklich niemals die ganze Zeit auf den Inhalt. Ferner gibt es Menschen, die von solchen Kleinigkeiten so abgelenkt sind, dass sie sich dann wiederum nicht auf die Inhalte konzentrieren können.

- Insgesamt ist wichtig: Tragen Sie bequeme Kleidung (dies gilt auch für Schuhe), in der Sie sich wohlfühlen. Es ist schrecklich, wenn die Hose zu eng ist und einem als Trainer die Luft weg bleibt.

Fertigkeit 3: Durchsetzung und Konfliktlösung

Wer schon trainiert hat, der weiß, in Trainings ist nicht immer alles eitel Sonnenschein (siehe Kapitel 3.4). Entscheidend ist die Fertigkeit eines Trainers, auftretende Konflikte konstruktiv und im Sinne der Lehrziele zu lösen sowie Kritikfähigkeit zu demonstrieren. Damit meinen wir nicht, dass Sie als Trainer auf jedes kleinste Signal für einen möglichen Konflikt direkt anspringen sollen. Egal, ob dies Konflikte zwischen Teilnehmern oder zwischen Ihnen und einem Teilnehmer betrifft. Sobald aber ein Konflikt im Trainingsraum das Lernen der Teilnehmer behindert, ist es Zeit, sich dem Thema als Trainer konstruktiv anzunehmen. Hilfreich sind dann die Fähigkeit zum Perspektivwechsel sowie zur Unterscheidung zwischen Sachkritik und Kritik an der Person, insbesondere, wenn sich die Kritik auf Sie als Trainer richtet. Mehr zu Eskalationsstufen und zum professionellen Umgang mit schlechten Ergebnissen finden Sie in den Kapiteln 3.2, 3.4 und 3.5.

Beispiel: Der konfliktfähige Kriminalbeamte

Sehr eindrucksvoll haben wir diese Fertigkeit einmal bei einem Teilnehmer eines Assessment-Centers (AC) für Führungskräftetrainer erlebt, das wir bei einer Landespolizei durchgeführt haben. Unsere Aufgabe dort war es, einen Pool an zukünftigen Trainern zu identifizieren, um sie anschließend auszubilden. Wir konstruierten für das AC-Verfahren unter anderem ein Rollenspiel, in dem der Teilnehmer einen massiven Konflikt mit einer widerspenstigen Trainingsteilnehmerin (durch eine Kollegin gespielt) in einem Gespräch lösen sollte. Unsere Kollegin zog nach allen Regeln der Kunst sämtliche Register des Widerstands über mehrere Eskalationsstufen. Der zukünftige Trainer jedoch ließ sich auch von Beschimpfungen nicht beirren, führte sie durch gute Fragen wertschätzend und äußerst souverän zu einer tragfähigen Lösung und erreichte bei ihr – trotz allen Ehrgeizes unserer Kollegin, ihre kritische Rolle nicht zu verlassen – sogar die Bereitschaft zur weiteren konstruktiven Mitarbeit. Im Feedback stellte sich dann heraus: Der gute Mann hatte als sehr diensterfahrener Kriminalbeamter über Jahrzehnte mit professioneller Vernehmungstechnik gearbeitet, sodass dieses Gespräch für ihn ein entspannter Selbstläufer war. Auf dieser Dimension erzielte er volle Punktzahl!

Fertigkeit 4: Gruppenintegration und -organisation

Gruppenintegration beschreibt die erfolgreiche Nutzung sozialdynamischer und Wissensressourcen der Gruppe. Gruppenorganisation hingegen zielt ganz pragmatisch auf die strukturierte und effiziente Steuerung der zeitlichen und materiellen Ressourcen eines Trainings. Beides hängt sehr eng miteinander zusammen. Als junge Trainer bekamen wir mal den Tipp eines sehr erfahrenen Trainerkollegen: „Immer mit der Energie der Gruppe gehen!" Es stellte sich schnell heraus, was damit gemeint war: Tragfähige Ergebnisse erzielt man nur gemeinsam mit den Teilnehmern.

Gruppendynamik nutzen

Wir selbst sind immer wieder aufs Neue begeistert, wie viel Wissen und Ressourcen zu unseren Trainingsthemen bereits innerhalb der Gruppe bestehen. Man muss sie nur abrufen, die Teilnehmer einbeziehen und ermutigen, ihr Wissen und ihre Erfahrungen mit den anderen zu teilen. Als Trainer müssen Sie die Dynamik einer Gruppe verstehen, denn diese Energie lässt sich ideal für die Trainingsziele nutzen. In welchem Thema ist für die Teilnehmer „Musik"? Welche Themen hingegen langweilen die Gruppe, vielleicht weil für sie der Bezug zu ihrem Alltag fehlt? Als Trainer gilt es für Sie, dies zu bemerken, sodass auch das eigene Zeitmanagement flexibel daran angepasst werden kann: Auf welches Thema verwenden Sie wie viel Zeit? Wo lassen Sie eine Diskussion einmal laufen, auch wenn die dafür eingeplante Zeit bereits überschritten ist? Sind Sie gleichzeitig in der Lage, Ihren Zeitplan bei aller Flexibilität einzuhalten oder entsprechend zu adjustieren? Halten Ihre Teilnehmer Pausenzeiten ein oder zerschießen Ihnen fünf Minuten mehr als geplant in jeder Pause den gesamten Tag?

Weitere organisatorische Fragestellungen

Wie gut organisieren Sie die Ressourcen, die Sie für das Training benötigen – von Flipchartpapier und Moderationsstiften über Digitalboxen für Ihren Computer und die nötige Verpflegung? Sind alle Flipcharts am Ende des Trainings bereits für das Fotoprotokoll fotografiert? Oder machen Sie das „noch schnell" zwischen Seminarende und der Fahrt zum Flughafen? Wenn alle Flipcharts von zwei Seminartagen durcheinander auf vier verschiedene Flipchartständer verteilt sind, kann dies durchaus eine nervenaufreibende Tätigkeit werden! Von der verdienten Entspannung zum Seminarende bleibt dann nicht viel. Kurzum: Arbeiten Sie eher organisiert und strukturiert oder doch eher intuitiv und assoziativ? (Zur Organisation Ihres Trainings finden Sie im Anhang dieses Buches die Arbeitshilfe „Checkliste Trainingsorganisation" sowie Vorlagen für den „Grobablauf" und eine „Dramaturgie eines Trainings".)

> ### Expertentipp: Das Trainerdasein vereinfachen
>
> von André Wolff, Berlin
>
> * Was tun, wenn Ihre Hemden und Anzüge knittrig sind?
>   Knittrige Hemden und Anzüge können Sie einfach mit heißem Wasserdampf glätten. Lassen Sie einfach heißes Wasser in die Badewanne oder Duschtasse einlaufen und hängen Sie Ihre Hemden darüber auf einen Kleiderbügel in den Wasserdampf. Sie haben so den Vorteil, dass Sie sich die Kosten für das Aufbügeln der Hemden, Anzüge, Kostüme etc. sowie den Anruf bei der Hausdame oder dem Roomboy sparen.

* Was tun bei Problemen mit schmerzenden Füßen vom Stehen?
  Hier hält die chemische Industrie eine ganzes Arsenal von lindern-
  den Substanzen bereit, aber es geht auch anders:
  – Schuhe eine Nummer größer als gewöhnlich kaufen.
  – Einlagen von Crocs besorgen (um die zwanzig Euro), denn
    diese lassen den Körper unmerklich federn, massieren durch
    ihre Druckpunkte den Fuß und sind einfach bequem oder
  – ein Outletcenter mit einem Crocs-Store in der Nähe haben
    und ein Paar günstige Schuhe kaufen. Denn da lassen sich die
    wohltuenden Einlagen herausnehmen und Sie haben auch
    noch einen nützlichen Schuh.
  – Zum Entspannen immer einen MP3-Player dabei haben und
    abends bei der Lieblingsmusik richtig „chillen".

Fertigkeit 5: Fach- und Transferwissen

Last but not least gehört zu den Fertigkeiten eines professionellen
Trainers natürlich fundiertes Fachwissen je nach Art des Trainings.
Sie müssen zum Beispiel in der Lage sein, mit Teilnehmern theorie-
geleitet in ihrem Themenfeld zu denken und zu diskutieren, auch
wenn Ihr roter Faden einmal verloren geht.

Beispiel: Gute Kenntnisse in der Führungstheorie schaden nicht

Wenn Sie zum Beispiel Führung trainieren und Ihr Konzept beinhaltet
als konkretes Führungsmodell nur das Reifegradmodell von Hersey und
Blanchard (Hersey/Blanchard, 1982), so sollten Sie natürlich dennoch in
der Lage sein, über transformationale und transaktionale Führung zu
sprechen, wenn Ihre Teilnehmer diese Themen von sich aus nennen und
sich besonders dafür interessieren. Auch allgemeines Hintergrundwissen
zum Thema Führung bietet sich an: Was waren die entscheidenden
Meilensteine in der Führungstheorie? Wer sind die großen Vordenker in
diesem Bereich (wer waren eigentlich zum Beispiel Hersey und Blanchard)? Welche aktuellen Entwicklungen vollziehen sich in der Füh-
rungsforschung? Welchen Herausforderungen sehen sich andere Unternehmen, Branchen und Führungsebenen in diesem Bereich ausgesetzt?

Neben dem Fachwissen zählt das Wissen über erfolgreichen Trainingstransfer, den wir an anderer Stelle in diesem Buch ausführlich behandeln (siehe Kapitel 3.3). Welche Faktoren spielen eine Rolle für den Transfererfolg? Wie kann ich als Trainer meinen Beitrag dazu leisten? Welche Verantwortung müssen die Teilnehmer und deren Führungskräfte übernehmen?

Die eigenen Stärken und Entwicklungsfelder kennen

Möglicherweise haben Sie beim Lesen bereits sich selbst in Ihrer Trainerrolle beobachtet und feststellen müssen, dass Sie bei der einen oder anderen Dimension durchaus noch Entwicklungspotenzial haben? Halb so wild! Wir haben in Assessment-Centern, Supervisionen und Coachings, die wir mit Trainern durchgeführt haben, noch keinen Trainer gefunden, der auf allen Dimensionen gleich „hoch punktet", und ein kritischer Blick auf unsere eigenen Trainerprofile offenbart ebenfalls nicht nur Rosiges.

Was für ein Glück, dass Trainer auch nur Menschen sein müssen! Entscheidend ist zunächst einmal das Erkennen der eigenen Stärken und Entwicklungsfelder.

Schritt 1: Wo liegen meine Stärken und Schwächen?

Im Anhang dieses Buches finden Sie eine Kienbaum-Checkliste, anhand derer Sie eine erste strukturierte Selbsteinschätzung auf den vorgestellten Kompetenzdimensionen vornehmen können. So finden Sie heraus, wo Ihre spezifischen Stärken und Schwächen liegen.

Schritt 2: An welchen Kompetenzen muss gearbeitet werden?

Anschließend können Sie in einem zweiten Schritt reflektieren, an welchen Kompetenzen Sie in Zukunft besonders arbeiten wollen, weil Sie hier aus eigener Sicht noch nachlegen können und weil diese Kompetenzen Ihrem Training den größten Mehrwert bringen. Auch das Fremdbild eines anderen Trainers kann sehr hilfreich sein.

Schritt 3: Welche Kompetenzen lassen sich ersetzen?

Bei den aus Ihrer Sicht weniger wichtigen, schwächer ausgeprägten Kompetenzen können Sie in einem dritten Schritt entscheiden, wie Sie damit umgehen wollen, welche der Kompetenzen sich beispielsweise „outsourcen" lassen.

Beispiel: Organisatorisches erledigt ein Praktikant

Einer der drei Autoren dieses Buches lädt aufgrund seiner schwächer ausgeprägten Fertigkeit der Gruppenorganisation gern einen Praktikanten ein, der organisatorische Prozesse wie das Fotografieren von Flipcharts, das Abstimmen der Pausenzeiten mit dem Hotel und den Flipchartnachschub übernimmt. So kann sich der Trainer voll auf die Gruppe konzentrieren.

Fazit dieses Kapitels über Kompetenzen ist also: Vieles, aber nicht alles müssen Sie in Ihrer Person vereinen, und immer wieder gibt es kreative Wege, eigene Schwächen auszugleichen, um sich besser auf seine Stärken zu konzentrieren.

3.2 Rahmenbedingungen, Auftragsklärung und Vertragsgestaltung

Wie wichtig eine umfassende Auftragsklärung ist, zeigt das folgende Beispiel.

Beispiel: Folgen einer unvollständigen Auftragsklärung

Sora Nombek ist verwirrt. Sie steht vor ihren Trainingsteilnehmern und diese begegnen ihr mit unverhohlenem Misstrauen und einer deutlich spürbaren Missbilligung. Die Ursache hierfür ist ihr völlig schleierhaft. Wie in jedem Training, welches sie zum ersten Mal bei einem neuen Kunden durchführt, hat sie alles sorgfältig vorbereitet. Der Raum ist ordentlich, ein Flipchart mit einer freundlichen Begrüßung ziert die Tür und wie immer hat sie jeden Teilnehmer persönlich begrüßt und sich vorgestellt.

„So kann ich nicht starten", weiß sie und versucht, mit Methoden, die sie in ihrer Trainerausbildung gelernt hat, die Hintergründe für die Frustration ihrer Teilnehmer zu erfragen.

Nach der Kaffeepause taut die Stimmung langsam auf und Sora Nombek erfährt von einer Teilnehmerin, dass die Teilnahme am Training vom neuen Geschäftsführer als Pflichtveranstaltung angesetzt wurde. Die Teilnehmer jedoch sind geschlossen der Ansicht, dass ein Kommunikationstraining nicht nötig sei. „Es gibt lauter Dinge, die wichtiger sind, und der Schreibtisch ist auch voller Arbeit. Das muss nun am Abend oder am Wochenende nachgeholt werden", macht Paul Ravensberg, einer der Teilnehmer, seinem Ärger Luft.

Der erste Berührungspunkt, den ein selbstständiger Trainer in der Regel mit einem neuen Projekt hat, ist die Auftragsklärung mit dem Auftraggeber. Davor steht nur noch die Projektanbahnung mit Akquisitionsgesprächen, die Angebotslegung und eine eventuelle Angebotspräsentation. Diese wollen wir hier jedoch nicht ausführlicher behandeln.

Ziele der Auftragsklärung

Als angestellter Trainer (z. B. in einer HR-Beratung) kommt es teilweise vor, dass das Auftragsklärungsgespräch durch einen Kollegen geführt wurde. In diesem Fall ist ein intensives Briefing durch Ihren Kollegen unerlässlich. In diesem Briefing sollten letztlich dieselben Fragen geklärt und Ziele definiert werden, die der selbstständige Trainer mit dem Auftraggeber diskutiert. Wir sprechen bei den Kriterien einer Auftragsklärung im Folgenden also für selbstständige ebenso wie für angestellte Trainer.

Die Auftragsklärung dient mehreren Zwecken und sollte durch Sie als Trainer (aber natürlich auch als HR-Berater oder Coach) intensiv genutzt werden:

Kennenlernen der Kooperationspartner

Das erste Ziel der Auftragsklärung (teilweise auch als Kick-off bezeichnet) ist das Kennenlernen der Kooperationspartner. Für beide Seiten ist es wichtig, eine vertrauensvolle Arbeitsatmosphäre aufzubauen. Ob diese zustande kommt, entscheidet sich häufig in wenigen Sekunden über den ersten Eindruck.

Projektziele des Trainings schärfen

Als Trainer werden Sie wissen wollen, welche Projektziele mit dem Training verfolgt werden sollen. Nur wenn Sie diese kennen, können Sie auch ein sinnvolles Training gestalten. Dabei müssen dem Auftraggeber die Projektziele nicht immer klar sein. Es kommt häufig vor, dass sich erst im Klärungsgespräch herausstellt, dass die Ziele eigentlich ganz andere sind als ursprünglich vom Auftraggeber angenommen. Um die Ziele zu schärfen, bieten sich auch paradoxe Fragen an. Interessante Informationen kann so die Frage liefern: „Was müssen wir tun, damit das Training in jedem Fall schiefgeht?".

Inhaltliche Vorstellungen des Auftraggebers klären

Teilweise hat der Auftraggeber aber auch schon inhaltliche Vorstellungen von dem Training. Diese sollten Sie natürlich unbedingt erfragen. Ähnlich wie bei den Projektzielen kann auch hier Ihre Beratungskompetenz gefragt sein. Viele Trainer und HR-Berater halten sich zunächst sehr zurück, wenn sie Schwierigkeiten bezüglich der Realisierung der Wünsche des Kunden sehen. In der Regel erwartet der Kunde aber vom Trainer, dass dieser aufkeimende Bedenken mitteilt.

Beispiel: Auftragsänderungen vermitteln

Wenn Sie den Eindruck haben, dass die inhaltlichen Vorstellungen Ihres Auftraggebers nicht in einem zweitägigen Training umgesetzt werden können, sollten Sie ihm dies im Rahmen der Auftragsklärung konstruktiv mitteilen:

„Sie haben sehr detaillierte Vorstellungen der Themen, die im Training bearbeitet werden sollen. Ich verstehe gleichzeitig, dass Sie diese Themen gerne eher tiefer als überblicksartig bearbeiten möchten. Ich würde daher vorschlagen, dass wir das Training entweder um einen halben oder ganzen Tag verlängern oder auf eines der Themen verzichten."

Beispiel: Bedenken formulieren

Wenn Sie Ihrem Auftraggeber Ihre Bedenken mit Beispielen und Hintergründen belegen können, vermitteln Sie Kompetenz:

„Erfahrungsgemäß ist die Selbstreflexion und die Arbeit mit eigenen Entwicklungsfeldern für viele Teilnehmer anstrengend. Wir sollten daher ausreichend Zeit einplanen, damit sich die Teilnehmer in den Pausen erholen können und die Themen innerlich weiterarbeiten."

Rahmenbedingungen des Auftrags klären

Einen häufig vergessenen Aspekt stellen die Rahmenbedingungen des Auftrags dar. Zu diesem Punkt sind mehrere Fragen zu klären, die je nach Vorwissen und Projekt variieren. Im Folgenden haben wir einige typische Fragen aufgelistet:

- Gab es bereits ähnliche Trainingsmaßnahmen?
- Wie sehr wünscht sich die Zielgruppe das Training?

- Gibt es andere aus Ihrer Sicht/aus der Sicht der Teilnehmer Entwicklungsfelder, die dringender zu bearbeiten wären?
- Wie wurde/wird das Training an die Teilnehmer kommuniziert? Was wissen die direkten Vorgesetzten der Trainingsteilnehmer über das Training?
- Welchen Stellenwert hat das Training im Unternehmen?
- Wird es von Kollegen generell als positiv oder negativ bewertet, wenn ein Training besucht wird?
- Wie soll/darf mit eventuellen Boykotteuren im Training umgegangen werden? Dürfen diese vom Training ausgeschlossen werden? (Achtung: Diese Frage wirkt in einem Erstgespräch unter Umständen etwas befremdlich. Sie kann daher auch erst in einem späteren Termin, jedoch vor dem ersten Training mit dem Auftraggeber diskutiert werden.)
- Welches sind die wichtigen Stakeholder in dem Projekt und wie stehen diese zum Projekt?
- Welche Informationen sollen aus Sicht des Auftraggebers aus dem Training an ihn zurückfließen? (Auf diese wichtige Frage kommen wir im nächsten Abschnitt zurück.)
- Welche anderen wichtigen Themen werden gerade im Unternehmen diskutiert?
- Gibt es sonst noch wichtige Aspekte aus Sicht des Auftraggebers (Kunden), die noch nicht beleuchtet wurden? Diese Frage sollten Sie grundsätzlich zum Abschluss stellen, um sicherzugehen, dass Sie möglichst alle wichtigen Informationen erhalten haben.

Es wird deutlich, dass Sora Nombek (aus dem Beispiel) offensichtlich nicht beachtet hatte, im Vorfeld die Rahmenbedingungen Ihres Auftrags vollständig zu klären. Hätte sie dies getan, wäre es eine Möglichkeit gewesen, ihren Auftraggeber davon zu überzeugen, Zeit und Geld für ein anderes Trainingsthema zu investieren. Eventuell hätte sie auf Basis der zusätzlichen Informationen das Kommunikationstraining aber auch besser auf die Zielgruppe und die Rahmenbedingungen zuschneiden können. In diesem Fall hätte ein Schreiben an die Teilnehmer mit den Inhalten des Trainings sicher zur Akzeptanz bei den Teilnehmern beigetragen.

Wenn nicht klar ist, welche die passende Maßnahme ist

Bei den oben genannten Zielen der Auftragsklärung sind wir davon ausgegangen, dass dem Auftraggeber klar ist, dass er ein Training benötigt. In der Praxis haben wir jedoch häufig erlebt, dass sich erst in der Auftragsklärung herauskristallisiert, welche die richtige Maßnahme ist. So haben wir es beispielsweise schon erlebt, dass ein Geschäftsführer uns bat, ein Konflikttraining mit seinen Teamleitern durchzuführen. Es stellte sich jedoch heraus, dass es eigentlich einen Konflikt zwischen dem Geschäftsführer selbst und zwei seiner Teamleiter gab. Passgenauer schien in diesem Fall dementsprechend ein moderiertes Konflikt-Coaching, welches wir letztlich auch durchgeführt haben.

Hidden Agenda des Auftraggebers

Hin und wieder kommt es vor, dass der Auftraggeber von Ihnen verlangt, dass Sie neben dem Training auch einzelne Teilnehmer oder die gesamte Trainingsgruppe beobachten sollen, um dem Auftraggeber später Bericht zu erstatten. Der Auftraggeber verfolgt eine „Hidden Agenda", die mit der Annahme dieses Auftrags durch den Trainer auch zur Hidden Agenda des Trainers wird.

Gefahren einer Hidden Agenda

Die Gefahren eines solchen verdeckten Auftrags sind natürlich groß. Daher sollten solche Aufträge vom Trainer generell nicht angenommen werden. Das wichtigste ist in diesem Zusammenhang zunächst einmal Transparenz. Aus diesem Grunde ist die Frage, welche Informationen an den Auftraggeber zurückfließen sollen, **vor** der Trainingsdurchführung unerlässlich. Haben Sie geklärt, ob und welche Informationen der Auftraggeber von Ihnen erwartet, können Sie abschätzen, ob dies dem Training, Ihren Teilnehmern oder Ihnen selbst schaden könnte. Ihr oberstes Ziel in der Beziehung zu Ihren Teilnehmern sollte es sein, Offenheit, Ehrlichkeit und Vertrauen herzustellen. Erreichen Sie dies in den Augen der Trainingsteilnehmer, wird die Trainingsdurchführung an vielen Stellen deutlich erleichtert. Mit dem Vertrauen der Teilnehmer geht aber auch die Verantwortung einher, vertrauensvoll mit den Informationen umzugehen. Hintergehen Sie das Vertrauen, ist jedes weitere Training in diesem Personenkreis undenkbar. Darüber hinaus wissen Sie ja: Man sieht sich immer zweimal im Leben!

Es wird also nicht nur wichtig sein, Transparenz vom Auftraggeber einzufordern, sondern auch gegenüber dem Auftraggeber transparent zu machen, welche Informationen Sie als Trainer an ihn zurückgeben werden und welche nicht. Gleichzeitig sollten Sie auch den Teilnehmern mitteilen, welche Informationen an den Auftraggeber gehen werden. Auch diese Information an die Teilnehmer sollten Sie natürlich vorher mit dem Auftraggeber abgesprochen haben. Wie gesagt empfehlen wir, diese Informationsweitergabe aber nur in Ausnahmefällen anzubieten, da es den Vertrauensaufbau im Training ungemein erschwert.

Wenn die Teilnehmer eine Hidden Agenda vermuten

Wir haben bisher in diesem Abschnitt von einer tatsächlich vorhandenen Hidden Agenda gesprochen. Eine weitere Gefahr für das Training besteht darin, dass die Teilnehmer annehmen, dass eine Hidden Agenda existiert. Dies zeigt das folgende Beispiel.

Beispiel: Nein, den Test fülle ich nicht aus!

Peter Nowak freut sich auf den heutigen Tag bei seinem neuen Kunden. Nach langen Verhandlungen hatte er vom Personalleiter die Zusage bekommen, ein Training zum Thema „Sich selbst führen" durchzuführen. Es ist 9:00 Uhr und nach einer kurzen Einstiegssequenz verteilt Peter Nowak einen standardisierten Test zur Einschätzung der eigenen Persönlichkeit, dem Persolog-Persönlichkeitsmodell (früher bekannt unter dem Namen DISG). Anschließend will er auf diese Ergebnisse aufbauen. Mit dem Personalleiter hatte er geklärt, dass die Auswertung dieses Tests ausschließlich bei den Mitarbeitern verbleibt. Dies war nicht zuletzt dem Hauptpersonalrat ein wichtiges Anliegen gewesen.

Kaum sind die Fragebögen zum Testverfahren an die Teilnehmer verteilt, kommen bei diesen jedoch erste Bedenken zur Frage des Datenschutzes auf. Zunächst handelt es sich nur um Einzelstimmen. Nun verkündet jedoch Herr Hohner lautstark „Das habe ich doch bei meinem letzten Arbeitgeber schon erlebt. Die Ergebnisse werden dann doch eingesammelt, kommen in die Personalakte und werden als Grundlage für Personalentscheidungen genutzt. Da mache ich nicht mit!" Diese Ansage scheint seinen Kollegen zu genügen, denn nun ergreifen auch diese Partei und kommen zu dem Fazit: „Nein, den Test füllen wir nicht aus!"

So gehen Sie als Trainer mit den Bedenken der Teilnehmer um

Als Trainer gerät man häufig unerwartet in solche Situationen. Meist ist es nicht möglich, vorherzusehen, welche Themen bei den Trainingsteilnehmern einen schlechten Eindruck hinterlassen. Ein Patentrezept, wie in einer solchen Situation vorzugehen ist, gibt es nicht. In der Praxis hat sich aber gezeigt, dass zunächst Verständnis für die Reaktionen der Teilnehmer wichtig ist. Sie sollten deutlich machen, dass Sie das Problem verstehen und nachvollziehen können. Auf das Thema Verständnis kommen wir an anderer Stelle zurück (vgl. Kapitel 3.4). Gleichzeitig sollten Sie den Teilnehmern ein Gefühl von Kontrolle über die Situation vermitteln. Dies funktioniert in der Regel gut über folgende oder ähnliche Gegenfragen:

• Wie könnten wir Ihren Bedenken begegnen?
• Würde es Ihnen helfen, wenn ... (im Beispiel: „... Sie Ihre Auswertungen für sich behalten und nur die Ergebnisse mitteilen, die Sie preisgeben möchten.")

3.3 Trainingsgestaltung und zeitgemäße Didaktik

In diesem Kapitel lernen Sie wichtige Aspekte für die Gestaltung und den Aufbau eines erfolgreichen Trainings kennen. Das folgende Beispiel zeigt, welche Auswirkungen Schwächen im Trainingskonzept haben können und wie sich diese korrigieren lassen.

Beispiel: Die Teilnehmer schlafen uns immer ein!

Natascha Gärtner und Benjamin Klauke sind nach Berlin gefahren, um mit ihrem Supervisor einige kritische Situationen im Training durchzusprechen. Seit mehreren Monaten trainieren sie verschiedene Gruppen von Führungskräften in einer achtmoduligen Qualifizierung. Dabei machen die beiden ihre Sache insgesamt sehr gut, aber verbessern kann man sich ja immer!

Neben einigen Kleinigkeiten liegt ihnen ein Thema besonders am Herzen. Am letzten Tag des letzten Moduls ihrer Qualifizierung fassen sie die Inhalte des Gesamtprogramms noch einmal zusammen. Dies hatte sich der Auftraggeber von ihnen gewünscht, damit die Teilnehmer noch einmal reflektieren, über welche Themen gesprochen wurde. Gleichzeitig dient diese Zusammenfassung als Einleitung für eine Abschlussübung.

Das Konzept, welches durch die HR-Beratung Klug & Co entwickelt worden war, sieht an dieser Stelle eine Powerpoint-Präsentation mit Bildern wichtiger Modelle aus den einzelnen Modulen vor. Um die persönliche Relevanz zu steigern, fügen Natasch Gärtner und Benjamin Klauke zusätzlich einige Fotos der jeweiligen Ausbildungsgruppe ein. Trotz aller Mühe, die sie sich mit dieser Trainingssequenz geben, haben sie jedoch immer wieder festgestellt, dass ihre Teilnehmer müde und gelangweilt wirkten – und dabei ist der Zeitpunkt um 9:00 Uhr morgens doch eigentlich recht günstig gewählt! Im Anschluss an die Problembeschreibung der beiden Trainer ergibt sich in der Supervision nun das folgende Gespräch:

Supervisor (S): „Warum glauben Sie, schlafen Ihre Teilnehmer an diesem Morgen ein?"

Trainer (T): „Also irgendwie müssten wir mehr Bewegung in die Sache bringen, wobei wir mit ähnlicher Methodik an anderen Stellen im Programm durchaus Erfolg haben."

S: „Haben Sie vom Auftraggeber methodische Freiheit, die Aufbereitung anders vorzunehmen?"

T: „Ja, die haben wir, solange die Ziele der Trainingssequenz erhalten bleiben."

S: „Wunderbar. Ich verstehe, dass es sich um den letzten Tag der mehrmoduligen Trainingsreihe handelt. Ich vermute daher, dass am Abend vorher ein wenig gefeiert wird?"

T: „Ja, und das teilweise nicht zu knapp. Das könnte die Müdigkeit natürlich erklären. Bleibt aber nach wie vor die Frage, wie wir das ändern können."

S: „Sie hatten ja schon gesagt, dass Sie mehr Bewegung brauchen und diese auch methodisch realisieren können, solange die Ziele erhalten bleiben. Welches sind denn Ihre Ziele?"

T: „Na ja, im Schwerpunkt eine Reflexion wichtiger Modelle, aber auch ein emotionales Wiedererleben der Ausbildungsreihe im Rahmen der eigenen Trainingsgruppe. Es gab so viele nette Zitate über die Trainingsmodule hinweg, die jede einzelne Gruppe geprägt haben."

S: „Bleiben wir zunächst beim ersten Aspekt. Wie könnten Sie mehr Bewegung in Bezug auf die Modelle erreichen?"

T: „Gruppenarbeiten kommen immer gut an. Ein großer Erfolg war auch eine Stegreifpräsentation, die wir mal durchgeführt haben."

S: „Damit hätten wir schon zwei gute Möglichkeiten. Sie könnten also wichtige Modelle in Kleingruppen erarbeiten und in Grundzügen noch einmal erklären lassen. Nach Möglichkeit mit Beispielen aus der Praxis. Sie könnten außerdem „Powerpoint-Karaoke" spielen: Jeder Teilnehmer zieht verdeckt ein Theoriemodell aus der Ausbildung und muss dieses direkt im Anschluss anhand einer Folie innerhalb einer Minute zusammenfassen."

T: „Klingt beides gut und würde die Aufmerksamkeit sicher erhöhen. Die Zitate bekommen wir da auch gut unter. Bei der Variante der Gruppenarbeit könnte jede Gruppe Zitate einwerfen, während sie das Modell erklärt. Ähnlich könnten wir es bei dem Karaoke machen. Im letzten Fall könnten wir einige Zitate auf die verdeckten Karten mit den Modellen schreiben, das erleichtert die Sache vielleicht noch etwas."

S: „Hervorragend. Ich würde Ihnen nur empfehlen, gerade bei der Karaoke-Variante jedes Modell noch einmal mit eigenen Worten zu wiederholen, um eventuelle Fehler oder Missverständnisse auszuräumen. Vielleicht bekommt jeder auch einen Joker, sodass er eine neue Karte ziehen darf, wenn ihm ein Thema nicht liegt. So reduzieren Sie falsche Erklärungen."

Die Frage nach einer guten Trainingsgestaltung ist vielschichtig. Das oben genannte Beispiel zeigt zwei Dinge:

- Trainingsgestaltung ist ein **kreativer Prozess**, dem auf methodischer Ebene häufig keine oder nur geringe Grenzen gesetzt sind.

- Gute Trainingsgestaltung ist **abhängig von der spezifischen Situation** eines Trainings, von der Trainerpersönlichkeit (denn nicht jeder fühlt sich mit jeder Methode wohl), den Teilnehmern (auch diese können sich nicht für jede Methode begeistern) und den Rahmenbedingungen (zeitlich und räumlich).

Bei so viel Freiheit zur Trainingsgestaltung lassen sich pauschal gültige Richtlinien kaum geben. Wir möchten es aber dennoch versuchen, denn natürlich gibt es einige Elemente, die ein Trainer beachten und kontrollieren sollte. Diese umfassen mehr als das bloße Kennen von Theorien und Leitfragen zu den einzelnen Themen, die besprochen werden. Einen wichtigen Beitrag zur Trainingsgestaltung leisten auch die Kompetenzen eines Trainers (vgl. auch Kapitel 3.1).

Zum Training gehören praktische Übungen

Wie in Kapitel 3.1 bereits angesprochen, werden die Begriffe Workshop, Unterricht und Training in unterschiedlichen Organisationen häufig synonym gebraucht, obwohl sich diese in Bezug auf Praxis- und Theorieanteile deutlich unterscheiden. Wir möchten an dieser Stelle noch einmal betonen, dass der Schwerpunkt in einem Training auf den Praxisanteilen liegen sollte. Schließlich würden Sie auch nicht erwarten, eine ausgedehnte Theorieveranstaltung zu besuchen, wenn Sie sich zur Teilnahme an einem Handballtraining entschließen. Vielmehr würden Sie erwarten, einen Ball in die Hand zu nehmen, aus verschiedenen Positionen auf das Tor zu werfen, Übungen zum Muskelaufbau durchzuführen etc. Kurz: Sie würden erwarten zu üben und nicht über den Sport zu reden. Trotzdem werden Sie auch einige theoretische Hinweise von Ihrem Handballtrainer erwarten. Genauso ist es auch in einem Training. Neben der Vermittlung neuer Theorien, Modelle, Verhaltensweisen, was nur einen geringen Teil der Trainingszeit beanspruchen sollte, ist es grundlegend, an der Umsetzung und Anwendung der Theorie so praktisch wie möglich zu arbeiten.

„Ein- und Ausatmen" – Theorie und Praxis

Döring (2008) spricht in diesem Zusammenhang vom Ein- und Ausatmen. Mit „Einatmen" bezeichnet er die Wissensvermittlung. Während der Trainer eine Theorie, ein Modell oder Ähnliches erklärt, „atmet" der Lernende die Inhalte ein. Viele Trainer neigen dazu, das sich anschließende „Ausatmen" zu vergessen. Mit Ausatmen ist das Anwenden von Theorien auf die eigene Praxis, das Üben von vermittelten Techniken und Methoden etc. gemeint. Dass Einatmen alleine nicht ausreicht, wird im Bild des Atmens sehr deutlich. Genauso verhält es sich im Training. Bloße Wissensvermittlung reicht nicht aus, um Lerninhalte tief zu verarbeiten. Gleichzeitig ist intensives Ausatmen nötig, um Transferleistungen in den eigenen Alltag zu ermöglichen. Wir werden auf das Ein- und Ausatmen noch im Zusammenhang mit der makro- und mikrodidaktischen Strukturierung zurückkommen.

Stoffreduktion – Reduzierung auf das Wesentliche

Mit der Fokussierung im Bereich des Ausatmens, also mit einer Steigerung des Praxisanteils in einem Training, gewinnt gleichzeitig die Stoffreduktion an Bedeutung. Gemeint ist damit ein Reduzieren dessen, was vermittelt werden soll, auf die wichtigsten Themen. Diese werden dafür aber umso intensiver behandelt. Die Notwendigkeit zur Stoffreduktion ergibt sich schlicht aus dem hohen Praxisanteil – also dem Üben – im Training. Üben kostet im Vergleich zur Vermittlung von Theorie viel Zeit. An einem Trainingstag können Sie zehn theoretische Modelle vorstellen, der Nutzen für Ihre Teilnehmer wäre jedoch vermutlich gering, weil sie sich die Modelle nicht merken und in die Praxis umsetzen können.

| Kienbaum Expertentipp: Üben Sie mit den Teilnehmern

Anstatt an einem Trainingstag zehn theoretische Modelle vorzustellen, ist es sinnvoller, wenn Sie sich als Trainer vorher überlegen, welche der Modelle für Ihre Zielgruppe besonders wichtig sind. Diese zwei bis drei Modelle stellen Sie dann vor, diskutieren anschließend beispielsweise die Praxistauglichkeit jedes einzelnen Modells und vertiefen die Implikationen des Modells in eine oder mehrere Übungen. Mit der Auswahl der wichtigsten Modelle haben Sie nun eine Stoffreduktion vorgenommen.

Was ist für das Training wirklich wichtig?

Hilfreich für die Entscheidung, welche Inhalte und Modelle für das Training wesentlich sind, ist grundsätzlich die Auftragsklärung (vgl. Kapitel 3.2). Der Auftraggeber hat häufig klare Vorstellungen davon, was wichtig ist und was nicht. Eine weitere Informationsquelle sind die Erwartungen der Teilnehmer. Diese können selbstverständlich nicht immer alle im Detail berücksichtigt werden, stellen aber trotzdem eine gute Richtlinie dar. Letztlich trägt zur guten stofflichen Reduktion der Inhalte auch die Erfahrung des Trainers bei.

Mit Fachlandkarten und Inselbildung das Verständnis erleichtern

Sind die Inhalte ausreichend strukturiert, kommt es als nächstes darauf an, die Lernenden durch die Inhalte zu leiten. Sicher haben Sie sich schon einmal in ein neues Thema eingearbeitet und hierzu beispielsweise ein Fachbuch gelesen. Wahrscheinlich ist Ihnen auch aufgefallen, dass Sie gerade komplexere Absätze zu Beginn nicht verstanden haben. Vermutlich fehlte Ihnen ein kognitives Netzwerk wichtiger Begriffe, Definitionen, Zusammenhänge etc.

Mit dem Entstehen dieses Netzwerks wurde es dann vermutlich Stück für Stück einfacher, komplexe Sachverhalte zu verstehen. Ähnlich geht es auch einem Teilnehmer in einem Training. Vermutlich sprechen Sie zu gewissen Anteilen über neue Themen, Modelle oder Theorien, zu denen Ihre Teilnehmer noch kein oder nur ein teilweise ausgebildetes kognitives Netzwerk haben. Kommen Sie Ihren Teilnehmern beim Erstellen dieses Netzwerks entgegen, nehmen Sie ihnen viel Arbeit ab, indem Sie das Verstehen der Inhalte von Anfang an erleichtern. Wie können Sie dies schaffen?

Bewährt haben sich in der Praxis Fachlandkarten und Inselbildung (Döring, 2008). Die **Fachlandkarte** stellt die wichtigsten Begriffe (im Trainingskontext könnten dies Trainingsthemen sein) überblicksartig und visualisiert dar. **Inselbildung** bedeutet, dass zu den wichtigen Begriffen oder Stationen im Rahmen Ihres Trainings einige Stichworte notiert werden, die diese definieren. Das folgende Beispiel stellt einen Ausschnitt unserer Fachlandkarte für das Buch „Führen – die erfolgreichsten Instrumente und Techniken" (Sattler, Förster, Saller und Studer 2011) dar. Sie könnten eine solche Fachlandkarte aber auch für ein Training nutzen.

Abb.: Fachlandkarte

Dem Lerner wird es durch das Aufzeichnen einer Fachlandkarte ermöglicht, sich in einem neuen Themenfeld schnell zurechtzufinden und neue Inhalte zügig an der richtigen Stelle einzuordnen. Es ist in diesem Zusammenhang nützlich, wenn die Fachlandkarte mit den gebildeten Inseln während des Trainings gut sichtbar im Raum hängt, sodass sie jederzeit präsent ist.

Orientierung in einer fremden Stadt

Gut vergleichbar ist die Unterstützung des Teilnehmers durch Fachlandkarte und Inselbildung mit dem Erschließen einer Stadt. Stellen Sie sich vor, Sie sind gemeinsam mit Ihrem Lebenspartner in eine fremde Stadt umgezogen. Während sich Ihr Partner zunächst intensiv mit Kartenmaterial befasst und sich einige gut sichtbare Fixpunkte (wie z. B. hoher Kirchturm im Zentrum, Rauchsäule über dem Industriegebiet im Norden, Funkturm im Süden, große Allee durch die Stadt von Westen nach Osten) einprägt, wählen Sie einen anderen Zugang, um sich eine kognitive Landkarte Ihrer neuen Heimat aufzubauen. Sie schwingen sich auf ein Fahrrad und fahren die Umgebung ab. Vermutlich wird Ihr Partner sich zunächst besser zurechtfinden, wenn Sie beide gemeinsam in einer bisher unbekannten Gegend unterwegs sind. Sie werden vermutlich sagen können, dass es irgendwo ein nettes kleines Café gab, ob Sie dort jedoch wieder hinfinden, bleibt zunächst fraglich.

Was wollen wir damit sagen? Lernen funktioniert zu einem Großteil durch Strukturierung von Inhalten. Schaffen Sie es, Ihren Teilnehmern eine Struktur zu vermitteln, so stellen sich Erkenntnisprozesse und erste Lernerfolge wesentlich schneller ein als ohne diese Struktur.

Mit Beispielen das Wissen konkretisieren

Sie haben nun schon einen wichtigen Beitrag zur guten Trainingsgestaltung geleistet. Sie haben wichtige Themen ausgewählt, wissen, dass Sie die Möglichkeit zum Ausatmen, also dem Anwenden der Theorie, geben wollen und Sie haben Ihren Teilnehmern eine Struktur für die Trainingsthemen – mit Fachlandkarten und Inselbildungen – angeboten. Wichtig wird es nun sein, die Themen mit Leben zu füllen. Beispiele sind das A und O bei der Wissensvermittlung. Beispiele stellen prototypisches Verhalten oder prototypische Situationen dar. Dies bedeutet, dass sie nach Möglichkeit so allgemein dargestellt werden sollten, dass jeder Teilnehmer sie nachvollziehen kann. Finden Sie typische Situationen, wird ein breites Verständnis unterstützt. Gleichzeitig sollten sie sehr detailliert sein, sodass auch Besonderheiten des Themas an ihnen deutlich werden. Mit der „Orientierung in einer fremden Stadt" haben wir auf den vorigen Seiten bereits ein prototypisches Beispiel genutzt, um die Bedeutung von Fachlandkarten und Inselbildung zu beschreiben. Das Beispiel ist einerseits sehr allgemein gehalten und lässt sich so für einen großen Personenkreis gut nachvollziehen. Andererseits können aber auch Detailaspekte verdeutlicht werden.

Wie finden Sie passende Beispiele?

Treffende Beispiele zu finden, ist nicht immer ganz einfach. Es spricht daher nichts dagegen, verschiedene Besonderheiten eines Sachverhalts mit unterschiedlichen Beispielen zu verdeutlichen. Häufig helfen Ihnen auch Ihre Teilnehmer mit weiteren Beispielen aus, wenn die Grundidee erst einmal vermittelt wurde. Können Sie keine Beispiele für ein Thema finden, so kann dies zwei Ursachen haben:

• Sie sind noch nicht trittsicher im Thema, können Teilaspekte selber noch nicht integrieren und finden daher keine passenden Beispiele.

• Das Thema ist so unwichtig, dass es kaum (oder keine) Beispiele gibt.

In beiden Fällen ist Ihr Konzept noch nicht ausgereift. Ohne eine Überarbeitung ist die Wahrscheinlichkeit, dass Sie bei Teilnehmern hier auf Unverständnis oder Unzufriedenheit stoßen, zu Recht groß. Alleine auf die Beispiele Ihrer Teilnehmer sollten Sie also nicht hoffen.

Arbeiten mit Bildern

Im vorausgegangenen Abschnitt haben wir schon über die Kraft von Bildern gesprochen. Beispiele sind letztlich nichts anderes als verbale Bilder. Durch die Beschreibung eines Beispiels schaffen Sie es, Bilder im Kopf Ihrer Teilnehmer entstehen zu lassen – und diese können sehr hilfreich beim Lernen sein.

Rufen Sie eine Information aus Ihrem Gedächtnis ab, so müssen Sie die neuronale Repräsentation dieser Information aktivieren. Ist die Information ausschließlich verbal gespeichert, so haben Sie auch nur diese Möglichkeit des Zugangs. Ist die Information zusätzlich bildhaft gespeichert, haben Sie auch eine Zugriffsmöglichkeit über Bilder. Reize wie bestimmte Bilder oder Worte, die dazu geeignet sind, eine Erinnerung zu aktivieren, werden als Cues bezeichnet.

In der Gedächtnisforschung wurde lange diskutiert, ob es so etwas wie visuelle oder auditive Lerntypen gibt. Die Befunde hierzu sind allerdings nach wie vor umstritten. Klar ist jedoch, dass eine Informationsverarbeitung über mehrere Kanäle gleichzeitig zu einer tieferen Verarbeitung und damit zu einer besseren Gedächtnisleistung führt. Ursächlich ist neben einer stärkeren Aktivierung des Gehirns durch eine Verarbeitung in rechter (zuständig für bildhafte Informationen) *und* linker (zuständig für verbale Informationen) Gehirnhälfte auch das Vorhandensein mehrerer sogenannter Abruf-Cues.

Schrift stellt im Übrigen keine bildhafte Repräsentation dar. Zeigen Sie also eine Powerpoint-Folie mit Stichworten, die Sie gleichzeitig verbal wiederholen, so wird die Information in beiden Fällen von der linken Gehirnhälfte verarbeitet und es ergibt sich kein Vorteil für den Lerner. Die rechte Gehirnhälfte ist aber nicht völlig inaktiv. Sie verarbeitet gleichzeitig das Layout Ihrer Folie und registriert vielleicht einen kurzen und zwei sehr lange Spiegelstriche auf Ihrer Folie. Für die Erinnerungsleistung ist diese Verarbeitung jedoch ungünstig, da es sicher viele Folien gibt, die ähnlich aussehen. Lenken Sie die Aufmerksamkeit der rechten Gehirnhälfte lieber auf ein treffendes Bild, welches zu den Inhalten passt.

Beispiel: So lassen sich abstrakte Themen visualisieren

Stellen Sie sich vor, dass Sie ein Training zum Thema „Effektives Lernen und Lerntechniken" geben. Sie sprechen gerade über Gedächtnisleistungen und stellen dar, dass man sich im Allgemeinen Dinge besser merkt, die man selbst getan hat, als die, über die man gesprochen oder die man gehört hat. Aus der Forschung zu diesem Themenbereich haben Sie einen Prozentwert für jede Sinnesmodalität gefunden (nehmen wir an, dies wären 80 % für das Tun, 35 % für das Sprechen und 20 % für das Sehen). Diese stellen Sie jedoch nicht einfach nur vor, indem Sie sie auf ein Flipchart schreiben, sondern Sie malen oder kleben ein Bild von einem Menschen mit sehr kleinen Augen, einem etwas größeren Mund und sehr großen Händen. Wetten, dass sich Ihre Teilnehmer auch nach Monaten und Jahren noch daran erinnern werden, dass das Tun besonders wichtig ist und dass Sehen allein das Gedächtnis am wenigsten unterstützt?

Für Ihre Trainings insgesamt, aber auch für Ihre Fachlandkarte bedeutet dies, dass Sie mit Bildern arbeiten sollten, um die Abrufwahrscheinlichkeit der Information bei Ihren Teilnehmern zu erhöhen. Unsere zuvor gezeigte Fachlandkarte zum Thema Führen war also noch nicht ganz lerngerecht gestaltet und müsste besser folgendermaßen aussehen:

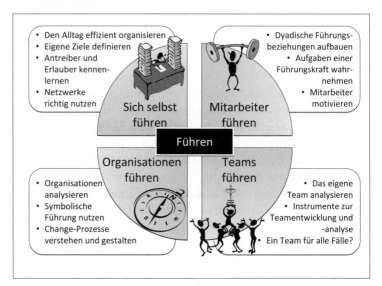

Abb.: Fachlandkarte

Vielfältige Methoden gezielt einsetzen

Wir haben schon zuvor von dem wichtigen Praxisanteil im Training gesprochen. Diesen werden Sie voraussichtlich mit Einzel-, Partner- oder Kleingruppenübungen, durch Simulationen, Rollenspiele, Erfahrungsaustausch etc. realisieren. In unserem eingangs erwähnten Beispiel der Trainer Natascha Gärtner und Benjamin Klauke sind wir dem Problem begegnet, dass Methoden unreflektiert eingesetzt werden. Es kommt häufig vor, dass wir Trainer beraten, die über ein nahezu unerschöpfliches Methodenrepertoire verfügen, dieses jedoch nicht zielgerichtet einsetzen (können).

Wenn man in seinem Fachtraining zur Einführung eines neuen IT-Systems perfektes Wissen als zweimal acht Stunden „Powerpoint-Durchklick-Veranstaltung" vermittelt, kann man sich als Trainer sicher sein, dass man bei seinen Teilnehmern wenig verändert.

Gleiches gilt natürlich für das Persönlichkeitstraining, in dem der Trainer über mehrere Tage ausschließlich mit einer Methode (z. B. Rollensimulation oder Kleingruppenarbeit) arbeitet. Irgendwann schleift sich jede noch so gute Methode ab. Fazit: Die Gruppe bleibt in Bezug auf den Lernerfolg weit hinter ihren Möglichkeiten zurück und Sie als Trainer haben nicht nur einen langweiligen, sondern auch noch einen unglaublich anstrengenden Job, denn auch für Sie vergeht die Zeit langsam und Sie müssen Ihre Teilnehmer auch noch motivieren, mitzuarbeiten. An einen Folgeauftrag müssen Sie dann auch nicht mehr denken. Die Kunst besteht also darin, eine gute Methodenmischung zu bieten.

Trainingsmethoden im Überblick

Im Folgenden lernen Sie einige Methoden kennen, die Sie in Ihrem Training variabel einsetzen können:

Mit Filmsequenzen einen emotionalen Zugang schaffen

Sie transportieren relevante Inhalte über eine emotionale Ebene und schaffen somit einen alternativen Zugang zu den Inhalten. Wir arbeiten in unseren Trainings sowohl mit Lehrfilmen als auch mit Ausschnitten bekannter Kinofilme oder kleinen Eigenproduktionen, um Themen wie Führung, Motivation, Delegation etc. anschaulich zu vermitteln und Betroffenheit zu erzeugen. (Schauen Sie sich die deutsche Comedyserie „Stromberg" beispielsweise einmal unter Führungsgesichtspunkten an. Sie werden viel Negatives, aber sicher auch die eine oder andere positive Verhaltensweise entdecken.) Ein weiterer Vorteil ist, dass Sie gemeinsame Erlebenswelten schaffen. Dies bedeutet, dass Sie in Ihrem Training immer wieder auf die gezeigten Sequenzen zurückkommen können. Sie können so sicherstellen, dass alle über dasselbe Thema sprechen.

Arbeit mit Praxisfällen der Teilnehmer

Wann immer es möglich ist, arbeiten wir in Rollensimulationen oder Fallstudien mit den konkreten Praxisthemen unserer Teilnehmer. Diese Übungen sind zwar häufig aufwendiger einzusetzen, vorzubereiten und zu steuern. Die Arbeit an wirklichen Fällen wird uns aber regelmäßig als Highlight eines Trainings zurückgemeldet. Wenn Teilnehmer ihre in Kürze anstehende schwierige Verhandlungssituation oder ein herausforderndes Konfliktgespräch im Training üben können, entstehen Erkenntnisse, was in der Praxis direkt umsetzbar ist. Ein Sonderfall der Praxisfallbearbeitung stellt die Methode der kollegialen Beratung dar, die wir später in diesem Kapitel in einem Expertentipp darstellen, da wir sie als sehr effektive Methode zu schätzen gelernt haben.

Mit Outdoor-Elementen die Teilnehmer aktivieren

Über Outdoor-Trainings wurde und wird viel diskutiert. Sinnvoll oder nicht, wir nutzen einzelne erlebnispädagogische Elemente nach wie vor gerne, denn es lassen sich typische Themen der beruflichen Zusammenarbeit intuitiv abbilden. Dies können beispielsweise Planungs- und Abstimmungsprozesse, Konflikte oder stressreiche Situationen sein. Die erfahrungsorientierten Übungen sorgen für einen anderen Zugang zum Lernen als es herkömmliche Trainingssettings bieten. Sie führen häufig zu einem intensiven Erleben von Alltagsprozessen, deren Reflexion in bestehenden Teams häufig große Erkenntnisse bieten. Gleichzeitig aktivieren Outdoor-Elemente insbesondere nach Mittagspausen und nach einem langen Trainingstag, sorgen aber auch dafür, dass sich die Teilnehmer noch einmal auf anderer Basis kennenlernen. Bei mehrtägigen oder sogar mehrmoduligen Trainings lockern Outdoor-Übungen die Stimmung auf und liefern den Teilnehmern Gesprächsstoff für den inoffiziellen Teil im Anschluss an einen Trainingstag, was sich wiederum positiv auf die Netzwerkbildung in einer Trainingsgruppe auswirkt.

Mit Spiegelungen die Selbstreflexion fördern

Diese spezielle Form des Feedbacks bietet den Teilnehmern die Möglichkeit, sich gegenseitig auf wertschätzende Art und Weise Rückmeldung zur Wirkung, zum Verhalten und zu persönlichen Besonderheiten zu geben. Diese Einheiten eignen sich in erster Linie für mehrmodulige Programme mit selbstreflektorischen Anteilen, in denen die Teilnehmer sich auch auf persönlicher Ebene näherkommen sollen. Geben Sie Ihren Teilnehmern beispielsweise den Auftrag, sich reihum in Gruppen zu vier Personen Rückmeldung zu folgendem Aspekt zu geben: „In Gruppensituationen nehme ich dich wie folgt wahr ..." oder „Ich kann mir vorstellen, dass Kunden im Kontakt mir dir Folgendes schätzen ... und Folgendes kritisieren ..." Für Fachtrainings eignen sich Spiegelungen weniger.

Klassische etablierte Methoden

Natürlich empfehlen wir für Trainings auch das etablierte Methodenset solider Qualifizierungsarbeit. Hierzu zählen für uns konzentrierte kurze Inputs, Einzel-, Partner- und Gruppenarbeiten, Rollensimulationen sowie Kartenabfragen, Sammlungen am Flipchart, moderierter Erfahrungsaustausch und vieles mehr.

> ### Kienbaum Expertentipp: Amüsante Filme als Energizer
>
> Kennen Sie diese kleinen (Werbe-)Witzvideos und Präsentationen, die man immer mal wieder von Kollegen, die anscheinend nichts Besseres zu tun haben, geschickt bekommt? Gefühlt hat jeder von uns zwei bis drei Kollegen, die dafür sorgen, dass der Nachschub nie abreißt. Teilnehmer lieben diese Muntermacher als Einstieg nach einer Pause. Legen Sie sich daher – vorausgesetzt, es passt zu Ihrem Trainingsstil – ein kleines Archiv an. Einmal eingesetzt, werden Ihre Teilnehmer schnell mehr und mehr davon fordern und Ihnen ihrerseits auch ständig Neues für Ihre Sammlung zuschicken. Wir haben Trainerkollegen, die für jedes Thema ein Repertoire witziger kleiner Filme angelegt haben: Sei es das Thema „Work-Life-Balance", „Geschlechtsunterschiede" oder „Umgang mit Stress".
>
> Aber wie immer beim Thema Humor ist auch hier Vorsicht geboten: Die Gürtellinienhöhe dieser Elemente variiert bekanntlich stark. Eine progressive Einführung ist also sinnvoll. Das bedeutet: Fangen Sie mit Unverfänglichem an und schauen Sie, wie weit Sie gehen können.

Warm-up: Mit „Knieklopfen" Trainingsgruppen aktivieren

von Dirk Weiß, Cottbus

Als Warm-up und zur Aufhebung von Distanzen zwischen den Teilnehmern bietet sich das „Knieklopfen" an. Die Teilnehmer sitzen in einem Kreis ohne Tische. Die Hände liegen auf den mir zugewandten Knien meiner Sitznachbarn. Dies gilt für alle Teilnehmer des Kreises. Einer fängt an. Die Hände klopfen nacheinander auf die Knie. Das bedeutet für mich eine hohe Konzentration, da zwischen meinen Händen die Hände meiner Sitznachbarn auf meinen Knien ruhen. Das Klopfen bewegt sich in eine Richtung. Wenn aber ein Teilnehmer doppelt klopft erfolgt eine Richtungsänderung.

Schwieriger wird es, sobald einer nicht gleich klopft. Die Hand ist zur Seite oder nach hinten zu nehmen und die Teilnehmer müssen nun zusätzlich auf die Lücke achten.

Trainingsaufbau

Sinnvollerweise sollte ein Training grundsätzlich „von hinten" aufgebaut werden. Zunächst muss sich der Trainer also fragen, welche Ziele vermittelt werden sollen, um danach geeignete Methoden auszuwählen. Ist das Ziel eine Wissensvermittlung bei gleichzeitiger Aktivierung der Teilnehmer, stellen sowohl ein Powerpointbasierter Input durch den Trainer als auch die Diskussion eines Fachartikels die falsche Wahl dar. Hier sollten eher spielerische Elemente zum Einsatz kommen. Ein Abgleich mit den Rahmenbedingungen (passt die Methode zur zeitlichen Planung, sind alle Ressourcen vorhanden etc.) ist sicherlich wichtig, sollte jedoch erst an zweiter Stelle geschehen. Rahmenbedingungen führen häufig zum Feinschliff der eingesetzten Methoden und definieren, wie die Trainingssequenz im Detail abläuft. Meist stellt man jedoch ohnehin fest, dass sich fast jede Methode umsetzen lässt, wenn man als Trainer davon überzeugt ist, dass dies die Methode der Wahl ist.

Die Transferleistung – Inhalte in der Praxis anwenden

Ihr Training ist methodisch nun zum größten Teil gestaltet. Letztlich erreichen Sie mit dem bisher Diskutierten neben einer hohen Akzeptanz für Ihr Training wahrscheinlich aber hauptsächlich einen kurzfristigen Lernerfolg in Bezug auf neue Modelle und Theorien. Ihre Teilnehmer werden also mit dem guten Gefühl aus dem Training gehen, etwas gelernt zu haben. Aber wie geht es dann weiter?

Wie unterstützen Sie die Transferleistung der Teilnehmer?

Die Frage danach, ob die Inhalte auch in der Praxis Anwendung finden, bleibt zunächst offen. Sie werden vielleicht denken, dass diese Transferleistung in der Verantwortung der Teilnehmer liegt und Sie alles getan haben, um das Training positiv zu gestalten. Im Prinzip haben Sie auch recht. Trotzdem können Sie für die Ermöglichung des Transfers einiges tun. Dies wird im Übrigen auch eines der Hauptanliegen Ihres Auftraggebers sein (vgl. Kapitel 3.2). Um den Transfer zu erleichtern, sollten Sie in Ihrer Trainingsgestaltung auf die folgenden Aspekte achten:

Weisen Sie auf die Bedeutung des Transfers hin

Unabdingbar ist es, die Trainingsteilnehmer von Beginn an für die Bedeutung des Transfers zu sensibilisieren. Damit verbunden sollten Sie Ihre Teilnehmer bitten, während des Trainings nach Transfermöglichkeiten zu fragen, wenn diese nicht deutlich sichtbar sind.

Beziehen Sie direkte Führungskräfte ein

Die direkten Vorgesetzten Ihrer Teilnehmer stellen einen zentralen Erfolgshebel für den Transfer dar. Sie beeinflussen maßgeblich, inwiefern das Gelernte in der Praxis zugelassen und idealerweise aktiv eingefordert wird. Kurze, gut strukturierte Transfergespräche können ein zielführendes und pragmatisches Instrument sein, wenn die Führungskräfte entsprechend für ihre eigene entscheidende Rolle sensibilisiert sind. Ziel eines solchen Transfergesprächs ist

* die Klärung gegenseitiger Erwartungen,
* die Festlegung unterstützender Verhaltensweisen seitens der Führungskraft sowie
* ein gemeinsames Nachhalten in der Praxis.

Tatsächlich haben Teilnehmer unserer Trainings schon Folgendes berichtet: „Mein Vorgesetzter wollte mit mir nicht über das Training sprechen. Dafür soll ich jetzt einen Aufsatz über die Inhalte schreiben." Dies kann natürlich nicht die ideale Methode der Transferhilfe sein!

Beziehen Sie die Geschäftsführung ein

Vor allem bei mehrmoduligen Programmen sollte die oberste Führungsebene „Gesicht zeigen". Im Rahmen von Einladungsschreiben oder Kamingesprächen kann deutlich kommuniziert werden, dass das Programm gewünscht ist und aufmerksam verfolgt wird. Außerdem ist es gerade für untere Ebenen interessant zu sehen, dass auf höheren Ebenen häufig mit ähnlichen Problemen gekämpft wird.

Fragen Sie nach Transfermöglichkeiten

Fragen Sie Ihre Teilnehmer nach jedem Themenabschnitt in Ihrem Training, was die behandelten Inhalte mit ihrem Alltag zu tun haben. Forcieren Sie somit die Übertragung auf den Alltag. Ihre Teilnehmer werden es Ihnen spätestens dann danken, wenn sie zurück an ihrem Arbeitsplatz sind und Gelerntes umsetzen wollen.

Halten Sie Transfermöglichkeiten fest

Fixieren Sie die erarbeiteten Transfermöglichkeiten schriftlich, z. B. auf einem im Raum ausgehängten Flipchart, sodass sie im Training mehr Gewicht bekommen und später in einem Fotoprotokoll präsent sind.

> **Beispiel: Transfermöglichkeiten schriftlich fixieren**
>
> Sie haben die Veränderungskurve (VK) gerade mit Ihren Teilnehmern erarbeitet und halten nun z. B. die folgenden Transfermöglichkeiten fest, die Sie aus der Diskussion herausmoderieren:
>
> - VK dient dazu, selbst erlebte Phasen in Veränderungen besser zu verstehen
> - VK unterstützt bei der Begleitung von Mitarbeitern in Veränderungsprozessen
> - VK erklärt, warum sich höhere Führungskräfte scheinbar nicht um Veränderungen kümmern (sie haben die Kurve schon durchlaufen)
> - ...
>
> Ausführliche Informationen zur Veränderungskurve finden Sie in Sattler et. al. (2011).
>
> Optimalerweise sollten Sie natürlich auch festhalten, was bei der Anwendung einer Methode oder Theorie in der Praxis zu beachten ist. In unserem Beispiel könnte dies sein:

- Veränderungswiderstände sind ein natürlicher Bestandteil der Kurve.
- Geben Sie Ihren Mitarbeitern vor allem in den ersten vier Phasen der Kurve Zeit, die Veränderung zu verarbeiten.
- Lassen Sie in der Phase des Ausprobierens auch Fehler zu.
- ...

Wenn Sie solche anwendungsrelevanten Aspekte gedanklich durchgespielt haben, wird dies Ihren Teilnehmern helfen, Modelle und Theorien in der Praxis gewinnbringend umsetzen zu können.

Analysieren Sie Unterschiede zwischen altem und neuem Verhalten

Diskutieren Sie die Frage, welche Elemente einer Theorie oder eines Modells bzw. welches Verhalten im Alltag einen Mehrwert bietet. Trauen Sie sich, diese Frage zu diskutieren, denn dies ist der Qualitätsmaßstab für Ihr Training. Vermutlich hätten Sie Ihr Training anders konzipiert, wenn Sie davon ausgegangen wären, dass Sie mit dem aktuellen Konzept keinen Mehrwert bieten könnten. Im Zusammenhang mit dem Beispiel der Veränderungskurve könnten Sie die Frage stellen: „Welche der diskutierten Aspekte aus der Veränderungskurve bieten aus Ihrer Sicht den größten Mehrwert in der Praxis?"

Gestalten Sie Übungen praxisnah

Gestalten Sie Übungen, die Sie einsetzen, Simulationen, Rollenspiele etc. möglichst realistisch. Versuchen Sie also, die Arbeitsrealität Ihrer Teilnehmer abzubilden. Neue Verhaltensweisen werden so direkt in alte Denkstrukturen eingearbeitet. Je besser Ihnen dies gelingt, umso wahrscheinlicher ist es, dass Ihre Teilnehmer auch in der Praxis versuchen werden, neue Verhaltensweisen umzusetzen.

Nutzen Sie Praxisberatungen

Arbeiten Sie mit tatsächlichen Fällen Ihrer Teilnehmer. Hierzu können Sie z. B. kollegiale Fallberatungen nutzen. Kollegiale Fallberatungen können Sie sowohl zu allgemeinen Frage- und Problemstellungen durchführen als auch auf bestimmte Themen anwenden und den Praxisbezug so steigern. Insbesondere die Falleinbringer profitieren erheblich von dieser Methode und bekommen viele Anregungen für den eigenen Arbeitsalltag. Im folgenden Expertentipp wird die kollegiale Fallberatung ausführlich behandelt.

Bieten Sie eine Transferdokumentation an

Erstellen Sie ein sogenanntes Transfertagebuch für Ihre Teilnehmer. In diesem finden sich zu jedem Trainingsthema Leitfragen zur Reflexion des eigenen Führungsalltags (z. B. „Wie werde ich in Zukunft mit wahrgenommenen Führungsambivalenzen umgehen?" „Wie transferiere ich die Unternehmensstrategie in meine Abteilung?"). Zu jeder Frage sollte ausreichend Platz im Transfertagebuch freigehalten werden, um eigene Gedanken während des Trainings zu notieren. Planen Sie hierfür auch in Ihrer Trainingsstruktur Zeit ein.

Die Arbeit mit dem Transfertagebuch sollte freiwillig sein

In vielen Trainings haben wir die Erfahrung gemacht, dass das Transfertagebuch zunächst mit einem großen Maß an Skepsis betrachtet wird und als „Hausaufgabenheft" oder „Muttiheft" bezeichnet wird. Gelingt es Ihnen, Ihren Teilnehmern den Sinn und Zweck des Transfertagebuchs zu verdeutlichen, wird es für die meisten Teilnehmer aber zu einem Schlüsselelement für den Transfer werden. Dies gelingt Ihnen übrigens am besten – und dies gilt vermutlich für alle Trainingsmethoden – wenn Sie die Arbeit mit dem Transfertagebuch als freiwillig beschreiben. Warum ist das so? Stellen Sie sich den umgekehrten Fall vor: Sie verpflichten Ihre Teilnehmer, das Transfertagebuch zu nutzen! Es wird immer einige Personen geben, die Ihrer Anweisung Folge leisten, aber auch immer einige, deren Widerwillen Sie anregen und die sich denken „Jetzt erst recht nicht!" Hat sich ein Teilnehmer erst einmal so positioniert, so ist es für ihn sehr schwierig, diese Position in Zukunft aufzugeben, denn damit würde er zugeben, dass er zu Beginn falsch gelegen hat.

Ein gemeiner „Psychotrick", könnte man denken. Wir sehen es anders: Auch wenn uns die Psychologie hier in die Hände spielt, ist das Prinzip der Freiwilligkeit absolut richtig und wichtig. Schließlich arbeiten Sie mit erwachsenen Menschen, die selbst entscheiden sollten, welche Methoden sie annehmen und welche Erkenntnisse sie aus einem Training mitnehmen.

Entwickeln und nutzen Sie Transferaufgaben

Im Transfertagebuch können Sie außerdem einige Aufgaben zur individuellen Bearbeitung zwischen zwei Modulen festhalten. Es handelt sich um Aufgaben, die gut in den normalen Alltag integriert werden können (z. B. „Führen Sie ein Erwartungsklärungsgespräch mit Ihrem Vorgesetzten und notieren Sie wichtige Erwartungen." Oder: „Achten Sie bewusst darauf, Ihre Mitarbeiter für besondere Leistungen zu loben. Notieren Sie Ihre Beobachtungen.") Auf diese Weise wird die Verknüpfung der Programmthemen mit der Umsetzung im Alltag nochmals forciert. Gerade auf höheren Ebenen ist es nicht unüblich, ganze Transferprojekte zu implementieren. So könnten Sie Ihre Teilnehmer bitten, im Rahmen des Trainings, aber auch zwischen verschiedenen Trainingsmodulen, eine vollständige SWOT-Analyse, also eine differenzierte Stärken/Schwächen/Gefahren/Chancen-Analyse, für ein potenziell zu akquirierendes Start-up-Unternehmen zu entwickeln.

Lassen Sie Ihre Teilnehmer Transferpartnerschaften bilden

Wir regen bei mehrmoduligen Programmen gerne die Bildung von Transferpartnerschaften an: Jeweils zwei Teilnehmer gehen eine vertrauensvolle (Lern-)Partnerschaft ein. In diesem Tandem können sie sich treffen und Inhalte gemeinsam besprechen, sich hinsichtlich ihrer Projekte beraten und Transferaufgaben bearbeiten. Die Partnerschaft wirkt ebenso motivierend wie selbstdisziplinierend, da sie dazu anregt, Inhalte auch außerhalb der Module zu besprechen und anzuwenden.

Sie sehen, dass Sie viele Möglichkeiten zur Einflussnahme auf die Transferleistung der Teilnehmer haben. Wir haben die Erfahrung gemacht, dass speziell dieser Aspekt der Trainingsgestaltung in vielen Fällen zu wenig Aufmerksamkeit erfährt. Sicherlich nutzt fast jeder Trainer einzelne der oben aufgezählten Transferhilfen, mit einer deutlichen Fokussierung des Themas haben Sie jedoch eine gute Möglichkeit, sich in Bezug auf die Qualität Ihrer Trainings von anderen Trainingsanbietern abzusetzen.

Die Kollegiale Fallberatung

Die Kollegiale Fallberatung ist eine schnell erlern- und einsetzbare Methode für eine pragmatische und lösungsorientierte gegenseitige Beratung.

Nutzen der Methode

Durch Kollegiale Fallberatung können Sie:

- knifflige professionelle Fragestellungen mit Kollegen strukturiert durchdenken und neue Perspektiven gewinnen
- konkrete, situative Problemlösungsstrategien und Praxislösungen vor Ort mit Ressourcen und spezifischem Wissen aus der eigenen Organisation entwickeln
- durch selbst gesteuertes kooperatives Lösen von Praxisproblemen und schwierigen Projektsituationen zur Förderung der gegenseitigen Unterstützung und Bildung von Netzwerken beitragen
- einzelne Personen in Bezug auf eine konkrete Problemstellung gezielt weiterentwickeln
- einen langfristigen Lern- und Entwicklungsprozess in einer Organisation fördern
- einen effizienten Wissensaustausch unterstützen

Varianten der Methode

Eigentlich stellt die Kollegiale Fallberatung einen Sammelbegriff für viele verschiedene Varianten dieser Methode dar. Gemein ist allen Varianten, dass es einen Falleinbringer gibt. Dieser wird in Bezug auf eine Problemstellung, ein Anliegen, eine Herausforderung oder Ähnliches beraten. Als Berater fungieren in der Regel Kollegen auf gleicher Hierarchieebene oder Personen anderer Unternehmen, die sich durch eine ähnliche eigene Arbeitsumgebung gut in die Situation des Falleinbringers hineinversetzen können. Diese geben der Methode auch ihren Namen der *Kollegialen* Fallberatung.

Wir möchten Ihnen im Folgenden eine Methode an die Hand geben, die relativ einfach im Rahmen eines Trainings durchzuführen ist und sich trotzdem als sehr effizient für den Falleinbringer herausgestellt hat. Die Schritte lauten:

1. Fallschilderung
2. Verständnisfragen
3. Hypothesenbildung
4. Hypothesenauswahl

5. Lösungsentwicklung
6. Lösungsauswahl

Allgemeine Anforderungen an diese Variante

Wichtig in der Durchführung ist ein striktes Einhalten der folgenden Regeln:

* Methodendisziplin: Die einzelnen Phasen werden strikt getrennt voneinander bearbeitet.
* Zeitdisziplin: Für jede Phase ist ein Zeitfenster vorgegeben, das eingehalten wird. Ausufernde Diskussionen stellen dabei keinen Mehrwert da und werden wertschätzend abgebrochen.
* Rollendisziplin: Die Teilnehmer konzentrieren sich auf die eigene gewählte und definierte Rolle.
* Visualisierung und Dokumentation: Die Ergebnisse bestimmter Phasen werden gut sichtbar festgehalten.
* Offenheit und Vertrauen: Neue und ungewohnte Sichtweisen und Eindrücke führen zu neuen Perspektiven auf ein Problem. Dies setzt eine hohe Offenheit und Vertrauen unter den Teilnehmern voraus. Emotionen dürfen und sollen thematisiert werden.
* Vertraulichkeit: Alle Themen werden ausschließlich innerhalb der Gruppe geteilt.

Die Aufgaben des Moderators

Neben dem schon erwähnten Falleinbringer und den Beratern nimmt eine Person die Rolle des Moderators ein. Dieser ist für das Einhalten der Regeln verantwortlich.

Führt er die Methode mit unerfahrenen Personen durch, erklärt er zu Beginn der Durchführung die gesamte Methode. Vor jedem einzelnen Schritt hebt er noch einmal wesentliche Aspekte hervor, um einen regelkonformen Ablauf zu gewährleisten. Erfahrene Moderatoren können gleichzeitig auch beratend auftreten. Weniger erfahrenen Moderatoren raten wir zunächst, sich voll und ganz auf die Moderation zu beschränken. Unter Umständen macht es sogar Sinn, einen der übrigen Berater zu bitten, die Rolle des Schreibers und/oder Zeitnehmers zu übernehmen.

Anleitung zur Kollegialen Fallberatung

Schritt 1: Fallschilderung (zehn Minuten)

Im ersten Schritt schildert der Falleinbringer seinen Fall so detailliert, wie es möglich ist und er es für nötig hält. Dabei gilt: Lieber eine Information zu viel als zu wenig geben!

Der Moderator achtet darauf, dass die Schilderung möglichst sachlich bleibt und nicht in Selbstmitleid oder sogar Selbstbeschimpfungen abdriftet. In Bezug auf die Berater achtet er darauf, dass diese zunächst nur zuhören und keine Zwischenfragen stellen oder die Schilderungen kommentieren. Zum Ende der Schilderungen hat es sich als hilfreich erwiesen, wenn der Moderator den Falleinbringer noch einmal fragt: „Haben Sie das Gefühl, uns alle wichtigen Informationen geschildert zu haben oder fehlt noch etwas?" Hin und wieder kann es außerdem vorteilhaft sein, den Falleinbringer noch einmal explizit nach seinem Beratungsanliegen zu fragen.

Dieser erste Schritt hat nicht immer, aber in vielen Fällen schon einen ersten Mehrwert für den Teilnehmer. Dieser ist gezwungen, das Problem gedanklich zu strukturieren und stellt so häufig fest, wo das Problem liegen könnte. Das strukturierte Wiedergeben der eigenen Gedanken und Gefühle stellt für viele Falleinbringer schon einen ersten Mehrwert dar.

Schritt 2: Verständnisfragen (max. zehn Minuten)

Nach der Schilderung des Falleinbringers stellen die Berater Verständnisfragen. Diese werden jeweils direkt vom Falleinbringer beantwortet. Erlaubt sind alle Fragen, die dem Verständnis dienen, auch wenn der Falleinbringer oder die anderen Berater das Gefühl haben, dass der erfragte Aspekt nicht wichtig ist.

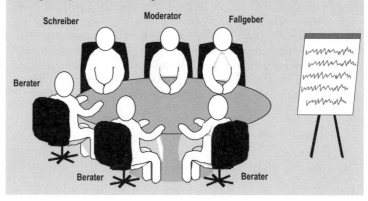

Der Moderator, aber nach Möglichkeit auch die Berater selbst, achten in diesem Schritt darauf, dass noch keine Hypothesen zur Ursache des Problems oder Lösungsvorschläge geäußert werden. Teilweise ist es schwierig, Hypothesen und Verständnisfragen voneinander abzugrenzen. Mit zunehmender Erfahrung wird die Trennung dem Moderator jedoch leichterfallen.

Schritt 3: Hypothesenbildung (max. zehn Minuten)

In dieser Phase äußern die Berater untereinander Hypothesen, wie es zu dem geschilderten Problemzustand kommen konnte. Da es darum geht, möglichst viele Möglichkeiten aufzuzeigen und viele verschiedene Perspektiven auf das Problem zu eröffnen, ist zunächst jede Hypothese erlaubt. Der Falleinbringer hört zu, greift aber weder verbal noch nonverbal in das Geschehen ein. In extremen Varianten der Kollegialen Fallberatung verlässt der Falleinbringer in dieser Phase den Raum oder dreht sich mit dem Rücken zu den Beratern. Von dieser Variante raten wir ab, da das Verfolgen der Diskussion unter den Beratern für den Falleinbringer interessante Informationen (z. B. in Form von innerlich spontan erlebten Zustimmungs- oder Ablehnungsreaktionen) liefern kann.

Der Moderator schreibt die Hypothesen stichpunktartig auf einem Flipchart mit. Er achtet gleichzeitig darauf, dass der Falleinbringer die geäußerten Hypothesen nicht kommentiert wie oben beschrieben. Er unterbindet Diskussionen unter den Beratern zu verschiedenen Hypothesen nach dem Motto: „Ich glaube aber nicht, dass deine Hypothese zutrifft, weil ..." Weiterhin verhindert er, dass bereits Lösungsansätze durch die Berater geäußert werden. Nach zehn Minuten sind erfahrungsgemäß zwischen fünfzehn und zwanzig Hypothesen gebildet, mit denen in der nächsten Phase weitergearbeitet werden kann.

In dieser Phase wird zum ersten Mal intensiv am Problem gearbeitet. In der Regel hat der Falleinbringer diverse Ursachen unzählige Male reflektiert. Durch das nun stattfindende Brainstorming erhält er neue Denkanstöße. Viele Teilnehmer berichten, dass in dieser Phase erste Erkenntnisprozesse einsetzen und eigene Denkblockaden gelöst werden.

Schritt 4: Hypothesenauswahl (ca. fünf Minuten)

Nachdem der Falleinbringer in der vorigen Phase die Hypothesenbildung gedanklich verfolgt hat, tritt er nun an die Flipcharts mit den mitgeschriebenen Hypothesen und kommentiert diese. Er lässt die Berater so an seinen Gedanken teilhaben, welche Hypothesen zutreffend sind und welche nicht. Er verdeutlicht gleichzeitig, zwischen welchen Hypothesen er Zusammenhänge erkennt.

Ziel dieser Phase ist es, mit einer Hypothese bzw. einem Hypothesencluster weiterzuarbeiten, welches dem Falleinbringer am wichtigsten in Bezug auf sein Problem erscheint. Es hat sich als hilfreich erwiesen, passende Hypothesen mit grüner und nicht bzw. weniger passende Hypothesen in roter Farbe zu kennzeichnen.

Der Moderator achtet in dieser Phase darauf, dass sich der Falleinbringer auf einige wenige Hypothesen beschränkt, mit denen weitergearbeitet wird. Mehrere Hypothesen auszuwählen ist nur dann erlaubt, wenn diese in direktem Zusammenhang zueinander stehen. Mehr als drei zusammenhängende Hypothesen sollten nicht ausgewählt werden. Dies würde den Prozess der Lösungsentwicklung weniger fokussiert ablaufen lassen und damit erschweren.

Schritt 5: Lösungsentwicklung (max. zehn Minuten)

Dieser Schritt hat Ähnlichkeit mit Schritt 3. Dieses Mal werden jedoch keine Hypothesen, sondern Lösungsansätze generiert, die sich ausschließlich auf die ausgewählte Hypothese bzw. das Hypothesencluster beziehen. Es wird nun deutlich, warum die Auswahl voneinander unabhängiger Hypothesen in Schritt 4 nicht hilfreich ist. Die Berater müssten so an mehreren Szenarien gleichzeitig arbeiten, die unter Umständen sogar gegensätzliche Lösungen erforderten.

Auch hier kommt es wieder darauf an, dass möglichst viele Ideen gesammelt werden. Für den Moderator ergeben sich demnach dieselben Aufgaben wie in Schritt 3. Auch die Lösungsansätze werden wieder auf dem Flipchart fixiert.

Schritt 6: Lösungsauswahl (ca. fünf Minuten)

Dieser letzte Schritt ähnelt Schritt 4. Der Falleinbringer kommentiert wieder die zusammengetragenen Aspekte. In dieser Phase darf er jedoch mehrere Lösungsvorschläge als hilfreich kennzeichnen. Abschließend sollte er sein auf Basis der Beratung geplantes Vorgehen im diskutierten Problemfall möglichst detailliert schildern.

Der Moderator sollte den Falleinbringer zum Ende fragen, ob die Beratung sinnvoll war und ob sich neue Gedankenanstöße ergeben haben, wenn dies nicht ohnehin schon deutlich geworden ist. Den Beratern dankt er abschließend für die Unterstützung. Da in der Fallberatung sehr private Themen diskutiert werden, die häufig auch über gewisse „Sprengkraft" verfügen, sollten die Mitschriften nicht in ein Fotoprotokoll oder eine vergleichbare Dokumentation aufgenommen werden. Dies ist auch nicht nötig, da ohnehin nur der Falleinbringer einen Nutzen von den Mitschriften hat.

Hilfreich und gleichzeitig eine schöne Geste ist es jedoch, die Flip-charts mit Hypothesen und Lösungsmöglichkeiten dem Falleinbringer mitzugeben. Dies hat den Vorteil, dass der Falleinbringer bei Scheitern des geplanten Lösungsvorhabens alternative Lösungen ausprobieren oder aber neue Lösungen anhand alternativer Hypothesen generieren kann.

Wer entscheidet über den Erfolg der Fallberatung?

Es kommt zwar selten, aber doch immer wieder vor, dass einzelne „kollegiale" Berater mit der Lösung unzufrieden sind. Dies ist im Kon-zept der Kollegialen Fallberatung jedoch irrelevant. Die Fallberatung stellt eine Dienstleistung dar. Dementsprechend ist es auch nicht als persönlicher Affront dem Berater gegenüber zu werten, wenn ein Fall-einbringer dessen Hypothese oder Lösungsansatz als unpassend kenn-zeichnet. Bekommt der Moderator das Gefühl, dass es unter den Bera-tern zu derartigen Verstimmungen kommt, gehört es zu seiner Rolle dies anzusprechen.

Welche Fälle eignen sich nicht für die Kollegiale Fallberatung?

Die Beschreibung der Methode zeigt deutlich, dass sie sich für fast jedes Problem eignet. Zwei Einschränkungen sollten jedoch beachtet werden.

Der Fall sollte erstens **aktuell** und noch nicht abgeschlossen sein. Es kommt immer wieder vor, dass Falleinbringer am Ende einer Beratung sagen: „Danke für die Beratung, genauso habe ich es damals dann auch gemacht. Gut gelöst!" Dies ist für die Berater nicht schön, da das Gefühl aufkommt, man hätte sich den Aufwand sparen können. Falls ein abgeschlossener Fall behandelt wird, sollten die Berater dies vor-her wissen. Für den Falleinbringer kann eine Verifikation bzw. Legiti-mierung des eigenen Verhaltens mitunter hilfreich sein.

Wichtig ist zudem, dass der Falleinbringer **Einfluss** auf das Geschehen haben muss, denn es geht ja um die Frage: „Was kann der Falleinbrin-ger tun, um die Situation zu verbessern?" In der Regel ist aber zumin-dest ein geringfügiger Einfluss gegeben.

Weiterführende Informationen zur Methode finden Sie bei Schmidt, Veith und Weidner (2010) sowie Franz und Kopp (2003).

Übergreifende Trainingsgestaltung – das PITT-Prinzip

Auf den vorherigen Seiten haben Sie viel über einzelne Gestaltungselemente im Training erfahren. Als Metastruktur für die mikrodidaktische (Gestaltung einzelner Trainingssequenzen) und makrodidaktische (Gestaltung eines gesamten Trainings) Trainingsgestaltung hat sich die Anwendung des PITT-Prinzips als erfolgreich herausgestellt. In dieses Vorgehen können alle zuvor genannten Aspekte einfließen und verbinden sich so zu einem stimmigen Konzept.

Die Buchstaben des PITT-Prinzips stehen für vier Bestandteile bzw. Phasen einer didaktischen Abfolge:

P = **P**roblematisieren
I = **I**nformieren
T = **T**rainieren
T = **T**ransferieren

Phase 1: Problematisieren

Im ersten Schritt müssen die Trainingsteilnehmer realisieren, warum es wichtig ist, sich mit dem Trainingsthema auseinanderzusetzen. Diese erste Phase hat einen stark motivatorischen Aspekt. Je mehr der Trainingsteilnehmer für sich entscheidet, dass er sich mit einem bestimmten Thema auseinandersetzen sollte, umso mehr wird er sich darauf einlassen. So entwickelt er ein intrinsisches, unmittelbares Interesse, am Trainingsgeschehen teilzunehmen. Fehlt die Phase des Problematisierens und fehlt dementsprechend die Identifikation mit den Inhalten, werden diese mit großer Wahrscheinlichkeit weniger tief verarbeitet werden.

Das Problematisieren kann teilweise durch eine Vorabinformation geschehen, welche die Teilnehmer schon vor der Trainingsmaßnahme zugeschickt bekommen. Aber auch im Training selbst sollten Sie auf eine gute Einleitung des Themas achten. Dies können Sie entweder durch „Einatmen" oder durch „Ausatmen" realisieren (vgl. Seite 122). „Einatmen", also der Wissenserwerb, bedeutet in diesem Zusammenhang, dass Sie Beispiele bzw. Prototypen nennen (sogenanntes Storytelling), dass Sie wissenschaftliche Untersuchungen darstellen, die das Thema problematisieren oder ein kurzes Trainerrollenspiel durchführen, in dem Sie schlechtes Verhalten zeigen.

Auch Filmsequenzen können dabei unterstützen. Das „Ausatmen", also die Wissensverarbeitung, könnten Sie durch kurze Rollenspiele der Teilnehmer anregen, in denen die Schwierigkeit des Themas offensichtlich wird.

Phase 2: Informieren

In der nächsten Phase werden den Teilnehmern relevante Theorien, Konzepte etc. an die Hand gegeben. Diese sollen neue Perspektiven auf das Thema eröffnen, träges Wissen reaktivieren oder eine Grundlage für die Umsetzung im Arbeitsalltag schaffen. Gelingt das Informieren, haben die Teilnehmer eine gute Basis für die beiden folgenden wichtigen Schritte im Lernprozess, gelingt es nicht, dann fehlen relevante Grundlagen.

Das Informieren erfolgt zum großen Teil durch Trainerinput (Einatmen) und Diskussionen im Rahmen des Trainings (Ausatmen). Hier greifen die angesprochenen Aspekte der Stoffreduktion. Aber auch Fachlandkarten und Inselbildung helfen dem Teilnehmer, neues Wissen richtig in vorhandene Denkstrukturen einzuordnen (vgl. hierzu auch Seite 123).

Phase 3: Trainieren

In der dritten Phase steht das Trainieren im Vordergrund. Die Teilnehmer nutzen den geschützten Rahmen der Trainingsgruppe, um neue Verhaltensweisen auszuprobieren und neu erlernte Techniken praktisch zu erleben. Das Trainieren stellt somit den ersten Schritt zu einem gelungenen Praxistransfer dar. Gelingt das Trainieren nicht (z. B. aufgrund unzureichend dargestellter Theorien oder zu schwierig gestalteter Übungen), so wirkt sich dies stark demotivierend aus. Gelingt es, so kehren die Teilnehmer gestärkt und mit Selbstbewusstsein an ihren Arbeitsplatz zurück, um die neu erlernten Verhaltensweisen auch in der Praxis auszuprobieren. Das Trainieren stellt somit die letzte Phase dar, die im Rahmen des Trainingsgeschehens selber stattfindet und von dem Trainer betreut werden kann. Sie ist die Basis für den Transfererfolg, der als eigentlicher Maßstab für den Erfolg des Trainings angesehen werden muss.

Im Rahmen des Trainings geschieht das Trainieren in Simulationen, Praxisübungen, Diskussionen etc. Es handelt sich also um reines „Ausatmen" (Verarbeiten) und sollte in einem teilnehmerzentrierten Training für Erwachsene mindestens eindeutig den größten Anteil einnehmen. Das Trainieren kann durch die Teilnehmer selbstständig nach dem Training in Form von Lernpartnerschaften, Best Practice Groups etc. fortgesetzt werden.

Phase 4: Transferieren

Das Transferieren stellt die wichtigste Phase im Trainingsprozess dar, der jedoch nicht direkt durch den Trainer beeinflussbar ist. Im Training kann die Wahrscheinlichkeit für einen erfolgreichen Praxistransfer – wie oben beschrieben – jedoch drastisch erhöht werden (z. B. durch Transfertagebuch, Transferaufgaben, Lernpartnerschaften etc.). Gelingt der Transfer nicht, so bedeutet dies im günstigsten Fall, dass die Teilnehmer ein „nettes Seminar" verlebt haben und sich vielleicht daran erinnern, dass es zu diversen Themenbereichen Theorien und Handlungsalternativen gibt. Alltägliche Verhaltensweisen werden sich jedoch nicht ändern, der Aufwand für das Training war demnach für alle Beteiligten von geringem Nutzen. Gelingt das Transferieren, so hat dies einen sich selbst verstärkenden Effekt. Denn wenn der Teilnehmer feststellt, dass er mit neuen Verhaltensweisen erfolgreicher ist, so erhöht dies die Wahrscheinlichkeit, dass er versucht, weitere Inhalte des Trainings umzusetzen.

Mithilfe der folgenden Checkliste können Sie noch einmal die Gestaltung Ihres Trainings überprüfen.

Checkliste zur Trainingsgestaltung	
Wägen Sie ab, ob Ihre Tätigkeit eher in Richtung Unterricht oder Training gehen sollte.	
Prüfen Sie, ob Sie Ihren Teilnehmern genügend Möglichkeiten zum „Ausatmen", also zur Verarbeitung der Inhalte, geben.	
Fragen Sie sich, ob Sie wirklich nur die wichtigsten Themen vermitteln, und arbeiten Sie ansonsten weiter an der Stoffreduktion.	
Überprüfen Sie, ob Ihre Teilnehmer genügend durch die Inhalte geleitet werden. Falls nicht, arbeiten Sie an einer Fachlandkarte und bilden Sie Inseln mit wichtigen Begriffen.	

Machen Sie sich auf die Suche nach treffenden Beispielen, die allgemein verständlich, aber auch genügend detailliert sind.	
Fügen Sie Ihren Trainingsthemen aussagekräftige Bilder hinzu und schaffen Sie so weitere Abrufmöglichkeiten für die Erinnerung nach dem Training.	
Stellen Sie sicher, dass die Ziele der einzelnen Trainingssequenzen die Methoden bestimmen und nicht umgekehrt.	
Erfinden Sie gerne auch eigene Methoden und seien Sie dabei kreativ. Methodisch ist (fast) alles erlaubt, was dem Ziel dient.	
Vergewissern Sie sich, dass Sie einen guten Mix an Methoden einsetzen, um die Aufmerksamkeit der Teilnehmer zu binden.	
Prüfen Sie, ob Sie alles getan haben, um einen Transfer in die Praxis zu erleichtern.	
Wenden Sie abschließend das PITT-Prinzip auf Ihr Training an und überprüfen Sie, ob Ihr Konzept mikro- und makrodidaktisch sinnvoll aufgebaut ist.	

3.4 Umgang mit schwierigen Trainingssituationen

Schwierige Teilnehmer, die schlechte Stimmung verbreiten, gibt es in fast jedem Training und manchmal überträgt sich die schlechte Stimmung auch auf eine ganze Trainingsgruppe, wie das folgende Beispiel zeigt.

Beispiel: Eine schöne Begrüßungsrunde!

„Folgende Fragen möchte ich Sie bitten, zum Einstieg in unser heutiges Training zu beantworten:

* Mit welchen Gedanken und Gefühlen bin ich zum Training angereist?
* Warum sitze ich heute hier?
* Was muss passieren, damit ich nach dem Training sage: „Das war richtig gut"?

Welcher der Teilnehmer möchte beginnen?"

Mit diesen Worten eröffnet die Trainerin Regina Henzin ihr Führungskräftetraining. Wie gewohnt berichten die Teilnehmer reihum und Regina Henzin schreibt einige Stichpunkte zur dritten Frage an einem Flipchart mit.

Wolfgang Soppe, der bisher einen ziemlich gelangweilten Eindruck gemacht hat, antwortet mit folgendem Beitrag: „Zur ersten und zweiten Frage: Ich weiß, was ein Training bei Ihnen kostet, und ich möchte gerne wissen, ob Sie das Geld auch wert sind. Zur dritten Frage: Ich glaube nicht, dass ich am Ende sagen werde, dass das *richtig* gut war."

„Vielen Dank, Herr Soppe, dann wünsche ich Ihnen, dass die Zeit mit uns nicht zu lang wird", entgegnet Regina Henzin gelassen.

Für den Trainer gehört der Umgang mit Situationen, wie sie Regina Henzin in unserem Beispiel erlebt, zum täglichen Trainerbrot. Die Gründe sind vielseitig: schlechtes Essen oder schlechte Zimmer im Seminarhotel, eine Verpflichtung zur Teilnahme am Seminar vonseiten des Arbeitgebers, private Schwierigkeiten und viele mehr. Nicht selten geht es einem Teilnehmer auch darum, die Kompetenz des Trainers zu überprüfen. Reagiert dieser souverän, stärkt dies das Vertrauen in den Trainer und unter Umständen können Störungen so im Keim erstickt werden. Hierfür gibt es jedoch keine Garantie. Herr Soppe wird sicher nicht aufgeben, Regina Henzin herauszufordern, nachdem es ihr gelungen ist, die erste Attacke abzuwehren. Gerade jüngere und weniger erfahrene Trainer lassen sich durch solche unschönen Angriffe leicht aus dem Konzept bringen. Es besteht dann die Gefahr, dass auch bei den anderen Teilnehmern Ihre Kompetenz angezweifelt wird und Ihre „Kompetenzanmutung" verloren geht.

Warum die Kompetenzanmutung so wichtig ist

Warum sprechen wir hier von *Kompetenzanmutung*? Natürlich gehen wir davon aus, dass jeder Trainer, der vor eine Teilnehmergruppe tritt, die nötigen Basiskompetenzen mitbringt, um ein gutes Training durchzuführen. Unabhängig von Alter und Erfahrung eines Trainers gibt es jedoch immer wieder neue Situationen und Kompetenzanforderungen, die nicht zu 100 % erfüllt werden können. Haben die Trainingsteilnehmer aber das Gefühl, dass ihr Trainer die notwendigen Kompetenzen mitbringt – das heißt, gelingt es ihm, Kompetenz*anmutung* auszustrahlen – wird diesem die Gruppensteuerung wesentlich leichter fallen.

Eine Kompetenzanmutung aufbauen

Ist es in Ordnung, eine Kompetenzanmutung aufzubauen? Im Trainingskontext ist dies in gewissen Grenzen sogar ein absolutes Muss. Führen wir uns noch einmal vor Augen, welches die Aufgabe eines Trainers ist. In der Regel wird er bestimmte fachliche Inhalte in Form von Modellen und Techniken präsentieren, hierfür ist er Fachmann. Zu einem weiteren großen Anteil jedoch wird er mit den Teilnehmern diskutieren, den Erfahrungsaustausch steuern, Standpunkte zusammenfassen oder miteinander verbinden, Methoden zur Erarbeitung eines Themas anbieten etc. In diesen Phasen ist seine Fachkompetenz kaum gefragt. Er ist nun verantwortlich für die Methoden und muss die entsprechenden Fachkompetenzen nicht unmittelbar parat haben.

Verlieren die Trainingsteilnehmer aber das Vertrauen, dass der Trainer in der Lage ist, eine fachliche Diskussion zu leiten, und beginnen sie somit, auch seine Methoden in Frage zu stellen, kann dies den Lernerfolg behindern.

Der Aufbau einer Kompetenzanmutung hat jedoch auch Grenzen. Falsch wäre es sicherlich, den Teilnehmern den Eindruck zu vermitteln, dass man in Bezug auf jedes Thema ein Fachmann ist. Dies gilt vor allem für externe Trainer. Es kann immer auch passieren, dass dann ein Fachbeitrag von dem Trainer gefordert wird. Ein gutes Motto ist daher: „Nicht alles, was wahr ist, muss auch gesagt werden. Aber alles was gesagt wird, muss wahr sein." Als Trainer müssen Sie also nicht direkt sagen, wo die eigenen Wissenslücken liegen. Teilt man den Teilnehmern aber mit, dass man Kompetenzen in einem gewissen Bereich hat, so sollte dies auch stimmen.

Beispiel: Ein Teilnehmer stellt Sie auf den Prüfstand

Stellen Sie sich vor, Sie sprechen gerade über das Thema Motivation und ein Teilnehmer fragt Sie: „Kennen Sie eigentlich diese Theorie von Mihaly Csikszentmihalyi?" (Der Teilnehmer möchte auf das „Flow-Erlebnis" hinaus, welches Csikszentmihalyi 1975 beschrieben hat.)

Kennen Sie die Theorie nicht, so könnten Sie, um kompetent zu erscheinen z. B. antworten: „Ja, die kenne ich natürlich!" Wollen Sie die Wahrscheinlichkeit minimieren, dass weiter über den „Herren mit dem schwierigen Namen" gesprochen wird, könnten Sie noch hinzufügen: „Aber wir wollen uns an dieser Stelle einer anderen Theorie zuwenden." Das wäre zwar sehr geschickt von Ihnen, jedoch lässt sich nicht ausschließen, dass der Teilnehmer – insbesondere dann, wenn er Ihre Kompetenz auf den Prüfstand stellen will – weiter fragt. Die Gefahr, als „Schwindler" enttarnt zu werden, ist nicht ganz gering.

Besser ist sicherlich die Antwort: „Nein, diese Theorie kenne ich nicht. Haben Sie nähere Informationen und wollen diese kurz vorstellen?" Sie bleiben damit nicht nur ehrlich, sondern zeigen Ihren Teilnehmern auch, dass Sie diese als Diskussionspartner auf Augenhöhe verstehen. Unserer Erfahrung nach tut dies Ihrer Kompetenzanmutung keinen Abbruch, sondern führt eher dazu, dass Sie als authentisch wahrgenommen werden.

Das SABVA-Prinzip

Neben dem Begriff der Kompetenzanmutung kursiert in Trainerkreisen häufig auch der Begriff des SABVA-Prinzips. Die Buchstaben in dieser Abkürzung stehen – etwas scherzhaft gemeint – für „sicheres Auftreten bei völliger Ahnungslosigkeit". Dies ist natürlich eine Übertreibung, denn wenn ein Trainer tatsächlich völlig ahnungslos ist, wird er (hoffentlich) kein Training durchführen. Betrachtet man aber den ersten Teil des SABVA-Prinzips und versteht darunter ein gesundes Selbstbewusstsein in die eigenen Trainerkompetenzen, so ist SABVA ein gutes Leitprinzip.

Praxistipp: Umgang mit schwierigen Teilnehmern

von Bernd Baumann, Limburg

Ein Teilnehmer sagte gleich zu Beginn unseres Seminars, dass er schon alles kenne. Wir haben ihn daraufhin gebeten, der Gruppe seine Erfahrungen aus den von ihm absolvierten Seminaren mitzuteilen. Dies führte relativ schnell dazu, dass er sich in die Gruppe integrierte und sich nicht zu einem „Störer" entwickelte.

Alle Gruppenmitglieder vereinbarten, am ersten Abend etwas Typisches aus ihrer Region mitzubringen. Die Gruppe reservierte in der Cafeteria einen großen Tisch und präsentierte die entsprechenden Speisen und Getränke. Diese wurden dann verzehrt. Das Miteinander der Gruppe bekam dadurch einen starken positiven Auftrieb.

Wir möchten im Folgenden zwischen dem kurzfristigen und dem langfristigen Umgang mit schwierigen Teilnehmern trennen. Wenn wir über kurzfristige Reaktionen sprechen, geht es darum, wie man noch während des Trainings mit einem Angriff, einer Kritik, einer Gruppendynamik, hitzigen Diskussionen etc. umgehen sollte. Sprechen wir über langfristige Reaktionen, geht es darum, langfristige Strategien zu entwickeln, mit diesen kritischen Situationen umzugehen.

In schwierigen Situationen kurzfristig reagieren

Als Credo möchten wir Ihnen zunächst einen Tipp geben, der dabei hilft, dass die Gruppendynamik nicht zum „Gruppendynamit" wird: „Bleiben Sie gelassen und nehmen Sie es nicht persönlich!" Mit „es" sind in diesem Fall Angriffe von Teilnehmern oder auch kritische Anmerkungen, offensichtlicher Widerstand oder Ähnliches gemeint. Warum ist uns dies so wichtig? Sehen wir uns an was passiert, wenn Sie Ihre Gelassenheit als Trainer verlieren. Sobald Sie nervös, angespannt oder laut werden, wird sich dies vermutlich übertragen. Ihre Teilnehmer bekommen zwangsläufig das Gefühl, dass Sie der Situation nicht gewachsen sind und dass eine Eskalation droht. Selbstverständlich wird in diesem Fall auch vermutet, dass Sie sich nun kaum noch auf den Trainingsinhalt konzentrieren können, sondern mit der Situation zu kämpfen haben. Bleiben Sie hingegen gelassen, indem Sie sich zumindest äußerlich an das SABVA-Prinzip halten, teilen Sie Ihren Teilnehmen implizit mit: „Ich habe die Situation unter Kontrolle", „so etwas habe ich schon öfter erlebt", „die Reaktionen sind zu einem gewissen Anteil sogar normal".

Sobald Sie Kritik persönlich nehmen, vermitteln Sie Ihren Teilnehmern unterschwellig, dass diese einen Konflikt anzetteln *wollen*. Dies ist tatsächlich aber nur in Ausnahmefällen der Grund für den geäußerten Unmut. Meist ist es vielmehr so, dass Teilnehmer tatsächlich Schwierigkeiten mit einer Theorie, einer Technik oder dem Grund, warum sie zum Training geschickt wurden, haben. Wenn Sie mit einer positiven Grundhaltung in ein Training gehen, muss die Reaktion auf eine schwierige Situation nicht lauten: „Warum will mir dieser Teilnehmer etwas Schlechtes?", sondern sie könnte lauten:

„Wie kann ich dem Teilnehmer bei seinem Problem helfen?". Ein Teilnehmer wird wahrscheinlich eine solche Haltung sehr zu schätzen wissen, da sie den Konflikt deeskaliert.

Schauen wir uns noch einmal das Beispiel von Regina Henzin und Wolfgang Soppe an. Hätte Regina Henzin den Kommentar persönlich genommen und zum Gegenangriff angesetzt, wäre die Situation wahrscheinlich eskaliert. Herr Soppe und vielleicht noch einige andere Teilnehmer hätten sich im Extremfall sogar darin bestätigt gesehen, dass Regina Henzin ihr Geld nicht wert sei. Stattdessen bleibt Regina Henzin ruhig und erreicht vielleicht sogar, dass Herr Soppe seine negative Einstellung in Frage stellt.

Dass es im Eifer des Gefechts nicht immer einfach ist, sich an unser Credo der Gelassenheit zu halten, ist klar. An dieser Stelle kommen einem Trainer die Erfahrung und das Vertrauen in die eigenen Kompetenzen zugute. Je mehr Erfahrung ein Trainer hat, desto eher kann er auch zu gewagten Maßnahmen greifen. Im folgenden Beispiel schildern wir eine kritische Situation aus unserer Beraterpraxis, die erfolgreich geklärt werden konnte. Die Methode, die in der Trainingssituation zur Anwendung kam, nennt sich Perspektivwechsel und ist eine systemische Intervention.

Beispiel: Wie würden Sie als Trainer reagieren?

Nachdem Regina Henzin die erste Herausforderung durch Wolfgang Soppe gut überstanden hatte, stellte dieser seine bissigen Kommentare leider nicht ein. Als es um die Simulation eines Mitarbeitergesprächs ging, platzte Herr Soppe heraus: „Was soll denn dieser Unfug? Wir führen fast täglich Mitarbeitergespräche, haben unsere eigene Technik entwickelt und machen das ziemlich gut. Und da kommen Sie mit irgendwelchen Gesprächsleitfäden und künstlichen Situationsbeschreibungen an. Das ist grober Unsinn!"

Entsetzt über diesen unwirschen Kommentar sahen die übrigen Teilnehmer Herrn Soppe und Regina Henzin an. Diese jedoch ließ sich nicht aus der Ruhe bringen, ging zum Sitz von Herrn Soppe und bat ihn, mit ihr Plätze zu tauschen. Der verwirrte Herr Soppe stand auf, begab sich nach vorne und Regina Henzin setzte sich. „Stellen Sie sich vor, Sie sind ich, und haben den Auftrag bekommen, dieses Training durchzuführen und ich habe mich gerade so zu Wort gemeldet wie Sie. Wie reagieren Sie nun als Trainer?"

Darauf entgegnet Herr Soppe kleinlaut: „Äh, entschuldigen Sie. Sie können ja auch nichts dafür. Mich nervt nur das Thema".

Sicher hätte diese Reaktion die Situation auch verschlimmern können. Da es viel Erfahrung braucht, um abzuschätzen, wie ein Trainingsteilnehmer und die Gruppe insgesamt auf eine Intervention des Trainers reagieren, möchten wir weniger erfahrenen Trainern davon abraten, eine Eskalation der Gruppendynamik zu riskieren. Für sie wird es wichtiger sein, schwierige Situationen aus ihrer Trainerarbeit langfristig zu reflektieren.

Schwierige Trainingssituationen langfristig reflektieren

Nach jedem Trainingstag sollte sich ein Trainer fragen: „Was habe ich heute erlebt?" Wenn Sie in einem Trainerduo arbeiten, sollten Sie sich diese Frage gemeinsam stellen. Fragen Sie sich dabei auch, welche Teilnehmer mit Eifer dabei sind und welchen Personen es derzeit noch schwerfällt, sich mit den Inhalten zu identifizieren.

Haben Sie schwierige Teilnehmer oder Situationen in Ihrem Training identifiziert, sollten Sie ein mehrstufiges Verfahren einleiten, welches wir als *Trainingsreflexion* bezeichnen:

Schritt 1: Analysieren Sie die Situation

Zunächst sollten Sie sich alleine oder mit Ihrem Trainerpartner die Zeit nehmen, genau zu analysieren, was Sie erlebt haben. Hierzu können Sie die folgenden Fragen nutzen:

- Wie hat sich die Störung geäußert?
- Welche Absicht des Teilnehmers könnte hinter der Störung stecken?
- Haben wir uns als Trainer richtig verhalten?
- Behindert die Störung die übrigen Teilnehmer beim Lernen?
- Handelt es sich bei dem „Störer" um einen Meinungsführer?
- Überträgt sich die schlechte Stimmung auf andere Teilnehmer?

Schritt 2: Besprechen Sie das weitere Vorgehen

In diesem Schritt sollten Sie ein Vorgehen festlegen, wie Sie mit der betreffenden Person umgehen wollen. Kommen Sie in Schritt 1 zu dem Schluss, dass Sie sich hätten anders verhalten können, ist dies eventuell einen Versuch wert und Sie müssen keine weiteren Schritte einleiten.

Kommen Sie aber zu dem Schluss, dass das Lernen der übrigen Teilnehmer durch die Störung beeinträchtigt sein könnte, sollten Sie definitiv das Gespräch mit dem „Störer" suchen. In diesem Fall sollten Sie auch festlegen, wer im Trainertandem das Gespräch mit welcher Botschaft führt (vgl. Schritt 4).

Schritt 3: Beziehen Sie den „Störer" weiter ein

Auch wenn ein „Störer" im Training unangenehm ist, sollten Sie weiterhin mit der Grundhaltung an den Teilnehmer herantreten, dass derjenige vor einem schwierigen Problem steht und Sie ihm bei der Lösung helfen wollen. Beziehen Sie den Teilnehmer also weiterhin in das Trainingsgeschehen mit ein. Verstärken Sie gute Beiträge, ohne den Teilnehmer deutlich anders zu behandeln als den Rest der Trainingsgruppe.

Schritt 4: Führen Sie Gespräche

Ihr wichtigstes und häufig auch einziges Instrument als Trainer ist das Gespräch. Dieses kann je nach Schweregrad der Störung und nach möglicher Intention des „Störers" völlig unterschiedlich ausfallen. Es sollte aber immer unter vier Augen geführt werden. Wir empfehlen in jedem Fall ein gestaffeltes Verfahren zu wählen. In einem ersten Gespräch werden Sie vermutlich ganz offen fragen, wie es dem Teilnehmer im Training gefällt und was er sich von dem Trainer oder den Trainern wünscht. Es bietet sich hierfür ein ungezwungenes Pausengespräch an. Sollten die Störungen nicht abnehmen, können Sie in einem zweiten Gespräch schon etwas deutlicher werden und auch Ihre Erwartungen deutlich an den Teilnehmer adressieren. Scheitert auch dieser Versuch, so sollten Sie ein sehr ernstes Gespräch mit dem „Störer" führen, was sein Verhalten für das Lernen der anderen Trainingsteilnehmer bedeutet. Spätestens zu diesem Zeitpunkt werden Sie 95 % bis 99 % der Störer überzeugt haben, dass ihr Verhalten fehl am Platze ist.

Schritt 5: Legen Sie dem „Störer" nahe, dem Training fernzubleiben

Wie im Kapitel zur Auftragsklärung im Training (Kapitel 3.2) bereits ausgeführt, sollten Sie klären, was mit Boykotteuren im Training geschieht. Wenn Sie die Zustimmung des Auftraggebers haben, dass einzelne Personen vom Training unter besonderen Umständen ausgeschlossen werden dürfen, haben Sie ein machtvolles Instrument in der Hand, um einzelne Störer zumindest dazu zu bringen, die Gruppenarbeit nicht weiter zu beeinträchtigen. Zu dieser Maßnahme sollten Sie jedoch erst nach dem in Schritt 4 beschriebenen Gespräch greifen.

Situationsanalyse mithilfe der Teilnehmermatrix

Für die Situationsanalyse (Schritt 1 der Trainingsreflexion) hat sich ein Instrument aus dem Change-Management als gute Strukturierungshilfe erwiesen. Bei der Beurteilung der Resonanz zu einer Veränderung werden die beteiligten Personen in Kategorien eingeordnet. Diese Kategorien, die Sie in der folgenden Matrix finden, lassen sich hervorragend auf die Trainingssituation übertragen, indem Sie Ihre Teilnehmer den einzelnen Feldern der Matrix zuordnen:

	dagegen	nicht festgelegt	dafür
aktiv	Boykotteure Dogmatiker Saboteure	distanziert-engagiert	Innovatoren Promotoren Treiber
passiv	Skeptiker Vogel Strauß Kopf in den Sand	träge Masse Mitläufer	Assistenten Produzenten

Zuordnung der Trainingsteilnehmer in die Matrix

Die Bezeichnungen, die sich aus der Kombination der Merkmale „aktiv" und „passiv" bzw. „dagegen", „nicht festgelegt" und „dafür" ergeben, weichen je nach Quelle voneinander ab. Unabhängig davon lassen sich die eigenen Trainingsteilnehmer nun aber in die Matrix einordnen.

Die Einordnung ist nicht immer ganz einfach. Während Herr Soppe sich wohl eindeutig als „aktiv-dagegen" positioniert, würden wir einen Teilnehmer, der Kritik aufgrund tatsächlicher Fragen oder Schwierigkeiten mit einzelnen Themen hat, als „aktiv-nicht festgelegt" bezeichnen. Auf den ersten Blick mag diese Person als Boykotteur erscheinen, beschäftigen Sie sich jedoch ernsthaft mit dieser Person, wird Sie Ihnen dies danken und im Laufe des Trainings unter Umständen auf die „Dafür-Seite" wechseln.

Wie verteilen Sie Ihre Ressourcen als Trainer?

Interessant ist es nun, sich die Frage zu stellen, wie viel Aufmerksamkeit und Energie in welche der sechs Gruppen von Teilnehmern fließt. Häufig stellt man dabei fest, dass man sich als Trainer gerade um die Boykotteure, Dogmatiker und Saboteure sehr viel kümmert. Die anderen Teilnehmergruppen werden weniger beachtet. Sinnvoll erscheint diese Verteilung Ihrer Ressourcen jedoch nicht. Marktforscher gehen davon aus, dass der Großteil der Personen zunächst nicht festgelegt ist. Diese Gruppe ist aber gerade noch beeinflussbar. Fokussieren Sie diese Gruppe nicht, so laufen Sie Gefahr, diese Personen an die „Dagegen-Fraktion" zu verlieren. Eine weitere Gefahr steckt in der Vernachlässigung der positiv eingestellten Trainingsteilnehmer. Bekommen diese keine Aufmerksamkeit von Ihnen, weil Sie zu sehr mit Ihrer „Dagegen-Fraktion" beschäftigt sind, so belohnen Sie aktive oder passive Teilnahme am Training nicht. Das Ergebnis kann im ungünstigsten Fall ebenfalls ein Abwandern zur Dagegen-Seite sein.

Eine günstigere Verteilung Ihrer Ressourcen nehmen Sie also vor, wenn Sie positiv eingestellte Personen für ihr Verhalten mit Aufmerksamkeit belohnen. Den Teilnehmern muss klar werden, dass Unterstützung auf Gegenseitigkeit beruht und sich somit auszahlt. Einen Großteil Ihrer Aufmerksamkeit sollten Sie aber auch auf die bisher nicht festgelegte Personengruppe lenken. Diese können Sie selbst beeinflussen oder durch Ihre Promotoren und Treiber indirekt überzeugen lassen.

Dennoch können Sie die „Dagegen-Fraktion" natürlich nicht ausblenden. Dies gilt insbesondere für den Fall, dass durch das Verhalten dieser Personen das Arbeiten und Lernen der anderen Teilnehmer gestört wird. In diesem Fall greift nach wie vor unser beschriebenes Vorgehen der Trainingsreflexion.

Aber auch die „Dafür-Personen" können Sie aktivieren, selber mit den „Dagegen-Personen" zu sprechen und so auf die selbstregulierende Wirkung der Gruppe hoffen.

Sonderfall: Wenn ein Teilnehmer laufend Kritik übt

Hin und wieder begegnen dem Trainer einzelne Teilnehmer, die es sich scheinbar zur Aufgabe gemacht haben, ganz genau hinzuschauen und jeden Rechtschreibfehler in den Trainingsmaterialien ausführlich zu kommentieren. Als Trainer mit positiver Grundhaltung Ihren Teilnehmern gegenüber kommen Sie in der oben beschriebenen Trainingsreflexion wahrscheinlich zu dem Schluss, dass Sie dieser Teilnehmer nur unterstützen will und andere Teilnehmer darauf hinweisen möchte, wo das Material sprachlich anzupassen oder zu ergänzen ist. Ein freundliches Gespräch sollte dieses Problem also beheben.

Reicht das Gespräch nicht aus und macht der Teilnehmer deutlich, dass er einfach gerne kritisiert und sich damit in der Teilnehmermatrix als aktiv-dagegen positioniert, hat es sich als sinnvoll erwiesen, Beobachtungsaufträge zu verteilen. Bei der nächsten Kritik, die Ihr Teilnehmer vorträgt, sagen Sie ihm freundlich, dass Sie seinen Blick fürs Detail gerne nutzen würden und bitten ihn: „Schreiben Sie doch einmal alles auf, was Ihnen nicht gefällt." Suchen Sie sich einen weiteren Teilnehmer heraus, von dem Sie wissen, dass er mit Freude am Training teilnimmt und bitten Sie ihn: „Schreiben Sie doch bitte alles auf, was Ihnen gut gefällt." Teilen Sie der Trainingsgruppe mit, dass am Ende des Tages beide Listen vorgetragen werden können.

Sie erreichen mit dieser Maßnahme dreierlei:

- Sie stellen Ihren Störenfried ruhig, der nun damit beschäftigt ist, auf Fehlersuche zu gehen. Sollte er seine Kritik doch laut äußern, weisen Sie darauf hin, dass die Kritik erst am Abend gesammelt vorgetragen werden soll.

- Sie bringen Ihren Störer unter Umständen in ein für Sie positives Dilemma. Ihr Störer möchte Ihnen offensichtlich widersprechen. Verhält er sich nun Ihren Anweisungen entsprechend, tut er Ihnen einen Gefallen und widerspricht Ihnen nicht mehr, dafür kann er aber in Ruhe auf Fehlersuche gehen. Widerspricht er Ihren Anweisungen und schreibt seine Erkenntnisse nicht auf, hat er am Ende des Abends keine Liste vorzutragen und wird vermutlich auch vor den übrigen Teilnehmern schlechter dastehen.

- In vielen Fällen zeigt der Abgleich der Negativ- mit der Positivliste, dass die Anzahl der Punkte mindestens ausgeglichen ist. Gleichzeitig wiegen die positiven Aspekte meist deutlich schwerer als die Auflistung von kleinen Fehlern.

Mit schwierigen Trainingsgruppen arbeiten

Wir haben im letzten Abschnitt fast ausschließlich über einzelne Teilnehmer gesprochen, die das Training stören. Sehr selten kommt es jedoch auch vor, dass eine ganze Gruppe problematisch ist. In diesen wenigen Fällen ist die Ursache hierfür meist ein einzelner schwieriger Teilnehmer, der als Meinungs- oder Wortführer seine schlechte Stimmung auf andere Teilnehmer überträgt. Sie können in diesem Fall also die oben dargestellte Vorgehensweise für einzelne schwierige Teilnehmer nutzen.

Störungen haben Vorrang

Tritt Ihnen eine gesamte Trainingsgruppe von Beginn an mit schlechter Stimmung gegenüber, so liegt dies voraussichtlich an den Rahmenbedingungen oder der Kommunikation im Vorfeld des Trainings. Eine wichtige Informationsquelle in diesem Fall ist natürlich Ihr Auftraggeber. Da Sie zunächst aber mit der Situation umgehen müssen, sollten Sie die Stimmung zum Thema machen. In diesem Fall gilt „Störungen haben Vorrang". Würden Sie einfach mit Ihrem Training beginnen, wäre der Lernerfolg für die Teilnehmer vermutlich ohnehin sehr gering. Sie sollten sich also die Zeit nehmen, über die Stimmung in der Gruppe zu sprechen.

Wird die Stimmung im Laufe eines mehrtägigen oder mehrmoduligen Trainings immer schlechter und können Sie dies nicht auf einen Meinungsführer zurückführen, bleibt letztlich nur der Schluss, dass es an Ihrem Trainerverhalten liegt. Lassen Sie sich hierdurch zunächst nicht beunruhigen. Es kann immer vorkommen, dass Sie unwissentlich (gerade als externer Trainer) ein Thema ansprechen, welches ein rotes Tuch für die Teilnehmer darstellt.

Die Methode „Start-Stopp-Continue"

Sollten Sie gar nicht wissen, aus welchem Grund sich die Stimmung verschlechtert, hat sich die Methode „Start – Stopp – Continue" bewährt.

Bei dieser Methode bitten Sie Ihre Teilnehmer, Ihnen eine Rückmeldung zu drei wichtigen Aspekten zu geben:

- **Start:** Was soll ich/sollen wir tun, was wir bisher nicht getan haben? Was fehlt Ihnen in diesem Training?
- **Stopp:** Was sollte ich/sollten wir dringend in diesem Training unterlassen?
- **Continue:** Was gefällt Ihnen (den Teilnehmern) gut und sollte im Training beibehalten werden?

So viel zu den Grundaspekten der Methode. Bitte vergessen Sie dabei jedoch nicht, darauf zu achten, wie Sie diese Methode in Ihrer Trainingsgruppe einführen.

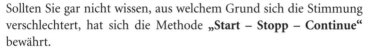

Beispiel: So könnten Sie die Intervention einleiten

Handelt es sich um leichte Schwierigkeiten mit der Gruppe, können Sie die Methode relativ beiläufig durchführen und die Intervention z. B. mit folgenden Worten einleiten:

„Ich würde die weiteren Trainingsbausteine gerne noch mehr nach Ihren Wünschen ausrichten. Zu diesem Zweck bitte ich Sie, mir Rückmeldung auf folgenden drei Ebenen zu geben ...".

Bei schwerwiegenderen Problemen ist es sinnvoll, das Problem deutlich zu benennen, z. B. so:

„Ich habe den Eindruck, dass wir in letzter Zeit häufiger aneinander vorbeireden...", „..., dass die Inhalte nicht zu Ihren Erwartungen passen ... Ich würde diese Missverständnisse gerne mit folgender Methode ausräumen, bevor wir mit den geplanten Inhalten fortfahren ..."

Sagen Sie in der Intervention nicht: „Ich habe festgestellt, dass ..." Auch wenn der Unterschied zu „Ich habe den Eindruck, dass ..." zunächst nur gering erscheint, so sind es gerade in kritischen Situationen die Zwischentöne, die darüber entscheiden, ob eine Intervention gelingt oder nicht. Mit einer Feststellung stellen Sie Ihre Teilnehmer vor vollendete Tatsachen und beschuldigen diese, dass Sie nicht verstanden werden. Sprechen Sie von Ihrem persönlichen

Eindruck, so lassen Sie den Teilnehmern die Möglichkeit, glaubhaft zu vermitteln, dass dieser Eindruck irrtümlich entstanden ist. Wenn die Situation ganz verfahren ist, sollten Sie erwägen, die Teilnehmer für eine halbe bis dreiviertel Stunde mit den drei genannten Aspekten alleine zu lassen, um sich auszutauschen, bevor Sie mit den Teilnehmern darüber ins Gespräch kommen. Die Teilnehmer haben so die Möglichkeit, mit ihrer Kritik anonym zu bleiben. Zum Festhalten der Gedanken zu diesen drei Aspekten haben sich unabhängig vom Schweregrad der Problematik übrigens Moderationskarten in drei verschiedenen Farben bewährt (Start: grün, Stopp: rot und Continue: gelb).

Die Boxenstopp-Methode

Bei massiven Problemen können Sie darüber hinaus – besonders wenn Sie im Trainertandem arbeiten – die **Boxenstopp-Methode** einsetzen. Zu Beginn eines neuen Trainingstages oder aber nach einer größeren Pause führen Sie vor der Gruppe ohne Vorankündigung eine inszenierte Unterhaltung über Ihre aktuelle Gefühlslage bezüglich der Schwierigkeiten mit der Gruppe. Diese sollte ausschließlich Ich-Botschaften enthalten und den Teilnehmern gegenüber sehr wertschätzend sein. Die Unterhaltung könnte also folgendermaßen ablaufen:

Dialogbeispiel für die Boxenstopp-Methode

Trainer 1: Also, Peter, ich habe schon seit einiger Zeit deutlich das Gefühl, als würden wir die Erwartungen unserer Trainingsgruppe nicht genau treffen. Wie siehst du das?

Trainer 2: Na ja, ich habe auch schon daran gedacht, war mir aber nicht sicher. Woran machst du dieses Gefühl fest?

Trainer 1: Wenn ich zurückdenke, haben wir zu Beginn sehr gut, intensiv und offen miteinander gearbeitet. Nun kommt es doch hin und wieder vor, dass einige über längere Zeit aus dem Fenster blicken, abwesend erscheinen und den Inhalten nicht mit Interesse folgen. Auch in den Pausengesprächen habe ich das Gefühl, dass man uns gegenüber nicht mehr so offen ist, wie zu Beginn.

Trainer 2: Jetzt wo du es sagst ... Ich fände es schade, wenn unsere Teilnehmer die Zeit hier im Seminar nicht effektiv nutzen könnten, habe aber im Moment keine Ahnung, woran es liegen könnte.

Trainer 1: Ich auch nicht. Aus meiner Sicht haben wir versucht, alle einzubeziehen, die Themen spannend aufzubereiten und genug Raum zum Diskutieren zu geben. Vielleicht sollten wir unsere Teilnehmer einfach mal dazu befragen.

Trainer 2: Wahrscheinlich hast du recht. Welch ein Glück, dass sie gerade hier sitzen. Wir wollen sie einfach mal fragen.

Sie können sich vorstellen, dass eine solche Methode – hier im Dialog etwas verkürzt dargestellt – zunächst einmal für viel Verwirrung sorgt. Sicherlich wird es während Ihres inszenierten Dialogs mucksmäuschenstill im Trainingsraum sein. Stille heißt aber zunächst einmal auch Interesse für das, was dort gerade passiert. Viele Teilnehmer beginnen in diesem Moment, das Verhältnis zwischen Trainern und Gruppe zu reflektieren, und genau diesen Effekt wollen Sie ja auch erzielen.

Positive Grundhaltung und die Beziehung zur Trainingsgruppe

In der Arbeit mit Teilnehmergruppen gibt es zwei herausragende Hebel, die Ihnen die Arbeit mit Ihren Teilnehmern sehr erschweren oder – richtig genutzt – sehr erleichtern können. Bei diesen beiden Hebeln handelt es sich zum einen um die positive Grundhaltung gegenüber Ihren Teilnehmern und zum anderen um die Beziehung zur Gruppe.

Der erste Hebel: Positive Grundhaltung zu den Teilnehmern

Hilfreich hierfür ist das Konzept der Lebensanschauungen aus der Transaktionsanalyse. Besser bekannt ist es unter dem Titel „Ich bin O. K., du bist O. K." (Th. A. Harris, 1975). Da die meisten von Ihnen dieses Modell kennen werden, gehen wir im Folgenden zunächst nur auf die Implikationen des Modells für das Training bzw. den Trainer ein. Sollten Sie das Modell noch nicht kennen, so finden Sie eine detaillierte Beschreibung in Kapitel 4.3.

„Ich bin O. K., du bist O. K."

Mit einer der im Modell beschriebenen Grundhaltungen werden Sie Ihrer Trainingsgruppe gegenübertreten. In der Regel werden einige

Ihrer Trainingsteilnehmer auf andere Haltungen als die „Ich bin O.K., du bist O. K."-Haltung sehr unerfreut reagieren. Denn dies ist die einzige Haltung, mit der Sie Ihren Teilnehmern signalisieren: „Wir sind in diesem Training Partner auf Augenhöhe, die jeweils ihren eigenen wichtigen Beitrag zum Gelingen des Trainings leisten."

„Ich bin nicht O. K., du bist O. K."

Machen Sie sich kleiner als Ihre Teilnehmer („Ich bin nicht O. K., du bist O. K."), so signalisieren Sie: Ich bin nicht bereit für dieses Training. Ich habe keine Expertise und gehöre eigentlich nicht hierher. Es liegt auf der Hand, dass die Teilnehmer in einen solchen Trainer schnell das Vertrauen verlieren und ohne böse Absicht, sondern automatisch auf die Suche nach Hinweisen gehen, die diese Einschätzung bestätigen. Die Folge ist eine Beobachtung Ihrer Person mit Argusaugen. Spüren Sie als Trainer wiederum dieses Misstrauen, so wird dies wahrscheinlich dazu führen, dass Sie sich selbst in Ihrem Trainerverhalten genau beobachten. Spätestens dies ist das Ende jedes guten Trainings, denn nun verwenden Sie Ihre kognitiven Kapazitäten auf die Beobachtung Ihrer eigenen Person, anstatt sich auf die Inhalte Ihres Trainings zu konzentrieren.

„Ich bin O. K., du bist nicht O. K."

Treten Sie auf der anderen Seite so auf, als wären Sie der einzige Fachmann auf diesem Gebiet („Ich bin O .K., du bist nicht O. K."), so werden Sie bei einigen Teilnehmern mit Gegenreaktionen rechnen müssen: „Dir zeig ich schon, wo deine Schwächen sind!" Auch diese Reaktionen sind verständlich, denn in der Regel werden Sie mit Teilnehmern zusammenarbeiten, die auf dem Gebiet, zu dem Sie das Training geben, schon mehrere Jahre Erfahrung besitzen. Je größer Sie nun Ihre eigene Kompetenz erscheinen lassen, umso mehr werten Sie die Kompetenzen Ihrer Teilnehmer indirekt ab – und wer mag das schon? In der Folge werden Sie mit vielen Widerständen zu kämpfen haben, die sich häufig wahrscheinlich auf Ihre Methoden, Ihre Beispiele, einzelne Worte, die Sie verwenden, und sonstige Nebensächlichkeiten beziehen. Die Arbeit am konkreten Trainingsthema wird damit unnötig erschwert. Letztlich erleben daher die Teilnehmer keinen Mehrwert aus Ihrem Training.

Mit der Einstellung: „Ich bin nicht O. K., du bist nicht O. K." wären Sie vermutlich kein Trainer geworden, daher wollen wir dieses Szenario aussparen.

Deshalb ist es so wichtig, der Teilnehmergruppe auf Augenhöhe zu begegnen. Was bedeutet dies in der Praxis? Hier einige Empfehlungen, wie Sie eine positive Grundhaltung zu Ihrer Trainingsgruppe entwickeln können:

- Signalisieren Sie von Anfang an, dass Sie an einem gegenseitigen Austausch interessiert sind.

- Beantworten Sie nicht jede Frage selbst, sondern geben Sie Fragen an den Teilnehmerkreis zurück und zeigen Sie so, dass Sie sich nicht bei jedem Thema für den Experten halten.

- Geben Sie offen zu, wenn Sie eine Frage nicht beantworten können, bieten Sie aber an, sich zu informieren und eine Antwort nachzureichen.

- Betrachten Sie die Diskussionen mit Ihren Teilnehmern als Austausch unter Fachkollegen.

- Wenn Sie etwas korrigieren, arbeiten Sie mit Ich-Botschaften nach dem Motto: Ich habe diese Frage für mich immer folgendermaßen beantwortet.

- Fallen Sie Teilnehmern nicht ins Wort, lenken Sie aber trotzdem die Diskussion auf das Ziel der Trainingssequenz.

- Treten Sie möglichst natürlich und authentisch auf. Auch Humor kommt in Trainingsgruppen immer gut an.

Der zweite Hebel: Die Beziehung zur Gruppe

Der zweite wichtige Hebel, mit dem Sie die Gruppendynamik aktiv gestalten können, ist die Beziehung zur Gruppe. Die Beziehung wird selbstverständlich, wie wir im Kapitel 3.1 zum Thema Trainerkompetenzen beschrieben haben, zu einem Großteil über Ihre Grundhaltung gesteuert. Darüber hinaus sollten Sie jedoch die Beziehung innerhalb und außerhalb des Trainings weiter ausgestalten. Folgende Ideen können hilfreich sein, stellen aber nur einen kleinen Ausschnitt Ihrer Möglichkeiten dar:

- Bereiten Sie Ihre Vorstellung gut vor und reichern Sie diese auch mit einigen privaten Informationen an, die Sie als Mensch greifbarer machen. Denken Sie daran: Es gibt keine zweite Chance für einen (guten) ersten Eindruck!

- Stellen Sie sich zu Beginn jedem Teilnehmer mit Namen vor und geben Sie jedem die Hand.
- Nutzen Sie Beispiele aus Ihrem privaten Erleben, wenn Sie etwas erklären.
- Sollte es Grund zur Kritik an einem Teilnehmer geben, so sprechen Sie dies unter vier Augen an und zeigen Sie Verständnis.
- Sprechen Sie mit jedem Teilnehmer auch einmal in den Pausen privat. Erkundigen Sie sich und zeigen Sie Interesse an der jeweiligen Person.
- Setzen Sie sich zu den Essenszeiten zu Ihren Teilnehmern an den Tisch. Fragen Sie zu Beginn aber nach, ob Sie sich dazu setzen dürfen. Ein Trainer, der sich absichtlich wegsetzt, erzeugt Distanz, auf die mit Distanz reagiert wird.
- Bei mehrtägigen Trainings gehört es dann und wann auch zum Beruf eines Trainers, sich mit den Teilnehmern bei einem Bier auszutauschen. Sie zeigen Ihren Teilnehmern so, dass Sie ein Interesse an der Beziehung zur Gruppe haben. Vergessen Sie jedoch nicht, dass der Trainerberuf anstrengend ist und die Abendstunden auch für das Auffüllen Ihrer Energiereserven dienen. Wir haben es bisher noch nicht erlebt, dass Teilnehmer es ihren Trainern übel nehmen, wenn sich diese mit einem Hinweis auf den eigenen Energiehaushalt oder die Vorbereitung auf den nächsten Tag nach einem Bier verabschieden.
- Sie sitzen am Abend gerne mit Ihren Teilnehmern zusammen? Lassen Sie Ihren Teilnehmern aber auch bewusst Zeiten, in denen Sie nicht „stören". Ihre Teilnehmer müssen auch mal über Sie lästern dürfen und sollen nicht das Gefühl bekommen, von morgens bis abends kontrolliert zu werden.

Vorteile einer positiven Grundhaltung

Gehen Sie mit der richtigen Grundhaltung in Ihr Training und haben Sie eine gute Beziehung zu Ihrer Gruppe aufgebaut, so hat dies viele Vorteile. Störungen können über humorvolle Randbemerkungen („Da wird schon wieder getuschelt. Jetzt ist aber Ruhe!") mit einem Augenzwinkern bearbeitet werden, ohne dass es Ihnen übel genommen wird. Widerstände gegenüber geplanten Übungsformen oder Inhalten können über die Bitte, an einem Experiment teilzunehmen, ausgeräumt werden, da man Ihnen als Trainer vertraut. Fehler Ihrerseits (und kleinere Fehler des Trainers kommen in jedem Training vor) werden Ihnen verziehen, weil Ihre Teilnehmer wissen, dass sie bei Ihnen in guten Händen sind.

> **Praxistipp: Innere Haltung und Beziehungsgestaltung**
>
> von Martina Cohrs, München
>
> Als Trainer sollten Sie vor dem Start für die richtige „innere Haltung" sorgen:
>
> - Setzen Sie ein „inneres Lächeln" auf – das wirkt nämlich nach außen!
> - Versuchen Sie, entspannt zu wirken, ohne die innere Spannung für die Trainingsarbeit zu verlieren – da hilft die Entspannungsmethode „progressive Muskelentspannung".
>
> Begrüßen Sie Ihre Teilnehmer wie gern gesehene Gäste, indem Sie dafür sorgen, dass alles bestens vorbereitet ist. Ebenso wie Sie Ihre privaten Gäste zu Hause empfangen und willkommen heißen – z. B. mit liebevoll gedecktem Tisch und Blumen – so wollen auch Ihre Teilnehmer freundlich empfangen werden.
>
> Lernen Sie als Trainer außerdem, über sich selbst lachen zu können. „Nobody is perfect!" Das gilt besonders für Versprecher, Verwechslungen und was sonst noch so alles trotz bester Vorbereitung schiefgehen kann.

3.5 Umgang mit schlechten Ergebnissen

Bei oft mehr als 100 Trainingstagen im Jahr bleibt kaum ein Trainer dauerhaft von schlechten Rückmeldungen verschont. Das gehört dazu. Die Gründe dafür können vielfältig sein: Mangelnde Vorbereitung, unausgereiftes Konzept, schräge Gruppendynamik, schwierige Teilnehmer, unaufmerksame oder einfach schlechte Trainer, zu lange Trainingszeiten, zu wenig oder zu viele Pausen, trübes Novemberwetter oder ganz einfach schlechtes Essen.

Bevor Sie erfahren, wie man mit solchen negativen Trainingserfahrungen konstruktiv umgeht, lesen Sie zunächst von der unangenehmen Erfahrung, die unsere Trainer Ralf Welge und Tim Wachtel machen mussten.

Beispiel: Überraschende Rückmeldungen

Ralf Welge und Tim Wachtel sind verwirrt. Zurzeit trainieren sie gemeinsam eine Gruppe zukünftiger Führungskräfte in einem seit mehreren Jahren erfolgreich laufenden Nachwuchs-Entwicklungsprogramm. Gerade haben sie das erste Modul beendet. Es ist nicht die erste Gruppe, die Ralf für diesen Kunden aus dem Pharmabereich trainiert. Er trainiert bereits im fünften Jahr die fünf dreitägigen Module dieses Programms. Tim ist zum zweiten Mal dabei. Eben haben sie gemeinsam mit der Gruppe das Abschlussfeedback für die letzten drei Tage gemacht. Schon die Rückmeldungen im Plenum waren dieses Mal durchwachsen: „Zu wenig Pausenzeiten", „Das Thema trifft nicht unsere Alltagsprobleme", „Zu wenig Praxisbezug", „Trainer schlecht abgestimmt" etc.

Einer der Teilnehmer, Herr Rüstow, hatte, bevor er gegangen war, noch eine direkte kritische Rückmeldung zu den Arbeitszeiten bei einer Gruppenarbeit gegeben. Die Trainer hatten sich nicht genau an eine Abmachung zum Zeitmanagement gehalten und die Teilnehmer bereits etwas vor der vereinbarten Zeit zurück in den Seminarraum geholt - eigentlich eine Kleinigkeit.

Enttäuschende Auswertung der Evaluationsbögen

Jetzt lesen sie die im Anschluss an das Modul von den Teilnehmern ausgefüllten Evaluationsbögen, die jedes Mal ausgeteilt und – in der Regel anonym – beantwortet werden: Auch hier sind die Bewertungen sehr durchwachsen.

Einige Teilnehmer waren scheinbar ganz zufrieden, aber ein Großteil hat die Trainer im wahrsten Sinne des Wortes „abgewatscht". Ein Feedbackbogen enthält: nichts. Es ist einfach ein leerer Bogen. Was soll ihnen das sagen? In einem anderen Bogen hat ein Teilnehmer einzelne Passagen des Fragebogens handschriftlich geändert: von „Ich habe für meine Tätigkeit viel gelernt" in „Ich habe für diese drei Tage einen vollen Schreibtisch zurückgelassen!" Außerdem: „Inputs, die länger als zwanzig Minuten dauern, finde ich eine Zumutung!" und „Die Aufgabenstellung der Übung am zweiten Morgen waren schlecht formuliert." Außerdem: „Trainer haben Fragen nicht kompetent beantworten können!" Die beiden sehen sich erstaunt an und fragen sich, was hier passiert ist.

Klärung der rationalen und der emotionalen Ebene

Sie erhalten in diesem Kapitel Hinweise zum Umgang mit schlechten Ergebnissen sowohl auf der rationalen als auch auf der emotionalen Ebene. Die **rationale Ebene** soll Ihnen helfen, eine saubere Klärung sowohl mit Ihren Teilnehmern als auch mit sich selbst und mit Ihrem Auftraggeber zu betreiben.

Mindestens genauso wichtig ist die **emotionale Ebene**, denn nicht immer steckt man als Trainer schlechte Ergebnisse einfach so weg und geht zum Tagesgeschäft über. Im Gegenteil: Umso mehr Herzblut Sie in Ihre Trainerrolle stecken, desto härter können Sie kritische Rückmeldungen von Teilnehmern treffen, egal, ob die Kritik nun in allen Punkten berechtigt ist oder nicht. Wenn Sie außerdem noch anstrengende Wochen hinter sich haben und gegebenenfalls auch im privaten Bereich Probleme haben, dann wird es wirklich unangenehm.

Auf welchem Wege erreicht Sie die negative Kritik?

Negative Rückmeldungen Ihrer Teilnehmer erreichen Sie über unterschiedliche Kanäle und zu unterschiedlichen Zeitpunkten: Gut läuft es für Sie als Trainer immer dann, wenn Ihre Teilnehmer Ihnen gegenüber offen sind und Ihnen ihre kritischen Anmerkungen konkret, direkt ins Gesicht und zu einem frühen Zeitpunkt mitteilen, sodass Sie sofort reagieren und bei Bedarf im Verlauf Ihres Trainings noch nachjustieren können(vgl. Kapitel 3.4).

Ganz schlecht läuft es für Sie hingegen, wenn Sie überhaupt nicht direkt von der Unzufriedenheit der Trainingsteilnehmer erfahren, sondern dies erst über Umwege, z. B. von Ihrem Auftraggeber, hören. Dann wissen Sie auch in der Regel nicht, von wem und warum diese Information geflossen ist. Dazwischen gibt es viele Varianten. So kann Sie die Kritik zeitnah anonym erreichen, wie im Rahmen der Seminarevaluation, oder erst nach dem Seminar schriftlich, beispielsweise über eine kritische E-Mail.

Es macht weiterhin einen Unterschied, ob Ihnen schlechte Arbeit von einem Teilnehmer, von mehreren oder von der ganzen Gruppe bescheinigt wird. Den Fall individueller kritischer Rückmeldungen haben wir bereits in Kapitel 3.4 ausführlich diskutiert. Kritisch wird es dann, wenn – wie im Beispiel – im Abschlussfeedback oder in der Evaluation von verschiedenen Seiten deutliche Hinweise auf schlechte Trainingsergebnisse auftauchen.

Wenn die Bereitschaft zur Klärung fehlt

Grundsätzlich sind Sie als Trainer natürlich an einer Klärung interessiert, wenn die Kritik offen und direkt an Sie herangetragen wird. Wenn es nur immer so einfach wäre! Manchmal wird es an dieser Stelle bereits schwierig. Sie nehmen die Kritik persönlich oder haben am Ende eines dreitägigen Trainings und eines möglicherweise langen letzten Trainingstages einfach keine Lust und auch keine Kraft mehr, nachzufragen. Möglicherweise werden Sie an solchen Tagen auch ein Problem mit der Art und Weise der Rückmeldung der Teilnehmer haben.

Beispiel: Negative Kritik

Teilnehmer formulieren Feedback nicht immer so, wie es im Trainerhandbuch geschrieben steht, sondern gern auch mal frei und undiplomatisch: „Dass Sie uns da in der Partnerarbeit so die Zeit abgeschnitten haben, fand ich unter aller Kanone! Und die Pausen waren auch immer viel zu kurz, dabei habe ich mehrmals dringend telefonieren müssen. Wenn ich dann zu spät kam, wurde ich auch noch von Ihnen ermahnt, wir sind doch nicht im Kindergarten!"

Klärung auf der rationalen Ebene

Wenn wir hier von „Klärung" sprechen, dann meinen wir das lösungsorientierte Besprechen und Reflektieren der negativen Rückmeldungen. Die rationale Klärung sollte in drei Schritten ablaufen: Zunächst klären Sie mit den Teilnehmern, dann klären Sie einige Punkte mit sich selbst und im dritten Schritt klären Sie die Situation mit Ihrem Auftraggeber.

Schritt 1: Klärung mit den Teilnehmern

Bei der Klärung von kritischen Rückmeldungen mit Ihren Teilnehmern am Ende des Trainings sollten Sie sich an die klassischen Feedbackregeln halten:

- Hören Sie genau hin bzw. lesen Sie die kritischen Punkte aufmerksam.
- Fragen Sie bei direkter Rückmeldung nach, um die Kritik besser zu verstehen.
- Nehmen Sie die Kritik ernst.

- Denken Sie über die kritischen Punkte nach und
- ergreifen Sie geeignete Maßnahmen.

Kaum ein Teilnehmer will Ihnen als Trainer persönlich Böses. Es ist also in der Regel zunächst sinnvoll, den kritischen Aussagen Ihrer Teilnehmer genaues Gehör zu schenken. Wenn Ihnen im Trainingsfeedback die kritischen Punkte mündlich zurückgemeldet werden, dann fragen Sie nach. Versuchen Sie, die Punkte ernsthaft nachzuvollziehen, die Perspektive zu wechseln und mit den Augen der Teilnehmer auf die Situation zu blicken. Rechtfertigen Sie sich nicht, auch wenn Sie den einen oder anderen Punkt völlig anders sehen. Ihre Teilnehmer haben es schließlich genau so erlebt, wie sie es Ihnen schildern. Gleiches gilt für schriftliche Feedbacks in den Evaluationsbögen. Sollten diese nicht anonymisiert sein, kontaktieren Sie die Teilnehmer im Nachgang noch einmal und gehen Sie auf diesem Wege in die Klärung, also mit der gleichen Haltung wie bei dem mündlichen Feedback am Ende des Trainings: offen, interessiert, konstruktiv, auf Augenhöhe. Die meisten Ihrer Teilnehmer werden schon über Ihren Anruf erstaunt und für gewöhnlich positiv überrascht sein: „Alle Achtung! Das hätte ich ja nicht gedacht, dass Sie sich deswegen noch einmal melden!"

Schritt 2: Klärung mit sich selbst

Nachdem Sie mit den Teilnehmern die Rückmeldungen präzisiert und gegebenenfalls sogar schon Verbesserungsvorschläge gesammelt haben, können Sie zu Schritt zwei übergehen und prüfen, wie Sie nun mit den Rückmeldungen umgehen wollen. Diskrepanzen zwischen eigener Wahrnehmung und Teilnehmerwahrnehmung sollten Sie in Ruhe überdenken und für sich prüfen, was inhaltlich an der Kritik dran ist oder zumindest dran sein könnte. Für diese Prüfung helfen Ihnen die folgenden Fragen:

- Kann ich die kritischen Punkte nachvollziehen, wenn ich noch einmal darüber nachdenke?
- Was spricht dafür, dass die Feedbackgeber recht haben? Was spricht dafür, dass es nicht so ist?
- Habe ich in der Vergangenheit schon mal ähnliche Rückmeldungen erhalten? Wie bin ich damals damit umgegangen?

- Welchen Anteil am Ergebnis habe ich selbst? Welchen Anteil haben die Teilnehmer? Was liegt möglicherweise in der Verantwortung des Auftraggebers?
- Welche Relevanz haben die Rückmeldungen, nachdem ich mich noch einmal damit auseinandergesetzt habe?
- Was bedeutet die Kritik im Nachgang? Welche Ideen hatten die Teilnehmer zur Verbesserung? Welche konkreten Ideen habe ich für das nächste Training? In welchen Punkten sollte ich mich mit meinem Auftraggeber abstimmen? Sollte ich den Teilnehmern im Nachgang noch eine Info zukommen lassen?
- Was bedeutet das für meine zukünftigen Trainings im Allgemeinen? Wo werde ich Dinge verändern?
- Welche Stichworte zu Kernerkenntnissen und nächsten Schritten sollte ich mir am besten sofort machen? (Nach einer langen Rückreise am Abend und zwei weiteren Projekten bei anderen Kunden in derselben Woche sind die Rückmeldungen lange verflogen, wenn es an die nächste Trainingskonzeption geht.)

Um das oben Beschriebene umzusetzen, bietet es sich z. B. an, den Flieger aus München nach Berlin nicht auf 18:15 Uhr zu legen, sodass Check-in um 17:35 Uhr ist, wenn Ihr Training bis 17:00 Uhr geht. Auch Ihre Mailbox kann möglicherweise noch eine halbe Stunde warten, bis sie abgehört wird. Wenn Sie stattdessen einige Minuten gemächlich den Seminarraum aufräumen und die Veranstaltung in Ruhe nachklingen lassen, können Sie bereits eine ganze Reihe von Punkten gut reflektieren. Die anschließende Reisezeit kann man ebenfalls nutzen. Wenn einfach keine Energie mehr übrig ist, können Sie sich ein paar erste Stichworte machen und diese Arbeit spätestens am nächsten Tag tun. Dann fehlt nur noch der letzte Schritt: Die Kommunikation und Abstimmung mit Ihrem Auftraggeber.

Schritt 3: Klärung mit dem Auftraggeber

Wenn Ihr Auftraggeber das kritische Feedback und Ihr Interesse an einer gemeinsamen Lösung kurzfristig von Ihnen als Trainer erfährt und nicht ausschließlich die negativen Rückmeldungen von den Teilnehmern erhält, ist das bereits ein erstes positives Signal. Wenn Sie zudem bereits erste Ideen (eigene sowie die Ihrer Teilnehmer) mit ihm diskutieren können, ist dies umso besser. Die folgenden Punkte sollten Sie im Detail mit ihm klären:

- Was genau ist von den Teilnehmern zurückgemeldet worden? Bemühen Sie sich um eine möglichst objektive Schilderung der (negativen) Rückmeldung bzw. der schlechten Ergebnisse.
- Wie ist seine Einschätzung zu den Ergebnissen? Wie ist Ihre Einschätzung?
- Welche Verbesserungsvorschläge kamen von den Teilnehmern, welche haben Sie selbst?
- Wie sind seine Erwartungen für die nächsten Veranstaltungen? Was sind Ihre?
- Welche Vor- und Nachteile sehen Sie bei den verschiedenen Ideen für das Gesamtkonzept?
- Welche konkreten Wege gibt es aus Ihrer Sicht, diese umzusetzen? (Meist müssen dafür andere, ebenso als wichtig angesehene Inhalte oder Methoden weichen. Hier ist eine genaue Abstimmung notwendig. Die Vorschläge sollten von Ihnen kommen. In der Regel erwartet dies der Auftraggeber von Ihnen, denn Sie sind der Experte. Entscheiden werden Sie gemeinsam.)
- Was kann der Auftraggeber möglicherweise auch selbst beitragen? Wo können Sie ihn dort gut unterstützen?
- Welche verbindlichen Vereinbarungen treffen Sie miteinander für die Zukunft?

Ebenso wie bei den Teilnehmern werden Sie bei Ihrem Auftraggeber mit diesem aktiven, lösungsorientierten Verhalten punkten. So stellen Sie trotz eines schlechten Trainingsergebnisses die Weichen für die gemeinsame zukünftige Zusammenarbeit.

Manchmal hat auch der Auftraggeber seinen Anteil am Misslingen eines Trainings. Der Klassiker ist hier eine unprofessionelle Einladungspolitik, in der die Teilnehmer vom Auftraggeber unklare Start- und Endzeiten haben, nicht wissen, welche Kosten vom Arbeitgeber z. B. für Getränke übernommen werden etc.

Die Berücksichtigung der Kritikpunkte für kommende Trainings

Nach der aktiven Klärung muss dann natürlich auch die entsprechende Umsetzung der Erkenntnisse folgen. Wir können nicht überbetonen, wie gut es bei Teilnehmern ankommt, wenn Sie kritische Feedbacks tatsächlich beim nächsten Zusammentreffen berücksichtigt haben. Das wird von Teilnehmern zum einen genau registriert und zum anderen auch regelmäßig positiv honoriert: „Ich finde es wirklich sehr positiv, dass Sie nach meiner Rückmeldung im letzten Modul, es würde zu wenig konkret am Fall geübt, dieses Mal so viele Rollenspiele mit aufgenommen haben."

Soweit zur Klärung von negativen Rückmeldungen auf der rationalen Ebene. Wenn es nur immer so einfach wäre! Im Folgenden erhalten Sie Tipps für die erfolgreiche emotionale Verarbeitung negativer Trainingserlebnisse. Denn die rationale Klärung gelingt Ihnen nur, wenn Sie auch die emotionale Ebene für sich geklärt haben.

Klärung auf emotionaler Ebene

Was tun Sie aber, wenn die schlechten Ergebnisse Sie emotional richtig erwischt haben und für Ratio erst mal einfach kein Platz ist? Sie fühlen sich wirklich schlecht im Anschluss an das Training. Sie sind wütend auf sich oder die Teilnehmer oder beides. Sie haben das Gefühl, dass Sie nicht gleich morgen schon wieder in das nächste Projekt gehen können oder in die Klärung mit den Teilnehmern oder dem Auftraggeber, wie wir es eben noch beschrieben haben. Sie haben keine Kraft mehr, kurz: Sie spüren einfach, dass Ihnen dieses Training richtig zugesetzt hat und würden vielleicht sogar am liebsten alles hinschmeißen. Nichtsdestotrotz aber geht es morgen weiter, in einer anderen Stadt, mit anderen Teilnehmern, in einem anderen Hotel.

Hier gilt es, als Trainer gute Mechanismen zu entwickeln, um derartige Niederlagen emotional verarbeiten zu können und leistungsfähig zu bleiben. Denn davor bleibt keiner von Ihnen und uns auf Dauer verschont.

Sechs Tipps für Ihr Selbstmanagement

Wir haben gute Erfahrungen mit den folgenden sechs Techniken des Selbstmanagements gemacht:

Tipp 1: Reden Sie sich die Dinge von der Seele

Nach einem solchen Training hilft der Anruf bei einem guten Trainerkollegen, der solche Situationen kennt und auch bereit ist, mal für eine Viertelstunde zuzuhören, wenn Sie sich die Erlebnisse von der Seele reden. Und hier geht es nicht um professionelle Klärung, sondern ums „Rauslassen": Wie unglaublich anstrengend die Teilnehmer waren, dass einige sogar einfach echt blöd waren, wie schlecht die Ausstattung des Hotels, dass Sie auf dieses Nomadenleben langsam keine Lust mehr haben, dass die Rahmenbedingungen schlecht waren und dass die Welt im Allgemeinen einfach undankbar ist. Die Erlaubnis auch mal zu Jammern kann Wunder bewirken und den Kopf frei machen. Ein bis zwei Telefonate sollten dafür dann allerdings ausreichen, denn Sie wollen ja nicht an diesem Punkt steckenbleiben, und auch die Geduld des besten Kollegen hat irgendwann ein Ende.

Tipp 2: Erinnern Sie sich an Erfolgserlebnisse

Gerade nach richtig schlechten Trainingstagen, wenn der Zweifel an Ihnen nagt, ist es unerlässlich, sich an die vielen positiven Rückmeldungen aus anderen Trainings zu erinnern. Hier kann es hilfreich sein, sich tatsächlich besondere Feedbackbögen aufzuheben oder zu kopieren, in denen Ihnen große Kompetenz auf verschiedenen Ebenen von Ihren Teilnehmern bescheinigt wurde. Sehr gut eignen sich hierfür auch E-Mails, die Ihnen Teilnehmer im Nachgang zu Veranstaltungen geschrieben haben und die Sie in einem gesonderten Outlook-Ordner für genau solche Gelegenheiten aufbewahren sollten. Das baut ungeheuer auf und relativiert die gerade so präsenten schlechten Rückmeldungen in der Regel deutlich.

Es ist ebenfalls hilfreich, sich andere Trainer, die man sehr schätzt, vor der Gruppe vorzustellen und sich bewusst zu machen, dass diese es möglicherweise auch nicht viel besser gemacht hätten.

Tipp 3: Versuchen Sie, Abstand zu gewinnen

Zum Abstand gewinnen nach schlechten Ergebnissen eignen sich verschiedenste Dinge, die alle eines gemeinsam haben: Sie sollten nichts mit dem Trainerdasein zu tun haben: Reden Sie einmal nicht über schlechte Ergebnisse, Methoden, Teilnehmer, Preisverhandlungen, den Markt und Ähnliches, sondern versuchen Sie einfach abzuschalten. Telefonieren Sie dann nicht mit Kollegen. Ihr guter Freund, der sowieso noch nie verstanden hat, was Sie da den ganzen Tag machen und sich auch nicht dafür interessiert, ist hingegen in dieser Situation der ideale Gesprächspartner! Es ist sehr hilfreich, wenn das eigene soziale System nicht nur aus Beratern, Trainern und Coachs besteht, damit Sie Abstand von Ihren Themen und negativen Seminarerlebnissen gewinnen können.

Tipp 4: Üben Sie Nachsicht mit sich und den Teilnehmern

So überraschend es klingen mag: Innere Nachsicht mit Ihren Teilnehmern und sich selbst ist aus unserer Erfahrung ein wirksamer Weg, um die eigenen negativen Emotionen in den Griff zu bekommen: Die Teilnehmer wissen nicht, dass Sie bereits vier Tage in Folge mit anderen Gruppen gearbeitet haben, zwischen den Veranstaltungen dann jeweils noch Vorabendanreisen bis in die frühen Nachtstunden hatten, in den Hotels schlechte Betten vorfanden, keinen Empfang für Ihre UMTS-Karte hatten, um wichtige Mails zu versenden und dass zu alledem Ihre kleine Tochter seit einer Woche krank ist. Diese Belastungen können Sie gut einem Freund gegenüber klagen, während Ihre Trainingsteilnehmer hier der falsche Adressat sind. Wenn das Feedback also nicht diplomatisch und vorsichtig, sondern rau und deutlich formuliert wurde, dann war das keine böse Absicht und auch nicht an Sie als Person, sondern an Sie in Ihrer Trainerrolle gerichtet. Es hilft sehr, wenn Sie diese beiden Rollen als Trainer trennen können.

Tipp 5: Legen Sie Pausen ein

Wenn Sie in letzter Zeit mehr mittelmäßige und kritische Trainingsergebnisse erzielt haben als gewöhnlich, ist es wahrscheinlich höchste Zeit für die immer wieder verschobene Pause! Aussagen wie „Ja ich weiß, ich hatte die letzten eineinhalb Jahre keinen richtigen Urlaub mehr, aber was soll ich machen? Es läuft halt einfach so gut, und irgendwie bekomme ich es ja auch super hin!", sind nicht selten Vorboten für einen Abfall in der Qualität, denn niemand kann ununterbrochen Toptrainings machen. Ein verlängertes Wochenende, gegebenenfalls mit einem guten Freund oder dem Partner, kann Wunder wirken, um die Energiereserven wieder aufzuladen. Sorgen Sie dafür, dass zwischen einzelnen Kundenterminen auch einmal ein halber oder ganzer Tag im Kalender frei bleibt. Das hilft, um negative Erlebnisse in der Trainingsarbeit zu verarbeiten.

Tipp 6: Nutzen Sie Sport und Entspannungstechniken

Viele Trainer aus unserem Kollegenkreis praktizieren aktiv Entspannungstechniken wie Yoga oder die Progressive Muskelentspannung. Auch Laufen oder Schwimmen kann eine sehr gute Möglichkeit sein, um schlechte Ergebnisse und Erfahrungen besser zu verarbeiten. Probieren Sie es einfach aus. Bei jedem funktioniert eine andere Entspannungstechnik, und sicher kennen Sie bei sich selbst bereits gute Wege, um innerlich zur Ruhe zu kommen und Abstand zu gewinnen. Wenn Sie emotional wieder ausgeglichen sind, können Sie mit neuen Kräften zum rationalen Teil dieses Kapitels zurückkehren und sich bereit machen für das nächste Training.

Kienbaum Expertentipp: Kritische Rückmeldungen sofort äußern

Wir haben uns in diesem Kapitel damit auseinandergesetzt, wie Sie mit schlechten Ergebnissen umgehen, die bereits entstanden sind. Sehr hilfreich ist es, bereits prophylaktisch aktiv zu werden und mögliche kritische Rückmeldungen frühzeitig in konstruktive Bahnen zu lenken.

Wir versuchen dies, indem wir mit den Teilnehmern zu Beginn eines Trainings schriftliche Regeln zum Umgang miteinander erarbeiten. Dort findet sich dann für gewöhnlich der Hinweis „Irritationen sofort ansprechen" oder „Störungen haben Vorrang". Zusätzlich verdeutlichen wir den Teilnehmern zum Einstieg auch mündlich, wie wichtig uns negative Rückmeldungen sind und wann sie geäußert werden sollten (nämlich sofort), damit wir gemeinsam einen konstruktiven Umgang damit finden können. In 95 % der Fälle nehmen Teilnehmer die Hinweise dankbar auf und Rückmeldungen erreichen uns auf diese Weise frühzeitig. Sodass sie in den allermeisten Fällen sofort entspannt aus der Welt geschafft werden können.

3.6 Train-the-Trainer: Überblick über Trainerausbildungen am Markt

Beispiel: Die richtige Trainerausbildung

Sebastian Brunnen hat allen Grund zum Feiern! Gerade hat er die letzte Prüfung seines Masterstudiums zum Betriebswirt mit dem Schwerpunkt Personalmanagement als einer der Besten seines Jahrgangs abgeschlossen. Seinem Ziel, sich als Trainer und HR-Berater selbstständig zu machen, ist er damit ein bedeutendes Stück nähergekommen. Der nächste Schritt wäre es nun, eine Trainerausbildung zu absolvieren und sich nebenher schon einmal auf die Suche nach potenziellen Kunden zu begeben, um sich dann in etwa einem Jahr selbstständig zu machen.

Er setzt sich an seinen Computer, um nach möglichen Ausbildungsinstituten für Trainer zu recherchieren. Nach drei Stunden am Computer ist seine gute Laune fast vollständig verflogen. Er hat die Beschreibungen unzähliger Ausbildungsinstitute studiert. Diese sind oft so unterschiedlich, dass er gar nicht mehr weiß, worauf er achten sollte. Häufig sind die Ausbildungsgänge auch schlecht beschrieben, unverschämt teuer und mit zahllosen Fremdwörtern gespickt, sodass er nicht prüfen kann, ob die Ausbildungen überhaupt seinen Vorstellungen entsprechen. Gemein scheint den Ausbildungen lediglich, dass sie alle die „beste Ausbildung am Markt" sein wollen. Feierlaune will da nicht mehr aufkommen.

Immer wieder hören wir von Bewerbern und jüngeren Kollegen, dass die Suche nach der richtigen Ausbildung so oder so ähnlich abläuft. Denn es ist tatsächlich so, dass viele Angebote undurchsichtig sind und im Internet nur unzureichend beschrieben werden. Dabei gibt es auf dem Markt viele exzellente Ausbildungen für erfahrene und weniger erfahrene Trainer. Der Schlüssel, um diese zu finden, liegt jedoch – wie so oft – zunächst einmal in der Selbstreflexion. Die Suche nach der richtigen Trainerausbildung ist vergleichbar mit der Suche nach dem richtigen Auto. Sicher könnten Sie zum nächstgelegenen Autohaus gehen und das erste Auto kaufen, welches Sie sehen. Ob Sie damit glücklich würden, ist jedoch zu bezweifeln. Vermutlich würden Sie sich vor dem Kauf eines neuen Wagens zunächst genau überlegen, wofür Sie das Auto benötigen, wie viel PS der Motor mindestens haben soll, wie viele Personen im Wagen Platz finden sollen, welche Farbe Sie bevorzugen und – nicht zuletzt

– wie viel Geld Sie bereit sind auszugeben. Vielleicht haben Sie auch besondere Wünsche wie eine Einparkhilfe oder besonders viel Platz im Fußraum … Vermutlich würden Sie sich alle diese Fragen stellen und durch deren Beantwortung die Anzahl der in Frage kommenden Wagen erheblich einschränken. Und das wäre dringend nötig, denn schließlich behauptet jeder Autohändler, dass sein Wagen der Beste sei.

Was erwarten Sie von Ihrer Trainerausbildung?

Wenn Sie vor der Entscheidung stehen, eine Trainerausbildung zu absolvieren, sollten Sie viel Zeit in eine gründliche Suche investieren, denn Trainerausbildungen dauern in der Regel lange und sind nicht ganz billig. Sie treffen also eine Entscheidung mit gewisser Tragweite, zumal Sie vermutlich später auch als Trainer arbeiten möchten. Die folgende Checkliste enthält Leitfragen, die Ihnen dabei helfen, sich selbst klar zu werden, wonach Sie suchen:

Checkliste: Welche Trainerausbildung ist für mich die richtige?	
Habe ich Vorerfahrungen als Trainer oder brauche ich eine Ausbildung mit fundierter Grundlagenschulung (z. B. Präsentationstechniken, Moderationstechniken, Visualisierungstechniken etc.)?	
Möchte ich eine allgemeine Trainerausbildung absolvieren oder möchte ich spezifische Trainingsinhalte gleich mit erlernen (z. B. Konfliktmoderation, interkulturelle Themen)?	
Möchte ich eine allgemeine Trainerausbildung absolvieren oder benötige ich ein branchenspezifisches Angebot?	
Werde ich später nur „abtrainieren" oder möchte (oder muss) ich auch selbst Trainingskonzepte erstellen?	
Welches Zertifikat ist mir wichtig? Erscheinen die Ausbildungsinhalte auf meinem Zertifikat?	
Möchte ich mein Seminar innerhalb der Woche oder am Wochenende absolvieren?	
Über welchen Zeitraum soll sich meine Ausbildung erstrecken?	

Wie viele Teilnehmer sollten maximal, aber auch minimal in meiner Ausbildungsgruppe sein, damit ich mich wohlfühle?	
Was bin ich bereit, für meine Ausbildung auszugeben?	
Bin ich bereit, eventuell anfallende Unterbringungs- und Verpflegungskosten zu zahlen?	
Wie weit würde ich für eine gute Ausbildung reisen?	
Verfüge ich bereits über ein eigenes Trainernetzwerk oder bin ich darauf angewiesen, dass der Netzwerkaufbau über das Ausbildungsinstitut erfolgt?	

Diese Liste von Denkanstößen bietet nur eine Auswahl an Fragen, die Sie sich stellen sollten, bevor Sie sich für eine Trainerausbildung entscheiden. Wir halten diese Fragen jedoch für zentral. Schnell ist man jedoch dabei, alle Fragen so zu beantworten, dass das optimale Ergebnis herauskommt. Eine solche Ausbildung werden Sie aber vermutlich nicht finden. Es ist daher wichtig zu durchdenken, welche Kriterien für Ihre persönliche Situation besonders wichtig und welche weniger wichtig sind. Als selbstständiger Trainer ist ein offizielles Zertifikat (etwa vom TÜV, dem BDVT oder Ähnliches) zum Beispiel wichtiger, als wenn Sie als interner Trainer von Ihrem Unternehmen aus in die Ausbildung geschickt werden. Eventuell kann aber ein nichtoffizielles Zertifikat in Ihrer speziellen Situation dadurch kompensiert werden, dass die Inhalte passgenauer sind und zusätzlich detailliert in Ihrem Trainerzertifikat angegeben sind.

Kienbaum Expertentipp: Besuchen Sie Informationsveranstaltungen

In der Regel werden von den Ausbildungsinstituten kostenlose Informationsveranstaltungen angeboten. Scheuen Sie sich nicht, diese zu nutzen, um alle offenen Fragen anzusprechen und fehlende Informationen einzufordern. Aus unserer Sicht ist der Besuch von solchen Veranstaltungen ein absolutes Muss für eine Ausbildung, denn sie ermöglicht den direkten Kontakt mit Ihrem Ausbildungsinstitut und den Lehrtrainern. Der direkte Kontakt ist auch deshalb so wichtig, weil er hilft zu prüfen, ob das Bauchgefühl für die Zusammenarbeit mit dem Ausbildungsinstitut stimmt.

Teurer ist nicht gleich besser – die Kosten der Ausbildung

Was die Kosten der Ausbildung angeht, so werden Sie Angebote finden, die sich zwischen 3.000 Euro und 10.000 Euro bewegen. Die Spanne ist also groß. Genau wie beim Autokauf ist damit aber noch nicht gesagt, dass eine teure Ausbildung auch immer die bessere ist. Im Gegenteil: Viele Ausbildungsinstitute bieten hochpreisige Ausbildungen nur deshalb an, weil sie wissen, dass sich der Glaubenssatz „teurer ist besser" hartnäckig hält. Wenn Sie aber ein Angebot finden, welches offensichtlich wenig bietet und dafür viel Geld verlangt, können Sie davon ausgehen, dass das Wenige auch noch schlecht ist, denn hier scheint es offensichtlich nur um Profit zu gehen. Wir raten daher dringend, die eigenen Bedarfe mit dem jeweiligen Angebot abzugleichen. Wenn die Ausbildung schließlich in der Informationsveranstaltung einen guten Eindruck macht, liegen Sie vermutlich richtig. Sie haben nur eine grobe Idee davon, was Sie möchten.

Auswahlkriterien für eine gute Ausbildung

Das wichtigste ist und bleibt die Passung zu Ihren Ansprüchen an eine Trainerausbildung. Trotzdem gibt es einige Bestandteile, die definitiv in Ihrer Ausbildung enthalten sein sollten. Dies sind tatsächlich aber keine objektiven, sondern unsere sehr subjektiven Kriterien. Sie stützen sich auf die Erfahrungen aus vielen Trainersupervisionen, bei denen Trainer immer wieder mit ähnlichen Fragestellungen auf uns zukommen. Teilweise basieren sie aber auch auf positiven Rückmeldungen zu Themen, die Trainer in unseren Ausbildungen als besonders hilfreich empfunden haben.

Informationsveranstaltungen

Dieses wichtige Kriterium haben Sie schon kennengelernt. Ohne diese brauchen Sie sich den Anbieter aus unserer Sicht nicht weiter anzusehen. Gibt es keine Informationsveranstaltung, entsteht der Eindruck, dass sich das Ausbildungsinstitut verstecken muss und der Interessent die „Katze im Sack" kaufen soll.

Trainer

Auch wenn dieser Aspekt nicht zum Inhalt der Ausbildung gehört, empfehlen wir, in den Informationsveranstaltungen sehr genau auf das eigene Bauchgefühl zu hören. Prüfen Sie, ob die Lehrtrainer sympathisch sind und der Umgang mit ihnen angenehm ist; auch die Atmosphäre sollte angenehm sein und die Lehrtrainer kompetent erscheinen.

Kosten

Nutzen Sie die Informationsveranstaltungen auch, um nach den genauen Kosten zu fragen. Teilweise unterscheiden sich die Ausbildungen hinsichtlich der Preisangaben (z. B. zusätzliche Mehrwertsteuer oder Befreiung von derselben). Prüfen Sie in diesem Zusammenhang auch, ob das Preis-Leistungs-Verhältnis für Sie stimmt. In der Regel werden Ausbildungen ca. 4.000 Euro bis 8.000 Euro kosten.

Übungsmöglichkeiten

Bleiben wir noch einmal bei dem Autobeispiel. Sicher geben Sie uns recht, dass Sie das Autofahren nie gelernt hätten, wenn Sie nur Theoriestunden absolviert hätten. Genauso wenig werden Sie das Trainieren erlernen, wenn Sie nicht die Gelegenheit haben, sich auszuprobieren, Fehler zu machen und Feedback zu bekommen. Die Ausbildung sollte dementsprechend die Möglichkeit bieten, Trainingssequenzen selbst zu trainieren und im Anschluss Rückmeldung durch den Lehrtrainer und die anderen Teilnehmer zu bekommen. Dies fällt zu Beginn sicher schwer, aber Sie wissen ja: Übung macht den Meister.

Trainingskonzeption

Auch wenn Sie selbst nicht konzeptionell tätig werden, halten wir es für unerlässlich, einige wichtige Grundlagen der Trainingskonzeption zu kennen (vgl. hierzu Kapitel 3.3). Dies ist vor allem deshalb wichtig, weil Sie im Training häufig von der ursprünglichen Planung abweichen müssen. Dies ist beispielweise der Fall, wenn die Teilnehmer nicht pünktlich erscheinen, die Technik ausfällt oder Sie mit Ihrer Trainingsgruppe ein wichtiges Thema vorziehen müssen. Wenn Sie in dieser Situation nicht in der Lage sind, Ihr Trainingskonzept sinnvoll umzustellen, werden Sie die Gruppe schnell verlieren.

Kennenlernen verschiedener Trainingsschulen

Teilnehmer sind begeistert, wenn Sie als Trainer in der Lage sind, ein Thema aus ganz verschiedenen Blickwinkeln zu beleuchten. Ihre Ausbildung sollte daher zumindest verdeutlichen, dass es verschiedene Ansätze (z. B. Systemtheorie, Biologie, Neurologie, NLP) gibt und Ihnen Hinweise geben, wo Sie weitere Informationen finden können. Ziel ist es nicht, Sie im Rahmen der Ausbildung in jeder Disziplin zum Experten zu machen. Sie sollten aber die Möglichkeit bekommen, Ihren eigenen Trainings- und Trainerstil auszubilden.

Unterschiedliche Lehrtrainer

Jeder Trainer ist anders und jeder Trainer stellt ein Rollenvorbild dar. In Ihrer Ausbildung lernen Sie multidimensional. Sie erleben die Trainingsinhalte auf der Teilnehmerebene, überlegen gleichzeitig, was Sie auf der Trainerebene beachten müssen, und Sie bekommen eine weitere Perspektive durch das Rollenvorbild des Lehrtrainers eröffnet. Je mehr unterschiedliche Personen Sie in Ihrer Ausbildung kennenlernen, desto mehr Rollenvorbilder können Sie nutzen.

Typische Trainingsthemen

Sie sollten einige typische Trainingsthemen vermittelt bekommen, sodass Sie diese schon einmal erlebt haben und relativ einfach in Ihre Trainerpraxis übersetzen können. Dies ist vor allem wichtig, wenn Sie eine allgemeine Trainerausbildung (und nicht nur das Training einiger weniger Spezialthemen) anstreben. Zu den typischen Themen gehören beispielsweise: Kommunikation, Präsentation und Moderation, Konfliktbearbeitung, Veränderungen, Motivation, Zeit- und Selbstmanagement, Führungsgrundlagen.

Umgang mit Gruppendynamiken, schwierigen Teilnehmern und besonderen Trainingssituationen

Es gibt nur sehr wenige Trainings, die problemlos ablaufen. Immer wieder stößt man als Trainer auf herausfordernde Situationen, die schwierig zu meistern sind, gleichzeitig aber eine große Chance für den Trainer darstellen. Schaffen Sie es, eine kritische Situation (z. B. öffentliche Kritik an Ihnen als Trainerperson) zu meistern, so wird Sie die Trainingsgruppe in vielen Fällen mit Respekt belohnen. Der

Umgang mit diesen Themen sollte daher Bestandteil einer Trainerausbildung sein.

Bedeutung von Lernzielen

Wir stellen immer wieder fest, dass viele Trainer gerade zu Beginn
ihrer Trainingskarriere einfach „drauflos trainieren". Das Ziel des
Trainings gerät dann regelmäßig aus dem Blickfeld. Die Folge ist,
dass die Teilnehmer verwirrt sind, da sie nicht wissen, in welche
Richtung es geht, der Trainer sich unwohl fühlt, weil er die Verwirrung der Teilnehmer spürt, und die Zeit ungenutzt verstreicht, weil
der Trainer Diskussionen nicht zielgerichtet lenken kann. Wir empfehlen daher, in der Ausbildung immer wieder nach diesem Thema
zu fragen und spätestens in der eigenen Trainertätigkeit jede Se-
quenz anhand der Lernziele zu entwickeln und zu trainieren.

Für selbstständige Trainer wichtig: das Trainermarketing

Haben Sie die Absicht, selbstständig zu trainieren, sollten Sie auch
darauf achten, dass in der Ausbildung Fragen des Marketings, der
Akquise und der Vertragsgestaltung berücksichtigt werden.

Erleichtern Sie die Auswahl mithilfe einer Checkliste

Nachdem Sie für sich definiert haben, welche Aspekte der Ausbildung Ihnen wichtig sind, kommt tatsächlich noch einmal die unge-
liebte Recherche auf Sie zu. Am leichtesten dürfte es sein, wenn Sie
sich eine eigene Checkliste mit den aus Ihrer Sicht relevanten Muss-
Kriterien erstellen. Alle Ausbildungen, die diesen Kriterien nicht
genügen, müssen Sie nun nicht weiter betrachten.
Sie sollten so aus der Masse der Anbieter maximal sechs Ausbildungen herausgefiltert haben, die in Frage kommen. Je weniger Sie haben, desto leichter werden Ihnen die nächsten Schritte fallen. Um
Ihnen zu helfen, die Auswahl weiter einzugrenzen, möchten wir
Ihnen im folgenden Abschnitt mit der Kriterienmatrix ein Verfahren
anbieten, welches häufig in der Berufsberatung eingesetzt wird. Es
wird dort genutzt, um verschiedene berufliche Möglichkeiten mit
den eigenen Werten abzugleichen. Sie lässt sich aber auch auf diverse andere Bereiche (übrigens auch sehr gut ins Coaching) übertragen.

Auswahl des richtigen Anbieters mithilfe einer Kriterienmatrix

Die folgende Methode dient dazu, Entscheidungen durch strukturierte Aufbereitung zu erleichtern. Sie benötigen ein leeres Blatt Papier, einen Stift und ein Lineal. Zeichnen Sie sich nun eine Matrix auf, die in der ersten Spalte links alle Ausbildungen auflistet, die nach Ihrer Vorauswahl auf Basis der Muss-Kriterien übrig geblieben sind. Schreiben Sie in der ersten Zeile alle Kriterien (sowohl Muss- als auch Kann-Kriterien) auf, die Ihre Entscheidung beeinflussen könnten. In die letzte Zelle der ersten Zeile setzen Sie die Überschrift „Summe". Ihre Tabelle sollte nun unserem Beispiel ähneln:

Ausbildungen	selbst trainieren	Kosten	Summe
Ausbildung 1			
Ausbildung 2			
Ausbildung 3			

In unserem Beispiel gibt es drei Ausbildungen, die nach der Vorauswahl in Frage kommen, und es werden zwei Kriterien überprüft, nämlich die Frage, ob man in der Ausbildung auch selbst trainieren kann sowie der Preis der Ausbildung. Ihre Tabelle wird sicher noch viele weitere Kriterien enthalten. Um das Prinzip zu verdeutlichen, soll dieses Beispiel aber genügen.

Im nächsten Schritt bewerten Sie, in welcher Ausbildung jedes einzelne Kriterium am wenigsten berücksichtigt wird. Für diese Ausbildung vergeben Sie die Ziffer „1" für das entsprechende Kriterium. Diejenige Ausbildung, die das Kriterium am besten berücksichtigt, bekommt die höchste Ziffer. Da wir drei Ausbildungen in unserer Matrix berücksichtigen, ist die höchste Ziffer in unserem Beispiel mit drei Ausbildungen die „3". Berechnen Sie nun die Summe jeder Zeile und schreiben Sie diese in die letzte Spalte. Ihre Matrix könnte nun folgendermaßen aussehen:

Ausbildungen	selbst trainieren	Kosten	Summe
Ausbildung 1	1	1	2
Ausbildung 2	3	2	5
Ausbildung 3	2	3	5

Sie können nun an der Matrix ablesen, dass es die perfekte Ausbildung (mit sechs Punkten) nicht gibt. Ausbildung 1 scheidet aber aus. Die Ausbildungen 2 und 3 werden anhand der Kriterien gleich gut bewertet. Sie könnten nun zu dem Schluss kommen, dass es Ihnen egal ist, welche Ausbildung Sie absolvieren.

Die Kriterien gewichten

Als Erweiterung könnten Sie Ihre Kriterien aber auch gewichten. Ist es Ihnen beispielsweise weniger wichtig, ob die Ausbildung etwas teurer ist, wenn Sie dafür ausgiebig selbst in die Trainerrolle schlüpfen können, könnten Sie dem Kriterium „selbst trainieren" den Faktor 2 geben und ihn somit höher gewichten. Tun Sie dies, sieht Ihre Matrix nun folgendermaßen aus:

Ausbildungen	selbst trainieren Faktor 2	Kosten Faktor 1	Summe gewichtet
Ausbildung 1	1 (*2)	1	3
Ausbildung 2	3 (*2)	2	8
Ausbildung 3	2 (*2)	3	7

Nach diesem Verfahren würde deutlich werden, dass Sie mit der Ausbildung 2 richtig liegen.

Achten Sie auch auf Ihr Bauchgefühl

Das dargestellte Verfahren ist sehr rational und sollte trotzdem mit Ihrer Intuition und Ihrem Bauchgefühl abgeglichen werden. Sollte Ihr Bauchgefühl – um im Beispiel zu bleiben – gegen Ausbildung 2 sprechen (dies kann tatsächlich vorkommen), überprüfen Sie noch einmal die gewählten Kriterien und deren Gewichtung. Vielleicht spielen die Kosten doch eine größere Rolle, als Sie zuvor angenommen haben.

Kienbaum Expertentipp: drei ausgewählte Ausbildungen

Wir haben für Sie recherchiert, welche Trainerausbildungen aus Sicht von Freunden, Kollegen oder uns selbst empfehlenswert sind. Dies sind sicherlich nicht die einzigen guten Ausbildungen am Markt. Trotzdem stellen sie einen guten Ausgangspunkt für Ihre eigenen Recherchen nach einer guten Ausbildung dar. Informieren Sie sich doch einmal auf Internetseiten oder Informationsveranstaltungen zu diesen Ausbildungen und prüfen Sie, was im Angebot enthalten ist. Die Reihenfolge unserer drei exemplarischen Ausbildungen ist willkürlich gewählt. Alle Angaben sind ohne Gewähr (Stand April 2011):

1. Berufsbegleitende Ausbildung bei der Trainergemeinschaft Berlin

Es handelt sich um eine vierzehnmonatige Trainerausbildung, die dreizehn Module und insgesamt 26 Trainingstage umfasst. Die Zertifizierung erfolgt durch die Trainergemeinschaft und gegen 500 Euro Aufpreis auch durch einen Gutachter des Deutschen Verbands für Coaching und Training e. V. Angesprochen werden sowohl wichtige Methoden als auch einige typische Trainingsthemen. Es wird außerdem durch intensive Selbstreflexionsanteile die Möglichkeit gegeben, seinen eigenen Trainingsstil auszubilden. Mehrere verschiedene Lehrtrainer stehen in der Ausbildung zur Verfügung, die auch als Bildungsurlaub anerkannt ist. Kosten: 3.835 Euro (von der Umsatzsteuer befreit).

2. Ausbildung zum Trainer bei dem artop-Institut an der Humboldt-Universität zu Berlin

Diese sehr umfangreiche Ausbildung erstreckt sich über neun Monate und bietet eine sehr gute Grundlagenausbildung gerade für Personen, die mit dem Trainingskontext bisher wenig zu tun hatten. Auch für erfahrene Trainer bietet sie jedoch genügend interessante Aspekte. Zertifiziert werden die Teilnehmer durch ein internes artop-Zertifikat der Humboldt-Universität. Neben einem umfangreichen Methodentraining erhalten die Teilnehmer auch einige typische Trainingsthemen und diskutieren intensiv (unter anderem durch individuelles Feedback) die Rolle des Trainers. Die Kosten richten sich nach den Teilnehmern: Studenten zahlen 2.960 Euro, Privatzahler 4.960 Euro und Unternehmenskunden 5.960 Euro.

3. Trainer Akademie München (TAM)

Die kompakte Ausbildung der TAM erstreckt sich über 22 Tage. Sie lässt sich entweder an Wochenendterminen oder an Wochentagen innerhalb von drei bis vier Monaten absolvieren. Zertifiziert wird die Ausbildung entweder durch die TAM oder nach Wunsch durch den Berufsverband der Verkaufsförderer und Trainer (BDVT) e. V. (Aufpreis von 450 Euro) beziehungsweise den TÜV (Aufpreis von 1.370 Euro). Die Ausbildung erscheint besonders für Personen mit Vorerfahrung im Trainingskontext geeignet und enthält interessante Zusatzthemen wie strategische Personalentwicklung oder E-Learning, die eher selten angeboten werden. Mit 8.400 Euro netto (alle Preise bei der TAM verstehen sich zzgl. Mehrwertsteuer) ist die Ausbildung aber auch recht kostspielig.

Extra 1: Smalltalk als Eisbrecher

Beispiel: Gespräche im Fuchs-Bräu

Mittagessen im Gasthof Fuchs-Bräu, der erste Vormittag mit Vorstellungsrunde, Spielregeln und einer Einführungsübung ist so weit gut gelaufen. Man sitzt zusammen in der „Zirbelstubn", und die Bedienung trägt zunächst Grießnockerlsuppe und dann Haxn mit Blaukraut und Knödeln (wahlweise der „Fitnessteller": ein Kartoffelsalat mit zwei Rindersteaks) auf. Am Tisch herrscht Schweigen, das Geräusch der Löffel in der Suppe ist zu hören. Ab und an unterbricht eine der jungen Aushilfskräfte das Schweigen: „So, möchte noch jemand einen Kaffee danach?" „Für wen war die Apfelsaftschorle?" Die Getränke werden wortlos von den Seminarteilnehmern in Empfang genommen.

Inmitten der Gruppe sitzt Falk Führmann, der Trainer. Das Essen kann er nicht wirklich genießen, in den letzten zehn Minuten der Pause müssen noch ein paar Flipcharts neu gemalt werden, die Erwartungsabfrage erfordert eine Veränderung des Ablaufs. Hunger auf die Haxn hat er nach fünf Wochen Fuchs-Bräu mit anderen Gruppen auch nicht mehr. Doch was für ihn das Essen zur wirklichen Qual macht, ist das Schweigen am Tisch.

„Verflixt noch mal, irgendeiner muss doch mal was sagen", denkt er sich. „Die Peinlichkeit hält doch kein Mensch aus." Ob es am Seminarthema „Erfolgreich kommunizieren und networken" liegt? Gibt es bei den Teilnehmern so viel Handlungsbedarf?

Nach einiger Zeit ein neuer Vorstoß: „Und, das ist doch wirklich mal ein netter Landgasthof, nicht wahr? Und wirklich nah an München gelegen?". Die Antworten: „ja", „stimmt", „geht so", und eine besonders redegewandte Dame im mittleren Alter erwärmt sich sogar zu einem: „Na ja, das Fuchs-Bräu ist ja schon auch recht bekannt hier."

Dann herrscht wieder Schweigen. Der Apfelstrudel wird aufgetragen. Noch zwei Tage bis zum Seminarabschluss.

Viele Trainer haben aus mündlichen und schriftlichen Rückmeldungen bereits erfahren dürfen: Ein Training ist ein Gesamtkunstwerk und der Trainer hat für den Trainingserfolg bedeutend mehr zu geben als nur sein Fach- und didaktisches Wissen und seine Performance im Seminarraum.

Die Arbeit als Trainer beginnt in dem Moment, in dem er das Hotelzimmer verlässt und endet in dem Moment, in dem er abends erschöpft im Bett liegt. In der Zwischenzeit sind Trainer auch Entertainer, persönliche Betreuer, Butler, niveauvolle Gesprächspartner, Organisatoren und vieles mehr. Anders ausgedrückt: Das Seminar selber kann noch so gut sein; Wenn wir vor, zwischen und nach den Trainingsblöcken mit einer Schachtel Zigaretten auf der Terrasse sitzen und die Bild-Zeitung lesen, bleibt bei vielen Teilnehmern ein fahler Nachgeschmack.

Eine besonders wichtige Rolle als Eisbrecher spielt dabei die Kunst des Smalltalks. Diesen führen wir in der Kaffeepause, beim abendlichen Bier, während der von einer Teilgruppe eigenmächtig verkürzten Gruppenaufgabe beim Warten auf die anderen, noch arbeitenden Gruppen oder beim Frühstücksbuffet im Hotel. Natürlich ist Smalltalk ganz besonders auf Seminaren, bei denen sich die Teilnehmer noch nicht kennen, notwendig. Hier haben Teilnehmer unter Umständen sogar leichte Hemmungen, sich den anderen Teilnehmern zu öffnen.

Kienbaum Expertentipp: Legen Sie sich ein Themenrepertoire an

Als Trainer sollten Sie sich ein Repertoire an Smalltalk-tauglichen Gesprächsthemen zulegen. Dem einen, eher extrovertiert veranlagten Trainer, fällt dies leichter als dem anderen. Allen Trainern ist aber gemein, dass sie nach einem mehrtägigen Training berichten, die dauerhafte Kommunikation mit vielen Gesprächspartnern, auch jene in den Pausen, ist ein besonders erschöpfender Bestandteil des Trainerdaseins. Machen Sie sich also darauf gefasst!

Die klassischen Smalltalk-Themen sind oft ausgereizt

Die in Verhaltensknigges immer wieder genannten klassischen Gesprächsthemen für den gepflegten, ungefährlichen Smalltalk sind zum Beispiel das Wetter, Urlaubsreisen oder die Familie. Diese Themen sind allerdings oft so ausgereizt, dass man damit keinen Seminarteilnehmer mehr hinter dem Ofen hervorlocken kann. Wer beim Mittagessen das Schweigen mit den Worten bricht: „Es ist schon erstaunlich, wie warm es heute ist, trotz April", der kann nicht mit Beifallsstürmen und angeregten Diskussionen rechnen. Es gibt jedoch andere Gesprächsthemen, die sich in unserer Erfahrung als unverfänglich und anregend erwiesen haben.

Anregende Themen für den Smalltalk

Regionale Besonderheiten vom Trainingsort

Interesse an den lokalen Besonderheiten des Trainingsorts führt häufig zu einer angeregten und häufig auch für den Trainer interessanten Diskussion. Wenn Sie in Brandenburg trainieren, erkundigen Sie sich z. B. nach der Entstehungsgeschichte des Tropical Island oder danach, wie Potsdam weiter verschönert und aufgebaut wird. Sind Sie in Niederbayern, fragen Sie nach der aktuellen Wirtschaftssituation und welche kleinen und mittleren Unternehmen hier den Arbeitsmarkt gerade dominieren. Was für eine Mentalität haben die Menschen im Oldenburgischen Münsterland im Vergleich zu den anderen Münsterländern? Einige Minuten Recherchearbeit im Vorfeld geben Teilnehmern dabei das Gefühl, dass Sie sich nicht nur eingehend mit den Teilnehmern, sondern auch mit der Region, in der das Training stattfindet, beschäftigt haben. Häufig führt von dort die Gesprächsreise auch zu anderen Städten und Regionen. Wer würde auch gerne an die Ostsee ziehen oder hat dort sogar schon gelebt? „Sind die Mieten hier in Bielefeld tatsächlich bedeutend höher als in Gütersloh?" „Was mir an Hamburg gefällt, ist das viele Wasser." „Ach, Sie auch? Ich wusste ja gar nicht, dass Sie auch segeln!" Und so weiter.

> **Kienbaum Expertentipp: Was Sie besser unterlassen sollten**
>
> Das Nachäffen des lokalen Dialekts oder Bemerkungen wie: „Mein Gott, bei Ihnen im Emsland hält man es auch gerade mal ein paar Tage aus" werden nicht gerne gehört. Das geht zu weit, auch wenn es freundlich gemeint ist. Auch Ossi- oder Wessi-Witze sind ein brisantes Thema, dass Sie besser unterlassen sollten.

Über einen „allgemein anerkannten Feind" sprechen

Hilfreich und gesprächsanregend ist es, gerade bei Inhouse-Trainings, einen gemeinsamen Gegner der Teilnehmer ausfindig zu machen. Das kann zum Beispiel ein Konkurrenzunternehmen sein, welches im Fokus der Aufmerksamkeit steht, oder aber auch ein Politiker, der sich auf das Unternehmen oder die Organisation eingeschossen hat. Tasten Sie sich hier vorsichtig heran, denn manch-

mal gibt es doch ein paar Anhänger der Person in Ihrer Gesprächs-
runde. Empfehlenswert ist es, wenn Sie sich zunächst mit Ihrer Meinung von der Person nicht allzu weit aus dem Fenster lehnen.

Beispiel: Politiker als Thema

Bei manchen Behörden sind Politiker als Gesprächsthema sehr beliebt:
„Der Stadtrat möchte angeblich die ganze Organisation abschaffen,
obwohl er hier vor seiner Karriere als Politiker gearbeitet hat – und
fragte nebenbei, so sagt man, ob er im Falle seiner Rückkehr einen Posten als Vorsitzender der Geschäftsführung haben könnte!" Hartnäckiges
Schweigen in Trainingspausen wurde mit diesen Diskussionen bereits
erfolgreich überwunden.

Smalltalk-Thema Rauchverbot

Abends ist zum Beispiel das Rauchverbot in Kneipen ein gutes und
unverfängliches Thema. „Darf bei Ihnen in Restaurants noch ge-
raucht werden? Was halten Sie davon? Wurde das Rauchverbot auch
in Einraumkneipen durchgesetzt? Ach, Sie haben sich schon vor
Jahren das Rauchen abgewöhnt und dies durchgehalten? Wie haben
Sie es geschafft?"

Kuriosa aus der Boulevardpresse

Erfreuliche Erfahrungen haben wir mit kürzlich publizierten, gerne
auch etwas kuriosen Nachrichten aus der Boulevardpresse gemacht.
Gerne lesen wir am Tag des Seminarbeginns kurz die Klatschpresse.
Kleine Missgeschicke von Sportlern, Künstlern oder Politikern wer-
den z. B. gerne besprochen und belacht. Zur Affäre X von Frau Y
weiß fast jeder etwas beizutragen. Auch die Frage, ob man eigentlich
den Kindern erlauben sollte, „Deutschland sucht den Superstar"
anzuschauen oder nicht, sorgt für guten Gesprächsstoff. Wird dieser
Frage zugestimmt, kann man sogar diskutieren, wer der persönliche
Favorit ist und wie unglaublich lange sich Dieter Bohlen schon hält.
All dies sind Themen, die problemlos besprochen werden können,
Freude bereiten und die Stimmung in der Gruppe auflockern.

Hotel und Unterbringung

Es kann auch über das Hotel sowie das Personal gesprochen werden.
Oder über einen Zimmernachbar, der morgens um 4:00 Uhr immer

duscht und dabei gerne laut singt (das sollte natürlich kein Teilnehmer sein). Achten Sie aber darauf, dass diese Unterhaltungen nicht in einem negativen Beschwerdeton geführt werden. Letztlich tragen Sie als Seminarleiter ja auch eine Mitverantwortung (diese wird ihnen zumindest zugeschrieben) dafür, ob der Kaffee zu dünn, die Zimmerwände zu hellhörig oder die Sauna zu heiß ist.

Diese Smalltalk-Themen sind weniger anregend

Es gibt jedoch auch einige Themen, die Sie besser vermeiden sollten. Dazu gehören aus unserer Erfahrung:

Produkte des Unternehmens

Gespräche über Produkte der Firma sind im Allgemeinen für die Teilnehmer langweilig. Zu oft müssen sie davon erzählen und zu aufgesetzt wirkt hier oft das Interesse. „Ich war schon immer ein großer Fan von Polyethuran, wirklich! Jetzt müssen Sie mir aber unbedingt einmal erzählen, was bei Ihnen eine Tonne von dieser Chemikalie kostet". Das ist nicht die hohe Kunst des Smalltalks.

Gespräche über Fußball

Mit Gesprächen über Sport, insbesondere Fußball, haben wir weniger gute Erfahrung gemacht. Wenn über Sport geredet wird, besteht die Gefahr, dass sich andere, häufig weibliche Seminarteilnehmer langweilen. Aber auch unter den Herren gibt es immer mehr Personen, die sich nicht für die Fußballbundesliga interessieren.

Urlaubsgeschichten

Berichte über Ihre letzten Fernreisen wirken zwar auf den ersten Blick unterhaltsam, lösen aber gerade bei eher bodenständigen Teilnehmern Skepsis aus: „Arbeitet der denn nie? Warum macht er nicht auch auf dem Campingplatz an der Mosel Urlaub, wie wir seit 30 Jahren? … Ob die Menschen in Brasilien abends immer Samba tanzen oder nicht, ist mir eigentlich relativ egal. Ich möchte lieber meine Führungsaufgaben im Griff haben." Eine kurze Erzählung über eine Radtour am Wochenende, den Besuch einer interessanten Ausstellung oder Ähnliches können Sie jedoch gerne einbringen.

Kienbaum Expertentipp: Welche Themen kommen an?

Probieren Sie regelmäßig verschiedene Smalltalk-Themen aus und achten Sie auf die Ergebnisse (fleißige Trainer legen sogar Notizen dazu an). Nicht alle werden bei Ihnen gut funktionieren, aber Ihnen wird bald auffallen, in welcher Kultur Sie mit welchen Themen weiterkommen. Am Ende sollte ein Repertoire einiger Themen stehen, zu denen Sie ohne große geistige Anstrengungen parlieren können.

Mitunter gibt es Personengruppen und Situationen, bei denen Smalltalk gar nicht so entscheidend ist. Gerade beim Frühstück ist ein Schweigen nicht immer ein Zeichen von Unzufriedenheit oder Anspannung. Manche wollen einfach nur langsam wach werden und entspannt in den Tag starten. Probieren Sie es einmal aus, das Schweigen auszuhalten! Mitunter fühlt sich das um 6:30 Uhr morgens gar nicht so verkehrt an.

Zehn goldene Trainertipps

Wir haben in den vorangegangenen Abschnitten von Kapitel 3 einige Aspekte des Trainings aufgegriffen, die wir für zentral halten. Die folgenden „zehn goldenen Trainertipps" sollen (sehr verkürzt) noch einmal die wichtigsten Botschaften hervorheben:

Zehn goldene Trainertipps		
1.	Klären Sie Auftragssituation und Beteiligungen im Voraus genau. Machen Sie sich nicht durch Unwissenheit zum Spielball interner Konflikte.	
2.	Gehen Sie nicht unvorbereitet in das Training hinein. Bereiten Sie sich auf die Gegebenheiten rechtzeitig vor.	
3.	Stecken Sie den Rahmen des Trainings sauber ab. Investieren Sie Zeit in Erwartungen, Agenda, Rollendefinition und Spielregeln.	
4.	Leisten Sie Beziehungsarbeit auf individueller Ebene. Stehen Sie allen Teilnehmern als Ansprechpartner zur Verfügung – auch und gerade in Trainingspausen.	
5.	Leben Sie die Inhalte vor. Seien Sie sich Ihrer Vorbildwirkung als Trainer 24 Stunden am Tag (während der Seminare) bewusst.	

6.	Halten Sie das Energielevel der Gruppe hoch. Achten Sie auf Pausen, gute Durchlüftung und rechtzeitigen Abschluss. Wechseln Sie die Medien, nutzen Sie Übungen und setzen Sie Humor ein.	
7.	Verbinden Sie klare Vorgaben und Flexibilität. Passen Sie Ihre Agenda an die Wünsche der Teilnehmer an, allerdings ohne sich „die Butter vom Brot nehmen zu lassen".	
8.	Wägen Sie Transfererfolg und Zufriedenheitserfolg ab. Sorgen Sie für längerfristige Verhaltensänderungen, vergessen Sie aber auch nicht, dass Trainings attraktiv sein müssen.	
9.	Freuen Sie sich über Teilerfolge. Verzweifeln Sie nicht an sehr negativ eingestellten Personen, sondern beobachten Sie die positive Entwicklung einzelner Teilnehmer.	
10.	Genießen Sie Ihre Trainings. Verzeihen Sie sich Fehler und führen Sie Rituale zur Selbstbelohnung ein.	

Extra 2: Vor- und Nachteile der Arbeit als Trainerin

von Maria Hoppen

Macht es einen Unterschied, ob ein Mann oder eine Frau das Training oder den Workshop durchführt? Am liebsten würden wir diese Frage vehement verneinen – aber Männer und Frauen sind nun einmal verschieden und daher gibt es ihn doch, den kleinen Unterschied, mit dem sich dieses Kapitel befasst.

Keine Unterschiede in der inhaltlichen Arbeit

Die inhaltliche Arbeit ist in den meisten Fällen bei Trainerinnen und ihren männlichen Kollegen identisch – Trainerinnen und Trainer im Managementbereich setzen sich gleichermaßen mit der Führungskräfteentwicklung auseinander, gestalten Trainings zu Themen wie Kommunikation, Konflikt, Selbstmanagement oder moderieren Workshops zu Führungsthemen oder Teamkonflikten.

Der Unterschied und die Chance liegen im Wie, also in der Art und Weise der Interaktion, in der Beziehungsgestaltung, in den Erwartungen von außen und in den Vorurteilen, die Trainerinnen und Trainern entgegengebracht werden.

Im Folgenden werde ich von beiden Seiten berichten: von den Vor- und den Nachteilen der Arbeit als Trainerin. Dabei erhalten Sie Beispiele aus der Auftragsanbahnung und -vergabe, der Moderation sowie aus konkreten Trainingssituationen. Zu den einzelnen Beispielen finden Sie konkrete Handlungsempfehlungen, wie Sie als Trainerin mit dem „kleinen Unterschied" professionell umgehen und ihn auch als Chance nutzen können.

Vorteile der Arbeit als Trainerin

Vorteile gegenüber männlichen Kollegen habe ich als Trainerin in vielen Kleinigkeiten: So wird mir eigentlich immer Hilfe beim Tragen schwerer Gegenstände angeboten und es bleibt in der Regel immer mindestens ein Teilnehmer nach dem Training im Raum, um beim Aufräumen zu helfen. Die Gruppe hilft einem außerdem fast immer, wenn sich ein Teilnehmer besonders schwierig, renitent und kritisch gibt. Ganz zu schweigen von der Hilfsbereitschaft, die mir entgegengebracht wurde, als ich im achten Monat schwanger war – es hätte nur noch gefehlt, dass man mich auf meinem Stuhl zum Mittagstisch und zurück getragen hätte!

Neben solchen Aufmerksamkeiten gibt es auch ein paar handfeste Vorteile, die man als Frau in der Trainerrolle hat.

Vorteil 1: Frauen können in Männergruppen leichter die Neutralität wahren

Ich habe die Erfahrung gemacht, dass ich als Frau in der Rolle der Trainerin oder Moderatorin insbesondere in reinen Männerrunden durchaus als „Verhaltenshygienefaktor" dienen kann. Mir ist es häufig passiert, dass ich insbesondere bei Gruppen, bei denen größere Konflikte zu erwarten waren, gebucht worden bin. Der Auftraggeber ging davon aus, dass sich die Herren der Schöpfung aus Höflichkeit mir gegenüber auch miteinander besser benehmen würden als bei einem männlichen Trainer.

Aus eigener Erfahrung kann ich sagen, dass es mir sicherlich leichter gefallen ist, mich nicht in die Konflikte dieser Gruppe hineinziehen zu lassen, als meinen männlichen Kollegen, von denen ich solche schwierigen Gruppen gelegentlich übernommen habe. Das lag allerdings nicht daran, dass mein eigenes Konfliktverhalten in irgendeiner Form besser oder professioneller gewesen wäre als das meiner Kollegen. Es lag daran, dass ich aus Sicht der Teilnehmer als möglicher Streitpartner nicht unmittelbar in Frage gekommen bin – meine männlichen Kollegen allerdings schon. Hierzu ein ausführliches Beispiel aus meiner Trainertätigkeit:

Beispiel: Erfolgreiche Konfliktmoderation durch eine Trainerin

Vor zwei Jahren habe ich die Moderation eines konfliktären Prozesses in einer Gruppe von fünf Topführungskräften von einem befreundeten Kollegen übernommen.

Die Vorgeschichte

Durch eine Fusion hatte sich ein Unternehmensbereich eines Unternehmens von 60 auf 150 Mitarbeiter mehr als verdoppelt. Entlassungen oder Ähnliches standen mittelfristig keine an. Die obersten Führungskräfte wurden vom kaufenden Unternehmen gestellt und befanden sich schon vor der Fusion in einer Konkurrenzsituation zueinander – der Leiter des Gesamtbereiches stand kurz vor der Pensionierung. Die vier Führungskräfte auf der Ebene unter ihm schienen viel Zeit damit zu verbringen, sich zu positionieren und wenig ihren originären Führungsaufgaben nachzukommen. Der Umgang dieser fünf Topführungskräfte untereinander war geprägt von persönlicher Feindschaft und Respektlosigkeit. Unterhalb der hier erwähnten Führungsriege befand sich eine weitere, etwa fünfzehn Mann starke Führungsebene, die sich mangels eines klaren Führungsverständnisses und einer gemeinsamen Strategie hilflos alleine gelassen fühlte. Wenig hilfreich in der Situation war auch, dass der Bereichsleiter in der Vergangenheit tendenziell eher autoritär-patriarchalisch geführt und wenig Austausch und Mitbestimmung zugelassen hatte. Dies alles wirkte sich selbstverständlich negativ auf die Stimmung bei den Mitarbeitern aus, was sich klar in der jährlichen Mitarbeiterbefragung niederschlug.

Erster Versuch: Konfliktklärung durch einen männlichen Trainer

Der Bereichsleiter wurde durch die Geschäftsführung angehalten, die Situation zu verbessern, konkret durch einen strukturierten Dialogprozess und die Einbindung der Mitarbeiter. Ein männlicher Kollege von mir bekam den Auftrag, als ersten Schritt dieses Prozesses einen Workshop zum Thema „Führungsethik – Führungsverständnis – einheitliche Führungsleitlinien" für die fünf Topführungskräfte zu moderieren. Schon die Auftragsanbahnung gestaltete sich nach seinen Worten sehr schwierig: Jede Nachfrage nach einzelnen Themen aus der Mitarbeiterbefragung (wie beispielsweise der sehr schlechte Wert für „Vertrauen in die eigene Führungskraft") wurde als Angriff aufgenommen und nur mit einer beleidigt-patzigen Antwort quittiert.

Mein Kollege sah sich dann in der Auftragsklärung und Workshop-Vorbereitung immer wieder mit Situationen konfrontiert, in denen einzelne der fünf Führungskräfte ihn in den Konflikt mit hineinzuziehen suchten – sei es durch direkte Angriffe oder Verbrüderungsversuche.

Ich bin mir sicher, mein Kollege hat sich in diesem Prozess immer professionell, aufmerksam, wertschätzend und respektvoll verhalten, aber allein die Tatsache, dass er als Mann diese „weichen" Themen ansprach, löste eine starke emotionale Reaktion bei den Führungskräften aus. Vielleicht, weil sie in ihm eine Konkurrenz sahen, also jemanden, der es als Führungskraft besser gemacht hätte als sie? Ein Mann, der diese Themen bedienen kann, die sie selbst nicht bedienen können? Auf jeden Fall wurde seine Neutralität in Frage gestellt und im Verlauf des Prozesses gingen die Führungskräfte mit ihm zunehmend genauso respektlos um, wie sie es auch untereinander taten. Als Höhepunkt endete die Vorbesprechung für den Workshop mit Geschrei, Anschuldigungen (gegenseitig unter den Führungskräften und gegen den Trainer) und knallenden Türen.

Zweiter Versuch: Konfliktklärung durch eine Trainerin

Im Anschluss an dieses Debakel schlug mein Kollege vor, dass eine weibliche Person den Prozess moderieren sollte, woraufhin er mich vorschlug. Seine Hoffnung war, dass ich eine „befriedende Wirkung" entfalten könnte. Er hoffte, die Führungskräfte würden einer Frau mit mehr Respekt entgegentreten und sich vor ihr im Verhalten disziplinieren. Und diese Rechnung ging auch auf.

Der weitere Prozess gestaltete sich für mich angenehm und einfach. Ich hatte gleich zu Anfang drei Dinge sehr deutlich gemacht:

- Erstens sind die Ergebnisse die eigenen Ergebnisse des Führungskräfteteams. Je besser die Führungskräfte miteinander arbeiten, desto besser und zufriedener würden sie auch sein. Ich stelle lediglich die Methoden, Inhalte und Ergebnisse sind in der Verantwortung des Führungskräfteteams.
- Zweitens sprach ich die Situation sehr klar, aber gleichermaßen auch wertschätzend an. Ich zeigte auf, wie ich die Situation und die Beteiligten wahrnahm und versicherte gleichermaßen, dass ich mit Sicherheit davon ausging, dass jeder der Führungskräfte nach bestem Wissen und Gewissen gehandelt habe, aber die gegenwärtige Situation eine neue Herangehensweise fordern würde. Dazu bestand in diesem Prozess die Chance.

- Drittens machte ich deutlich, dass ich die Gesamtsituation als sehr ernst einschätze und dass die anderen Führungskräfte und Mitarbeiter des Bereiches hohe, berechtigte Erwartungen an die Ergebnisse dieses Prozesses hätten. Entsprechend müssten Ergebnisse verbindlich sein, transparent und nachhaltig und die anwesenden fünf Führungskräfte müssen sich für die Zeit des Workshops auf das Ergebnis konzentrieren, um sicherzugehen, dass sie nicht alle fünf gemeinsam Schaden nehmen.

Vorteile der Frauenrolle für die Moderation

Genau diese drei Punkte hatte mein Kollege auch angesprochen. Aber von mir konnten es die Führungskräfte annehmen. Ich glaube, dies lag daran, dass sie es von mir als Frau erwarteten, dass ich die ganzen „weichen" Themen stärker wahrnehme und verständnisvoller damit umgehen kann. Vielleicht war es auch die Sorge, vor mir nicht das Gesicht zu verlieren, sodass sie sich deswegen entsprechend professionell und kooperativ verhalten haben. Und vielleicht konnten sie sich aufgrund ihres Alters und ihrer Erziehung vor mir nicht so gehen lassen wie vor meinem Kollegen. Insbesondere das Thema „inhaltliche Verantwortung" konnte ich gut platzieren. Hier konnte ich ihnen leicht vermitteln, dass sie die Experten sind. Dadurch habe ich immer eine hohe professionelle Distanz gewahrt – ich war keine Streitpartnerin für sie, sondern lediglich die Moderatorin.

Ergebnisse der Konfliktmoderation

Die Führungskräfte stellten sich ihrer Verantwortung, setzten sich auseinander, ließen sich strukturiert durch die konfliktären Themen leiten und entwickelten eine professionelle, lösungsorientierte Grundhaltung. Sie sind sicherlich durch den Prozess keine Freunde geworden, aber sie waren wieder arbeitsfähig. Sie entwickelten gemeinsame Führungsleitlinien und setzten diese auch nachhaltig um. Man konnte sich sogar auf einen strukturierten, objektiven Prozess zur Nachfolgeplanung einigen, der inzwischen erfolgreich abgeschlossen worden ist.

In den folgenden Monaten ging der Prozess noch weiter, es gab einen weiteren Workshop mit allen Führungskräften des Bereiches, einen Großgruppen-Workshop und diverse Teambuildings. Die letzte Mitarbeiterbefragung ist deutlich besser ausgefallen.

Handlungsempfehlungen für Trainerinnen und Trainer

Es ist sinnvoll, bewusst die ausgleichende und disziplinierende Wirkung, die eine Frau als Trainerin oder Moderatorin in einer Männerrunde haben kann, zu nutzen und diese auch bewusst auszuspielen. Es scheint tatsächlich für eine Frau leichter zu sein, unangenehme, emotionale Themen in einer Männerrunde anzusprechen. Man(n) erwartet dies sogar. Zudem werden einer Frau Klarheit und direkte Aussagen nicht so schnell übel genommen wie einem männlichen Kollegen.

Aber Vorsicht! Die „befriedende", beruhigende oder ausgleichende Wirkung kann einen Lösungsprozess auch erschweren. Auch hierzu ein Beispiel aus meiner Trainerpraxis.

Beispiel: Der Lösungsprozess kann durch die ausgleichende Wirkung der Trainerin gehemmt werden

Vor Kurzem hatte ich die Aufgabe, ein rein männliches Führungskräfteteam in einem zweitägigen Workshop zu moderieren. Wie schon im vergangenen Beispiel handelte es sich um eine kritische Situation nach einer Fusion. Das Team setzte sich aus Führungskräften beider Ursprungsunternehmen zusammen und arbeitete seit ungefähr sechs Monaten zusammen. Die Führungskräfte standen vor der Herausforderung, Synergieeffekte aus der Fusion in ihrem Bereich herauszuarbeiten und umzusetzen. Es ging also darum zu entscheiden, welche Teilbereiche in welcher Stärke in Zukunft weiter existieren sollen und welche Teilbereiche in Zukunft abgebaut werden müssen. Am ersten Tag des Workshops gingen alle Beteiligten höflich und respektvoll miteinander um, man arbeitete miteinander und für einen Außenstehenden hätte es auch um die Planung des nächsten Betriebsfestes gehen können. Die Herren hatten sich gut im Griff – aber es ging auch nicht recht vorwärts. Insbesondere die Plenumsdiskussionen waren unergiebig. Es waren keine der zu erwartenden Emotionen wie beispielsweise Sorge, Wut, Trauer oder Aggression erkennbar – genau so wenig wie Leidenschaft für oder wider eine bestimmte Vorgehensweise. Es schien fast so, als hätten die Führungskräfte gar keinen persönlichen Bezug zu den zu bearbeitenden Herausforderungen. So ging der Arbeitstag ebenso ereignis- wie ergebnislos zu Ende.

Die Rolle der Trainerin

Hier könnte mein ausgleichender und disziplinierender Einfluss als Trainerin negativ gewirkt haben: Die Gruppe hatte sich überhaupt nicht den Konflikten gestellt, vielleicht aus Höflichkeit mir gegenüber oder aus Sorge, vor der einzigen Frau im Raum das Gesicht und die Fassung zu verlieren. Ich musste also meine Strategie anpassen.

Nach dem gemeinsamen, sehr ruhigen Abendessen zog ich mich kurz zurück, um etwa eine Stunde später wieder zur Gruppe dazuzustoßen. Meine Hypothese war, dass meine Anwesenheit verhinderte, dass sie sich miteinander auseinandersetzten und ihren verständlichen Frust, ihre Wut, ihre Sorgen artikulierten. Und dass sie eigentlich nur für kurze Zeit alleine gelassen werden müssten, um sich auseinanderzusetzen.

Ich fand die Führungskräfte an der Bar, wo sich mir ein beeindruckendes Bild darbot. Die Gruppe hatte sich in drei Lager gespalten, die sich in durchaus stadiontauglicher Lautstärke miteinander auseinandersetzten. Als sie mich entdeckten, herrschte augenblicklich betretenes Schweigen. Was ich denn jetzt von ihnen denken würde. Ich versicherte ihnen mein Verständnis und dass ich fast froh wäre, endlich angemessene Emotionen zu sehen. Wir überlegten gemeinsam, wie wir jetzt am besten vorgehen würden und entwickelten zwei Alternativen:

1. Wir begeben uns sofort in den Seminarraum zurück und bearbeiten die Themen gemeinsam.

2. Die Führungskräfte setzen sich weiter ohne die Trainerin auseinander, aber sie bringen am nächsten Morgen je zwei Kernthemen in die Gruppe („Was ist meine größte Sorge?" und „Was möchte ich für unseren Bereich erreichen?")

Die Gruppe entschied sich einstimmig für die zweite, auch von mir bevorzugte Alternative und ich zog mich zufrieden zurück. Zum einen konnten sie sich nun weiter miteinander auseinandersetzen, aber es hatte durch mein Erscheinen eine Zäsur gegeben – der Konflikt war sichtbar und nicht mehr „wegzuschweigen". Und außerdem hatte jeder eine Reflexionsaufgabe, die am nächsten Morgen besprochen werden würde. So bekam der Konflikt eine Struktur. Das alles würde ich am kommenden Morgen nutzen. Was an diesem Abend noch besprochen wurde, weiß ich nur vom Hörensagen. Fakt ist allerdings, dass die Gruppe am folgenden Tag nicht nur eine gute Basis für das gemeinsame Miteinander erarbeitete, offen über Sorgen und Ängste sprach, sich Luft verschaffte, sondern auch nachhaltige Ergebnisse für ihre jeweiligen Teams erzielte.

Handlungsempfehlungen für Trainerinnen und Trainer

Unabhängig davon, ob eine Trainerin oder ein Trainer die Gruppe moderiert, wäre der Lösungsweg in dem Beispiel sicherlich ähnlich gewesen. Allerdings wäre es auch denkbar gewesen, dass sich die Gruppe bei einem (männlichen) Trainer schon am ersten Tag in den notwendigen Konflikt begeben hätte. Hier gilt es also, sich nicht nur auf die ausgleichende, „befriedende" Wirkung zu verlassen, sondern immer aufmerksam zu sein, dass die Gruppe zu tragbaren, sinnvollen Ergebnissen gelangt. Dazu gehört es auch, eine Strategie umstellen zu können und flexibel auf die Situation zu reagieren.

Was allerdings für mich als Trainerin in diesem Fall ein Vorteil war: zu keinem Zeitpunkt hat die Gruppe versucht, mich in den Konflikt hineinzuziehen. Sie hat erst versucht, ihn vor mir zu verbergen und später haben sie meine Unterstützung angenommen, um ihn zu strukturieren und lösbar zu machen. Ein männlicher Kollege hätte möglicherweise stärker um seine neutrale Position in der Gruppe kämpfen müssen.

Vorteil 2: Frauen werden als empathischer und sensibler wahrgenommen

Ein weiterer Vorteil besteht in dem Vorurteil vieler Teilnehmer und Kunden, dass Trainerinnen tendenziell für die Stimmungen in der Gruppe eine höhere Wahrnehmung haben, empathischer und sensibler auf die einzelnen Befindlichkeiten eingehen können und es ihnen deshalb leichterfällt, von der fachlichen auf die Beziehungsebene zu wechseln. Ob Trainerinnen tatsächlich über eine ausgeprägtere emotionale Intelligenz und soziale Kompetenz verfügen als ihre männlichen Kollegen sei dahingestellt – es ist allerdings ein klarer und nutzbarer Vorteil in der Akquise.

Beispiel: Der Kunde hält eine Trainerin für geeigneter

Einer meiner Kunden hat mit zwei männlichen Trainern schlechte Erfahrungen gemacht. Nacheinander hatten die beiden Trainer ein Konfliktmanagement-Training beim Kunden durchgeführt. Die Qualität beider Trainings war nicht zufriedenstellend. Die Teilnehmer hatten sich darüber beklagt, dass ihnen nur Standardlösungen angeboten wurden und die Trainer nicht auf ihre Situation eingegangen sind. Der Kunde entschied darauf hin, es mit einer Trainerin zu probieren, da es einer Frau vielleicht leichterfallen würde, sich auf die Teilnehmer einzulassen. Nach meinem Trainingsverständnis geht es immer darum, konkrete Teilnehmerprobleme zu lösen; vorgefertigte Fallbeispiele und Musterlösungen helfen da nicht weiter. Dies habe ich in meinem Angebot sehr klar herausgestellt, sodass ich den Auftrag schnell und unkompliziert bekam und bis heute einen zufriedenen Kunden habe.

Handlungsempfehlungen für Trainerinnen und Trainer

Die Beispiele zeigen, dass Vorurteile gegenüber Frauen manchmal auch Vorteile für die Arbeit als Trainerin oder Moderatorin bedeuten. Es kommt darauf an, geschickt, aber gleichzeitig bescheiden mit dem Vorurteil umzugehen. Mir persönlich ist es dabei immer sehr wichtig, nicht in das Rollenklischee „typisch Frau – die können halt die weichen Themen" gedrängt zu werden, denn die „harten" Themen kann eine Frau natürlich auch gut bedienen. Allerdings gilt es für Trainerinnen, diese weiche Seite anzunehmen und zu nutzen.

Nachteile der Arbeit als Trainerin

Als Trainerin hat man sicherlich auch einige Nachteile, die die Trainerarbeit erschweren können. Wiederum sind es einige kleinere selbstgebaute Fallen wie beispielsweise Highheels, die sich im Hosensaum verfangen oder ungeschickte Versprecher, die einem auch über mehrtägige Trainings hinweg immer wieder das Blut in den Kopf steigen lassen können. Ich persönlich musste erst vor einer Gruppe der Länge nach hinschlagen, weil sich der eine viel zu hohe Absatz im Beamerkabel und der andere im Aufschlag meiner Anzughose verheddert hatte, um zu verstehen, dass man als Trainerin zwar immer gut und angemessen gekleidet sein kann, aber ein Training sich nicht zwangsläufig für ein echtes Fashion-Statement eignet. Oder dass es sich durchaus lohnt, den eigenen Sprachschatz nach doppeldeutigen Formulierungen zu durchforsten und sich derer bewusst zu sein – in einer Gruppe von Produktionsmitarbeitern kann es nämlich nach einem Versprecher schwer werden, die Konzentration wieder auf das eigentliche Thema zu lenken. Meist jedoch kann man diesen kleinen Nachteilen mit etwas Charme und einem bestimmten, klaren Auftreten gut begegnen.

Praxistipp: Trainieren auf hohen Absätzen

von Anne Zeyer, Oberursel

Die Highheel-Problematik erlebte ich gerade sehr bewusst in einer reinen Männergruppe und löste sie wie folgt:

Die Kunst, einen 12-Stunden-Tag „auf erhöhtem Niveau" schadlos zu überleben, besteht in der bewussten Nutzung von Pausen- und Gruppenarbeitsphasen (kurzzeitig ist auch die Flucht hinter eine Pinnwand möglich), in denen der Lehrsaalaufsteg zum Barfuß- und Wohlfühlpfad umfunktioniert wird. Es kann allerdings leider passieren, dass dieser wohltuende Zustand für Körper, Geist und Füße unbedacht in die Akutphase des Seminars verlängert wird und Erstaunen bis Belustigung auslösen kann. Auch die Aktivierungsübung „Reise nach Jerusalem" habe ich schon einmal barfuß zurückgelegt.

Aber es gibt auch handfeste Nachteile, die sich nicht mit einen charmanten Lächeln bewältigen lassen, sondern einen bewussten Umgang erfordern.

Nachteil: Frauen gelten oft als weniger kompetent

Es gibt immer wieder Situationen, in denen Trainerinnen bei gleicher Qualifizierung auch heute noch eine geringere Kompetenz zugeschrieben wird. Dazu ein Beispiel:

Beispiel: „Outdoor-Training ist nichts für Frauen"

Mit dem Thema „Kompetenzzuschreibung" hat regelmäßig eine Kollegin aus dem Frankfurter Raum zu tun, die seit über zehn Jahren Teambuildings mit vielen Outdoor-Elementen durchführt, die über das Übliche hinausgehen. Sie geht mit Gruppen nicht in den Hochseilgarten, sondern klettern, beispielsweise an der Kampenwand, und befährt mit dem von der Gruppe selbstgebauten Floß nicht nur den nahegelegenen Baggersee, sondern den Rhein an Stellen, wo er noch spannend ist. Trotz ihrer umfangreichen Erfahrungen wird ihr nicht automatisch das gleiche Vertrauen entgegengebracht wie den männlichen Kollegen.

Insbesondere in der Auftragsanbahnung gehen viele Kunden davon aus, dass sie zwar Ansprechpartnerin ist (etwa eine Teamsekretärin des „richtigen" Outdoor-Trainers), aber dass es dann für das eigentliche Teambuilding noch einen „richtigen", nämlich männlichen Outdoor-

Trainer geben wird. Die Kunden gehen oft nicht davon aus, dass sie das Outdoor-Event allein anleitet und durchführt – und das, obwohl sie selbst nicht nur diplomierte Psychologin, sondern auch professionelle Outdoor-Trainerin für Klettern, Rafting und Hiking ist, die von einem der renomiertesten amerikanischen Outdoor-Anbieter ausgebildete wurde.

Nachdem ihr diese Vorurteile insbesondere zu Beginn ihrer Karriere sehr nahegegangen sind, geht sie mit ihnen heute sehr professionell um. Anfangs hat sie sich in einigen Situationen sogar wirklich einen Kollegen dazugebucht – und sei es nur jemanden, der sich mit Klettern oder Rafting auskannte, auch wenn dieser – im Gegensatz zu ihr – keine Ahnung von Teambuilding oder gruppendynamischen Prozessen hatte. Und das alles nur, um den Kunden zu beruhigen.

Heute geht sie hier anders und deutlich selbstbewusster vor. Sie bietet (wie ihre männlichen Kollegen auch) nur das an, was sie auch leisten kann. Und wenn ihr das notwendige Vertrauen nicht entgegengebracht wird, dann empfiehlt sie die Kunden weiter.

Mir selber ging es in der Vergangenheit häufig so, dass mir Kunden aufgrund der Tatsache, dass ich eine Frau bin, häufig schwierige Gruppen nicht zugetraut haben.

Handlungsempfehlungen für Trainerinnen und Trainer

Es macht in keiner Weise Sinn, den potenziellen Kunden mit aufgesetzten männlichen Attributen von der eigenen Kompetenz überzeugen zu wollen. Ich habe erlebt, dass sich Kolleginnen Brillen mit Fensterglas haben machen lassen, um seriöser zu wirken, mit übertriebener Härte aufgetreten sind, um tougher zu wirken als alle anderen und jede Weiblichkeit im Habitus vermissen ließen – sie wollten männlicher sein als ihre männlichen Kollegen. Dieses Verhalten ist kontraproduktiv und wirkt lächerlich. Erfolgreich ist es, selbstverständlich mit der eigenen Kompetenz umzugehen und die individuelle Stärke in den Vordergrund zu stellen. Es gilt, die positiven Attribute, die Frauen zugeordnet werden, zu nutzen und herauszustellen, und nicht zu versuchen, der tougher Mann sein zu wollen. Und wenn sich der Kunde explizit einen männlichen Trainer mit „Silberrücken"-Qualitäten und männlichen Attributen (tiefe Stimme, graue Schläfen, markantes Gesicht) wünscht, so ist dies etwas, dass eine Frau schlicht und ergreifend nicht bieten kann. Professionelles Verhalten besteht dann darin, einen (männlichen) Kollegen zu empfehlen und es nicht persönlich zu nehmen.

Außerdem darf man Aufträge nicht erzwingen wollen. Meine Erfahrung ist: Sobald ich aufgehört hatte, mir darüber Gedanken zu machen, man könne mich als Trainerin ablehnen, weil ich eine Frau bin, ist dieser Fall kaum noch vorgekommen.

Und sollte meine Kompetenz in der Trainingssituation angezweifelt werden, habe ich persönlich gute Erfahrungen damit gemacht, diese Zweifel zu akzeptieren, aber sie auch auf die Unternehmenswirklichkeit der Teilnehmer zu übertragen. Beispielsweise gelten Frauen oft als weniger durchsetzungsfähig und entsprechend wurde auch meine Kompetenz zum Trainingsthema „Durchsetzungsfähigkeit verbessern" schon angezweifelt. Dazu sind insbesondere in Kommunikations- und Führungsseminaren schon sehr fruchtbare Diskussionen zum Umgang mit Frauen in Führungssituationen entstanden.

Die Rolle der Frau in anderen Kulturkreisen

Eine Ausnahme gibt es. In einigen asiatischen Kulturen, insbesondere der japanischen, hat die Trainerin in eher traditionell geprägten Unternehmen mit älteren, männlichen Teilnehmern keine Chance. Dies liegt nicht etwa daran, dass ihr die notwendige fachliche Kompetenz nicht zugetraut wird. Ganz im Gegenteil – diese wird in keiner Weise in Frage gestellt. Es entspricht aber nicht dem kulturellen Rollenverständnis, dass eine Frau diesen Kompetenz- oder Wissensvorsprung sichtbar macht. Entsprechend undenkbar ist es in sehr traditionell geprägten Umfeldern, dass die Trainerin Arbeitsanweisungen gibt, Feedbacks zu Rollenspielen moderiert und kommentiert oder Input-Sessions gibt. Von einer interkulturell erfahrenen Führungskraft oder einem erfahrenen HR-Berater würde man als Trainerin in einem solchen traditionell geprägten Umfeld gar nicht erst angefragt werden.

Handlungsempfehlungen für Trainerinnen und Trainer

Wird man für ein Training oder einen Workshop mit älteren japanischen (und somit auch fast immer männlichen) Teilnehmern angefragt, gilt es, diese Anfrage kritisch zu hinterfragen. Beispielsweise empfehle ich immer, mich und einen männlichen, gleich qualifizierten Kollegen parallel anzubieten. Denn die Frage, ob es ein Problem sein könnte, mit mir als Frau zu arbeiten, würde keiner der potenziellen Teilnehmer bejahen. Dies würde aus Höflichkeit nicht ausgesprochen, aber aus Sicht des Kunden könnte es gleichwohl ein Problem sein.

Bei jüngeren Teilnehmern, die schon im Ausland gelebt und gearbeitet haben, kann es sicherlich auch sein, dass eine Entscheidung zugunsten der Trainerin gefällt wird.

Entscheidet sich der Kunde aber für den männlichen Kollegen, sollte man das ohne Vorbehalte und vor allem ohne persönliche Verletzung akzeptieren. Es geht hier darum, dass in anderen Kulturkreisen andere Regeln gelten, und nicht darum, ob man als kompetent angesehen wird oder nicht.

Unter gar keinen Umständen sollte man versuchen, den Auftrag nach der Entscheidung für den männlichen Kollegen noch an sich zu ziehen. Das endet nach meiner Erfahrung in einer sehr unbefriedigenden Situation für alle Beteiligten.

Fazit: Nutzen Sie den „kleinen Unterschied" für Ihre Arbeit

Fazit dieses Kapitels ist also: Es gibt keine absoluten Vor- oder Nachteile für die Arbeit als Trainerin. Es gibt aber den kleinen Unterschied, mit dem es als Trainerin professionell umzugehen gilt. Entscheidend ist, dass ich mir als Trainerin des kleinen Unterschieds bewusst bin. Es nützt nichts, so zu tun, als gäbe es ihn nicht, aber es ist ebenso wenig hilfreich, den kleinen Unterschied überzubewerten. Ein Bewusstsein für mögliche Vorurteile und der bewusste Umgang mit ihnen sind aus meiner Perspektive hier die Schlüssel zum Erfolg.

Kienbaum Expertentipps: Umgang mit dem „kleinen Unterschied"

Es gibt eine Reihe von einfachen Dingen, die Sie beachten können, um Ihre Wirkung als Trainerin optimal zu nutzen:

Tipp 1: Werden Sie sich über mögliche Vorurteile klar

Reflektieren Sie in regelmäßigen Abständen Ihre Rolle. Schauen Sie genau hin, welche Aufträge oder auch Auftragsanbahnungen auf Basis welcher Kriterien besonders gut oder besonders schlecht gelaufen sind. Seien sie hierbei aufmerksam für geschlechtsspezifische Kriterien.

Tipp 2: Seien Sie selbstbewusst und strahlen Sie Zuversicht aus

Gehen Sie mit dem, was Sie als Trainerin mitbringen, selbstbewusst um und stellen Sie Ihr Licht nicht unter den Scheffel. Arbeiten Sie stattdessen bewusst Ihre Vorteile heraus. Viele der Vorurteile sind banal und haben mit Ihnen als Person oder Ihrer fachlichen Kompetenz nichts zu tun.

Tipp 3: Bleiben Sie bescheiden

Dieser Rat kann leicht in Widerspruch zu dem obigen Punkt geraten, aber es kann durchaus auch sein, dass man Sie bucht, weil man Sie für sensibler, aufmerksamer oder empathischer hält als einen männlichen Kollegen. Es kann sein, dass Sie das tatsächlich sind – es kann aber auch sein, dass für diese Aufgabe der männliche Kollege die bessere Wahl gewesen wäre. Bleiben Sie also bescheiden.

Tipp 4: Bleiben Sie gelassen

Wenn ein Kunde einen männlichen Kollegen bevorzugt, sollte man dies respektieren. Es ist durchaus möglich, dass in dieser Situation ein Mann der Aufgabe besser gerecht werden kann – und sei es nur, weil der Kunde sich mit einem Trainer sicherer fühlt.

Tipp 5: Nehmen Sie den kleinen Unterschied mit Humor

Gehen sie mit den kleinen Unterschieden humorvoll um – und nehmen Sie sich selbst nicht so ernst. Nichts wirkt peinlicher und unprofessioneller als eine beleidigte Reaktion, sollte man Sie als Trainerin ablehnen.

Extra 3: Interkulturelles Training

von Yue Yang, Universität Hamburg

Nicht zuletzt aufgrund der zunehmenden Globalisierung werden von Unternehmen und Organisationen heute immer häufiger interkulturelle Trainings veranstaltet. Als gebürtiger Chinese, der in Hamburg aufgewachsen ist, führe ich interkulturelle Trainings für Schüler, Studenten und Unternehmen durch. Dabei liegt der thematische Schwerpunkt häufig auf interkultureller Kommunikation zwischen Chinesen und Deutschen.

Während es vor einigen Jahren in der Trainingsszene meistens primär darum ging, die Teilnehmer durch interkulturelle Trainings auf einen Auslandsaufenthalt vorzubereiten, ist der Einsatzbereich von interkulturellen Trainings heute deutlich vielfältiger. Interkulturelle Trainings finden im Rahmen des multikulturellen Teambuildings, der Integration von neuen ausländischen Mitarbeitern oder der interkulturellen Erziehung an Schulen statt. Je nach Zielgruppe und Kontext lassen sich interkulturelle Trainings inhaltlich und methodisch unterschiedlich gestalten. Ich arbeite dabei sowohl mit Deutschen, die Interesse an China haben, als auch mit Chinesen, die in Deutschland arbeiten, zusammen. Grundsätzlich unterscheidet man dabei zwischen allgemeinen und länderspezifischen Trainingsinhalten.

Allgemeine und länderspezifische Trainingsinhalte

Typische Themen, die ich bei allgemein gehaltenen Trainings behandle, sind beispielsweise Kulturverständnis, Kulturdimensionen, Stereotypen, Kulturschock und die Fähigkeit zur Selbstreflexion. Insbesondere das berühmte Thema „Kulturdimensionen" ist dabei jedoch mit Vorsicht zu genießen. Es fällt uns allen nur allzu leicht, ein Schubladendenken für Kulturen zu entwickeln. Doch Kulturen sind dynamisch und in sich vielfältig. Studien, die das Ziel verfolgen, Kategorien für Kulturen zu entwickeln, erscheinen auf den ersten Blick einfach und verständlich. Doch sie zeichnen nur ein statisches und stark vereinfachendes Bild der entsprechenden Kultur. Dabei geht es bei interkulturellen Trainings ja gerade darum, das Schubladendenken zu überwinden.

Sicherlich können sogenannte „Kulturdimensionen" trotzdem hilfreich sein, wenn sie verdeutlichen, worin interkulturelle Differenzen bestehen können. Doch ich gehe mit ihnen äußerst vorsichtig um. Ein starres Konzept von Kulturdimensionen verführt dazu, mit vorgefertigten Mustern über die Welt zu urteilen und dadurch die Offenheit zu verlieren. Ein Beispiel für dieses Schubladendenken ist der Satz: „Alle Franzosen denken hierarchisch. Da bringt es gar nichts, lange zu diskutieren."

Expertentipp: Überprüfen Sie Ihre Kategorien

Meinen Teilnehmern gebe ich in Trainings immer den folgenden Rat: Anstatt kulturelle Erfahrungen mit vorgefertigten Kategorien zu interpretieren, sollen Sie die Kategorien **anhand** Ihrer kulturellen Erfahrungen überprüfen.

Interkulturelle Kompetenz und Selbstreflexion

Das Erlernen der Fähigkeit zur Selbstreflexion ist ein elementarer Bestandteil interkultureller Trainings. Teilnehmer werden im Ausland keine Kultur verändern können. Um sich in anderen Kulturen zu orientieren, bringe ich den Teilnehmern also bei, bei sich selbst anzufangen. So würde ein Vergleich zwischen den deutschen und den chinesischen „Nationaleigenschaften" alleine den Teilnehmern wenig helfen. Denn Individuen stimmen nicht immer mit den „Nationaleigenschaften" überein. Ich kenne viele Deutsche, die Spontaneität über alles lieben, dafür aber selten pünktlich sind. Es ist daher elementar, zunächst sich selbst zu kennen, die eigenen Werte, Einstellungen und Grenzen, also zu wissen, was einem selbst wichtig oder unangenehm ist, was einen selbst ärgert oder freut.

Ebenso ist es wichtig, die egozentrische bzw. ethnozentrische Sichtweise zu erkennen und zu hinterfragen. Mir ist es wichtig, meinen Teilnehmern dabei auch Folgendes beizubringen: Die Offenheit, andere Menschen nicht sofort mit den eigenen Maßstäben zu beurteilen, ist nicht nur im Umgang mit anderen Kulturen wichtig. Sie kann auch generell in unserem alltäglichen Leben hilfreich sein.

Vermittlung länderspezifischer Lerninhalte

Die Vermittlung länderspezifischer Lerninhalte ist meiner Meinung nach der schwierigere Teil des interkulturellen Trainings. Dies klingt im ersten Moment überraschend. Wenn ein Trainer beispielsweise – wie ich – Chinese ist, dann scheint es doch nichts Einfacheres zu geben, als über das Heimatland zu berichten, sollte man denken. Sicherlich ist es nicht besonders schwierig, über harte Fakten wie das Bruttoinlandsprodukt, die Arbeitslosenquote und das Rechtssystem zu referieren. Aber sobald es um die Kultur, die Mentalität, die Werte und die Verhaltensweisen der Menschen geht, wird es komplizierter.

Wie denkt der typische Deutsche?

Versuchen Sie doch einmal den Prototypen eines Deutschen zu beschreiben. Wie denkt der typische Deutsche? Wie verhält er sich? Eher wie ein kühler Norddeutscher oder ein sturer Schwabe? Wie ein 68er-Rebell oder ein konservativer Katholik? Sie werden merken, dass eine Beschreibung nicht gerade einfach ist. Unsere Gesellschaft ist komplex und unsere Verhaltensweisen lassen sich keineswegs nur aus der Kultur ableiten. Die Frage, wie man also idealerweise mit einem Deutschen oder Chinesen umgeht, lässt sich daher kaum beantworten. Trotzdem muss ich mich mit dieser Frage regelmäßig in länderspezifischen Trainings auseinandersetzen.

Balance zwischen Generalisierung und Komplexität

Sicherlich gibt es Gemeinsamkeiten, die auf die große Mehrheit einer Kultur übertragbar sind. Aber je heterogener ein Land ist und je dynamischer es sich entwickelt (wie beispielsweise China), desto schwieriger wird es, diese Gemeinsamkeiten zu finden. Einerseits komme ich so nicht um Verallgemeinerungen herum, andererseits muss ich mich bemühen, die Heterogenität und den dynamischen Entwicklungsprozess eines Landes zu vermitteln. Denn das unterscheidet tiefes Wissen von oberflächlichen Stereotypen. Hier geht es also darum, die Balance zwischen Generalisierung und Komplexität zu finden.

Welche Fragen werden in dem Training behandelt?

Fragen, die ich in dem interkulturellen Training behandle, sind beispielsweise:

* Was sind die Gemeinsamkeiten, die von der großen Mehrheit eines Landes geteilt werden?
* Wie lassen sich diese Gemeinsamkeiten durch kulturhistorische Einflüsse begründen?
* Wo können die größten Missverständnisse auftauchen? Was kann ich dagegen tun?
* Hat es in den letzten Jahrzehnten einen Wertewandel gegeben? Was hat dazu geführt?
* Welche regionalen, alters- und schichtspezifischen Unterschiede gibt es?
* Wie sehen die materiellen Lebensbedingungen heute aus? Wie wirken diese sich auf die Menschen aus? (Dieser Aspekt wird häufig vernachlässigt, die gegenwärtigen, materiellen Lebensbedingungen prägen die Menschen zum Teil stärker als jahrtausendealte Traditionen.)

Gemeinsamkeiten der Kulturen herausarbeiten

Eine wesentliche Frage, die in interkulturellen Trainings häufig vernachlässigt wird, ist die Suche nach den Gemeinsamkeiten der Kulturen. Trainer konzentrieren sich häufig zu stark darauf, Unterschiede herauszuarbeiten. Das Bewusstsein über die Unterschiede stärkt unsere Sensibilität, während das Bewusstsein über die Gemeinsamkeiten uns Sicherheit gibt. Beide Elemente sollten daher berücksichtigt werden. Schließlich wollen wir nicht den Eindruck erwecken, als wären die Menschen aus anderen Kulturen Außerirdische, bei denen wir nur alles falsch machen können. Die menschlichen Gemeinsamkeiten überwiegen, diese machen erst einen erfolgreichen Umgang möglich.

Tipps für den Umgang mit chinesischen Trainingsteilnehmern

Im Umgang mit chinesischen Teilnehmern sind die folgenden vier Punkte besonders hilfreich:

- Eine längere Mittagspause einbauen
  In China ist der Mittagsschlaf weitverbreitet, das Mittagstief ist dementsprechend stärker ausgeprägt.

- Für genug heißes Wasser sorgen
  Insbesondere ältere Chinesen trinken hauptsächlich Tee, der Verbrauch an Kaltgetränken ist dementsprechend niedriger als bei deutschen Teilnehmern.

- Ein paar chinesische Redewendungen einbauen oder ein paar Brocken Chinesisch sprechen
  Das lockert die Stimmung auf und zeigt, dass Sie sich für die chinesische Kultur interessieren.

- Eine starke persönliche Bindung zu den Teilnehmern herstellen
  Für chinesische Teilnehmer ist es besonders wichtig, nicht nur den Trainer kennenzulernen, sondern auch die Person hinter der professionellen Fassade.

Von der Pünktlichkeit als neue kulturelle Erfahrung

Eine letzte persönliche Erfahrung: In der Vergangenheit ist es durchaus vorgekommen, dass mein Training selbst zu einer interkulturellen Erfahrung für mich wurde, z. B. weil die Teilnehmer aus anderen Kulturkreisen kommen, mit denen ich noch keine Erfahrungen hatte. Was machen Sie, wenn die Teilnehmer beispielsweise nicht pünktlich zur Sitzung erscheinen oder während des Trainings auf den Bildschirm ihres Laptops starren? Ich stelle dann die Seminarregeln, die wir zuvor aufgestellt haben (beispielsweise Pünktlichkeit und Aufmerksamkeit) einfach als eine neue kulturelle Erfahrung vor, bei deren Einhaltung die Teilnehmenden ihre Komfortzone verlassen müssen. Stellen Sie diese Regeln also nicht als Einschränkungen dar, sondern als eine wertvolle Erfahrung, von der die Teilnehmer profitieren können.

4 Berufsfeld: Coaching

Der Begriff Coaching erfreut sich seit einigen Jahren großer Beliebtheit, und das nicht nur in der Wirtschaft. Folglich ist er hundertfach belegt. Er wird in der Regel wenig trennscharf und mit einer gehörigen Portion Phantasie für eine Vielzahl unterschiedlichster Tätigkeiten und Serviceangebote verwendet. Von A wie „Abi-Coaching" – also den Nachhilfeunterricht für Abiturienten – über D wie „Diät-Coaching" und G wie „Garten-Coaching" bis Z wie „Zufriedenheits-Coaching" wird heute alles und jeder gecoacht.

Seit vielen Jahren wird der Begriff Coaching zudem auf eine bestimmte Form der Führung angewandt, die meist einen unterstützenden, fördernden und partnerschaftlichen Führungsstil beschreiben soll. Derlei begriffliche Vielfalt kann bereichernd sein, führt aber, wenn es um das Berufsfeld Coaching geht, schnell zu einer babylonischen Sprachverwirrung. Wir möchten Ihnen daher in diesem Kapitel unser Verständnis von Coaching vorstellen.

Was Sie in Kapitel 4 lernen

Zunächst erhalten Sie einen detaillierten Überblick zu den einzelnen Teilkapiteln aus Kapitel 4. So haben Sie die Möglichkeit, gezielt diejenigen Themen auszuwählen, die Sie besonders interessieren.

- In **Kapitel 4.1** finden Sie zunächst einige Kriterien, die ein Coaching erfüllen sollte, um diesen Namen auch zu verdienen. Wir stellen Ihnen hier typische Anlässe und Themen von Coachings vor und beschreiben einen idealtypischen Coaching-Verlauf.
- Im folgenden **Kapitel 4.2** vertiefen wir mit dem Thema „Auftragsklärung" einen der ersten und aus unserer Sicht zentralen Schritte eines Coaching-Prozesses. Wenn Sie als Coach gemeinsam mit Auftraggeber und Coachee zum Zeitpunkt der Auftragsklärung nachlässig sind, stehen die Chancen nicht schlecht, dass sich dieses Versäumnis an späterer Stelle rächt.

- Anschließend stellen wir Ihnen in **Kapitel 4.3** einige grundlegenden Instrumente und Methoden vor, die in unseren Coachings zum Einsatz kommen. In diesem Zusammenhang behandeln wir auch die Frage nach der Grundhaltung eines Coachs, weil wir der Überzeugung sind, dass die richtige Haltung die Basis für einen verantwortungsvollen und hilfreichen Einsatz jedes Coaching-Werkzeugs ist.
- **Kapitel 4.4** erläutert, wie neue Methoden und Instrumente in Coachings entwickelt werden können. Wir nähern uns dem Thema über die Erwartungen von Coachees, besprechen Anforderungen an ein wirksames Coaching-Instrument und stellen Ihnen im Anschluss einige methodische Herangehensweisen vor.
- Coachings sind komplexe Prozesse und laufen häufig auf unterschiedlichen Ebenen ab. Ein guter Coach zeichnet sich daher durch eine professionelle Selbststeuerung aus. Als Coach müssen Sie in der Lage sein, sich selbst und Ihre Arbeit während des Coachens aufmerksam zu beobachten. Hierfür ist es hilfreich, einige Konzepte im Hinterkopf zu haben, die Ihnen dafür eine Struktur geben. Drei unterschiedliche Konzepte stellen wir Ihnen beispielhaft in **Kapitel 4.5** vor.
- Möglicherweise fragen Sie sich, wo Sie das alles professionell erlernen können. Der Markt in Deutschland für Coaching-Ausbildungen ist riesig. **Kapitel 4.6** bietet Orientierung im Markt der Coaching-Ausbildungen und Kriterien, um eine für Sie passende Wahl zu treffen. Im Anschluss stellen wir Ihnen einige empfehlenswerte Anbieter von Coaching-Ausbildungen auf dem deutschen Markt vor.

Ebenso wie in Kapitel 3 zum Thema Training möchten wir auch im Coaching-Kapitel wieder erfahrene Praktiker zu Wort kommen lassen, die Gastkapitel für dieses Kapitel verfasst haben.

- Unser Kienbaum-Kollege Achim Mollbach erläutert in seinem Beitrag **„Wie Unternehmen Coaching sehen"** den Unterschied zwischen Persönlichkeits- und Business-Coaching und verdeutlicht, warum reines Persönlichkeitscoaching heutzutage auf Topmanagement-Ebene nicht mehr ausreichend ist.

- Barbara Foitzik und Marie-Louise Retzmann von der European Business School stellen in ihrem **Extra-Beitrag „Persönlich-keitscoaching für Studenten"** das Thema Coaching im Kontext einer renommierten Business-School vor, in der Studenten die Möglichkeit haben, Coachings in Anspruch zu nehmen, was diese auch rege tun.
- Nina Noormann-Becht, selbstständiger Coach, beschreibt in ihrem **Extra-Beitrag „Coaching mit Kind – Erfahrungen einer Working Mom"** die Herausforderungen, die es mit sich bringt, zugleich erfolgreicher Coach und Mutter zu sein.

4.1 Arten von Coachings und typische Verläufe

Beispiel: Kathrin Schekauski entschließt sich zu einem Coaching

Kathrin Schekauski ist seit sechs Monaten Führungskraft auf der dritten Führungsebene eines deutschen Automobilkonzerns. In diese Position kam sie, wie sie selbst sagt, „wie die Jungfrau zum Kinde": herausragende Leistungen als Referentin, dann geht ihr Chef überraschend in den vorzeitigen Ruhestand und fragt sie, ob sie sich die Führungsrolle zutraue – und wer sagt dazu schon nein? Jetzt ist sie Führungskraft in einer zentralen Funktion in der Holding des Konzerns.

Hinzu kommt, dass sie nun das erste Mal in ihrer beruflichen Karriere Führungsverantwortung übernimmt. Sie hat natürlich eine Vorstellung davon, was das bedeutet, schließlich wurde sie selbst jahrelang geführt. Führungskonzepte und -techniken kennt sie jedoch nicht. An dem Programm für Nachwuchsführungskräfte sollte sie dieses Jahr teilnehmen. Jetzt ist bei all den neuen Aufgaben keine Zeit mehr dafür. Sie ist nun zudem die Chefin ihrer früheren Kollegen, eine schwierige Situation. Denn eine Kollegin ist in den Jahren zuvor eine gute Freundin von ihr geworden. Andere ihrer neuen Mitarbeiter und früheren Kollegen sind fünfzehn Jahre länger im Konzern als sie und mindestens ebenso viele Jahre älter. Ihr Kollege Manfred Schulze hatte sogar damit gerechnet, selbst den Posten zu übernehmen.

Neue Herausforderungen in der Führungsverantwortung

Plötzlich hat sie neben der neuen Führungsverantwortung außerdem vielfältige, konfliktbeladene Schnittstellen zu verschiedenen Organisationseinheiten. Sämtliche neue Kollegen auf ihrer Ebene sind Männer und bereits seit vielen Jahren in ihren Funktionen. Viele kennen sich gut aus alten Zeiten auf anderen Posten in der Firma. Im ersten gemeinsamen Meeting wird Kathrin Schekauski freundlich-distanziert aufgenommen. Wer mit wem kann und wer nicht, bleibt ihr verborgen. „Powerplay" – das politische Kämpfen um Macht und Einfluss in den oberen und obersten Führungsetagen - kennt sie nur vom Hörensagen und welche Spielregeln gelten, weiß sie auch nicht. Bei dem Gedanken, in Zukunft Teil dieses Spiels zu werden, ist ihr mulmig zumute.

Hohe Erwartungen vom Chef

Ihr neuer Chef ist einerseits positiv gestimmt: „junges Blut", hochmotiviert, „neue Besen kehren gut" und so weiter. Andererseits ist es das erste Mal, dass diese Position von einer Frau besetzt wird. Er hat doch noch leichte Zweifel und ihr bereits deutlich zu verstehen gegeben, dass er mit diesem Vertrauensbeweis „natürlich auch einiges von ihr erwartet". Deswegen hat er ihr gleich zu Beginn ein Controllingprojekt übertragen, das insbesondere in den Tochtergesellschaften für große Unruhe und einigen Unmut sorgt: Es geht um die Neuverteilung und Kürzung von Stellen.

Ihre Wochenarbeitszeit hat sich seit der Übernahme der neuen Rolle schnell auf 60 bis 70 Stunden ausgedehnt. Sie arbeitet nun regelmäßig bis in die späten Abendstunden und nicht selten auch an den Wochenenden.

Kompetente Ansprechpartner gesucht

All diese Dinge machen Kathrin Schekauski keine Angst. Sie ist eine selbstbewusste Frau. Sie weiß, was sie kann und warum sie diesen Posten machen will. Aber es gibt auf diesen Baustellen doch eine Reihe von Punkten, die sie überraschend stark unter Stress setzen und über die sie sich gern austauschen möchte. Sie will eine zweite Meinung hören, Ideen bekommen, wie andere mit ihrer Situation umgehen würden, und sich dazu austauschen, was intelligente Vorgehens- und Verhaltensweisen sind. Oft ergeben sich gute Ideen ja gerade im Dialog, beim gemeinsamen Nachdenken, beim Diskutieren! Wen aber fragen? Ihr Chef könnte ihr das direkt als Führungsschwäche auslegen. Die neuen Kollegen kennt sie noch nicht gut genug, weiß aber, dass sich auf dieser Ebene ein harter Machtkampf abspielt. Freunde will sie damit nicht belästigen, und die meisten können mit diesen Themen auch nicht viel anfangen. Literatur gibt es zuhauf, aber wann soll sie die noch lesen? Und irgendwie ist das alles trocken und die Realität dann doch anders gelagert.

Sie entschließt sich dazu, ein Coaching in Anspruch zu nehmen.

Neun Kriterien für professionelles Coaching

In diesem Buch verwenden wir den Begriff Coaching für die Beratung von Fach- und Führungskräften in Organisationen. Coaching findet in der Regel in vertraulichen Vier-Augen-Gesprächen statt, in einigen Fällen auch in Teams. Weiterhin sollte ein professionelles Coaching die folgenden neun notwendigen Kriterien erfüllen:

Kriterium 1: Klar definierte Ziele

Erfolgreiches Coaching braucht eine klare Zielorientierung, denn hierüber erfolgt in weiten Teilen die Steuerung des Gesamtprozesses: Für Coach und Coachee führen Ziele zu einer klaren Ausrichtung und Orientierung. Das Entwickeln und Definieren messbarer und attraktiver Ziele steht somit immer am Anfang des Coaching-Prozesses. An den gesetzten Zielen orientiert sich die abschließende Gesamtevaluation (weitere Informationen dazu finden Sie in Kapitel 4.3). Die Ziele sind jedoch nicht statisch. Im Laufe des Prozesses werden sie regelmäßig gemeinsam geprüft und nicht selten auch aufgrund aktueller Entwicklungen angepasst oder sogar neu definiert.

Kriterium 2: Augenhöhe

Coach und Coachee arbeiten partnerschaftlich miteinander und sind in gleichem Maße verantwortlich für die Ergebnisse. Der Coach trägt die Prozessverantwortung, der Coachee die inhaltliche Verantwortung sowie die Verantwortung zur Umsetzung.

Kriterium 3: Transparenz

In der Arbeitsbeziehung zwischen Coach und Coachee gilt es, größtmögliche Transparenz zu Zielen, Vorgehensweisen und Methoden herzustellen, schließlich handelt es sich beim Coaching um ein professionelles Arbeitsverhältnis. Dies gelingt nur, wenn der

Coach selbst weiß, was er tut (vgl. Kriterium 9: Professionalität). Spielregeln und Vorgehen werden gemeinsam mit dem Coachee definiert.

Kriterium 4: Vertraulichkeit und Diskretion

Gegenüber Dritten wiederum zählt größtmögliche Diskretion. Es werden nur Informationen weitergegeben, die vorab in der Auftragsklärung zwischen Coach, Coachee und Auftraggeber abgestimmt wurden. Details zur Auftragsklärung erfahren Sie in Kapitel 4.2. Alles andere verbleibt zwischen Coachee und Coach. Nur so kann die Vertrauensbasis entstehen, die für das zielgerichtete und wirksame Arbeiten unerlässlich ist.

Kriterium 5: Individualität

Jeder Coaching-Prozess ist anders. Er richtet sich konsequent an den spezifischen Fragestellungen und dem Kontext des einzelnen Coachees aus. Lösungsansätze werden gemeinsam von Coachee und Coach entwickelt.

Kriterium 6: Freiwilligkeit

Eigentlich ist es selbstverständlich: Coaching funktioniert nicht als verordnete Zwangsmaßnahme gegen den Willen des Coachees, sondern nur auf der Basis von Freiwilligkeit. Auf Seiten des Coachees ist zu viel Energie für Veränderungen erforderlich, die ohne eigene, innere Motivation nicht bewältigt werden könnten.

Kriterium 7: Selbststeuerungsfähigkeit des Coachees

Ziel von Coachings ist es immer, die Selbststeuerungsfähigkeit des Coachees langfristig zu erhöhen. Es wäre also zu kurz gegriffen, mit ihm ein konkretes Problem zu lösen, sodass er beim nächsten Mal in einer ähnlichen Situation wieder einen Coach suchen muss. Bildhaft gesprochen: Der Coach sollte dem Coachee keinen Fisch geben, sondern mit ihm erarbeiten, wie er erfolgreich fischt. Dafür sind eine Schärfung der Selbstwahrnehmung und Reflexionsfähigkeit des Coachees häufig essentiell.

Kriterium 8: Zeitliche Begrenzung

Coaching ist keine Endlosveranstaltung. Schon in der Auftragsklärung wird eine Anzahl an Sitzungen definiert. Diese kann bei Bedarf in gegenseitiger Absprache natürlich verlängert werden. Ziel ist es jedoch immer, sich als Coach selbst überflüssig zu machen (siehe auch Kriterium 7).

Kriterium 9: Professionalität

Ein Coach muss genau wissen, was er warum tut, welche Fragen er stellt und wo seine persönlichen Kompetenzen Grenzen haben. Der Coach ist neutral, ansonsten verliert er einen seiner zentralen Mehrwerte – die unabhängige Außenperspektive auf Situationen des Coachees. Hierfür braucht es neben einer fundierten Ausbildung vor allem innere Unabhängigkeit, eigene Erfahrung und ein fundiertes Verständnis sowohl für Menschen als auch für Funktionsweisen von Organisationen.

Ein Coaching, das durch diese Kriterien gekennzeichnet ist, schafft eine tragfähige Plattform zur vertrauensvollen Bearbeitung von Fragestellungen der Coachees aus dem Organisations- und Führungskontext. Coaching ist folglich keine angeordnete Zwangsveränderung des Coachees und keine Psychotherapie.

Anlässe und Themen für ein Coaching

Anlässe für Coachings gibt es wie Sand am Meer. Gemein ist ihnen in der Regel, dass es sich um schwierige Fragestellungen in Bezug auf die eigene Rolle oder Funktion in der Organisation handelt, für die man gemeinsam mit einem – internen oder externen – neutralen Dritten Lösungsansätze und konkrete Vorgehensweisen entwickeln will. Es geht um die Diskussion aktueller Fragestellungen und Herausforderungen des Coachees, und diese sind oft schon bei einer Person ausgesprochen vielfältig. Dies zeigt auch das Eingangsbeispiel aus unserer Coaching-Praxis. Anlass kann also beispielsweise das Antreten einer neuen (Führungs-)Rolle in der Organisation sein wie in dem einleitenden Beispiel von Kathrin Schekauski. Dieses Thema wirft regelmäßig eine ganze Reihe von Folgethemen auf. Es kann auch die Übernahme eines neuen Verantwortungsbereichs, die Führung des eigenen Bereichs während eines Veränderungsprozesses, Fragestellungen zu Selbstmanagement und Überlastungsthematiken oder auch der geplante Austritt aus der Organisation und die damit verbundene Planung der eigenen professionellen Zukunft sein. Der Fokus des Coachings liegt dabei immer auf beruflichen Fragestellungen. Einige der Beispiele verdeutlichen aber bereits, dass es dabei realitätsfremd wäre, die Privatwelt strikt auszuklammern: Beide interagieren bei vielen Coaching-Fragestellungen in hohem Maße miteinander.

Die folgende Tabelle gibt einen beispielhaften Überblick über häufige Coaching-Anlässe und -Themen, ohne natürlich dabei einen Anspruch auf Vollständigkeit zu erheben:

Coaching-Anlass	Coaching-Themen
Führung	• Reflexion/Bearbeitung konkreter schwieriger Führungssituationen • Professionalisierung der klassischen Führungsaufgaben (Delegation, Entwicklung, Motivation etc.) • Trainieren von Mitarbeitergesprächen • …
Management	• Reflexion/Bearbeitung konkreter herausfordernder und komplexer Managementsituationen und -entscheidungen • Entwicklung von Zukunftsszenarien, Strategien und konkreten Vorgehensweisen • Arbeit mit Strategieinstrumenten (Stakeholder-/SWOT-Analyse/Balanced Scorecard etc.) • …
Change/Transformation	• Umgang mit schwierigen Dynamiken in Veränderungsprozessen • Planung und konkrete Ausgestaltung von Vorgehensweisen • Kommunikation im Change • …
Projektmanagement	• Analyse komplexer Projektverläufe und -dynamiken • Aufstellen von Projektplänen • Führen ohne disziplinarische Führungsrolle • …

Coaching-Anlass	Coaching-Themen
Konfliktmanagement	• Reflexion/Bearbeitung konkreter Konfliktfälle • Führen von Konfliktgesprächen • Analyse des persönlichen Konfliktverhaltens • ...
berufliche Neuorientierung	• Kompetenzen- und Interessencheck • CV-Check und Optimierung • Trainieren von Vorstellungsgesprächen • ...
persönliche Weiterentwicklung	• Selbstreflexion/Ressourcenarbeit z. B. bzgl. eigener Denk- und Verhaltensmuster • Stärken-Schwächen-Analyse bezogen auf konkrete aktuelle oder zukünftige Anforderungen • Präsentationskompetenz/Umgang mit Lampenfieber • ...
neue Führungsrolle	• Rollenklärung/-schärfung • Überblick/Sortieren und Priorisieren neuer Aufgabe, Ziele und Verantwortlichkeiten • Soziogramm/Umfeldanalyse (neue Schnittstellen, Machtkampf/Powerplay etc.) • ...
Work-Life-Balance	• Balance Berufs- und Privatleben • Umgang mit Stress und Burnout-Symptomen • langfristige und kurzfristige Techniken des Stressmanagements • ...

Typische Fragestellungen im Coaching

Typische Fragestellungen, die bei diesen und anderen Themen aufkommen können, sind zum Beispiel:

Berufliche Neuorientierung

• Was sind meine wirklichen Stärken?
• Was sind dauerhafte Erfolgsfaktoren?
• Was tue ich nur, weil ich das tun muss, und was macht mir wirklich Spaß?
• Welcher Job und welche Umwelt würden zu mir passen?

- Wie finde ich einen passenden Job?
- Wie wichtig sind mir Gehalt, Menschen, Arbeitsort, Firmen-umfeld, eigene Interessen, Kompetenzen bei einem Job?
- Wie bewerbe ich mich?
- Wie bestehe ich im Interview?

Führungsfragen

- Was sind meine Stärken und Schwächen als Führungskraft?
- Warum macht mein Team nicht, was ich sage?
- Wie kann ich mit dem schwierigen Mitarbeiter umgehen?
- Wie bekomme ich mein Team dazu, mit Veränderungen positiv umzugehen?
- Wie erreichen wir die Ziele, die besonders wichtig für uns sind?
- Was sage ich in meiner Antrittsrede als Führungskraft im neuen Team?
- Wie gehe ich mit einem besonders leistungsschwachen (oder mit einem „zu starken") Mitarbeiter um?
- Wie kann in einem Konflikt zwischen einem älteren und einem jüngeren Mitarbeiter als Führungskraft wirken?

Umgang mit dem eigenen Vorgesetzen

- Wie kann ich von meiner Führungskraft mehr Gehalt (oder eine bessere Bewertung) bekommen?
- Warum bekomme ich jedes Jahr in der Leistungsbeurteilung nicht die beste Note? Was mache ich falsch?
- Wie gehe ich mit inkompetenten oder sogar falschen Aussagen meines Chefs um, wenn ich den Eindruck habe, dass ich eigentlich viel mehr weiß?

Work-Life-Balance/Krisen- und Stresssituationen

- Ich arbeite und arbeite und arbeite – und werde einfach nicht fertig; was mache ich falsch?
- Ich rase auf meinen zweiten Burnout zu – wie kann ich stoppen?
- Ich fühle mich leer und ausgebrannt – was kann ich tun?
- Ich habe das Gefühl, mein Leben zieht an mir vorbei und ich bin nur Zuschauer, wie komme ich da raus?

- Meine Mitarbeiter haben einen Beschwerdebrief über mich an den Vorstand geschrieben und ich fühle mich, als hätte man mir den Boden unter den Füßen weggezogen – wie befreie ich mich?
- Ich komme mit der E-Mail-Flut nicht klar –was tun?

Schnittstelle zwischen Beruf- und Privatleben

- Jeden Freitag, wenn ich von der Arbeitswoche in unserem Werk nach Hause komme, gibt es erst einmal Streit mit meinem Partner – wie bekomme ich es hin, dies zu vermeiden?
- Wie gelingt mir nach meiner Elternzeit ein Wiedereinstieg ins Unternehmen, der mir ermöglicht, auch noch für die Familie da zu sein?
- Wie könnte ich es hinbekommen, meinem großen Hobby nachzugehen und dennoch nicht die Karriere hinzuwerfen?
- Wie gelingt es mir, in Teilzeit zu gehen?

Entscheidungssituationen

- Ich habe die Wahl zwischen einer attraktiven neuen Position für die Firma im nahen Osten und der Weiterführung meines bisherigen Jobs im Hauptquartier. Was soll ich wählen, wie entscheide ich mich?
- Man hat mir mitgeteilt, dass ich Abteilungsleiter werden könnte, aber das bringt auch einige persönliche Nachteile für mich. Soll ich es tun oder nicht?
- Soll ich den Schritt in die Selbstständigkeit wagen oder das Jobangebot als Beamter annehmen?

Konflikt- und Konkurrenzsituationen

- Die ehemalige Inhaberin meiner jetzigen Stelle schimpft hinter meinem Rücken über mich und hetzt meine Mitarbeiter gegen mich auf. Wie kann ich sie dazu bringen, dieses Verhalten zu unterlassen?
- Jede Woche muss ich mit meinem Kollegen ein Training machen, und es treibt mich zur Weißglut, dass er nie vorbereitet ist. Er ist aber für ein gutes gemeinsames Training und dafür, dass wir uns verstehen, sehr wichtig. Wie mache ich ihm klar, dass es so nicht weitergehen kann?

- Wie kann ich dem kompetitiven und dominanten Abteilungsleiter aus dem Accounting auf unseren Führungskräftemeetings
erfolgreich die Stirn bieten?

Persönlichkeits- und Kompetenzfragen

- Wie gelingt es mir, langweilige Sachverhalte auf Meetings besser
zu präsentieren?
- Man sagt mir immer, ich solle mehr kommunizieren – aber wie,
ich schreibe doch schon eine E-Mail nach der anderen?
- Ich wäre gerne selbstbewusster im Auftreten– wie stelle ich das
an?

Selbstverständlich werden sich nicht alle oben genannten Themen in
der ersten Minute dem Coach erschließen. Nicht selten ist sich der
Coachee zunächst gar nicht dessen bewusst, was er eigentlich für
eine Fragestellung bearbeiten muss, um weiterzukommen. Häufig ist
es so, dass er mit einem diffusen Unwohlsein ins Coaching geht.

Aufgaben und Selbstverständnis eines Coachs

In einem guten Coaching-Prozess entstehen für den Coachee neue
Wahl- und Gestaltungsmöglichkeiten für seine aktuellen Fragestellungen. Der Coach fungiert dabei als neutraler Spiegel. Er bietet
zusätzliche Perspektiven durch den Blick des „unbeteiligten Dritten", gibt Rückmeldungen zu seinen Eindrücken und macht Stärken
und Ressourcen ebenso wie Optimierungsfelder transparent. Er gibt
unabhängiges Feedback und benennt auch unbequeme Punkte, was
gerade für Führungskräfte im Topmanagement wichtig ist, weil sie
selten kritisches Feedback von anderen erhalten. So können die vom
Coachee als problematisch wahrgenommenen Sachverhalte mit
ihren Ursachen und Wirkungen aufgedeckt und gemeinsam Lösungsansätze erkannt und weiterentwickelt werden. Der Coach ist
somit Impulsgeber und Katalysator.

In der Vergangenheit wurde Coaching häufig als reines „Persönlich-
keitscoaching" verstanden und praktiziert. Hier ging es vornehmlich
um die Reflexion und Weiterentwicklung von Persönlichkeits-
merkmalen und Verhaltenskompetenzen. Dazu zählen beispielsweise Themen wie persönliches Auftreten und Wirkung, eigene Motive

oder die Reflexion eigener Denk- und Verhaltensmuster. Dies kann in jedem Fall *ein* sinnvoller Fokus im Rahmen eines Coachings sein. Im Rahmen von Coachings für Fachkräfte und junge Führungskräfte auf den unteren Managementebenen (z. B. Gruppen- oder Teamleiter) bieten sich hier noch immer eine Reihe hilfreicher Ansatzpunkte.

Die Erfahrung zeigt gleichzeitig, dass solche Coaching-Ansätze in isolierter Form vielen anspruchsvollen Coachees heute nicht mehr ausreichen. Insbesondere dann, wenn ich als Coach mit Führungskräften aus dem Topmanagement arbeite, erwarten diese von mir die Fähigkeit, aktuelle, herausfordernde Managementprobleme auf Augenhöhe zu diskutieren und als kompetenter Sparringspartner zu fungieren. Dies stellt andere Anforderungen an das Selbstverständnis eines Coachs und erfordert natürlich sehr viel weiter reichende Kompetenzen. Wenn Ihre Zieltätigkeit im Coaching des Topmanagements liegt, dann sollten Sie dies im Hinterkopf behalten.

Achim Mollbach, der diese Thematik bei deutschen Topführungskräften im Rahmen einer Studie mit dem Harvard Business Manager erhoben hat, schildert diese Entwicklung ab Seite 291 im Detail.

Der Coaching-Prozess

Ein vernünftig angelegter und strukturierter Coaching-Prozess ist eine notwendige Voraussetzung für professionelles Arbeiten. Er ist Grundlage für die Selbststeuerung als Coach und bietet einen klaren Orientierungsrahmen für Coachee und Auftraggeber. Der klassische Coaching-Prozess folgt einem einfachen Muster, wie die folgende Abbildung zeigt. Beachten Sie, dass es sich hierbei um einen idealisierten Ablauf handelt. In der Praxis gibt es dazu immer wieder Ausnahmen, beispielsweise dann, wenn ein Kunde für einen Mitarbeiter ein Kontingent verschiedener Prozessmodule kauft und dieser es je nach Bedarf flexibel abrufen kann.

Beispielhafter Coaching-Prozess

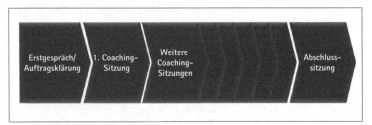

Abb.: Der Coaching-Prozess

Schritt 1: Erstgespräch und Auftragsklärung

Das Erstgespräch dient Coachee und Coach zum gegenseitigen Kennenlernen. Hier wird entschieden, ob die beiden Akteure gemeinsam arbeiten wollen, und es wird die gemeinsame Arbeitsgrundlage geklärt. Im Regelfall sollte zu diesem Gespräch auch die Führungskraft bzw. andere interne Auftraggeber zur Auftragsklärung hinzugezogen werden, um ein gemeinsames Grundverständnis über die Zielrichtung des Coachings herzustellen und verbindlich zu vereinbaren. Details hierzu finden Sie in Kapitel 4.2.

Schritt 2: Erste Coaching-Sitzung

In der ersten Coaching-Sitzung wird das Vorgehen innerhalb des Gesamtprozesses auf den individuellen Bedarf des Coachees hin präzise definiert. Es werden organisatorische und themenzentrierte Punkte besprochen. Organisatorisch planen Coachee und Coach einen Gesamtzeitrahmen für den Prozess sowie die Termine für die nächsten Coaching-Sitzungen. Darüber hinaus werden bereits die denkbaren Formate besprochen, z. B. persönliche Treffen on- oder off-the-job oder auch Telefontermine.

Inhaltlich-thematisch wird in dieser Sitzung eine fundierte Situationsanalyse durchgeführt, um die Gründe für das Coaching zunächst genauer zu verstehen und zu ordnen. Darauf basierend werden die konkreten Coaching-Ziele entwickelt, präzisiert und konkrete Termine („Wann prüfen wir die Zielerreichung für dieses Ziel?") in einem detaillierten Coaching-Plan festgehalten. Dieser dient anschließend als Prozessleitfaden für den Entwicklungsprozess. Weitere Details zu dem Prozessleitfaden und weiteren Coaching-Instrumenten erhalten Sie in Kapitel 4.3.

Schritt 3: Weitere Coaching-Sitzungen

Die folgenden Coaching-Sitzungen finden in regelmäßigen Abständen statt. Meist liegen zwischen den einzelnen Terminen vier bis sechs Wochen. Je nach Thematik und Entwicklungsfortschritt werden im weiteren Coaching-Prozess die Termine festgelegt und unterschiedliche Methoden zum Einsatz kommen. Für eine effektive Prozessgestaltung ist eine gezielte Vor- und Nachbereitung der einzelnen Sitzungen durch den Coach und den Coachee unabdingbar. Dabei achten beide im Prozess darauf, dass die besprochenen Themen zwischen den einzelnen Coaching-Sitzungen Anwendung im Alltag finden können und der zuvor definierte Coaching-Plan eingehalten wird. Im Laufe des Prozesses kann es aufgrund aktueller Entwicklungen immer wieder zu Zielverschiebungen oder -anpassungen kommen. Etwaige Änderungen des Plans werden explizit zwischen Coachee und Coach besprochen und schriftlich festgehalten. Neben den geplanten Sitzungen kann es außerdem sinnvoll sein, Sitzungen aufgrund aktueller Ereignisse vorzuziehen, telefonische Kurz-Coachings durchzuführen oder gegebenenfalls sogar zusätzliche Sitzungen zu vereinbaren. Der Spielraum für solche Freiräume im Coaching-Prozess sollte nach Möglichkeit bereits in der Auftragsklärung mit dem Auftraggeber ausgelotet werden.

Kienbaum Expertentipp: Führen Sie eine Zwischenbewertung durch

Nach etwa der Hälfte der Sitzungen empfiehlt sich eine kurze Zwischen-Evaluation des Coaching-Prozesses, die mit Coachee, Coach und wahlweise dem Auftraggeber oder der Führungskraft stattfinden kann. Dabei werden der Prozessverlauf, die Coaching-Ziele und erste Entwicklungsschritte („Quick Wins") evaluiert, um – wenn nötig – zeitnah Veränderungen im Coaching-Prozess vorzunehmen oder zusätzliche Unterstützung für den Coachee, z. B. durch die Führungskraft, besprechen zu können. Selbstverständlich kann diese Zwischenreflexion auch zu jedem anderen Zeitpunkt des Coaching-Prozesses durchgeführt werden, wenn es angezeigt erscheint.

Schritt 4: Abschlusssitzung – Gesamtevaluation des Prozesses

Um die Effektivität des Coaching-Prozesses zu bestimmen und das Erreichen der geplanten Entwicklungsziele zu überprüfen, wird in der Regel zum Ende des Coaching-Prozesses in der Abschlusssitzung eine Gesamtevaluation durchgeführt. Diese findet in einem gemeinsamen Gespräch zwischen Coachee, Coach, Auftraggeber und/oder dem Vorgesetzten des Coachees statt.

Inhalte eines Evaluationsgesprächs

Dieses Evaluationsgespräch wird in der Regel gemeinsam von Coachee und Coach vorbereitet und enthält z. B. die folgenden Inhalte:

- Evaluation der Zufriedenheit mit dem Coaching-Prozess aus Sicht des Coachees, Coachs, Auftraggebers und des Vorgesetzten, gegebenenfalls auch weiterer Interessengruppen, die im Laufe des Prozesses involviert wurden
- Evaluation der im Coaching eingesetzten Methoden und Inhalte im Hinblick auf ihren Beitrag zur Zielerreichung
- Evaluation des Erreichens der Entwicklungsziele im Hinblick auf Effektivitätsverbesserungen und Verhaltensänderungen des Coachees am Arbeitsplatz
- Antizipation und Vorbesprechung der nächsten erfolgskritischen Entwicklungsschritte und Diskussion darüber, wie man diese Schritte mit dem Gelernten angehen kann
- Erörterung weiterer Unterstützungsmöglichkeiten bzw. -notwendigkeiten, z. B. durch die Führungskraft im Arbeitsalltag oder durch eine Follow-up-Sitzung mit dem Coach nach sechs Monaten

4.2   Rahmenbedingungen, Auftragsklärung und Vertragsgestaltung

Beispiel: Der verdeckte Assessment-Auftrag

Annabel Roth, selbstständiger Coach, sitzt gerade mit Herrn Gawron, Geschäftsführer der Pharmarus AG, im Auftragsklärungsgespräch zusammen und ist irritiert über das, was sie hört. Nach einem ersten kurzen Telefonat in der vergangenen Woche war sie davon ausgegangen, dass sie sieben Regionalleiter des Vertriebs der Pharmarus AG über das nächste halbe Jahr coachen sollte, damit diese eigene Verantwortungsbereiche stärker wahrnehmen können und gleichzeitig besser an ihrer Work-Life-Balance arbeiten.

Nun aber teilt ihr Herr Gawron mit, dass die Pharmarus AG demnächst fusioniert. Mit dem Fusionspartner habe man sich darauf geeinigt, dass Deutschland demnächst in zehn Regionen geführt werde. Dies bedeute aber, dass man dringend Klarheit darüber brauche, wer als Regionalleiter aus beiden Parteien „bestätigt" werden könne. Man wolle dabei fair, also nach dem Leistungsprinzip vorgehen, teilte er Annabel Roth mit. Um die Ergebnisse nicht zu verfälschen, würde man den derzeitigen Regionalleitern zunächst noch nichts von der anstehenden Fusion mitteilen. Das Coaching eigne sich deswegen hervorragend, fährt Herr Gawron fort, die Regionalleiter genauer unter die Lupe zu nehmen. Über das Coaching würde Annabel Roth sicher nicht nur Interessantes über die aktuellen Stärken und Entwicklungsfelder erfahren, sondern sicher auch zwischen den Zeilen Informationen sammeln können.

Selbstverständlich wollen wir nach der Fusion auch für das ursprünglich geplante Entwicklungscoaching wieder auf sie zukommen, sagt Herr Gawron beschwichtigend, als er Annabel Roths überraschten Gesichtsausdruck bemerkt. So haben doch beide Parteien etwas davon!

Negative Folgen eines missverstandenen Coachings

Immer wieder kommt es vor, dass Coachings missverstanden und zu zweifelhaften, Coaching-fremden Zwecken eingesetzt werden, wie das Beispiel von Annabel Roth zeigt. Herr Gawron, der Auftraggeber, scheint nicht verstanden zu haben, worauf es im Coaching ankommt und worin der Unterschied zum Thema Diagnostik besteht. Nehmen wir für einen Moment an, Annabel Roth würde all ihr Wissen über richtiges Coaching über Bord werfen und dem finanziell verlockenden Angebot von Herrn Gawron folgen. Was wären die Folgen eines verdeckten Assessment-Auftrags im Coaching?

- Annabel Roth würde unter dem Vorwand, an den Problemen der Coachees zu arbeiten, Informationen über deren Arbeitsverhalten erheben. Am Ende würde wahrscheinlich der Regionalleiter verlieren, der am ehrlichsten ist und sich am meisten öffnet. Die verschlosseneren und unehrlicheren Coachees würden „gewinnen" und im Job bleiben. Dies würde vermutlich auch dem Unternehmen nicht gut tun.

- Unter Umständen verfügt Annabel Roth gar nicht über eine fundierte diagnostische Ausbildung und Erfahrung. Und selbst wenn: Eine strukturierte Beobachtung, die saubere Vergleiche zwischen den Regionalleitern ermöglichen würde, ist in einem klassischen Coaching-Setting darüber hinaus gar nicht möglich. Eine korrekte Einschätzung der Leistungen der Regionalleiter ist also höchst fragwürdig.

- Annabel Roth würde ihre Coachees zu deren aktuellen Problemen im Alltag befragen, hätte aber wenig Interesse daran, an einer Lösung zu arbeiten, da sie dem diagnostischen Auftrag von Herrn Gawron nachkommen muss.

- Alternativ könnte sie mit den Coachees an den Problemen arbeiten, könnte Herrn Gawron aber keine diagnostisch fundierte Auskunft zu seiner eigentlichen Fragestellung geben.

- Früher oder später würde sich herausstellen, dass Annabel Roth ein doppeltes Spiel gespielt hat. Ein Coaching der Regionalleiter nach überstandener Fusion wäre nicht mehr möglich, da sich eine vertrauensvolle Atmosphäre mit Sicherheit nicht mehr herstellen ließe.

Diese Fallen, die sich bei Annahme dieses Auftrags stellen würden, zeigt die große Bedeutung der Auftragsklärung im Coaching. Für den Coach ergibt sich fast immer eine Gratwanderung zwischen der Informationspflicht dem Auftraggeber gegenüber und dem Vertrauensverhältnis dem Coachee gegenüber. Sind Coachee und Auftraggeber ein und dieselbe Person, ist das Problem bereits gelöst. Handelt es sich um verschiedene Gruppen, ist Transparenz das A und O. Ohne diese Transparenz ist ein Coach besser beraten, wenn er den Auftrag ablehnt, anstatt ihn irgendwie „über die Bühne zu bringen".

Der Dreiecksvertrag zwischen allen Beteiligten

Das Geflecht der Beteiligten am Coaching lässt sich gut durch den Dreiecksvertrag abbilden.

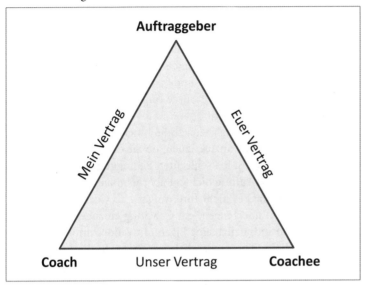

Abb.: Der Dreiecksvertrag

Ziel des Dreieckvertrags ist es, möglichst viel Transparenz herzustellen. Idealerweise findet die Zielklärung des Coaching-Prozesses auch unter sechs Augen zwischen Auftraggeber, Coachee und Coach statt, denn die Ziele des Coachings sind ohnehin Teil eines jeden der drei Verträge. Auch die Vertraulichkeitsbedingungen und Regelungen zur Information des Coachs an den Auftraggeber lassen sich am besten im Dreiergespräch klären. Andere Aspekte, wie beispielsweise die Konditionen Ihres Coaching-Auftrags, klären Sie natürlich unter vier Augen mit dem Auftraggeber.

Empfehlungen für ein Dreiecksvertrags-Gespräch

Bevor wir die einzelnen Verträge isoliert betrachten, werfen wir zunächst einen Blick auf weitere nützliche **Hinweise für ein Dreiecksvertrags-Gespräch** (vgl. Leinweber, 2009):

- Ziel ist es, Klarheit über den Coaching-Prozess, seine Rahmenbedingungen und die damit verbundenen Ziele zu bekommen sowie eine positive, chancenorientierte Atmosphäre herzustellen.
- Gleichzeitig sollten Sie darauf achten, dass das Gespräch nicht zu einer „Gerichtsverhandlung" wird. Wichtig ist, dass der Coach eine neutrale Position einnimmt und nicht zum „Verbündeten" des Auftraggebers oder des Coachees wird.
- Um dies sicherzustellen, sollte der Coachee immer wieder aktiv mit in das Gespräch eingebunden werden. Ohnehin sollten Sie als Coach schon jetzt dafür Sorge tragen, dass er Verantwortung für den Prozess übernimmt.
- Außerdem sollten Sie als Coach die innere Bereitschaft mitbringen, sich erst einmal anzuschauen, ob Sie den Auftrag überhaupt übernehmen wollen. Bei schlechten Bedingungen sollten Sie sich offenhalten, den Auftrag nicht zu übernehmen.
- Beachten Sie, dass es nicht Ihre Aufgabe als Coach ist, den Coachee davon zu überzeugen, ein Coaching einzugehen. Der Coachee sollte grundsätzlich eine Eigenmotivation mitbringen. Sprechen Sie dieses Thema deutlich an, wenn die Eigenmotivation nicht ausreicht. Ansonsten ist es Sache des Auftraggebers, den Coachee von einem Coaching zu überzeugen.
- Bekommen Sie während des Gesprächs das Gefühl, dass das Problem eigentlich nicht beim Coachee, sondern in der Führungsbeziehung oder an der direkten Führungskraft liegt, so sollten Sie zunächst ein Gespräch in einem anderen Rahmen suchen. Dies kann z. B. bedeuten, nach der Auftragsklärung und **vor** Annahme des Coaching-Auftrags Ihre Hypothese noch einmal mit dem Auftraggeber zu besprechen und über alternative Vorgehensweisen zu sprechen.
- Das Coaching muss trotzdem nicht direkt verworfen werden. Unter Umständen kann es für den Coachee dennoch hilfreich sein, gemeinsam mit Ihnen Strategien zur Verbesserung der Zusammenarbeit zu erarbeiten.
- Ziele sind im Coaching zwar wichtig, sie sollten aber im Auftragsklärungsgespräch noch nicht zu fein gegliedert werden. Der Prozess braucht eine gewisse Freiheit und wird dann in den ersten Sitzungen mit dem Coachee verfeinert. Versprechen Sie vor-

her ein bestimmtes Ergebnis, so ist das nicht nur unrealistisch, sondern erzeugt bei Nichteinhaltung Unzufriedenheit im Kundensystem und birgt somit auch Risiken für die langfristige Kundenbindung.

Nicht immer ist ein Gespräch zu dritt möglich. Wir stellen die drei Teilverträge im Dreiecksvertrag daher im Folgenden noch einmal isoliert dar.

„Mein Vertrag" – zwischen Coach und Auftraggeber

Meist gibt es neben Coach und Coachee noch einen Auftraggeber, mit dem man als Coach einen Vertrag („Mein Vertrag") abschließt. Dieser beinhaltet die Konditionen des Coachings (Dauer, Durchführungsort, Honorar etc.) ebenso wie wichtige Ziele aus Sicht des Auftraggebers. Dieser Vertrag wird vor der Durchführung des Coachings geschlossen und schriftlich fixiert. Manchmal hat der Auftraggeber keine Vorstellungen in Bezug auf die Inhalte des Coachings. Die Ziele bleiben dann offen. Gehen Sie in ein Auftragsklärungsgespräch, sollten Sie daher unbedingt einige Fragen vorbereiten. Die folgende Checkliste enthält **Leitfragen an den Auftraggeber** (Leinweber, 2009), die Ihnen dabei helfen:

Checkliste: Leitfragen an den Auftraggeber des Coachings	
Warum halten Sie das Coaching für angezeigt?	
Worin sehen Sie das Problem des Klienten?	
Was sollten Ihrer Meinung nach die Ziele des Klienten (Coachee) sein?	
Wann wäre das Coaching aus Ihrer Sicht erfolgreich?	
Woran würden Sie bei einem Mitarbeiter bemerken, dass das Coaching erfolgreich war?	
Welche Ziele verbinden Sie mit dem Coaching?	
Ist die direkte Führungskraft des Coachees in den Prozess eingebunden?	
Welche Maßnahmen zur Problembehebung gab es schon innerhalb der Führungsbeziehung?	

Welche Erwartungen und Wünsche haben Sie an mich als Coach?	
Haben Sie mit Ihrem Mitarbeiter schon über ein mögliches Coaching gesprochen? Können Sie mir seine Reaktion beschreiben?	
Wie wird es Ihr Mitarbeiter wahrscheinlich auffassen, wenn Sie ihn über Ihr Vorhaben informieren?	
Haben Sie mit Ihrem Mitarbeiter schon über Inhalte, Methoden und mögliche Ergebnisse des Coachings gesprochen?	
Wie viel Zeit wollen Sie dem Mitarbeiter für das Coaching einräumen?	
Wann erwarten Sie sich eine Verbesserung? Gibt es einen spätesten Zeitpunkt?	
Was können Sie und was kann ich tun, um das Coaching erfolgreich zu gestalten?	
Was könnten wir rein theoretisch tun, um das Coaching für den Coachee unangenehm zu gestalten?	
Wie könnte man ihn für ein Coaching gewinnen?	
Wie sollte der Informationsfluss im Coaching-Prozess aussehen?	
Welches sind Abbruchkriterien für ein Coaching?	
Was bedeutet ein vorzeitiger Abbruch für den Coachee und den Auftraggeber?	
Welchen Ruf hat Coaching bei Ihnen im Unternehmen?	

Die Akzeptanz von Coaching in Organisationen

Durch die zunehmende Professionalisierung auf Seiten der Coachs wie auf Seiten der Organisationen in diesem Thema, hat die Akzeptanz für das Führungskräfte-Coaching in Organisationen in den vergangenen Jahren stark zugenommen. Das Interesse steigt kontinuierlich. Ebenso sinkt die Hemmschwelle von Führungskräften, ein eigenes Coaching in ihrer Organisation einzufordern. Das folgende Zitat aus der Wochenzeitung DIE ZEIT (Dossier 35/2008) bringt es auf den Punkt:

„Das Umdenken in Deutschland setzte vor etwa fünf Jahren ein. Bis dahin wurde belächelt, wer sich coachen ließ. Er war stigmatisiert als Verlierer, Schwächling, Kranker. Mittlerweile gilt Coaching als Zeichen hoher Wertschätzung. Wenn der einzelne Arbeitnehmer einen

Coach zur Seite bekommt, ist das ein Signal: Wir schauen auf dich! In dich wollen wir investieren!"

Wenn Coaching als Strafmaßnahme angesehen wird

Die Akzeptanz von Coaching spielt im Coaching-Prozess eine wichtige Rolle. Trotz des Umdenkens gibt es auch heute nach wie vor Unternehmen, in denen Coaching noch als Strafmaßnahme angesehen wird. Die Auswirkungen einer solchen Einstellung liegen auf der Hand: Im Coaching sind diese Personen zumindest zu Beginn meist skeptisch und haben Schwierigkeiten, sich dem Coach gegenüber zu öffnen. Wird der Nutzen des Coachings im Verlauf des Prozesses deutlich, halten sie ihr Coaching trotzdem geheim, was häufig zusätzliche Belastung bedeutet.

> **Kienbaum Expertentipp: Die Coaching-Motivation stärken**
>
> Für Sie als Coach bedeutet niedrige Coaching-Akzeptanz, dass Sie zunächst viel Vertrauens- und Beziehungsarbeit leisten müssen. Stellen Sie sich auf kleine Fortschritte und Erkenntnisse zu Beginn ein und unterstützen Sie die Coaching-Motivation dadurch, dass Sie – wenn möglich – erste „Quick Wins" deutlich betonen. Weiterhin sollten Sie in solchen Fällen darauf achten, dass das Coaching in neutralen Räumlichkeiten stattfindet. Aus Akquisitionsgesichtspunkten sollten Sie nicht zu viel erwarten. Auch wenn das Coaching sehr erfolgreich verläuft, bedeutet ein Umdenken in Bezug auf Coaching einen Kulturwechsel und dieser nimmt in der Regel viel Zeit in Anspruch. Folgeaufträge sind daher eher unwahrscheinlich.

Viele Unternehmen haben es mittlerweile aber geschafft, dass Coaching als eine Art Belohnung für besonders gute Mitarbeiter angesehen wird. Dies ist natürlich die deutlich komfortablere Situation für Sie als Coach. Sie dürfen nicht nur mit mehr Offenheit im Prozess rechnen, sondern können auch davon ausgehen, dass die maximale Anzahl von Coaching-Sitzungen ausgenutzt wird. Ein Coach kann schließlich sogar ein Statussymbol werden. Außerdem wird man Sie bei guter Leistung voraussichtlich für weitere Coachings buchen.

„Euer Vertrag" – zwischen Coachee und Auftraggeber

Auch Ihr Auftraggeber und dessen Mitarbeiter (Ihr Coachee) werden ein Abkommen miteinander geschlossen haben („Euer Vertrag"). In diesem Vertrag oder der Vereinbarung wird festgelegt, warum der Mitarbeiter ein Coaching in Anspruch nehmen darf und unter Umständen, welche Konditionen sich daran aus Sicht des Auftraggebers knüpfen. Derlei Konditionen sollten idealerweise schriftlich festgehalten werden. Häufig kann der Coach hier jedoch nur beratend auftreten und hat letztlich keinen Einfluss auf den Vertrag zwischen Auftraggeber und dessen Mitarbeiter.

Als Coach sollten Sie den Vertrag Ihres Coachees kennen

Zwar haben Sie mit diesem Vertragsschluss inhaltlich zunächst nichts zu tun, dessen Inhalte zu kennen, hilft Ihnen allerdings ungemein, wenn Sie die Situation Ihren Coachees verstehen wollen: Ein gezwungenes Coaching führt selbstverständlich zu Skepsis und viel geringerer Offenheit des Coachees im Coaching-Prozess als ein selbst gewünschtes Coaching. Ist das Coaching mit Zielen für den Coachee hinterlegt, so hat dies Auswirkungen auf den persönlichen Einsatz des Coachees. Vielleicht führt diese Situation aber auch zu weniger Offenheit des Coachees, wenn es um Themen geht, die nicht als Ziele vereinbart wurden. Auch dieser Vertrag wird vor dem Coaching abgeschlossen. Sollte der Auftraggeber wünschen, über die Inhalte des Coachings informiert zu werden, so ist dies grundsätzlich zwar in Ordnung (wenn auch nicht unbedingt förderlich für das Coaching), welche Informationen aber an den Auftraggeber fließen, muss im Vertrag zwischen Auftraggeber und Coachee geregelt sein. Diese Absprachen sind bindend und zwingend einzuhalten.

„Unser Vertrag" – zwischen Coach und Coachee

Gleichzeitig werden Sie mit Ihrem Coachee vereinbaren, was mit dem Coaching erreicht werden soll, aber auch, welche Grenzen das Coaching unter Umständen hat. Klären Sie in diesem Vertrag auch, welches die Rollen von Coach und Coachee sind. Verdeutlichen Sie, dass der Coachee die Umsetzungsverantwortung trägt und damit für den Erfolg des Coachings zu einem großen Teil verantwortlich ist. Sprechen Sie außerdem über die geplante Dauer des Coachings und dessen Ablauf. Vereinbaren Sie nach Möglichkeit aber noch keine definitive Anzahl von Sitzungen, dies lässt sich im Vorfeld kaum abschließend sagen. Wichtige Eckpunkte können Sie schriftlich fixieren. Wichtiger ist es jedoch, dass Sie die vereinbarten Aspekte für sich so festhalten, dass Sie diese für das nächste Coaching parat haben.

Auftragsklärung mit dem Coachee

Im ersten Gespräch müssen sich Coach und Coachee zunächst kennenlernen. Hinterfragen Sie daher bei allen Worten und Themen, die Ihnen unklar sind, was genau sich für Ihren Coachee dahinter verbirgt. Schaffen Sie so einen gemeinsamen Bezugsrahmen. Nur wenn Sie wissen, dass Sie über das Gleiche sprechen, können Sie auch an den Themen arbeiten. Wir nennen dieses Vorgehen auch „marsianisches Fragen". Stellen Sie sich also vor, Sie kämen vom Mars und müssten alles genau erfragen, um es zu verstehen.

Die detaillierte Auftrags- und Zielklärung mit dem Coachee erfolgt in der Regel im Rahmen der ersten Coaching-Sitzung.

Die folgenden **Leitfragen zum Erstgespräch mit dem Coachee** (Leinweber, 2009) können Ihnen wiederum als Ideensteinbruch dienen. Sie beziehen sich auf den Vertrag, aber bieten auch einige weiterführende Fragen zur Problemanalyse. Diese Fragen sollen Ihnen als erste Anregung dienen. Im nächsten Kapitel werden wir Ihnen noch einige vertiefende Fragen für den Einstieg in den Coaching-Prozess vorstellen.

Checkliste: Leitfragen zum Erstgespräch mit dem Coachee	
Wie stehen Sie zum Coaching?	
Welches Ansehen hat Coaching bei Ihnen im Haus bzw. in der Abteilung?	
Was werden die Kollegen, Mitarbeiter oder Ihr Chef denken und sagen, wenn Sie ein Coaching in Anspruch nehmen?	
Was haben Sie bislang über Coaching gehört?	
Wie stellen Sie sich eine einzelne Sitzung und den Gesamtprozess vor?	
Wie stellt sich das Problem aus Ihrer Perspektive dar?	
Wie erklären Sie sich, dass das Problem entstanden ist?	
Haben Sie schon etwas unternommen, um das Problem zu lösen?	

Was war davon hilfreich und was nicht?	
Warum widmen Sie sich dem Problem gerade jetzt erneut?	
Hat das Problem Auswirkungen auf andere Personen? Welche sind das?	
Würden andere Personen das Problem genauso definieren wie Sie?	
Was wird passieren, wenn sich an dem Problem nichts ändert?	
Gibt es jemandem, der von dem Problem profitiert? (Vielleicht sogar Sie selbst?)	
Angenommen Sie hätten einen Wunsch frei: Was wäre morgen anders als heute?	
Woran würden Sie sehen, dass das Coaching für Sie erfolgreich war?	
Wie planen Sie, hilfreiche Gedanken und Ideen aus dem Coaching fest- und nachzuhalten?	

Mit Interessenkonflikten zwischen Coachee und Auftraggeber umgehen

Als Coach werden Sie hin und wieder in die Situation kommen, dass Ihr Coachee an einem Thema arbeiten will, das den Vorstellungen des Auftraggebers von den Coaching-Inhalten widerspricht. Nehmen wir an, Ihr Coachee möchte mit Ihnen ein Verhandlungsgespräch mit seinem Vorgesetzten (der auch Auftraggeber ist) vorbereiten mit dem Ziel einer Gehaltserhöhung. Bereiten Sie Ihren Coachee auf das Gespräch vor und machen ihn fit für die Gehaltsverhandlung, so laufen Sie natürlich Gefahr, Ihren Auftraggeber unangenehm zu überraschen. Dieser trägt die Kosten für das Coaching und soll nun auch noch seinem Mitarbeiter ein höheres Gehalt zahlen.

Vermeiden Sie nach Möglichkeit, sich so zwischen die Stühle zu setzen. Stellen Sie sich die Situation vor, dass Ihr Coachee Sie bittet, ein Gehaltsverhandlungsgespräch mit dem direkten Vorgesetzten (der auch Ihr Auftraggeber ist) vorzubereiten. Dass Sie diesem Wunsch in einem vom Auftraggeber bezahlten Coaching nachkommen, würde diesem sicherlich nicht sonderlich gefallen. Sprechen Sie in diesem Fall den Interessenkonflikt, der entsteht, deutlich an. Bieten Sie dem Coachee unter Umständen an, ein Erwartungs-klärungsgespräch vorzubereiten, in dem der Coachee seine Füh-rungskraft nach Bedingungen fragt, die sich an eine höhere Gehalts-stufe knüpfen.

Diese Alternative ist zulässig, da eine Erwartungsklärung Auftragge-ber und Coachee zugutekommen werden. Sicher wird es Ihnen Ihr Auftraggeber nicht verübeln, wenn er besondere Leistungen des Mitarbeiters mit Anreizen hinterlegen kann. Dies geschieht in den meisten Unternehmen ja ohnehin im Rahmen des jährlichen Ziel-vereinbarungsprozesses. Vorsichtig sollten Sie selbstverständlich sein, wenn Sie wissen, dass im Unternehmen oder der Organisation nicht mit individuellen Zielvereinbarungen gearbeitet wird. Hier würden Sie vermutlich in ein Wespennest stechen.

Im Fazit heißt das: Eine saubere Auftragsklärung ist die Basis für einen guten Coaching-Prozess. Was Sie bei der Auftragsklärung versäumt haben, kehrt immer wieder in negativer Form zu Ihnen zurück.

Kienbaum Expertentipp: Stärken Sie die Beziehung zwischen Ihrem Coachee und dem Auftraggeber

Machen Sie sich in der Auftragsklärung und im weiteren Verlauf nicht zum Spielball der Interessen zwischen Auftraggeber und Coachee. Stär-ken Sie lieber die Beziehung zwischen beiden Parteien, indem Sie dafür sorgen, dass Lösungen gefunden werden, die für beide Seiten akzeptabel sind. Dies ist nicht immer leicht, wird Ihnen aber sicherlich gedankt werden, wenn es gelingt.

4.3 Wichtige Coaching-Instrumente und -Methoden

„Die differenziertesten Theorien, die ausgeklügeltsten Techniken haben in der systemischen Beratung keine Wirkung, wenn die Haltung der Berater nicht stimmt."

Roswitha Königswieser, systemische Organisationsberaterin

Nachdem Sie die Auftragsklärung erfolgreich hinter sich gebracht
haben, benötigen Sie Handwerkszeug und Methoden für das Coaching selbst. Bei den beiden Begriffen denkt man schnell an „Tools"
und Kniffe, an ausgefeilte Methoden und Instrumente. Beginnen
möchten wir dieses Kapitel dagegen mit einem sehr grundlegenden
und überhaupt nicht technischen „Handwerkszeug" für das Coaching: mit der inneren Haltung des Coachs. Was Roswitha Königswieser über systemische Beratung im Allgemeinen ausdrückt, trifft
natürlich ebenso auf das Coaching zu.

Welche Haltung sollten Sie als Coach einnehmen?

Sie können als Coach hunderte verschiedener Techniken, Instrumente und Methoden erlernen. Das allein wird Sie nicht zu einem
guten Coach machen, wenn Ihnen Ihre innere Haltung nicht bewusst und diese darüber hinaus möglicherweise für das Coaching
nicht hilfreich ist. Gedanken im Coaching könnten zum Beispiel
sein: „Was für ein unangenehmer Coachee" oder „Der ist doch selber schuld!" oder „Was macht er denn wegen dieser Kleinigkeit so
einen Aufstand?". Getreu dem alten Sprichwort „A fool with a tool is
still a fool" werden Sie und ebenso Ihr Coachee mit solchen Gedanken Schiffbruch erleiden, selbst wenn Sie mit den neuesten Coaching-Instrumenten aufwarten.

Aber wie sieht die richtige Haltung aus, die es als Coach zu entwickeln gilt? Woran merke ich, dass ich Haltung habe? Gibt es gute
und schlechte Haltung?

Die innere Haltung eines Menschen hängt eng mit persönlichen
Werten, Denkmustern und Wahrnehmungen zusammen. Diese
wiederum entwickeln sich im Laufe unseres Lebens bewusst und –
häufiger – unbewusst und prägen nachhaltig unseren Blick auf die
Welt. Sie haben Einfluss auf unsere Urteile über gut und schlecht,

richtig und falsch. Haltung prägt daher unseren Umgang mit und letztlich unsere Beziehungen zu anderen Menschen.

Achten Sie mal darauf, wenn Sie sich mit jemandem über andere Menschen unterhalten. Die Haltung Ihres Gesprächspartners zeigt sich in vielen seiner Sätze, frei nach dem Motto: „Was Peter über Paul sagt, sagt mehr über Peter als über Paul" (Königswieser/Hillebrand, 2006).

Die innere Haltung des Coachs zeigt sich beispielsweise deutlich in der Perspektive, die er gegenüber seinem Coachee einnimmt: Sieht er ihn als hilfsbedürftig und wenig kompetent an, weil er Unterstützung sucht? Und sieht er sich selbst möglicherweise als den allwissenden Experten, der bereits in der ersten Coaching-Sitzung weiß, was sein Coachee braucht? Oder begegnet er seinem Coachee zwar mit gesundem Selbstbewusstsein, doch gleichzeitig auf Augenhöhe, mit Respekt, Neugier?

„Ich bin O. K. – du bist O. K." – ein einfaches Modell zur Reflexion der eigenen Haltung

Auf den folgenden Seiten lernen Sie ein einfaches, pragmatisches Modell kennen, um sich die eigene Haltung und die anderer bewusst zu machen. Es ist der Transaktionsanalyse entliehen (vgl. Harris, 1975).

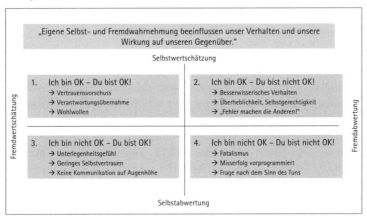

Abb.: Modell zur Reflexion der eigenen Haltung

241

Das Konzept beschreibt, mit welcher Grundhaltung eine Person in Interaktionen eintritt und welche Auswirkungen diese Grundhaltung auf den Gesprächsverlauf, die Beziehungsebene, die Zielorientierung etc. im Gespräch haben kann: Als Menschen haben wir zum einen eine bestimmte Selbstwahrnehmung. Zum anderen haben wir auch immer eine Wahrnehmung bzw. ein Bild von den Menschen, denen wir begegnen. Das Modell bietet für beide Blickwinkel zwei mögliche Varianten:

Die Selbstwahrnehmung auf der vertikalen Achse kann entweder wertschätzend ("Ich bin O. K.") oder aber abwertend ("Ich bin nicht O. K.") ausfallen. Für die Fremdeinschätzung auf der horizontalen Achse gilt dies analog. Daraus ergeben sich vier mögliche Quadranten, die eine bestimmte Haltung beschreiben und zu verschiedenen Gesprächsdynamiken führen.

Haltung 1: Ich bin O. K. – du bist O. K.!

Diese Haltung führt in der Regel zu konstruktiver Kommunikation auf Augenhöhe. Sie ist dann geprägt von Offenheit, Optimismus, Wohlwollen und Respekt für das Gegenüber, seine Einstellungen und Anschauungen. Sie zielt auf ein Miteinander. Treten Sie mit der Grundhaltung "Ich bin O. K. – du bist O. K." in ein Gespräch ein, so werden Sie sich wahrscheinlich wertschätzend verhalten, die Meinung Ihres Gegenübers würdigen und sich mit lehrmeisterhaftem oder unterwürfigem Verhalten zurückhalten.

Haltung 2: Ich bin O. K. – du bist nicht O. K.!

Diese Haltung ist geprägt von einer Kommunikation von oben nach unten. Die zwischen den Zeilen transportierte Botschaft lautet: "Ich bin besser als du." Anzeichen für diese innere Haltung in der Kommunikation können z. B. Besserwisserei, Überheblichkeit, Arroganz, Selbstgerechtigkeit und Distanz sein. "Fehler machen die anderen, nicht ich." Aus dieser Haltung heraus werden Sie Ihr Gegenüber eher wie ein Kind behandeln, welches ohne Ihre Unterstützung hilflos ist. Vielleicht werden Sie Ihren Gesprächspartner aber auch maßregeln und starke Abwehrreaktionen hervorrufen.

Haltung 3: Ich bin nicht O. K. – du bist O. K.!

Diese dritte Haltung richtet den Blick von unten nach oben auf den Gesprächspartner. Sie strahlt Unsicherheit und wenig Selbstvertrauen aus. Ist man selbst mit dieser Haltung unterwegs, begleiten einen häufig Minderwertigkeits- und Unterlegenheitsgefühle. Treten Sie mit der Haltung „Ich bin nicht O. K. – du bist O. K." in die Interaktion, so werden Sie vermutlich das Gefühl haben, Ihr Gegenüber sei kompetenter als Sie. Dementsprechend werden Sie sich mit Ihrer eigenen Meinung zurückhalten und unter Umständen die Aussagen Ihres Gesprächspartners akzeptieren, ohne diese zu hinterfragen.

Haltung 4: Ich bin nicht O. K. – du bist nicht O. K.!

Die vierte Haltung ist besonders destruktiv. Wenn sowohl meine Selbstwahrnehmung als auch meine Wahrnehmung des Gegenübers „nicht O. K." heißt, dann ist die Kommunikation geprägt von Pessimismus und Resignation. Wie soll es auch vorangehen, wenn ich weder mir selbst noch meinem Gegenüber etwas zutraue. Mit der Einstellung „Ich bin nicht O. K. – du bist nicht O. K." gehen Sie davon aus, dass weder Sie noch Ihr Gegenüber kompetent sind. Die Folge wäre vermutlich ein Jammern über schwierige Rahmenbedingungen, ein sehr stockendes Gespräch oder Ähnliches.

Vom Modell in die Alltagspraxis

Wann immer sich zwei Menschen begegnen, treffen nach diesem einfachen Modell auch zwei „Quadranten" aufeinander, die sich wiederum gegenseitig beeinflussen. Die eigene Haltung ist also nicht statisch, sondern hängt auch immer von der Haltung meines Gesprächspartners ab. Stellen Sie sich beispielsweise vor, Sie gingen – als vorbildlicher Coach – in ein Gespräch mit der Haltung „Ich bin O. K. – du bist O. K.". Ihr Gesprächspartner allerdings begegnet Ihnen mit „Ich bin O. K. – du bist nicht O. K.". Wozu würde das bei Ihnen womöglich führen? Würden Sie in „Ihrem Quadranten" bleiben oder sich eingeladen fühlen, den Quadranten zu wechseln?

Kienbaum Expertentipp: Nutzen Sie das Modell auch im Alltag

Beobachten Sie sich und andere in Momenten der Interaktion doch einmal im Alltag und versuchen Sie mithilfe dieses einfachen Modells ein Gespür dafür zu entwickeln, wer wem mit welcher Haltung begegnet und welche Dynamiken sich daraus entfalten. Wenn Sie selbst experimentierfreudig sind, probieren Sie selbst unterschiedliche Quadranten aus. Prüfen Sie, wie Menschen darauf reagieren, z. B. im Supermarkt oder im Restaurant. Die Haltung im Quadrant 2 (Ich bin O. K. – du bist nicht O. K.) empfiehlt sich eher nach dem Essen, oder aber Sie sollten Ihren Teller beim Servieren genau überprüfen. Sie wissen schließlich nicht, welche innere Dynamik Sie mit Ihrem Verhalten beim Kellner auslösen und wie dieser darauf reagiert.

Welche Haltung ist für erfolgreiches Coaching hilfreich?

Nach dem oben beschriebenen Modell wäre es in jedem Fall die „O. K.-O. K."-Haltung. Dies kann für die Arbeit als Coach eine hilfreiche Orientierung sein. Letztlich können und wollen wir Ihnen kein Kochrezept liefern. Die gute Nachricht ist vielmehr, dass man sich für die eigene Haltung sensibilisieren und an ihr auch arbeiten kann (beispielsweise mithilfe von Modellen wie dem obigen). Diese Arbeit wirkt sich nicht nur im Coaching, sondern häufig auch auf andere Beziehungen positiv aus.

Einige Charakteristika einer aus unserer Sicht hilfreichen Haltung im Coaching sind:

- Respekt
- Anerkennung der Wirklichkeit des Coachees
- Neugier
- Wertschätzung
- Bescheidenheit
- Selbstbewusstsein
- Neutralität
- Multiperspektivität
- Geduld
- Lösungsorientierung
- Vertrauen in die vorhandenen Ressourcen des Coachees

Gute Coaching-Ausbildungen legen großen Wert auf die Entwicklung einer professionellen Haltung und investieren hierfür auch entsprechend Zeit (siehe Kapitel 4.6). Eine differenzierte Auseinandersetzung mit dem Thema Haltung finden Sie in einem Artikel von Königswieser und Hillebrand (Königswieser/Hillebrand, 2006).

Methoden im Coaching

Für Ihr Coaching stehen Ihnen mittlerweile tausende erprobter Instrumente zu verschiedensten Themen und Coaching-Phasen leicht zugänglich zur Verfügung. Diese sind an anderer Stelle hinlänglich beschrieben (z. B. Rauen, 2008 und 2009). Wir konzentrieren uns daher im Folgenden auf **drei zentrale Methoden**, die Sie in jedem Coaching-Prozess benötigen:

- Kontrakt- und Zielarbeit
- Arbeit mit Hypothesen
- Gutes Fragen

Methode 1: Kontrakt- und Zielarbeit

Zu jedem Coaching gehört, wie in Kapitel 4.2 beschrieben, eine saubere Auftragsklärung zwischen Auftraggeber, Coach und Coachee. Auch zur Kontrakt- und Zielarbeit zwischen Coach und Coachee haben Sie im letzten Kapitel bereits einige Anregungen erhalten (Stichwort „Unser Vertrag"). Hier möchten wir diesen Teil nun etwas vertiefen.

Kontraktarbeit beginnt letztlich mit dem Kennenlernen von Coach und Coachee, in der Regel im Erstgespräch. Wenn die grundlegende „Chemie" stimmt, muss auch die Passung hinsichtlich der Arbeitsweise geprüft und offen besprochen werden. Dies ist zwingend, um frühzeitig ein klares gemeinsames Verständnis über die gemeinsame Arbeit zu haben und dazu gehört insbesondere die Klärung von Erwartungen, Rollen und Verantwortungen. An dieser Stelle können Sie gut die Coaching-Kriterien aus Kapitel 4.1 mit dem Coachee thematisieren, womit Sie dem Kriterium „Transparenz" auch direkt Rechnung getragen haben. Der Coach übernimmt Verantwortung für einen sauber gestalteten Prozess und stellt seine gesamte Kompetenz und Professionalität für das Coaching zur Verfügung. Für den inhaltlichen Erfolg des Coachings allerdings ist er nicht verantwortlich, denn der liegt maßgeblich in den Händen des Coachees. Der Coach unterstützt ihn auf seinem Weg.

Zu diesem Zeitpunkt werden außerdem der Coaching-Anlass bzw. die Problemstellung analysiert und die entsprechenden Ziele des Coachings erarbeitet. Und hier greift bereits eines der zentralen Instrumente des Coachs – hochwertige Fragen. Eine kurze Auswahl haben Sie im letzten Kapitel bereits kennengelernt. Der Vorteil dabei ist, dass Sie durch gute und professionelle Fragen nicht nur Informationen beim Coachee abrufen, sondern ihn auch dazu bringen, neue Information zu erzeugen, also Punkte zu durchdenken, über die er vorher möglicherweise noch nie oder nicht in dieser Weise nachgedacht hat. Dies gilt natürlich für alle Fragen im gesamten Coaching-Prozess. Wie das gelingen kann, werden wir an späterer Stelle noch ausführlich erläutern. Im Folgenden erhalten Sie weitere hilfreiche Fragen für das Ausleuchten der Problemstellung des Coachees.

 Fragen zum Problemkontext

- Wie genau äußert sich die Problemstellung, mit der wir uns im Coaching beschäftigen wollen?
- Wann und wo zeigt sich das Problem? Wann und wo tritt es nicht auf?
- Was haben Sie bereits versucht, um das Problem zu lösen? Was haben andere bereits versucht?
- Wie würde Ihr Chef (bzw. Kollege oder Mitarbeiter) dieses Problem beschreiben und bewerten?
- Wie würde sich das Problem weiterentwickeln, wenn Sie nichts unternähmen? Was wäre der schlimmste anzunehmende Fall?
- Was müssten Sie tun, damit sich nichts ändert und alles so bleibt, wie es ist?
- Gibt es möglicherweise sogar Menschen, die von Ihrem Problem profitieren? Wer wäre das?

Das Abfragen, Verstehen und unbedingte Ernstnehmen des Problems ist aus verschiedenen Gründen wichtig: für Sie als Coach natürlich, um den Problemkontext wirklich zu verstehen und so den weiteren Prozess vernünftig gestalten zu können. Außerdem aber zeigen Sie durch genaues Nachfragen und Zuhören Wertschätzung und gestalten so bereits die Beziehungsbasis für Ihre gemeinsame zukünftige Arbeit. Entscheidend ist es dann, dass Sie hier nicht stehenbleiben, sondern das Wissen im nächsten Schritt nutzen, um daraus mit dem Coachee konstruktive Ziele für den kommenden Coaching-Prozess zu vereinbaren.

Fragen zum Zielkontext

- Woran würden Sie am Ende des Coachings ganz konkret erkennen, dass das Problem gelöst ist? Was würden Sie dann genau anders tun?
- Woran könnten Ihr Chef (oder Ihr Partner, Ihre Kollegen) dies konkret erkennen?
- Was wären erste kleine Hinweise darauf, dass sich eine Lösung anbahnt?
- Welches sind die korrespondierenden Ziele zu Ihrem Problem?
- Angenommen, Ihr Problem ist gelöst. Was haben wir beide hier im Coaching dann dafür getan?

Entwickeln eines Coaching-Plans

Fragen wie diese helfen Ihnen und dem Coachee, eine Vorstellung zu möglichen Zielen des Coachings zu entwickeln, die Sie dann in der Folge gemeinsam weiter konkretisieren und vor allem schriftlich fixieren. Hierzu bietet sich zum Beispiel ein einfacher Coaching-Plan an, der für jedes Ziel nach folgendem Muster vorgeht:

- Welches Ziel möchte ich erreichen?
- Welche konkreten Schritte werde ich dafür unternehmen?
- Wen kann und werde ich um Unterstützung bitten?
- Woran merke ich und andere, dass ich mein Ziel erreicht habe?
- Bis zu welchem Termin habe ich dafür Zeit?

In der Regel reichen drei bis vier in dieser Form ausdifferenzierte und klar priorisierte Ziele aus. Diese fixiert der Coachee im Arbeitsblatt, das im Anschluss unterschrieben und kopiert werden kann. Das erhöht zum einen die psychologische Verbindlichkeit. Insbesondere aber dienen diese Ziele zur Steuerung des weiteren Prozesses, denn sie werden immer wieder überprüft und gegebenenfalls angepasst, ergänzt oder sogar verworfen und durch neue ersetzt. Dies kann zum Beispiel dann der Fall sein, wenn ein Ziel ein klärendes Gespräch mit dem eigenen Vorgesetzten war, dieser aber im Verlaufe des Coachings durch einen anderen ersetzt wird.

Wenn Sie mit Ihrem Coachee im Erstgespräch die Kontraktarbeit und die saubere Zieldefinition abschließen und darüber hinaus eine gute Beziehungsebene etablieren konnten, haben Sie einen sehr soliden Grundstein für den gesamten weiteren Prozess gelegt.

Methode 2: Arbeit mit Hypothesen

Wir alle arbeiten in unserem Alltag – bewusst oder unbewusst – mit Hypothesen. So haben wir Hypothesen zum Verhalten unseres Chefs, zu den Problemen der Bundesregierung oder zu den Schulnoten unserer Kinder.

Eine Hypothese im professionellen Kontext bezeichnet „eine vorläufige, im weiteren Verlauf zu überprüfende Annahme über das, was ist". (von Schlippe/Schweitzer, 2007). Unsere Hypothesen als Coach prägen unsere Fragen, und diese wiederum den Weg, den wir gemeinsam mit dem Coachee gehen. Deswegen müssen wir sie uns zunächst einmal selbst bewusst machen. Gute Coachs arbeiten deshalb „bewusst hypothesengeleitet", mit anderen Worten: Sie haben eine Vorstellung davon, was ihre Hypothesen sind und worauf sie hinaus wollen, zum Beispiel bezüglich der Problemstellung des Coachees, seiner eigenen Rolle etc.

Gute Hypothesen ordnen zum einen eine komplexe Thematik, indem sie die oben beschriebene Vorauswahl treffen. Schildert beispielsweise ein Coachee immer wieder auftretende Konflikte mit seinen „schwierigen" Kollegen, dann könnte eine Hypothese sein, dass dies weniger an den Kollegen liegt, sondern an unklar definierten Schnittstellen zwischen den Verantwortungsbereichen. Diese Hypothese kann richtig oder falsch sein, aber sie fokussiert die Thematik zunächst auf einen konkreten Punkt, der bearbeitet werden kann. Wichtig ist es – Stichwort Transparenz –, sich selbst und dem Coachee diese Hypothese genau bewusst zu machen und sie gemeinsam auf ihren Gehalt zu prüfen.

Neben der Ordnungsfunktion bieten gute Hypothesen dem Coachee aber außerdem Anregungen und neue Perspektiven. In eine gute Frage verpackt, könnte das dann z. B. so aussehen:

Beispiel: Mit Hypothesen neue Perspektiven eröffnen

„Ich könnte mir vorstellen, dass Ihre Schwierigkeiten mit den Kollegen auch daraus resultieren, dass Verantwortlichkeiten und Prozesse zwischen den Bereichen nicht klar definiert sind. Welche Rolle könnte dieser Punkt aus Ihrer Sicht spielen?" Möglicherweise – sofern der Coachee dies noch nicht selbst geprüft hat – eröffnet sich an dieser Stelle für ihn ein ganz neuer Blick auf sein Problem. Diese Hypothese kann dann im Weiteren gemeinsam ausgeleuchtet und geprüft werden.

Beim Thema Hypothesen zeigt sich sehr konturiert die eingangs betonte enorme Relevanz der Haltung des Coachs: Die Haltung prägt unsere Hypothesen als Coach. Wertschätzung und Neutralität beispielsweise begünstigen eine Haltung von respektvoller Neugier, Offenheit und einen ressourcenorientierten Blick auf den Coachee. Im Coaching zeigt sich der Nutzen einer Hypothese daran, inwiefern sie den Coachee in seiner Fragestellung weiterbringen kann.

Es ist also nicht entscheidend (und aus unserer Sicht auch gar nicht möglich), als Coach die eine richtige Hypothese zu finden und dann eine „meisterhafte" Beweisführung vor dem Coachee anzutreten. Viel wichtiger ist es, möglichst viele plausible, entwicklungsorientierte Hypothesen zu entwickeln, diese im Dialog zu diskutieren, sie schließlich zu prüfen und so neue Perspektiven, Blickwinkel und Lösungsansätze zu einer Fragestellung zu entwickeln.

Entwicklungsförderliche Hypothesen entwickeln

Für die Hypothesenbildung ist es sinnvoll, zwischen entwicklungsförderlichen und entwicklungshemmenden Hypothesen zu unterscheiden. Im Folgenden erhalten Sie Kriterien, die Ihnen helfen, entwicklungsförderliche Hypothesen aufzustellen bzw. entwicklungshemmende Hypothesen schnell zu erkennen und zu vermeiden.

Hypothesen können die Entwicklung fördern oder behindern

Wir alle haben ständig Hypothesen im Kopf. Einige davon sind nützlicher und lösungsorientierter als andere. Die folgende Sammlung des Instituts für systemische Beratung in Wiesloch (www.systemische-professionalitaet.de) verdeutlicht den Unterschied zwischen entwicklungshinderlichen und entwicklungsförderlichen Hypothesen.

Entwicklungsförderliche Hypothesen

Entwicklungsförderliche Hypothesen eröffnen Optionen und Perspektiven. Sie sind ressourcenorientiert und entwicklungsförderlich. Folgende Kriterien helfen Ihnen beim Finden derartiger Hypothesen im Coaching:

1. Alle wirken mit ... oder „Interpersonalität"

Hypothesen fokussieren zwischenmenschliche Beziehungen und an der Thematik beteiligte Personen und Kontexte.

2. Alles hat Nutzen ... oder „Funktionalität"

Hypothesen fragen nach dem Wie oder Warum einer Handlung. Die Frage hier lautet: Was ist das Gute im Schlechten? Welchen Nutzen hatte der Coachee oder andere durch das bisherige Verhalten? Wozu war es „funktional"?

3. Fokus auf das, was man gestalten kann ... oder „Zukunftsorientierung"

Hypothesen negieren nicht die Vergangenheit, aber sie verbinden sie mit Gegenwart und Zukunft. Sie blicken insbesondere darauf, was man aus der Gegenwart mit ihrer speziellen Historie für die Zukunft für Handlungsmöglichkeiten eröffnen kann.

4. Nichts gilt immer und ewig ... oder „Flexibilität"

Hypothesen sehen Schwierigkeiten und Probleme an bestimmte Bedingungen geknüpft (... dann, wenn ... = so lange, bis). Grundsätzlich werden Schwierigkeiten als flexibel und veränderbar gesehen, wenn bestimmte andere Bedingungen geschaffen oder verändert werden.

5. Positive Beschreibungen geben Energie ... oder „Widersprüche nutzbar machen"

Hypothesen beleuchten, welche Ressourcen Coachees in schwierigen Situationen offenbar entwickelt haben, und prüfen, wie diese für die Zukunft genutzt werden können.

6. Alles hat einen Hintergrund ... oder „Berücksichtigung des Kontexts"

Hypothesen berücksichtigen Vernetzungen und Variablen aus dem Kontext des Themas. Sie stellen Vermutungen über Handlungen des Coachees im Zusammenhang mit weiteren Beteiligten, der Zeit, den herrschenden Bedingungen etc. an.

7. Beim Denken die Richtung wechseln ... oder: „Unkonventionalität"

Hypothesen gehen davon aus, dass zunächst alles gedacht werden darf. Sie sind nicht zwingend an eine Übereinstimmung mit gewöhnlichen wissenschaftlichen, psychologischen oder soziologischen Konventionen und Denkmustern gebunden.

Entwicklungshinderliche Hypothesen

Entwicklungshinderliche Hypothesen führen zu Stillstand und Unlösbarkeiten. Sie schränken unsere Handlungsmöglichkeiten stark ein und bringen uns in eine Opferhaltung, sodass wir den Umständen ausgeliefert sind.

1. Der/Die ist eben so ... oder „persönliche Eigenschaften"

Hypothesen berücksichtigen nicht den Kontext des Verhaltens oder inwiefern z. B. strukturelle Rahmenbedingungen zu dem Verhalten beitragen, sondern schreiben Probleme und Themen ausschließlich den persönlichen Eigenschaften des Coachees zu.

2. Er macht das immer ... oder „Vergangenheitsorientierung"

Hypothesen sind auf die Vergangenheit gerichtet und nicht auf kreative neue Zukunftsmöglichkeiten oder Ergänzungen. (Wir wissen jetzt, warum der Karren im Dreck steckt ... aber machen uns keine Gedanken darüber, wie wir ihn wieder rausbekommen können.)

3. Dinge gelten immer ... oder „Zeitstabilität"

Hypothesen beschreiben Verhaltensweisen des Coachees als unveränderbar.

4. Alles so wie immer ... oder „Konventionalität"

Hypothesen bewegen sich ausschließlich innerhalb des allseits bekannten Rahmens nach dem Motto „besser nichts Ungewöhnliches oder gar Komisches denken und vorschlagen". Unkonventionelle, neue Lösungsideen fallen unter den Tisch.

Methode 3: Gute Fragen stellen

Im Zusammenhang mit der Hypothesenbildung ist bereits die enge Verbindung zu Fragetechniken deutlich geworden. Die Fähigkeit des Coachs, gute Fragen zu stellen, ist eine Kernkompetenz für die erfolgreiche Zusammenarbeit mit dem Coachee.

Durch Fragen ...

- erfahren Sie zunächst notwendige Fakten, die für das Coaching relevant sind.
- vermitteln Sie dem Coachee Wertschätzung.
- schaffen Sie überhaupt erst die Voraussetzung, um im Anschluss zuhören zu können. Nur wer genau zuhört, kann verstehen oder bemerken, dass er etwas nicht versteht (auch dies ist eine wichtige Information für Sie im Coaching!).
- lernen Sie die subjektive Sicht Ihres Coachees auf die Welt kennen.
- überprüfen Sie gemeinsam mit dem Coachee Ihre Hypothesen, generieren Sie neue Information und ermöglichen ihm so neue Blickwinkel und neue Ideen für seine Themen.

Fragetechniken gezielt einsetzen

Es gibt eine große Anzahl unterschiedlicher Fragetechniken, die Sie im Coaching einsetzen können, um die obigen Punkte zu erreichen. Welche davon zu Ihnen passen, werden Sie mit der Zeit feststellen und wahrscheinlich werden sich irgendwann einige „Lieblingsfragetypen" für sich identifiziert haben. Die richtige Frage zur richtigen Zeit zu stellen ist manchmal gar nicht so einfach. Dies gilt gerade wenn man als Coach am Anfang steht, natürlich alles richtig machen möchte und zunächst mehr über „die richtige Fragetechnik" nachdenkt, als darüber, welche Hypothese man eigentlich damit prüfen möchte. Die gute Nachricht ist, dass die Welt auch nicht untergeht, wenn eine Frage mal nicht funktioniert! Bauen Sie also keine inneren Stoppschilder auf, sondern probieren Sie aus. Auch hier kommt es auf das Training an, üben Sie am besten mit anderen in einer guten Coaching-Ausbildung. Dort wird dafür ausreichend Raum geboten.

Übrigens sind häufig die Fragen besonders gut, auf die Ihr Coachee zunächst keine Antwort weiß, sondern bei denen er richtig überlegen muss. Auch wenn sich Ihr Coachee verschließt oder auf Ihre Frage unfreundlich reagiert, kann dies ein Signal dafür sein, dass Ihre Frage einen wichtigen Punkt getroffen hat. Dies gilt es dann im weiteren Prozess herauszufinden.

Einige Fragen zum Problem sowie zur Zieldefinition haben wir Ihnen oben bereits vorgestellt. Hier möchten wir die Fragetypen nun noch einmal für Sie ordnen:

Überblick über grundlegende Fragearten

- geschlossene und Entweder-oder-Fragen
- offene Fragen
- zirkuläre Fragen
- Skalierungsfragen
- Konkretisierungsfragen
- Fragen zum Problem/Verschlimmerungsfragen
- Fragen zur Lösung/Verbesserungsfragen
- ressourcenorientierte Fragen
- Fragen nach Ausnahmen

Geschlossene und Entweder-oder-Fragen

Geschlossene und Entweder-oder-Fragen erlauben nur eine Antwort mit Ja oder Nein bzw. die Wahl zwischen konkreten Alternativen. Sie lassen dem Coachee wenig Raum zur Beantwortung und zum Nachdenken. Diese Fragen haben häufig einen starken Verhör-Charakter und sind daher in der Regel eher ein Beispiel für unglückliche Fragen. Sie können den Coaching-Prozess ins Stocken bringen. Wir nehmen sie hier auf, um dafür zu sensibilisieren. Hier zwei Beispiele für geschlossene Fragen im Coaching:

- Sind Sie freiwillig hier?
- Haben Sie Ziele für das Coaching?

Sinnvoll sind geschlossene Fragen dann, wenn kurz und knapp präzise Informationen ausgetauscht werden sollen, meist zu organisatorischen Punkten:

- Haben Sie am 4. Februar Zeit für das nächste Coaching?
- Sollten wir Ihren Chef darüber informieren?
- Hatten Sie Gelegenheit, die Aufgaben zu bearbeiten, die wir beim letzten Mal besprochen hatten?

Offene Fragen

Offene Fragen werden häufig auch „W-Fragen" genannt, weil sie mit einem Fragewort beginnen: was, warum, wofür, wie etc. Wenn Sie offene Fragen stellen, lassen Sie dem Coachee viel Raum zur Beantwortung und somit zum Nachdenken sowie für kreative und schöpferische Prozesse. Und genau das wollen wir im Coaching häufig erreichen. Bei allen folgenden Fragearten handelt es sich daher um offene Fragen.

Zirkuläre Fragen

Zirkuläre Fragen zielen darauf ab, beim Coachee einen Perspektivwechsel anzuregen und auch zu verdeutlichen, dass Sichtweisen, Gefühle, Einschätzungen selten objektiv sind, sondern immer im Auge des Betrachters liegen.

- Wenn ich Ihren Kollegen Huber fragen würde, wie er Ihr Verhältnis einschätzt. Was würde er mir erzählen?
- Welche Einschätzung hätte Ihr Vorgesetzter zu Ihrem Problem?

- Angenommen, Ihr Partner säße hier bei uns, was würde er mir zu den Auswirkungen Ihres Stresses erzählen?
- Was denken Sie, was Ihr Coaching für Ihre Angestellten bedeutet?

Skalierungsfragen

Skalierungsfragen sind wertvoll, um Einschätzungen des Coachees zu präzisieren und Unterschiede zu verdeutlichen.

- Sie sagen, der Stress wäre kaum erträglich. Wenn auf einer Skala von 1 bis 10 die Eins überhaupt keinen Stress bedeutet, und die Zehn, dass Sie unmittelbar vor dem Zusammenbruch stehen ... Wo auf dieser Skala befinden Sie sich zurzeit?
- Wer ist über das neue Teammitglied bei Ihnen im Team am meisten verärgert? Wer am zweitmeisten? Wer am wenigsten?
- Zu wie viel Prozent halten Sie die Konflikte mit Ihren Kollegen für ein Schnittstellenthema und zu wie viel Prozent für ein persönliches Thema?

Konkretisierungsfragen

Konkretisierungsfragen dienen dazu, gefundene Ansatzpunkte (z. B. durch Skalierungsfragen) weiter zu vertiefen und zu präzisieren.

- Was müsste genau passieren, um bezüglich des erlebten Stresses auf der Skala von der Acht wieder auf eine Sieben zu kommen?
- Wie sehen die nächsten konkreten Schritte aus, um die 50 % des Konfliktes, die mit den schwierigen Schnittstellen zu tun haben, in den Griff zu bekommen?
- Sie sagen, Herr Huber wäre schwierig. Wie genau äußert sich das? Woran würde ich das konkret erkennen, wenn ich Herrn Huber im Alltag beobachten könnte?

Fragen zum Problem/Verschlimmerungsfragen

Diese Fragen dienen dazu, „Worst-Case-Szenarien" bewusst zu machen und für eigene Verhaltensweisen zu sensibilisieren, die das zu bearbeitende Problem weiter aufrechterhalten würden.

- Wie müssten wir hier gemeinsam arbeiten, damit sich auch in Zukunft nichts verändert?

- Was könnten Sie selbst (oder Ihre Mitarbeiter, Ihr Vorgesetzter) dazu beitragen, dass alles so bleibt, wie es ist, oder sogar noch schlimmer wird?
- Wie könnten Sie sich im Projekt XY am destruktivsten verhalten und auch die letzten Kollegen gegen sich aufbringen?

Fragen zur Lösung/Verbesserungsfragen

Bei diesen Fragen verhält es sich umgekehrt. Sie lenken die Aufmerksamkeit des Coachees auf das, was funktioniert und was zur Lösung des Problems beitragen kann.

- An welchen konkreten Punkten würden Sie feststellen, dass Ihr Problem sich gelöst hat?
- An welchen kleinen Signalen könnten Sie erkennen, dass die Zusammenarbeit mit Ihren Kollegen besser wird? Was davon haben Sie in letzter Zeit vielleicht schon erlebt?
- Nur einmal angenommen, Sie hätten Ihr Problem bereits gelöst. Was wäre dann anders?

Ressourcenorientierte Fragen

Hierbei handelt es sich um eine besondere Form der Fragen zur Lösung. Insbesondere wenn der Coachee eine hohe Problemorientierung zeigt und mit sich selbst enorm kritisch umgeht, können ressourcenorientierte Fragen hilfreich sein. Sie lenken die Aufmerksamkeit auf interne (z. B. Kompetenzen, Fähigkeiten) und externe Ressourcen (z. B. organisatorisches Netzwerk).

- Was soll auch nach dem Coaching bezüglich Ihrer Führung unbedingt so bleiben, wie es zurzeit ist?
- Welche Ihrer Kompetenzen möchten Sie im Coaching gern weiter ausbauen?
- Wer sind Ihre Unterstützer im Projekt XY?
- Auf welche Ihrer Mitarbeiter konnten Sie sich bisher immer verlassen?

Fragen nach Ausnahmen

Fragen nach Ausnahmen sind ebenfalls eine Sonderform der Fragen zur Lösung. Diesen Fragen liegt die Annahme zugrunde, dass es keine Problemsituation gibt, die immer und überall in gleicher Intensität auftritt, dass wir nur leider häufig diese „Ausnahmen" nicht mehr wahrnehmen.

- Sie sagen, mit Ihren Kollegen geraten Sie immer aneinander. Welche Situationen haben Sie in letzter Zeit erlebt, in denen das anders war? Bei welchen Kollegen passiert das seltener? Worin genau unterscheiden sich diese Situationen?
- Wann, wie, wo treten diese Schwierigkeiten weniger oder gar nicht auf? Was ist dort genau anders? Was tun Sie selbst dort anders?

Kienbaum Expertentipp: Stellen Sie die Wunderfrage

Die sogenannte Wunderfrage ist ein Klassiker systemischer Intervention und eine besonders „drastische" Form des Fragens nach Ausnahmen. Richtig gestellt kann die Wunderfrage enorme Resonanz beim Coachee auslösen. Der Vorteil ist, dass sie so phantastisch und im positiven Sinne „unrealistisch" ist, dass sie den Coachee einlädt, sich auf ein positives Gedankenspiel ohne direkten Umsetzungsdruck einzulassen. Die Gefahr ist, dass Sie Ihren Coachee bei dieser Frage verlieren, weil er Sie für einen Spinner oder eine Spinnerin hält. Daher sollten Sie Ihren Coachee bereits recht gut kennen, und er sollte bereits ein solides Vertrauen in Ihre Fähigkeiten gewonnen haben.

Schritt 1: Die Wunderfrage einleiten

Mit der folgenden Formulierung können Sie die Wunderfrage einleiten:

„Stellen Sie sich vor, Sie hatten einen normalen Arbeitstag und kommen abends nach Hause. Dort tun Sie, was Sie in der Regel am Abend tun. Vielleicht essen Sie mit Ihrer Familie zu Abend und sehen noch ein wenig fern. Vielleicht gehen Sie mit dem Hund raus. Dann gehen Sie zu Bett und schlafen ein. Über Nacht passiert das Wunder! Ihr Thema, wegen dem wir hier zusammensitzen, ist gelöst. Einfach so, ein Wunder eben. Ihnen sagt es aber niemand, denn Sie schlafen ja. Sie wachen also morgens auf und wissen nichts von Ihrem Glück. Stellen Sie sich nun vor, wie Sie aufstehen und Ihren Tag beginnen. Woran könnten Sie erkennen, dass das Wunder geschehen ist, ohne dass es Ihnen jemand konkret sagt?"

Schritt 2: Die Antwort des Coachees durch Fragen konkretisieren

Wenn Sie diese Frage gestellt haben, warten Sie und geben Sie Ihrem Coachee ausreichend Zeit nachzudenken. Um dieses Bild nachhaltig auszubauen, sollten Sie am Ball bleiben und weiter konkretisieren, was am Tag nach dem Wunder alles genau geschehen könnte.

Weitere Fragen können dann z. B. sein:
- Was wäre anders?
- Wie fühlen Sie sich?
- Was genau tun Sie? Was tun Sie nicht mehr?
- Woran würden andere erkennen, dass das Wunder geschehen ist?
- Wie reagiert Ihre Familie? Ihre Freunde? Ihr Chef? Kollegen? etc.
- Wer wäre wohl am stärksten überrascht vom Tag nach dem Wunder? Wer würde sich am meisten darüber freuen?
- Was sind die positivsten Effekte, die Sie und Ihr Umfeld nach dem Wunder verspüren?

Ziel der Wunderfrage

Mit diesen Fragen unterstützen Sie Ihren Coachee dabei, sich eine Welt vorzustellen, in der er eine Lösung gefunden hat. Wir brauchen eine klare Vorstellung davon, wo wir hinwollen. Diese erleichtert es uns, die dafür notwendige Energie aufzubringen. Bilder, wie sie durch die Wunderfrage erzielt werden können, erzeugen positive Emotionen und sind in der Regel auch lange Zeit nach dem Coaching noch fest in den Köpfen der Coachees verankert. Darüber hinaus stellen viele Coachees fest, dass das, was am Tag und in den Wochen und Monaten nach dem Wunder passiert, häufig ausgesprochen bodenständig und gar nicht so weit weg vom heutigen Alltag ist. So kann man im Anschluss beginnen, gemeinsam zu prüfen, wie man das Wunder in kleinen Schritten verwirklichen kann und auch, welche Schritte man gegebenenfalls schon gegangen ist.

Kriterien für weitere Fragen im Anschluss an die Wunderfrage
- Kleine, realistische Dinge erfragen: „Was wäre am Morgen die erste *Kleinigkeit*, die Sie auf das Wunder hinweisen würde?"
- Nach Dingen fragen, die „da" sind, statt nach Dingen die „weg" sind: „Wenn Sie sich nicht mehr mit Ihren Kollegen streiten ... was tun Sie *stattdessen* mit ihnen?"
- Eng am Coachee bleiben: Konkrete verhaltensnahe Punkte erfragen: „Was werden Sie als Erstes tun, wenn Sie morgens an Ihren Arbeitsplatz kommen?"

Was tun Sie, wenn der Coachee Schwierigkeiten mit der Wunderfrage hat?

Unrealistische Äußerungen: Sollte Ihr Coachee z. B. mit folgender Aussage reagieren: „Wenn das Wunder geschehen ist, bin ich CEO unseres

Konzerns und könnte dort schalten und walten nach meinem Geschmack!", haben sie zum Beispiel folgende Möglichkeiten:

- Stimmt, das wäre stark! Was würden Sie noch bemerken? (Pause)
- Das klingt nach einem großen Wunder! An welchen konkreten Kleinigkeiten könnten Sie erkennen, dass das Wunder geschehen ist? (Pause)

Keine Idee: Sollte Ihr Coachee Schwierigkeiten damit haben, eine Idee für den Tag nach dem Wunder zu beschreiben:

- Abwarten und Zeit geben: „Lassen Sie sich Zeit! Für solche Fragen muss man wirklich überlegen!"
- Zirkuläre Fragen stellen: „Angenommen, Ihr Vorgesetzter könnte mir erzählen, was er bemerkt, was wäre das?"

Sämtliche in diesem Kapitel vorgestellten Fragearten sollen Ihnen einen ersten Überblick geben. Es gibt viele weitere Fragearten und auch eine Reihe von Konkretisierungen und „Unterfragearten". Sehr gute weiterführende Informationen finden Sie z. B. bei Prior (2009) und bei von Schlippe/Schweitzer (2007). Am besten funktioniert gerade zu Beginn häufig beherztes Ausprobieren. Nach einiger Zeit werden Sie sich die Fragearten herausgefiltert haben, mit denen Sie vornehmlich arbeiten. Gelegentlich ist es sinnvoll, bewusst wieder andere Fragearten zu wählen und mit diesen zu experimentieren.

4.4   Entwicklung neuer Instrumente und Methoden

Wir möchten Ihnen in diesem Kapitel einen Einblick in die Entwicklung von Coaching-Instrumenten geben. Die Entwicklung neuer Instrumente ist im Coaching wie auch im Training ein sehr kreativer Prozess, der im Prinzip keinen Grenzen unterliegt. Wichtig ist letztlich nur, dass das Instrument vor allem den Erwartungen des Coachees bzw. auch denen des Coachs genügt und so einen Mehrwert liefert.

Erwartungen im Coaching

Werfen wir zunächst einen Blick auf die Erwartungen des Coachees, um anschließend Kriterien zu entwickeln, denen ein Coaching-Instrument genügen muss. Zwei Erwartungen sind in den meisten Coachings, gerade bei Menschen, die zum ersten Mal ein Coaching erhalten, besonders präsent, sie dienen daher als Rahmenbedingung für die Entwicklung von Instrumenten:

Die Lösungserwartung

„Ich bin in diesem Coaching, weil ich Lösungen für mein Problem haben möchte."

Diese Erwartung ist aus Sicht des Coachees absolut nachvollziehbar. Stellt sich jedoch heraus, dass der Coachee diese Lösung von seinem Coach erwartet, entwickelt sich die Erwartung zum Problem. Auch wenn es für den Coachee zunächst bequem sein mag, eine vorgefertigte Lösung des Coachs zu übernehmen, stellt sich später häufig heraus, dass es eben doch nicht die optimale Lösung war. Hat der Coachee mit der Lösung des Coachs Erfolg, ist dies zwar kurzfristig ein Gewinn, langfristig macht sich der Coachee jedoch eher abhängig von seinem Coach und wird den Erfolg unter Umständen nicht auf sich selbst, sondern auf seinen Coach zurückführen. Ziel des Coaching-Prozesses muss es langfristig jedoch sein, die Problemlösungskompetenzen des Coachees und sein Vertrauen in diese zu stärken. Der Coach sollte sich also langfristig überflüssig machen. Auch aus der Perspektive des Coachs sollte die Verantwortung für die Lösung beim Coachee verbleiben. Übernehmen Sie als Coach die Verantwortung für die Lösung, so würden Sie in der Folgesitzung Ihre eigenen Lösungsansätze mit dem Coachee diskutieren, nicht aber die Ihres Coachees. Dies wäre sicher nicht hilfreich.

Gerade wenig erfahrene Coachs neigen dazu, zu viel Verantwortung für die Lösungsfindung zu übernehmen. Wie Sie dieser Schwierigkeit begegnen können, haben wir bereits in den letzten Kapiteln zum Thema Verantwortungsverteilung diskutiert.

Die „Von-der-Seele-reden-Erwartung"

„Ich bin in diesem Coaching, weil ich einfach mal mit jemandem sprechen möchte, bei dem ich kein Blatt vor den Mund nehmen muss. Dies hilft mir, meine eigenen Gedanken zu ordnen. Wenn ich dann noch eine externe Perspektive meines Coachs bekomme, ist dies umso besser."

Diese Erwartung ist vor allem für junge Coachs häufig zunächst überraschend. Organisationsrealitäten erfordern häufig (und mit höherer Hierarchieebene in zunehmendem Umfang), dass nicht alle Interessen offengelegt werden. Der Wunsch, eigene Gedanken, Hoffnungen, Sorgen und Ängste einem unbeteiligten Dritten mitzuteilen, ist daher absolut nachvollziehbar.

Anforderungen an ein Coaching-Instrument

Aus den beiden zuvor dargestellten Erwartungen können wir nun einige grundlegende Anforderungen an ein Coaching-Instrument ableiten. Dieses sollte ...

- dem Coachee viel Raum geben, eigene Gedanken zu verbalisieren.
- dazu führen, neue Lösungsmöglichkeiten aufzuzeigen.
- die Verantwortung für die Lösung so weit wie möglich beim Coachee belassen.
- Lösungsansätze generieren, die wirklich auf die Wahrnehmung und die Situation des Coachees passen.
- die Gedanken strukturieren und dabei helfen, sich bei komplexen Sachverhalten einen Überblick zu verschaffen.
- es dem Coachee langfristig ermöglichen, aus der Lösungssuche zu lernen und in Zukunft selbst zu Lösungsansätzen zu kommen (Aufbau von Selbststeuerungskompetenz des Coachees).

Wir haben die Anforderungen an unser Coaching-Instrument hier aus allgemeinen Überlegungen abgeleitet. Arbeiten Sie mit Ihrem Coachee an einem speziellen Sachverhalt, können die Anforderungen sich selbstverständlich ändern oder ergänzt werden.

Methodische Herangehensweisen für die Arbeit mit dem Coachee

Im nächsten Schritt können Sie nun über die methodische Herange-hensweise nachdenken, die Sie für die Entwicklung Ihres Instruments nutzen wollen. Im Folgenden stellen wir Ihnen eine Auswahl möglicher Herangehensweisen vor:

Strukturelle Herangehensweise

Arbeiten Sie mit der Portfoliotechnik (greifen Sie sich zwei bis drei relevante Dimensionen heraus und stellen Sie Zusammenhänge in einem Koordinatensystem dar) und geben dem Problem so eine Struktur anhand derer Sie mit Ihrem Klienten arbeiten können.

Grafische Herangehensweise

Lassen Sie Ihren Klienten bestimmte Aspekte des Problems auf-zeichnen. Arbeiten Sie danach mit dem entstandenen Bild weiter, indem Sie es von verschiedenen Seiten betrachten, über Beziehun-gen einzelner Elemente in der Zeichnung sprechen etc.

Gestaltende Herangehensweise

Arbeiten Sie statt mit Papier und Stiften mit handlichen Aufstel-lungsobjekten wie Figuren aus Papier, Holz, einfachen Alltagsge-genständen oder auch mit Knete und lassen Sie Ihren Klienten das Problem, einen momentanen (Gefühls-)Zustand, eine Wunschvor-stellung oder Ähnliches auf dem Tisch „aufstellen" bzw. modellie-ren. Hier ist eine Betrachtung aus verschiedenen Perspektiven in der Regel besonders effektiv.

Aufstellungsbasierte Herangehensweise

Nutzen Sie Aufstellungsarbeiten, um den Klienten in verschiedene Rollen schlüpfen zu lassen, die mit dem Problem oder einem Teilas-pekt dessen verbunden sind. Lassen Sie den Klienten dabei aus un-terschiedlichen Perspektiven agieren und stellen Sie gegebenenfalls eine Gegenperspektive dar. Wenn Sie mit dieser Methode bislang keine Erfahrung haben, sollten Sie lieber zunächst einen erfahrene-ren Coach zu Rate ziehen oder ein Vertiefungsseminar zur Arbeit mit Aufstellungen besuchen. Aufstellungen rufen häufig starke Emotionalität hervor, mit der weniger erfahrene Coachs oft nicht gut umgehen können.

Gesprächsbasierte Herangehensweise

Diskutieren Sie das Anliegen des Klienten. Stellen Sie Fragen, um die Gedankenwelt Ihres Coachees nachvollziehen zu können, und bieten Sie ihm hin und wieder an, Ihre eigenen Gedanken zu der Schilderung darzustellen. Animieren Sie ihn durch geschickte Fragen aber auch dazu, sich in andere Personen hineinzuversetzen.

Sicher haben Sie beim Lesen dieser Auflistung an einigen Stellen gedacht: „Kann man das wirklich mit einem Coachee machen?" Sie haben recht, tatsächlich passt nicht jeder Zugang zu jedem Coachee und auch nicht zu jedem Coach.

| Kienbaum Expertentipp: Die Zugangsweise muss zum Coachee passen
Stellen Sie sich vor der Auswahl der methodischen Zugangsweise unbedingt die Frage, mit welcher Herangehensweise Sie sich wohlfühlen. Dieselbe Frage sollten Sie sich auch in Bezug auf Ihren Coachee stellen. Hin und wieder können jedoch gerade die ungewöhnlich erscheinenden Zugänge einen erheblichen Mehrwert liefern (wir haben auch schon Geschäftsführer kneten sehen!).

Es ist häufig hilfreich, dem Klienten einen Zugang vorzustellen und ihm die Entscheidung zu überlassen, ob er sich gemeinsam mit Ihnen auf das „Experiment" einlassen will. Gute Erfahrung haben wir mit der Formulierung gemacht: „Ich würde Sie gerne mal zu einer ungewöhnlichen Methode einladen."

Zweifellos gibt es noch viele weitere Herangehensweisen, die Sie nutzen können. Es zeigt sich aber schon an dieser kompakten Auflistung, dass die Entwicklung von Coaching-Instrumenten ein sehr kreativer Prozess ist. Dies liegt nicht zuletzt daran, dass auch der Prozess einer Lösungsentwicklung auf das Anliegen eines Klienten kreativ ist. Genau genommen sollte man nicht von einer Lösungsfindung, sondern eher von einer Lösungserfindung sprechen, denn **die** Lösung gibt es zunächst nicht. Sie muss erst entstehen. Gehen Coachee und Coach mit dieser Grundhaltung in die Coaching-Sitzung, so haben sie bereits die besten Voraussetzungen geschaffen, sich den Schwierigkeiten offen zu stellen und diese eher als Herausforderungen, denn als Probleme zu begreifen.

4.5 Selbststeuerung im Coaching

Wer bereits erste Schritte ins Coaching gewagt und sogar den einen oder anderen Praxis- oder Übungsfall hatte, kennt mit Sicherheit Situationen wie die folgende:

Beispiel: Ihr Coachee lässt Sie die Arbeit machen

Das Coaching ist gut gestartet, ein guter Rapport ist aufgebaut, eine ordentliche Auftragsklärung wurde durchgeführt und Sie haben das Gefühl, sich in einer produktiven Arbeitsbeziehung zu befinden. Und plötzlich – plötzlich geht es nicht mehr weiter. Zunehmend bekommen Sie den Eindruck, Sie selber wären in der Position, sich anzustrengen und „abzuarbeiten", während der Coachee immer einsilbiger wird und immer weniger zum Prozess beiträgt.

Von außen ist in solchen Situationen häufig sogar ein körpersprachliches Phänomen zu beobachten. Der Coach rudert, gestikuliert, ist bis auf die Vorderkante seines Stuhls vorgerückt und hat einen immer größeren Redeanteil. Währenddessen lehnt sich der Coachee immer mehr zurück und „lässt den Coach mal machen".

Die Metaebene einnehmen

Wenn Sie als Coach in eine solche Situation geraten, sollten Sie innehalten und aus der Metaperspektive beobachten, was in diesem Moment passiert, um dann entsprechend gegenzusteuern. Um dies zu tun, hat der Coach mehrere Möglichkeiten:

- Er spricht das momentan erlebte Phänomen aktiv an.
- Er schlägt eine kurze Pause vor, um sich zu sortieren.
- Er lässt sich bewusst nicht auf dieses Spiel ein, sondern verfällt ebenfalls demonstrativ in eine zurückhaltende Rolle und wartet einfach ab, was dann passiert.

Den Prozess des Einnehmens einer Metaperspektive oder Metaebene bezeichnen wir auch als „Selbststeuerung".

Um verschiedene Modelle der Selbststeuerung soll es in diesem Kapitel gehen. Sie sind im Folgenden pragmatisch dargestellt und gegenüber komplexen Modellen häufig vereinfacht und reduziert. Wer diese Modelle genauer kennenlernen will, ist in Coaching-Ausbildungen gut aufgehoben. So stammen viele der beschriebenen Modelle vom Institut für systemische Beratung in Wiesloch. Auf der

Webseite zum Institut finden Sie nähere Informationen (siehe www.systemische-professionalitaet.de).

Zur Selbststeuerung gibt es zahlreiche Methoden und Modelle. Im Grunde genommen betreiben wir täglich in verschiedenen Momenten des alltäglichen Lebens Selbststeuerung, z. B. wenn wir in den Spiegel blicken und uns überlegen, ob das, was wir gerade in einem Meeting gesagt haben, sinnvoll und nutzbringend war, oder wenn wir überlegen, ob wir für einen Anlass adäquat gekleidet sind. Dennoch unterscheiden sich Menschen bezüglich der Ausprägung ihrer Selbstreflexion und Selbststeuerungsfähigkeit.

Die folgenden Modelle der Selbststeuerung beziehen sich konkret auf aktuelle Beratungs- oder Coaching-Settings. Verwendbar sind sie alle auf der Mikroebene, wenn Sie sich gerade in einem Coaching-Gespräch befinden, z. T. aber auch in einer übergeordneten Situation, etwa wenn Sie als HR-Berater ein Beratungsdesign für einen neuen Auftraggeber entwickeln.

 ## Selbststeuerungsmodell 1: Die Fokusfenster

Die Grundidee des Modells: Komplexe Probleme mit mehreren Facetten werden in einzelne Teile zerlegt, in die sogenannten Fokusfenster. Im Anschluss wird entschieden, welcher Aspekt des Problems besonders betrachtet werden muss, worauf also ein Fokus gelegt werden soll.

Im folgenden Beispiel beschreiben die vier Fokusfenster die folgenden Themen:

Persönlichkeit bzw. Person	Rolle
Kontext bzw. Organisation	Fachliches

Natürlich kann die Anzahl der Fokusfenster erweitert oder reduziert werden. Beispielsweise könnten die Fokusfenster auch „Interaktion bzw. Kommunikation" oder „Strukturelles" heißen. Die Erfahrung hat aber gezeigt, dass vier Fokusfenster noch einfach „durchgespielt" werden können, sowohl in der Interaktion mit dem Coachee als auch in der Selbststeuerung. Vier Dimensionen sind nicht zu komplex, aber ausreichend, um einen echten Mehrwert zu entwickeln. An einem Beispiel soll das Verfahren deutlich gemacht werden:

Beispiel: Fokusfenster beim Coaching eines Vertriebschefs

Ein Coachee beschreibt eindringlich ein aktuelles Arbeitsanliegen. Er muss als Vertriebschef bei Vertriebsmitarbeitern öfter hospitieren, wenn diese Kundengespräche führen. Im Anschluss soll er ihnen Feedback geben und ihnen dabei helfen, ihr Verkaufsverhalten zu verbessern.

Er schildert, wie er regelmäßig enttäuscht beobachtet, dass die Mitarbeiter das von ihm entwickelte Vertriebskonzept falsch anwenden. Zusätzlich erkennt er, dass die Mitarbeiter im anschließenden Feedback in einer Rechtfertigungshaltung sind und sein Feedback zur Verbesserung des Vertriebsverhaltens nicht annehmen. Darunter leidet er sehr. Er fühlt sich nicht ernst genommen und es bereitet ihm wenig Freude, dieser Tätigkeit nachzugehen und Hospitationen zu machen.

Im Grunde genommen findet er den Prozess der Hospitation sogar relativ nutzlos. Insbesondere bei seinem Mitarbeiter, Herrn Müller, bringt das gar nichts!

Ein relativ komplexes Thema, das auch Leidensdruck verursacht. Der Coach gewinnt den Eindruck, der Coachee redet sich in einen „problemhypnotischen Zustand". Irgendwann ist auch der Coach beinahe von den Erzählungen ergriffen und im System mit gefangen. Dies bedeutet: Auch für ihn sind dann die „Feedback-resistenten" Vertriebsmitarbeiter am Ist-Zustand schuld.

Anwendung des Fokusfenster-Modells

Der Coach beschließt, das Fokusfenster-Modell zu verwenden, zunächst in der Selbststeuerung und dann auch im direkten Kontakt mit dem Coachee:

„Ich würde gerne mit Ihnen einige Aspekte des Problems durchgehen. Vielleicht ist das hilfreich, die Gedanken zu sortieren und insbesondere darauf zu schauen, wie wir in der nächsten halben Stunde weiter produktiv arbeiten können.

- Eine Möglichkeit für das nicht aufgenommene Feedback könnte natürlich sein, dass die Vertriebsmitarbeiter mit Ihrer **Person** Schwierigkeiten haben und Sie einfach in Ihrer Art nicht akzeptieren. Wenn Sie wollen, könnten wir über diesen Pfad weiter sprechen, z. B. indem ich Ihnen Rückmeldung gebe, wie ich Sie heute erlebe und was das vielleicht auch bei den Mitarbeitern auslösen könnte.

- Problematisch könnte auch Ihre **Rollenvielfalt** in der Beziehung zu Ihren Mitarbeitern sein. Sie sind zum einen eine Art Vertriebscoach, zum anderen der direkte Vorgesetzte und zum dritten auch der Entwickler des Konzepts. Wir könnten uns also anschauen, wie Vertriebsmitarbeiter Sie in diesen Rollen möglicherweise wahrnehmen, und ob man die Rollendiffusion auflösen oder die Rollen schärfen oder auch trennen könnte.

- Wir könnten aber auch über **Organisation und Kontext** sprechen. Dies könnte z. B. beinhalten, dass wir uns überlegen, ob die Mitarbeiter organisatorisch richtig eingesetzt sind, ob Sie überhaupt die richtigen Mitarbeiter haben und die Inzentivierung gerade auch für das Annehmen von Feedback stimmt.

- Oder wir schauen auf die **fachliche Seite** bzw. auf die Inhalte. Vielleicht gibt es im Konzept etwas, dass die Mitarbeiter wirklich nicht verstehen können? Oder die Schwierigkeit liegt am Aufbau der Vertriebshospitation, am Zeitablauf? Vielleicht ist einfach nicht genug Zeit für das Feedback vorgesehen oder es ist im falschen Moment geplant?"

Nachdem dem Kunden vier Fokusfenster angeboten wurden, wird er sich erwartungsgemäß für den einen oder anderen Fokus entscheiden. Vielleicht hat er das Problem bereits von der einen oder anderen Seite betrachtet. Aber wahrscheinlich gelingt es mit der Methode nicht nur, sich selber besser zu strukturieren, sondern durch diese Methode einen sichtbaren Unterschied zu machen und das Verständnis und mögliche Handlungsoptionen des Gegenübers zu erweitern.

Das Beispiel zeigt, dass der Begriff „Selbststeuerungsmodell" im Bezug auf die Fokusfenster nur teilweise angemessen ist. Denn man kann das Modell nicht nur bei der Selbststeuerung (Auf welches Fenster möchte ich fokussieren? Welches habe ich außer Acht gelassen?), sondern durchaus auch im direkten Coaching-Kontakt verwenden, um damit Thematiken mit dem Kunden zu analysieren.

Selbststeuerungsmodell 2: Das Bergsteigermodell

Die Grundidee des Modells: Der Coach kann im Verhältnis zum Coachee unterschiedliche Stellungen einnehmen. Auch dieses Modell kommt aus der systemischen Beratung und kann bei der Selbststeuerung helfen.

Grundmetapher zum Bergsteigermodell

Die Beratung bzw. das Coaching wird mit einer Bergtour verglichen. Coach und Coachee steigen gemeinsam auf einen Berg, dessen Gipfel in der Analogie am besten mit dem Ziel eines Coachings verglichen werden kann. Der Coach kann dabei als Bergführer gesehen werden, der Coachee als Teilnehmer der Expedition.

Es gibt verschiedene Positionen, in denen Bergführer und Expeditionsteilnehmer zueinander stehen können.

- Der Bergführer ist **hinter** dem Expeditionsteilnehmer bzw. der Coach steht hinter dem Coachee: Hier geht es dem Coach darum, zu verstehen, anzukoppeln, die richtigen Fragen zu stellen, hinterherzulaufen und nicht den Anschluss zu verlieren.

- Der Bergführer ist **auf gleicher Höhe** wie der Expeditionsteilnehmer bzw. Coach und Coachee blicken gemeinsam in die Berglandschaft Dies geschieht zum Beispiel durch Zusammenfassungen, das Entwickeln neuer Ziele („Wohin steigen wir als nächstes?"), unter Umständen auch Rückblicke auf das bisher Erreichte. Dazu kann auch gehören, dass man untersucht, wie man zu dem Ort gekommen ist, an dem man gerade steht, und ob man den momentanen Standort eigentlich wirklich kennt und versteht, was gerade passiert.

- Der Bergführer läuft dem Expeditionsteilnehmer **voran** bzw. der Coach zeigt dem Coachee ein Stück des Weges: Dies geschieht zum Beispiel durch das Einbringen eigener Erfahrungen des Coachs, durch inhaltliche Impulse, Tipps, aber ggf. auch durch Konfrontationen oder Provokationen u. Ä.

Darf man als Coach eigene Ideen einbringen?

Gerade im Zuge des besonderen Bemühens, an den Coachee anzukoppeln, „Pacing" zu betreiben, Rapport aufzubauen und mit dem System des Kunden mitzugehen, verpassen häufig weniger erfahrene Coachs die Chance, eigene Ideen einzubringen. „Ich dachte immer, das wäre als systemischer Coach verboten", hört man in diesem Zusammenhang manchmal.

Häufig entsteht eine Haltung des Hinterherlaufens, verursacht durch ein bewusstes Abwenden von dem traditionellen Verständnis, wie man anderen Menschen hilft. Wenn man sich als Hilfesuchender an einen nicht im Coaching ausgebildeten Menschen wendet (z. B. an den Freund, Vater, Chef oder Kollegen), erhält man normalerweise Tipps, Ratschläge, ein offenes Wort. In der Coaching-Ausbildung lernt man dagegen gerade am Anfang gerne Weisheiten wie „Ratschläge sind Schläge", „als Coach muss man immer mit offenen Fragen arbeiten" oder „Coaching bedeutet, Hilfe zur Selbsthilfe zu geben". Das Pendel kann dann genau zur anderen Richtung ausschlagen: Viele Coachs nehmen sich vor, auf keinen Fall den Fehler zu machen und einen Tipp zu geben.

Beispiel:

Spricht man mit Führungskräften, die Coachings genossen haben, äußern diese sich häufig äußerst negativ über die „ewige Fragerei". Fast schon sprichwörtlich ist die Aussage eines Partners einer Wirtschaftsprüfung, der sich beschwerte:

„*Diese Coachs immer. Ich habe ein echtes Problem und frage meinen Coach, was er glaubt, wie ich aus dem Schlamassel herauskomme. Und was kommt als Antwort: „Was glauben Sie denn selber, wie Sie aus dem Schlamassel herauskommen?". Toll! Für Gegenfragen muss ich kein Geld bezahlen.*"

Und eine andere Führungskraft beschreibt es so: „*Jetzt hab ich endlich einen wirklich professionellen Coach, der war selber in den USA Vorstand einer Firma. Da gibt es zumindest ab und zu mal „straight Talk", da hat mein Coach auf den Tisch gehauen und ich habe erfahren, woran ich bin. Die Fragen hab ich mir alle selber schon genug gestellt.*"

Nun würden dieselben Führungskräfte mit Sicherheit ähnlich allergisch reagieren, wenn der Coach durchgehend „straight Talk" betreibt und gar keine systemische Frage stellt oder es unterlässt, zu verstehen und zusammenzufassen, was den Coachee bewegt.

Ein guter Coach sollte in der Lage sein, alle drei Positionen des Bergsteigermodells einzunehmen und in dem Coaching-Prozess flexibel zwischen den Positionen hin und her wechseln zu können. Dies gilt je nach Anforderungen der Situation, je nach seinem Gegenüber und nach der eigenen Intuition. Manchmal hilft es tatsächlich, hinterherzulaufen und zu verstehen. Manchmal sind systemische Fragen gefragt, manchmal Zusammenfassungen. Und dann kann es wieder hilfreich sein, mit eigenen Geschichten („Storytelling"), kleinen Provokationen oder einfach nur mit Tipps voranzuschreiten – um vielleicht im nächsten Moment den Coachee stärker arbeiten zu lassen und hinter ihm her zu marschieren.

Ein „Wie viel" der drei Positionen ist dabei prozentual schwierig zu formulieren. Der eine Coachee braucht unter Umständen mehr Anleitung als der andere. Bei besonders lebendigen Coachees mag es auch gar nicht notwendig sein, vorauszugehen. Vielleicht hilft das Coaching mit behutsamen Fragen hier einfach dabei, die Gedanken des Coachees zu ordnen und zu strukturieren. Coachees mit höherer Lebenserfahrung oder solche in einer höheren Position lassen sich hingegen relativ selten mit einfachen Zusammenfassung und einem „Nachlaufen" zufriedenstellen. Interessanterweise reagieren Sie aber auch allergisch, wenn man immer vorausläuft …

Coaching-Situationen mithilfe des Bergersteigermodells deuten

Es gibt einige klassische Situationen, die sich mithilfe des Bergsteigermodells analysieren lassen:

* Der Coachee galoppiert mit Ideen wild voraus.
  Beim Coach entsteht der Eindruck, dass er damit geradezu ins Verderben rennt.
* Der Coach fragt und fragt und der Coachee antwortet und antwortet, sodass eine Art Kreuzverhör entsteht.
  Beim Coach melden sich gerade starke Intuitionen, die für den Coachee wichtig sein könnten.
  Ähnliche Konstellationen hat der Coach bereits erlebt. Er denkt sich „Ich könnte den Coachee mit systemischen Fragen jetzt dahin locken, dieselbe Entdeckung zu machen. Oder ich könnte ihm meine Ideen einfach kurz mitteilen und schauen, ob dies für ihn stimmig ist."
* Der Coach merkt, dass er gerade immer mehr zum Lehrmeister wird. Vom Coachee kommen schon die ersten Abwehrreaktionen.

- Manchmal weiß der Coach gar nicht, ob er und der Coachee noch über das Gleiche sprechen.
- Irgendwas „köchelt" im Coachee und muss anscheinend raus. Der Coach entscheidet: „Ich begebe mich besser mal wieder nach hinten und warte einfach, was jetzt kommt."

Wenn der Coach in die Position des „Bergführers" wechselt

Der Wechsel in die „Pole Position" sollte immer behutsam vorgenommen und eingeführt werden. Springt der Coach plötzlich in die Position des Bergführers auf dem Weg zum Gipfel, ohne dies anzukündigen, besteht nicht nur bildlich die Gefahr des Absturzes. Eine vorsichtig aufgebaute Beziehung kann dadurch leicht gefährdet werden.

Mit den folgenden Sätzen leiten Sie den Positionswechsel geschickt ein:

- „Mir sind in den letzten Minuten einige Sachen aufgefallen, die ich Ihnen gerne zurückmelden würde. Wäre dies für Sie in Ordnung?"
- „Ich kann zwischen der von Ihnen geschilderten Situation und einem Beispiel, mit dem ich mich einmal in einem früheren Coaching beschäftigt habe, einige Parallelen sehen. Wäre es für Sie interessant, Ihnen mal vorzustellen, was damals passiert ist? Vielleicht entstehen daraus für Sie einige Impulse – wohl wissend, dass die Situationen nicht in jedem Punkt vergleichbar ist."
- „Dürfte ich einmal etwas provokant sein?" (mit einem charmanten Lächeln)

Auch wenn es nach einer Provokation häufig geschieht, dass der Coachee eine Abwehrhaltung einnimmt und sich zunächst verteidigt: Das erhaltene Feedback und die Ideen arbeiten häufig weiter. Nicht selten haben wir erlebt, dass bei der Nachbetrachtung eines längeren Coaching-Prozesses der Coachee am Ende bemerkte: *„Als Sie das zu mir gesagt haben, hat das zwar damals ganz schön weh getan. Nachdem ich aber einige Male darüber geschlafen hatte, hab ich es plötzlich verstanden – und das war die Situation, die mich mit Abstand am meisten weitergebracht hat."*

Das Prinzip des „Vorausgehens" – die Bergsteigerrolle des Coachs – funktioniert übrigens nicht nur im Coaching, sondern auch in vielen Trainings- und sogar Führungssituationen. Es ist immer wieder überraschend, wie viele gestandene Führungskräfte und Mitarbeiter sich nach Feedback zehren und sich wünschen, endlich mehr darüber zu erfahren, wie sie wirken, wie ihre Arbeit war oder wie sie im Vergleich zu anderen da stehen. So berichtete eine Klientin aus einer Behörde in einem Gespräch: „Ich habe seit zwanzig Jahren von meinem Chef keine Rückmeldung mehr bekommen – weder positiv noch negativ ..."

Selbststeuerungsmodell 3: Beratungsdimensionen

Die Grundidee des Modells: Das Selbststeuerungsmodell „Beratungsdimensionen" hilft dabei, sich bewusst zu machen, auf welche Dimensionen man während eines Gesprächs achten kann und sollte. Dabei wäre man als Coach schnell überfordert, würde man versuchen, zu viele Dimensionen gleichzeitig im Auge zu behalten. Unsere Empfehlung ist es, die verschiedenen Dimensionen gelegentlich vor dem geistigen Auge in einer Coaching-Session ablaufen zu lassen, sie wie eine Checkliste durchzugehen. Dabei sollte sich der Coach zum einen überlegen, ob auf der entsprechenden Dimension noch alles in Ordnung ist, zum anderen aber auch, ob die Betrachtung und Fokussierung auf die eine oder andere Dimension Mehrwert für die Beratung mit sich bringen könnte.

Wir haben uns die Tatsache bewusst gemacht, dass es bei einem erfolgreichen Training um bedeutend mehr als die Inhalte geht. Teilnehmer wollen vom Trainer unterhalten werden, die Organisation der Rahmenbedingungen muss stimmen, es muss eine Struktur geben, und die Diskussionen sollten anregend sein. Insbesondere passiert während eines Trainings auch viel in der Gruppe. Ähnlich facettenreich geht es im Coaching-Prozess zu. Wer glaubt, in einem Coaching ginge es nur um die Inhalte und das gesprochene Wort, der verpasst als Coach viel, mitunter sogar das Wesentliche.

Die sechs wesentlichen Beratungsdimensionen

Dimension 1: Digitale Ebene, Inhalte

Leitfragen: Um was geht es gerade? Worüber sprechen wir?

Auf die inhaltliche Dimension soll hier nicht weiter eingegangen werden, da sie ohnehin besonders dominant ist. Häufig besteht die Kunst gerade darin, die Inhalte auszublenden, bei Erzählungen des Coachees auch einmal „den Ton herunterzudrehen" und die Ressourcen auf andere Dimensionen zu fokussieren.

2. Dimension: Rapport

Leitfragen: Wie ist das Verhältnis zwischen dem Coachee und mir? Haben wir eine gute Arbeitsbeziehung? Läuft diese produktiv ab? Akzeptiert er meine Ideen und mich und fühle ich mich weder unter- noch überlegen? Wie viel Vertrauen herrscht zwischen uns? Habe ich noch die richtige Mischung aus „Pacing" und „Leading", oder stehe ich zu weit innerhalb oder außerhalb des Systems?

Der Rapport ist eine Art Hygienefaktor. Ohne einen produktiven Rapport wird ein erfolgreiches Coaching nahezu unmöglich.

3. Dimension: Resonanz und Intuition

Leitfragen: Was klingt in mir, wenn ich den Coachee höre? Wie ist das Kraftfeld? Wie wirkt das Ganze? Was sagt die Intuition?

Diese Dimension ist mit Sicherheit am schwierigsten zu beschreiben und zu schulen. Intuition muss sich entwickeln, man muss ihr vertrauen und sie selber ausbauen. Das Phänomen Intuition ist in zahlreichen Abhandlungen beschrieben worden. Als Coach sollten Sie lernen, auf Ihre Intuition zu hören. In der Praxis fällt es Coachs manchmal schwer, sich selber als „Klangkörper" zu nutzen.

Die Effekte bei der Rückmeldung der eigenen Intuition, z. B. eine Aussage wie *„du sagst das so, aber ich spüre dabei überhaupt keine Begeisterung und Kraft"*, haben häufig immense Effekte auf Coachees. Besonders auf sehr theoretisch orientierte, sachliche Menschen, die jede Handlungsoption bereits zahlreiche Male durchdacht und durchgerechnet haben, aber dabei nicht mehr auf ihr eigenes Gefühl hören.

Volker Köhninger, Leiter der systemischen Beratung Köhninger und gedanklicher Vater vieler der hier geschilderten Ideen, stellte fest:

„Wenn man im Coaching gar nicht weiter weiß, kann man immer noch auf die eigene Intuition setzen. Das löst beim Klienten eigentlich immer was aus."

4. Dimension: Kontraktbeziehung

Leitfragen: Haben wir noch eine klare Fokusbildung? Bin ich mir darüber klar, wer der Auftraggeber ist? In welcher Phase eines Coachings sind wir gerade? Gibt es einen Rollenkonflikt?

Erkenntnisse auf dieser Ebene sollten nicht immer sofort zur Sprache gebracht werden, können aber u. U. für die Selbststeuerung besonders wichtig sein, z. B. wenn es darum geht, das eigentliche Ziel eines Coachings wieder nachzuschärfen.

5. Dimension: Modelle und Theorie

Leitfragen: Was sagt die Theorie dazu? Gibt es Analogien und/oder Modelle, die hier Klarheit schaffen könnten?

Ähnlich wie bei der Intuition helfen zur Beurteilung der theoretischen Dimension Erfahrungswissen, darüber hinaus aber auch gute Theoriekenntnisse. Mitunter empfinden es Coachees als sehr hilfreich, von Ihnen geschilderte Situationen noch einmal visualisiert, zusammengefasst und in ein größeres Bild gesetzt zu bekommen.

„Was Sie momentan erleben, nennt man in der Fachliteratur auch „Führungsambivalenzen". Auch die Theorie empfiehlt, dass es in diesen Situationen wichtig ist, situativ zu entscheiden, tolerant gegenüber Ambiguitäten zu sein ..." oder *„Kennen Sie die Theatermetapher? Auf mich wirkt es so, als ob Sie ..."*

6. Dimension: Übertragungsreaktionen

Leitfragen: Wenn ich die Person wäre, von der mein Coachee gerade spricht, wie würde es mir gehen? Kann ich spüren, was der Coach schildert?

Angenommen, der Coachee beschreibt ausführlich, er habe den Eindruck, kein Mitarbeiter nehme ihn ernst. Gleichzeitig beobachten Sie, dass auch Sie Probleme haben, sich auf das Coaching zu konzentrieren oder den Coachee ernst zu nehmen – aus welchen Gründen auch immer. Oder aber: Ein Coachee beschreibt voller Eifer immer neue Konflikte, die in seinem Team entstehen und die auf einer sehr zwischenmenschlichen Ebene stattfinden. Gleichzeitig kommt in Ihnen immer stärker der Gedanke auf: *„Ich würde am liebsten das Coaching abbrechen, so sehr regt der mich auf."* Selbstverständlich sollten Sie eine Rückmeldung auf keinen Fall mit diesen Worten formulieren. Es hilft Ihnen, sich bewusst zu sein, wie diese Haltung bei Ihnen entstanden ist – und dem Coachee die Rückmeldung zu geben, dass es auf Sie so wirkt, als ob ein Eigenanteil des Coachees an den beschriebenen Konflikten Ihrer Meinung nach durchaus vorhanden sein könnte.

Es ist nicht leicht, alle Dimensionen gleichzeitig im Auge zu behalten. Um erfolgreich zwischen den Dimensionen zu wechseln, also Musterbrüche zu betreiben, ist es aber teilweise besonders hilfreich, die digitale Ebene zu verlassen und für sich selber die verschiedenen Facetten des Coachings zu untersuchen.

Nicht jedes Modell passt zu jeder Situation und ebenso wenig zu jedem Coach oder Coachee. Sie müssen entscheiden, welches Selbststeuerungsmodell Sie im aktuellen Setting verwenden wollen und was Sie nicht weiterbringt. Die Durchführung benötigt – wie in so vielen Fällen – Übung. Seien Sie also nicht frustriert, wenn es Ihnen beim ersten Coaching nicht gelingt, alle sechs Beratungsdimensionen im Kopf durchzugehen. Aber wenn es Ihnen gelingt, drei Dimensionen zu unterscheiden, macht dies für die Qualität des Coachings einen signifikanten Unterschied.

Selbststeuerung durch Supervision

Es gibt andere Möglichkeiten, Coachings genauer zu reflektieren, zum Beispiel im Rahmen einer Supervision.

Der Austausch mit häufig besonders erfahrenen, aber von der Fallkonstellation nicht betroffenen Kollegen, ist eine der wirkungsvollsten Methoden, die eigene Coaching-Kompetenz zu steigern. Wir empfehlen jedem Leser, sich regelmäßig supervidieren zu lassen – nicht nur in der Rolle als Coach, sondern auch als Trainer oder Berater. Dies gilt eigentlich für alle Professionsfelder mit einem hohen Anteil zwischenmenschlicher Aktivitäten und der damit verbundenen Gefahr, gegenüber bestimmten Signalen oder Stimuli irgendwann nicht mehr sensibel genug zu reagieren.

Dabei spielt es zunächst keine Rolle, ob Sie an einer Gruppen- oder Einzelsupervision teilnehmen und ob die Supervision nach jedem Coaching oder nach einem abgeschlossenen Prozess stattfindet. Wichtig ist, dass man in der Supervision die Gelegenheit bekommt, mithilfe gezielter Fragen, einem strukturierten Gespräch und einer neuen, externen Perspektive durch Kollegen das eigene Verhalten im Coaching noch einmal zu reflektieren, neue Blickfelder zu erhalten und eigene Bemerkungen, einzelne Verhaltensweisen, die eigene Einstellung in einem neuen Licht zu betrachten.

Mitunter ist Supervision auch schlicht und einfach gut für das eigene „Seelenheil". Es tut einfach gut, sich mit einem Kollegen über aktuelle Herausforderungen bei der (Beratungs-)Arbeit auszutauschen. In einem professionellen Setting und nicht einfach nur als lockerer Plausch.

4.6 Train-the-Coach: Überblick über Coaching-Ausbildungen am Markt

In Kapitel 3.6 haben wir bereits einen Überblick über Trainerausbildungen gegeben. Schon dort hatten wir angemerkt, dass es unzählige Ausbildungen gibt, von denen viele gut, nicht alle aber seriös und ihr Geld wert sind. Dieses Problem potenziert sich noch einmal, wenn man über Coaching-Ausbildungen nachdenkt. Auch wenn der Interessent zunächst einem kaum überschaubaren Angebot an Coaching-Ausbildungen gegenübersteht, gibt es doch auch eine positive Botschaft: Coaching ist in den letzten Jahren immer populärer geworden und der Trend scheint anzuhalten. Hier tut sich also ein großer Markt für neue Coachs auf.

Coaching in Deutschland weitgehend akzeptiert

Die Unternehmensberatung Frank Bresser Consulting zeigt in ihrem Global Coaching Survey 2008/2009, dass in Deutschland Coaching schon weitgehend akzeptiert ist und zur Führungskräfteunterstützung genutzt wird (vgl. S. 234). Im Vergleich zum europäischen Ausland sind in Deutschland bereits relativ viele Coachs tätig (insgesamt ca. 5.000 Personen). Auf die Einwohnerzahl bezogen bedeutet dies eine Quote von Coachs zu potenziellen Coachees von ca. 1:16.500. Deutlich höher liegt diese Quote in Irland und Großbritannien (jeweils 1:8.000) sowie Luxemburg (1:10.000). Selbst unter der Voraussetzung, dass der Markt in Großbritannien und Nordirland schon gesättigt wäre, hätte Deutschland also noch viel Potenzial. Gleichzeitig schätzen alle vier Länder laut Global Coaching Survey aber, dass sich Coaching weiterhin auf einem Wachstumspfad befindet.

Worauf Sie bei der Auswahl der richtigen Coaching-Ausbildung achten sollten

Wie schon bei der Auswahl der Trainerausbildung beschrieben, gibt es auch hier keine pauschal anwendbaren und absolut gültigen Kriterien. Es kommt unter anderem darauf an, in welchem Kontext Sie später als Coach arbeiten möchten, welche Erwartungen Sie an eine Ausbildung haben, nach welcher „Schule" Sie coachen möchten etc. In Kapitel 3.6 lernen Sie das Vorgehen bei der Auswahl einer Ausbildung kennen. Dort finden Sie eine generelle Anleitung, die auch Ihre Suche nach der passenden Coaching-Ausbildung unterstützt.

Schritt 1: Erwartungen an eine Coaching-Ausbildung prüfen

Als Coach aufzutreten ist für viele Neueinsteiger eine aufregende Situation: Man arbeitet intensiv mit einer Person zusammen, die vermutlich über sehr spezifische Fragen und Problemstellungen sprechen möchte. Eine gute Ausbildung legt das Fundament für diese Arbeit und sollte daher sorgsam ausgewählt werden. Voraussetzung für eine richtige Entscheidung ist es zunächst aber, sich selbst klarzumachen, welche Erwartungen die Ausbildung erfüllen soll. Die folgenden Leifragen können Ihnen dabei helfen, Ihre Gedanken zu strukturieren:

Checkliste: Meine Erwartungen an die Coaching-Ausbildung	
Habe ich Vorerfahrungen als Coach oder brauche ich eine fundierte Grundlagenausbildung (z. B. Techniken der Gesprächsführung, psychologisches Hintergrundwissen etc.)?	
Gibt es eine bestimmte Schule, nach der ich coachen möchte, oder ist es mir wichtig, einen Überblick über verschiedene gängige Schulen zu erhalten?	
Welchen Coaching-Ansatz möchte ich unbedingt kennenlernen?	
Benötige ich eine zielgruppenspezifische Coaching-Ausbildung (z. B. zum Vertriebscoach, für das Topmanagement etc.)?	

Bin ich diskussionssicher, wenn es um betriebswirtschaftliche Themen geht, oder sollte meine Ausbildung auch dieses Thema enthalten?	
Welches Zertifikat ist mir wichtig? Erscheinen die Ausbildungsinhalte auf meinem Zertifikat?	
Welches Zertifikat sollen meine Lehrcoachs haben? Sollen auch sie einem bestimmten Verband angehören?	
Möchte ich meine Ausbildung innerhalb der Woche oder am Wochenende absolvieren?	
Über welchen Zeitraum soll sich meine Ausbildung erstrecken?	
Wie groß können/sollen die Zeitfenster zwischen den einzelnen Modulen sein?	
Wie viele Teilnehmer sollten maximal, aber auch minimal in meiner Ausbildungsgruppe sein, damit ich mich wohlfühle?	
Was bin ich bereit, für meine Ausbildung auszugeben?	
Bin ich bereit, eventuell anfallende Unterbringungs- und Verpflegungskosten zu zahlen?	
Wie weit würde ich für eine gute Ausbildung reisen?	
Verfüge ich bereits über ein eigenes Coachnetzwerk oder bin ich auf einen Netzwerkaufbau über das Ausbildungsinstitut angewiesen?	
Ist es mir wichtig, in der Ausbildung viel zu üben oder lege ich mehr Wert auf Theorie und Grundlagen?	
Welche Altersstruktur soll meine Ausbildungsgruppe haben?	
Welcher Bildungshintergrund der Teilnehmer sollte aus meiner Sicht Voraussetzung sein?	

Eine Ausbildung, die alle Ihre Erwartungen erfüllt, wird es nicht geben. Umso wichtiger ist es, sich seiner Erwartungen vorher bewusst zu sein und zwischen Kann- und Muss-Kriterien zu trennen.

Schritt 2: Abgleich des Ausbildungsangebots mit den Erwartungen

Im nächsten Schritt geht es darum, das Ausbildungsangebot mit Ihren Erwartungen abzugleichen. Sollten Sie über die öffentlich zugänglichen Informationskanäle, wie Internetpräsenzen, Flyer, Anzeigen in Zeitschriften, keine ausreichenden Informationen bekommen, scheuen Sie sich nicht, telefonisch bei den Ausbildungsinstituten nachzufragen. In der Regel werden auch kostenlose Informationsveranstaltungen angeboten, die Sie unbedingt nutzen sollten. Sinnvoll ist aber eine vorherige Eingrenzung der Anbieter, um sich zu viel Aufwand zu ersparen.

Kienbaum Expertentipp: Nutzen Sie die Suchmaschine im Internet

Auf den Internetseiten von Christopher Rauen (www.coaching-index.de) können Sie Ausbildungsmöglichkeiten nach verschiedenen Suchkriterien filtern. Vor allem die Suche nach Postleitzahlen unterstützt Sie dabei, Coaching-Ausbildungen in Ihrer Gegend zu finden und so die Nebenkosten für Reise und Unterkunft gering zu halten. Über die Datenbank können Sie sich einen ersten Überblick verschaffen, der dann durch weitere Recherchen abgerundet werden sollte.

Achten Sie auf persönliche Empfehlungen

Der wichtigste Tipp auf dem Weg zur richtigen Ausbildung bleibt aber das „Word of Mouth", die Mundpropaganda. Versuchen Sie mit Personen zu sprechen, die selbst eine Coaching-Ausbildung absolviert haben. Dies können Freunde, Bekannte oder Arbeitskollegen sein. Sollten Sie niemanden in der näheren Umgebung kennen, können Sie aber auch bei den Ausbildungsinstituten anrufen und fragen, ob Sie sich einmal mit einem früheren Teilnehmer unterhalten dürfen. Sicher werden Sie dann nicht die Kontaktdaten des größten Kritikers, sondern eher die eines „Anhängers" bekommen. Trotzdem werden Sie in einem solchen Gespräch aber weitere interessante Einblicke in die jeweilige Ausbildung erhalten.

Kosten für Coaching-Ausbildungen

Die Kostenspanne für Coaching-Ausbildungen ist mit 4.000 Euro bis 10.000 Euro durchaus groß, dafür variieren die angebotenen Ausbildungstage aber auch erheblich. Die meisten namhaften Anbieter befinden sich im oberen Preissegment ab ca. 7.000 Euro inklusive Mehrwertsteuer und bieten hierfür ca. zwanzig Ausbildungstage an.

Zeitaufwand einer Coaching-Ausbildung

Auch der zeitliche Aufwand einer Coaching-Ausbildung sollte nicht unterschätzt werden. Gängige Angebote erstrecken sich im Mittel über ca. ein Jahr. Einige Ausbildungen sind deutlich länger. Immer wieder finden Sie auch Anzeigen zu Coaching-Crashkursen nach dem Motto: „In zwei Wochen zum Business-Coach". Diese Angebote sollten Sie sehr genau prüfen. Sicher ist es möglich, intensive Selbsterfahrung auch in so kurzer Zeit zu betreiben, das Erlernen des Coaching-Handwerks benötigt jedoch Erfahrungen mit tatsächlichen Coaching-Fällen. Die Anwendung der einzelnen Coaching-Instrumente setzt sich erfahrungsgemäß besser, wenn man die Instrumente Stück für Stück am realen Fall einsetzt. Crashkurse sind hierfür kontraproduktiv.

Wenn Sie nur eine grobe Idee davon haben, was Sie möchten, ist es besonders hilfreich, sich an objektiven Kriterien für eine gute Ausbildung zu orientieren.

Auswahlkriterien für eine gute Ausbildung

Ebenso wie bei den Trainerausbildungen gibt es auch im Bereich Coaching einige Kriterien, die aus unserer Sicht dringend erfüllt sein sollten und die Ihnen bei der Auswahl einer geeigneten Ausbildung hilfreich sein können. Sie stützen sich auf Erfahrungen, die wir in unserer Kienbaum-eigenen Coaching-Ausbildung gemacht haben, ebenso wie auf Informationen aus unseren Netzwerken und verschiedenen Literaturquellen. Unter www.rauen.de finden Sie eine Anleitung zur Auswahl der passenden Coaching-Ausbildung.

Informationsveranstaltungen

Wir haben schon angesprochen, dass die Passung Ihrer Erwartungen an die Inhalte der Coaching-Ausbildung eines der wichtigsten Auswahlkriterien sein muss. Entscheidend hierfür ist es, dass Informationsveranstaltungen angeboten werden, auf denen Sie alle Fragen bezüglich der Ausbildung stellen und sich ein Bild der Seriosität des Anbieters machen können. Nutzen Sie diese Veranstaltungen aber auch, um zu prüfen, ob die Lehrcoachs und die anderen Interessenten Ihnen sympathisch sind und kompetent wirken. Entsprechend ist natürlich zu erwarten, dass die Informationsveranstaltung auch von den späteren Lehrcoachs durchgeführt wird. Fragen Sie spätestens auf der Informationsveranstaltung auch nach dem Alleinstellungsmerkmal des Anbieters. Prüfen Sie, ob dies Ihrem Bedarf entspricht.

Lehrcoachs

Die Lehrcoachs sollten Ihnen sympathisch sein, denn Sie verbringen nicht nur viel Zeit mit ihnen, sondern sollten diese auch als Rollenvorbilder nutzen, um Ihren eigenen Coaching-Stil auszubilden. Gleichzeitig sollten Ihre Lehrcoachs aber auch über mehrjährige Coaching-Erfahrung verfügen. Denn die beste Ausbildung hilft nichts ohne entsprechende Erfahrung.

Praktische und multiperspektivische Ausrichtung

In der Ausbildung sollte neben einer theoretischen Fundierung eine praktische und multiperspektivische Ausrichtung verfolgt werden. Dies bedeutet, dass Sie verschiedene Methoden praktisch kennenlernen sollten. Dabei sollte es ermöglicht werden, dass Sie als Teilnehmer in die Rolle des Coachs genauso schlüpfen wie in die des Coachees und des externen Beobachters.

Zugangsvoraussetzungen

Lassen Sie sich von Zugangsvoraussetzungen nicht abschrecken. Diese stellen im ersten Moment eine Hürde dar, dienen jedoch auch Ihrem Schutz. Die angesprochene praktische und multiperspektivische Ausrichtung sorgt für ein enges Zusammenarbeiten mit den anderen Teilnehmern. Die Zugangsvoraussetzungen sorgen dafür, dass mit Ihnen Personen ausgebildet werden, die über einen ähnlichen Erfahrungshorizont sowie einen vergleichbaren beruflichen Hintergrund verfügen und mit der Ausbildung ähnliche Ziele verfolgen. Prüfen Sie gleichzeitig aber auch, ob die Voraussetzungen sinnvoll sind. Einige Ausbildungsinstitute verlangen ein psychologisches Studium, um als Coach arbeiten zu können. Dies ist zwar sinnvoll, wenn es sich z. B. um eine Ausbildung des Verbandes dieser Fachrichtung handelt (vgl. unsere Ausbildungsempfehlung der Deutschen Psychologen Akademie), als allgemeine Voraussetzung wirkt dies jedoch wenig seriös.

Heterogenität der Zielgruppe

Eine gewisse Heterogenität der Zielgruppe kann hilfreich sein. Auf der einen Seite ist es schön, wenn man unter seinesgleichen ist. Die verschiedenen Perspektiven sind aus konstruktivistischer Sicht aber sehr hilfreich. Später als Coach wird man auch nicht nur mit Klienten arbeiten, die genauso sind wie man selber.

Anzahl der Teilnehmer

Auch die Anzahl der Teilnehmer in einer Ausbildungsgruppe spielt eine große Rolle. Zu wenige Personen bringen häufig zu wenig heterogene Erfahrungen und Perspektiven mit sich. Zu viele Personen führen dazu, dass Diskussionen und Meinungsunterschiede zu langwierigen Prozessen werden. In Gruppen von sechs bis zwölf Personen kann man unserer Erfahrung nach gut und konstruktiv arbeiten. Bei mehreren Lehrcoachs, entsprechenden Räumen und rotierenden Verfahren sind natürlich auch größere Gruppen interessant.

Arbeiten mit tatsächlichen Coachees

Erlernte Methoden sollten wie beschrieben im Rahmen der Ausbildungsgruppe angewendet werden. Spannend für alle Beteiligten ist die Zusammenarbeit mit tatsächlichen Coachees schon zwischen den Ausbildungsmodulen. Es sollte im Vorfeld jedoch sichergestellt werden, dass es sich zunächst um Coachees handelt, deren Anliegen einfach zu bearbeiten sind. Gleichzeitig sollten die Fälle in Supervisionen diskutiert werden. Voraussetzung ist selbstverständlich auch, dass die „Probe-Coachees" um ihre besondere Rolle im Lernprozess wissen. Eine gute Ergänzung bzw. Vorbereitung auf einen echten Klienten ist das regelmäßige Einüben von Coaching-Techniken innerhalb der Gruppe. Schließlich bringen die meisten Teilnehmer als Berufstätige auch ihre eigenen Coaching-Anliegen mit in die Ausbildung. Somit schlägt man mit diesem Ansatz zwei Fliegen mit einer Klappe. Coachings im Rahmen der Ausbildungstage dienen sowohl dem Einüben von Coaching-Techniken (für den Coach) als auch der persönlichen und beruflichen Entwicklung (für den Coachee).

Weitere Praxisaufgaben

Das Arbeiten mit einem tatsächlichen Coachee stellt schon eine hohe Anforderung an einen werdenden Coach dar. Solche hohen Anforderungen unterstützen Sie aber auch dabei, ins kalte Wasser zu springen. Unterstützend wirken sich unserer Erfahrung nach weitere Praxisaufgaben aus, wie das Erstellen von Supervisionsberichten, das Aufbereiten eines Coaching-relevanten Themas für die eigene Ausbildungsgruppe etc.

Unterschiedliche Denkschulen

Dem Coaching liegen unterschiedliche Denkschulen (z. B. Systemtheorie, Transaktionsanalyse, Hypnotherapie, Gestalt- und Organisationstheorie, aber u. U. auch NLP) zugrunde. Eine gute Ausbildung darf sich zwar fokussieren, sollte jedoch auch einen Überblick über andere Ansätze geben. Coaching bedeutet immer, neue Perspektiven auf eine Problemsituation zu eröffnen. Dogmatisches Festhalten an einer einzigen Schule ist dabei sicherlich keine hilfreiche Grundhaltung für einen Coach.

Vorgehen beim Coaching-Abbruch

Coaching ist etwas anderes als Psychotherapie! In der Praxis kommt es aber immer wieder vor, dass ein vorhandener Therapiebedarf eines Coachees (zum Beispiel eine Depression, ein drohender Burnout oder eine Suchterkrankung) zunächst nicht erkannt wird. Im Rahmen der Ausbildung kann sicher nicht jedes psychische Krankheitsbild diskutiert werden, sodass es im Laufe des Coachings erkannt wird. Es sollte aber über Abbruchkriterien und ein Vorgehen beim Coaching-Abbruch gesprochen werden. Der Coach hat hier die Verantwortung, sich selbst ebenso wie den Coachee zu schützen und diesem eine adäquate Unterstützung zukommen zu lassen. Erfragen Sie im Vorfeld, inwiefern auf dieses Thema eingegangen wird.

Feedback in der Ausbildung

Wir hatten schon angesprochen, dass die Durchführung von Coachings zu Beginn der Tätigkeit mit vielen Unsicherheiten verbunden ist. Umso wichtiger ist, dass Sie von Lehrtrainern und anderen Teilnehmern ein wertschätzendes und ehrliches Feedback zu Ihrer eigenen Person und Ihren ersten Gehversuchen als Coach erhalten. Klären Sie vorher, wie Feedback in der Ausbildung sichergestellt wird.

Supervisionen

Nicht nur als angehender, sondern auch als zertifizierter Coach ist Feedback wichtig. Hilfreich ist es daher, wenn Ihr Ausbildungsinstitut Supervisionen oder Möglichkeiten zur Selbstorganisation in Supervisionsgruppen anbietet.

Förderung der Netzwerkbildung

Um Supervision in Zukunft auch unabhängig von seinem Ausbildungsinstitut betreiben zu können oder schnelle Hilfe zu einem aktuellen Coaching-Fall zu bekommen, ist ein Netzwerk von unschätzbarem Wert. Erfragen Sie, ob und wie Ihr Ausbilder die Netzwerkbildung fördert.

Selbstmarketing und Akquisition

Als Coach arbeiten Sie in der Regel mit Einzelpersonen. Selbstmarketing und Akquisition spielen also eine relativ große Rolle, wenn man als selbstständiger Coach ohne ein weiteres wirtschaftliches Standbein tätig ist. Viele Ausbildungen berücksichtigen dies in ihren Curricula.

Kriterien für die Qualität der Ausbildung

Gute Ratgeber für die Wahl eines seriösen Anbieters können schließlich die Anzahl durchgeführter Ausbildungen im Jahr und die Erfahrung als Ausbildungsinstitut in Jahren sein. Beachten Sie jedoch auch, dass jedes gute Ausbildungsinstitut auch einmal mit der ersten Ausbildungsgruppe begonnen hat. Dieses Kriterium sollte also beachtet, aber nicht überbewertet werden.

Möglichkeit der Durchführung zu einem anderen Zeitpunkt

Die meisten von Ihnen werden die Coaching-Ausbildung vermutlich neben einer anderen beruflichen und wahrscheinlich auch neben vielen anderen privaten Verpflichtungen absolvieren. Dabei kann es passieren, dass Sie ein Modul verpassen. Ihr Ausbildungsinstitut sollte Ihnen die Möglichkeit der Durchführung zu einem anderen Zeitpunkt geben.

Das eigene Bauchgefühl

Ein weiteres entscheidendes Kriterium ist Ihr Bauchgefühl. Coaching hat viel mit Intuition und Selbstreflexion zu tun. Spätestens in der Informationsveranstaltung sollten Sie sehr genau auf Ihr Bauchgefühl hören. Fühlen Sie sich mit den Trainern, mit Ihren späteren Mitteilnehmern, aber auch in den Räumlichkeiten wohl? Haben Sie ein ungutes Gefühl, sollten Sie dies hinterfragen. Im ungünstigsten Fall sitzen Sie sonst für knapp 10.000 Euro über ein Jahr hinweg in einer Ausbildung, die nicht zu Ihnen passt.

Warum „Heilsbringer" unseriös sind

Grundsätzlich vorsichtig sollten Sie sein, wenn Sie das Gefühl haben, bei einem „Heilsbringer" in der Ausbildung gelandet zu sein, der Ihnen Geheimtipps für das richtige Coaching verspricht. Einige Anbieter beschreiben die eigene Sicht auf Probleme und ihre Lösungen als die einzig richtige. Wenn das so wäre, dann könnte man vermutlich aber davon ausgehen, dass sich diese besonderen Methoden in mehreren Millionen Jahren Menschheitsgeschichte schon deutlich weiter verbreitet haben müssten.

Sie wissen nun, was Ihnen wichtig ist. Was nun?

Ein Vorgehen zur Auswahl des optimalen Anbieters für Ihre Bedürfnisse finden Sie in Kapitel 3.6 im Abschnitt „Auswahl des richtigen Anbieters mithilfe einer Kriterienmatrix". Das dort vorgestellte Verfahren lässt sich auch auf die Auswahl einer geeigneten Coaching-Ausbildung übertragen und hilft bei der Strukturierung Ihrer Entscheidung.

Kienbaum Expertentipp: Fünf ausgewählte Ausbildungen

Wir haben für Sie recherchiert und möchten Ihnen im Folgenden zunächst fünf Ausbildungen vorstellen, die wir für gelungen halten (alle Angaben ohne Gewähr, Stand: März 2011).

In allen Fällen handelt sich um Ausbildungen, die wir teilweise selbst durchlaufen, die wir von Kollegen empfohlen bekommen haben oder von denen wir in unseren Netzwerken immer wieder lobende Worte hören. Dies sind sicherlich nicht die einzigen guten Ausbildungen am Markt. Trotzdem stellen sie aus unserer Sicht einen guten Ausgangspunkt für Ihre eigenen Recherchen dar. Um Ihnen die Vorauswahl bei der Masse der Ausbildungen weiter zu erleichtern, haben wir uns bei den Ausbildungsinstituten nach ihrem Alleinstellungsmerkmal gegenüber anderen Ausbildungen erkundigt und möchten Ihnen die Antworten, die wir erhalten haben, inhaltlich unverändert, jedoch teilweise gekürzt wiedergeben.

Einige der Ausbildungen sind von Coaching-Verbänden zertifiziert. Die Landschaft der Verbände in Deutschland ist leider sehr unübersichtlich. Eine Übersicht über verschiedene Coaching-Verbände, die Ihnen die Interpretation der folgenden Beschreibungen eventuell erleichtert, finden Sie im Internet unter www.coaching-lexikon.de/Coaching-Verbände (Stand: März 2011).

1. Konstanzer Seminare (Ulrich Dehner) – Coaching-Ausbildung

Eine 27-tägige Ausbildung, die sich in Dreitagesveranstaltungen über knapp zwei Jahre erstreckt. Die Ausbildung ist vom Deutschen Bundesverband Coaching e. V. (DBVC) anerkannt. Pro Ausbildungsgruppe werden maximal zwölf Teilnehmer zugelassen. Anmelden können sich Interessenten entweder für die Berliner oder die Konstanzer Seminarreihe. Die Ausbildung wendet sich an alle selbstständigen und angestellten Berater oder Trainer sowie an Personaler und Führungskräfte. Voraussetzung ist für alle die Bereitschaft, sich auf Selbsterfahrung und persönliche Entwicklung einzulassen. Die Kosten belaufen sich auf 7.650 Euro zzgl. MwSt.

Worin liegt das Alleinstellungsmerkmal Ihrer Ausbildung?

„Eine Besonderheit besteht darin, dass wir Verbindungen schaffen zwischen systemischen und individualpsychologischen Ansätzen, besonders der Transaktionsanalyse und den ressourcenorientierten Vorgehensweisen nach Milton Erickson.

Eine zweite Besonderheit besteht darin, dass wir großen Wert legen auf eine profunde Analyse der Situation des Klienten. Die Ausbildungs-Teilnehmer lernen, eine gründliche Problemanalyse durchzuführen und im Bedarfsfall so tief zu gehen, dass sie Verknüpfungen zu lebensgeschichtlichen Vorgängen des Klienten herstellen können. In tiefenpsychologischen Exkursionen beschränken wir uns jedoch auf das absolut Notwendige.

Eine weitere Besonderheit sehe ich darin, dass die Ausbildung den Teilnehmern eine fortwährende „Persönlichkeitsentwicklung" bietet. Obwohl wir keinen eigenen Block zur Selbsterfahrung anbieten, währenddessen man nur darauf fokussiert, findet sehr viel Selbsterfahrung statt, weil sie vom ersten Baustein an parallel zum Lernen passiert, durch gegenseitiges Coaching bzw. Coaching durch den Ausbilder, durch häufige Feedbacks, durch Anleitung zur Selbstreflexion."

2. COATRAIN – Ausbildung zum zertifizierten Business-Coach

Das 20-tägige Curriculum unterteilt sich in sieben Blöcke und dauert insgesamt ca. ein Jahr. Die Ausbildung richtet sich an Personen mit einer abgeschlossenen akademischen Berufsausbildung oder Teilnehmer mit mindestens fünfjähriger Erfahrung in der Personalführung oder -entwicklung oder an Personen mit fünfjähriger Branchenerfahrung als leitender Angestellter, selbstständiger Unternehmer, Berater, Trainer bzw. Coach. Bereitschaft zur Veränderung und Interesse an der Entwicklung der eigenen Person sind für alle oben genannten Gruppen Voraussetzung. Die Ausbildung kostet bei Teilnahme in Hamburg 6.900 Euro, bei Teilnahme in Neuss/NRW 7.500 Euro und ist von der Mehrwertsteuer befreit. Die Ausbildung wurde durch die Forschungsstelle Coaching-Gutachten evaluiert und zertifiziert und ist außerdem anerkannt vom DBVC.

Worin liegt das Alleinstellungsmerkmal Ihrer Ausbildung?

Unsere Ausbildung startet mit einer individuellen Potenzialanalyse, um eigene Stärken und Entwicklungsfelder zu bestimmen. Wir führen in die Rolle als externer und organisationsinterner Coach ein und vermitteln die richtige Haltung im Business-Coaching. Wir vermitteln Know-how und Techniken aus unterschiedlichen sozialwissenschaftlichen Schulen (z. B. psychodynamischer Ansatz, klientenzentrierte Beratung, systemische Psychologie, NLP etc.). Bestandteil der Ausbildung ist auch die Vermittlung von Coaching-Expertise, d. h. organisationalem Know-how und Managementwissen in komprimierter Form (z. B. Führungsinstrumente, Konfliktmanagement, Entscheidungs- und Problemlösungstechniken etc.). Ein Großteil unseres Know-hows steht unseren Teilnehmern in über 280 hauseigenen Tools zur Verfügung. Die Kenntnisse und Fähigkeiten werden vermittelt anhand von Live-Demonstrationen (durch die Lehr-Coachs) und supervidiert anhand von Live-Coachings (durch die Teilnehmer am eigenen Coaching-Klienten), die je nach Wunsch auch aufgezeichnet werden können. Kleingruppen von sechs bis acht Personen erlauben ein vertrauensvolles arbeiten und ein kontinuierliches gegenseitiges coachen. Wir stellen so sicher, dass am Ende der Ausbildung jeder Teilnehmer ein intensives Coaching zu eigenen Anliegen erhalten und mehrere Coaching-Prozesse anderer Teilnehmer intensiv begleitet hat.

Auch nach der Ausbildung bieten wir preiswerte Supervisionstage, virtuelle Fallarbeit im Chat, den Bezug von aktualisierten Tools und weitere Unterstützung, z. B. bei der Existenzgründung oder in Karrierefragen. Unsere Ausbildung entspricht den Richtlinien mehrerer Verbände (z. B. FCG, dvct, DBVC)."

3. Kienbaum Management Consultants – Ausbildung zum Management-Coach

Die zehnmodulige Ausbildung erstreckt sich über einen Zeitraum von ca. zehn Monaten und beinhaltet insgesamt zwanzig Ausbildungstage. Die Ausbildung selbst findet in Berlin statt. Voraussetzung zur Teilnahme ist neben einem abgeschlossenen (Fach-)Hochschulstudium eine mindestens dreijährige Berufserfahrung. In einem persönlichen Gespräch stellt das Institut zusätzlich sicher, dass die Ausbildung auf die Bedürfnisse der Interessenten passt. Die Kosten belaufen sich für Privatzahler auf 6.000 Euro, für Firmenkunden auf 7.500 Euro (jeweils zuzüglich MwSt.).

Worin liegt das Alleinstellungsmerkmal Ihrer Ausbildung?

„Die Konzeption beruht auf unseren Erfahrungen dazu, was sich in anderen Ausbildungen bewährt hat. Dazu gehören eine Vielzahl von Coaching-Übungen (erlebt aus verschiedenen Perspektiven), ein starker Fokus auf die Rolle der Führungskraft, ein Überblick über verschiedene Schulen (humanistisch, kognitiv-verhaltenstheoretisch, systemtheoretisch etc.), persönliche Informationsmöglichkeit vorab und vieles mehr.

Besonders wichtig war es uns aber, auch Aspekte zu integrieren, die wir oder Kollegen von uns in anderen Ausbildungen vermisst haben. Dazu gehören Live-Coachings durch die Dozenten oder supervidiert durch die Teilnehmer im Seminar, das Überwinden der ersten Coaching-Hürde durch coachen einer externen Person (echter Klient), Supervisionsangebot während und nach der Ausbildung, ein Fokus auf Rollen im Management, starke Vernetzung zwischen den Modulen, Arbeiten in überschaubaren Gruppen von maximal zwölf Personen, ein Zertifikat (entsprechend gängiger Anforderungen von Coaching-Verbänden), Arbeit an der eigenen Marktpositionierung und vieles weitere. Zusätzlich sorgt der renommierte Name Kienbaum auf dem Zertifikat dafür, dass der Einstieg in den Coaching-Markt deutlich erleichtert wird."

4. Institut für systemische Beratung Wiesloch – systemisches Coaching und Teamentwicklung

Die Ausbildung hat einen systemtheoretischen Hintergrund, beinhaltet aber auch Einflüsse aus der Transaktionsanalyse und wird hier als Beispiel für eine Ausbildung für eine spezielle Schule gewählt. Das Curriculum erstreckt sich über einen Zeitraum von einem Jahr und umfasst sechs Module à drei Tagen. Diese Grundausbildung kostet aktuell 6.900 Euro (ab Oktober 2011 7.900 Euro). Zusätzlich wird empfohlen, vier Selbsterfahrungstage für weitere 1.000 Euro (ab Oktober 2011 1.200 Euro) zu absolvieren. Alle Preise verstehen sich zuzüglich Mehrwertsteuer. Besonders an dieser Ausbildung ist, dass nicht nur die Beratung von Einzelpersonen, sondern auch von Teams und Organisationen im Fokus steht. Als Besonderheit bietet Wiesloch spezielle, günstigere Ausbildungen (für ca. 2.000 Euro) für Studenten, Doktoranden und Berufseinsteiger an, mit ähnlichen Inhalten, aber einer „jüngeren Zielgruppe". Die Ausbildung im Raum Köln und Leipzig wird dabei von zwei der drei Buchautoren durchgeführt.

Worin liegt das Alleinstellungsmerkmal Ihrer Ausbildung?

„Wir glauben, dass eine Auseinandersetzung mit der Passung zwischen Beruf und Funktion in Organisationen sowie der eigenen Biografie und Selbstverwirklichungswünschen für Leistung im Wirtschaftsleben entscheidend ist. Da Menschen heute sehr individuelle und komplexe Rollen, Vernetzungen und Verantwortungen in sich tragen, kann sich eine Weiterbildung nicht auf den Erwerb eines bestimmten Repertoires beschränken, sondern muss von seiner Lernkultur her eine „Metaprofessionalität" aufbauen. Hierbei müssen Fach- und Feldkenntnisse, schnelle Orientierung sowie Verdichtung von Machbarem mit eigenem Arbeitsstil und der Vernetzung mit wichtigen anderen Spielern in Einklang gebracht werden. Entscheidend ist eine dafür beispielhafte Lernkultur. Ein Kreis von Professionellen mit hoher Diversität in vielerlei Hinsicht entwickelt eine stärkende Gemeinschaft, und gestaltet gemeinsam professionelles Lernen, Identitätsfindung, Prozesssteuerung und Leistung in Kooperation. Das nachfolgende gemeinsame Weiterlernen und Kooperieren in unserem Professionellen-Netzwerk, das Finden einer „professionellen Heimat" sind neben den konkreten Qualifizierungen wichtige Effekte."

5. Astrid Schreyögg in Kooperation mit der DPA (Deutsche Psychologen Akademie) – Coach the Coach

Diese 20-tägige Ausbildung erstreckt sich über ca. vierzehn Monate und findet in sieben zwei- und zwei dreitägigen Seminaren statt. An der Ausbildung können maximal achtzehn Personen teilnehmen. Die Ausbildung wird in Kooperation mit der DPA angeboten und richtet sich primär an Psychologen mit dem Abschluss Diplom oder Master. Akademiker anderer Fachrichtungen (z. B. Betriebswirte, Volkswirte, Soziologen etc.) können jedoch auch teilnehmen, wenn sie ein psychologisches Vorwissen nachweisen können. Studenten, die kurz vor ihrem Abschluss stehen, können ebenfalls teilnehmen. Die Kosten belaufen sich für DPA-Mitglieder auf 5.750 Euro, für Nichtmitglieder auf 6.200 Euro. Beides versteht sich inklusive Verpflegungspauschale. Durchführungsort ist Berlin.

Worin liegt das Alleinstellungsmerkmal Ihrer Ausbildung?

„Unser Ansatz ist ein Integrationsmodell, welches viele unterschiedliche theoretische und methodische Ansätze berücksichtigt. Betrachtet werden diese Ansätze vor dem Hintergrund eines Metamodells mit anthropologischen und erkenntnistheoretischen Prämissen. Der vermittelte Coaching-Ansatz verbindet klinisch-psychologische mit wirtschaftspsy-chologischen Inhalten und Managementansätzen sowie Organisations-theorien. In den einzelnen Modulen werden nicht nur rationale Aspekte, sondern auch emotionale und leibliche Bereiche von Ausbildungskandi-daten angesprochen. Die Lehre erfolgt in laufender Korrespondenz zu den eigenen beruflichen Erfahrungen der Teilnehmer. Dies bedeutet, dass in jedem Seminar ein „Live-Coaching" stattfindet, sodass eine lau-fende Anbindung an die Erfahrungen der Teilnehmer erfolgt."

Zehn goldene Tipps fürs Coaching

In Kapitel 4 haben wir Ihnen ausführlich alle wichtigen Aspekte des Coachings vorgestellt. Hier finden Sie noch einmal eine stark kom-primierte Zusammenfassung, unsere „zehn goldenen Tipps fürs Coa-ching".

Zehn goldene Tipps fürs Coaching	
1.	Klären Sie den konkreten Coaching-Auftrag und das Ziel der aktuellen Coaching-Sitzung. Stellen Sie sich zu jedem Zeitpunkt auf ein „Re-Contracting" ein. Klären Sie sorgfältig, worüber gesprochen werden soll.
2.	Stellen Sie grundsätzlich lieber Fragen, anstatt Tipps zu geben. Ratschläge sind oft nicht hilfreich, selbst entwickelte Lösungen wirken oft langfristiger.
3.	Machen Sie sich von Denkschulen, Regeln und Verboten frei. Gutes Coaching ist, wenn es hilft.
4.	Verbinden Sie Phasen des Zuhörens mit Phasen des Vo-rausgehens. Verwenden Sie auch mal klare Worte – sie können oft die beste Hilfe sein.
5.	Gehen Sie nicht nur rational vor. Nutzen und trainieren Sie auch Ihre Intuition und spiegeln Sie, was Themen bei Ihnen für Resonanz auslösen.
6.	Achten Sie auf Glaubenssätze, mentale Modelle und irra-tionale Reaktionen Ihres Klienten. Sie sind oft der Schlüs-sel zu Problemen und müssen genau hinterfragt werden.
7.	Arbeiten Sie in der Gedankenwelt des Coachees. Wechseln Sie die Perspektive, aber behalten Sie auch Ihre eigene Sichtweise bei.

8.	Nutzen Sie Instrumente der Selbststeuerung. Beobachten Sie sich selber und prüfen Sie, ob Sie noch auf dem richtigen Weg sind.
9.	Kennen Sie Ihre eigenen Grenzen. Betätigen Sie sich nicht als Psychiater, Suchttherapeut oder Ernährungsexperte, wenn Sie dies nicht gelernt haben.
10.	Behandeln Sie Coaching als abgegrenzte Dienstleistung. Versuchen Sie nicht, die Welt des Gegenübers zu verändern – arbeiten Sie an klar definierten Aufträgen.

Extra 1: Wie Unternehmen Coaching sehen

von Achim Mollbach

Coaching hat sich in den Unternehmen als Unterstützungsleistung etabliert. Das zeigen die Ergebnisse einer Studie, die Kienbaum in Kooperation mit dem Harvard Business Manager 2008 durchgeführt hat (Leitl 2008a). An dieser Studie haben 201 Unternehmen teilgenommen. Anders als in vielen Befragungen zum Thema Coaching wurden bewusst nicht Coachs, sondern Unternehmen als Auftraggeber nach ihrer Einschätzung der Gegenwart und der Zukunft des Coachings befragt (Mollbach 2008a). Zwar etabliert sich auch in Deutschland das sogenannte Life-Coaching, in dem Personen ein eigenfinanziertes Coaching aufsuchen, um ihr Leben zu reflektieren, persönliche Ziele zu entwickeln und Handlungsstrategien für ein gelungenes Leben zu entwickeln. Dennoch dürften auch in Zukunft Unternehmen in der Mehrzahl der Fälle Auftraggeber für Coaching sein. Deshalb ist es sowohl für Anbieter von Coaching wie aber auch für die Unternehmen als Auftraggeber selbst von Interesse, sich ein Bild über Coaching in den Unternehmen zu machen.

Inhalte der Befragung – Status quo und zukünftige Entwicklung

In der Befragung wurden die Unternehmen einerseits nach dem Status quo von Coaching in ihren Unternehmen und andererseits nach ihrer Einschätzung über die Zukunft und zukünftige Entwicklungen rund um das Coaching befragt. Zum Status quo wurden Antworten erbeten zu Zielgruppen, Zielen und Anlässen von Coaching, aber auch zum sogenannten „Coaching-Management" des Unternehmens – hierzu gehört die Definition der Anforderungen an Coachs, das Procedere der Auswahl des Coachs, die Steuerung des Coaching-Prozesses sowie die Evaluation und Transfersicherung. Im Blick auf die Zukunft wurden die Teilnehmer der Befragung um ihre Einschätzung zukünftiger Entwicklungen im Coaching, aber auch zu zukünftigen Anforderungen an Coachs befragt.

Ergebnisse der Befragung

Die Ergebnisse der Befragung zeigen einige eindeutige Trends, die mit den Begriffen Etablierung, Differenzierung, Professionalisierung und Standardisierung bezeichnet werden können. Diese Trends dürften eine erhebliche Bedeutung für die Auswahl von Coachs, aber auch die Ausbildung und Positionierung von Coachs haben.

Etablierung – Coaching gilt als wichtig und wertvoll

Hatte Coaching in der Vergangenheit nicht selten das Image, eine Form von „Psychotherapie" für im Scheitern begriffene Führungskräfte zu sein – oder auf der anderen Seite etwas ganz Exklusives, das sich nur ein Mitglied des Vorstands leisten kann –, steht Coaching in Unternehmen heutzutage nicht mehr in der Exotenecke. Im Gegenteil: Die Unterstützung und Entwicklung von Führungskräften durch individuell zugeschnittene Coaching-Maßnahmen wird von der Mehrzahl der an der Befragung teilnehmenden Unternehmen als wichtig und wertvoll erachtet. Und das wird auch – so die Ergebnisse der Studie – so bleiben. 76 % der Unternehmen, die an der Befragung teilgenommen haben, schätzen Coaching als Entwicklungs- und Unterstützungsinstrument auch in Zukunft als wichtig bis sehr wichtig ein.

Zielgruppe von Coaching-Maßnahmen

Nach wie vor sind es vor allem Führungskräfte der oberen Führungsebene und des Topmanagements, die in den Unternehmen Coaching in Anspruch nehmen können. Allerdings wird in der Mehrzahl der befragten Unternehmen auch Führungskräften der mittleren Führungsebene Coaching angeboten (55 %) und immerhin können in nicht wenigen Unternehmen auch Führungsnachwuchskräfte vor Antritt einer neuen Führungsfunktion ein Coaching in Anspruch nehmen. Hingegen gelten Projektleiter in der Mehrzahl der befragten Unternehmen nicht als Zielgruppe für Coaching. Nur 11 % beantworten die Frage, ob Projektleiter gecoacht werden, mit „trifft voll und ganz zu" und 28 % mit „trifft eher zu". Ursache dafür könnte zum einen eine Fokussierung des Management-Developments in den Unternehmen nach wie vor auf die Hierarchie bzw. Linienfunktionen sein (Denken in Managementinstanzen statt in Managementaufgaben), zum anderen eine gewissen Unterschätzung der Anforderungen an Projektleiter. Tatsächlich aber sind insbesondere bei Großprojekten die Anforderungen an Projektleiter nicht geringer, sondern meist sogar höher als an Linienmanager. Da

Projektarbeit in Unternehmen immer wichtiger wird, wird es sinnvoll sein, auch Projektleitern vermehrt Coaching als Unterstützungsleistung anzubieten.

Differenzierung – Zunahme an Coaching-Themen

Betrachtet man die Ergebnisse zu den Anlässen und Zielen von Coaching, so zeigt sich ein deutlich breiteres Spektrum als man im Blick auf das herkömmliche Verständnis von Coaching annehmen könnte. Zumindest dann, wenn Unternehmen Auftraggeber für Coaching sind, steht in erster Linie nicht die Persönlichkeitsentwicklung als Zielsetzung von Coaching im Vordergrund, sondern eine Unterstützung bei der Bewältigung aktueller und zukünftiger Führungs- und Managementaufgaben. 82 % der antwortenden Unternehmen geben als Ziel von Coaching „Klärung und Lösung von konkreten und aktuellen Führungs- und Managementproblemen" an. Zu dieser Prozessbegleitung durch Coaching gehört auch die Begleitung des Coachees bei grundlegenden Entscheidungsprozessen. Nur 50 % sehen hingegen als Ziel von Coaching einen besseren Umgang mit Stress und Belastungen an. Allerdings ist neben der Bewältigung von Führungs- und Managementproblemen auch die Erhöhung der sozialen Kompetenzen und die Verbesserung der Selbstwahrnehmung ein deutliches Ziel von Coaching in Unternehmen. Coaching differenziert sich so in den Zielen und Themen deutlich aus. Schematisch kann von einem „Personal-Coaching" für Manager und einem „Management-Coaching" für Manager gesprochen werden (vgl. Leitl 2008b). Während der Fokus beim „Personal-Coaching" mehr auf der Entwicklung von persönlichen und sozialen Kompetenzen liegt, liegt der Fokus beim „Management-Coaching" mehr auf der Bewältigung von Managementaufgaben und -herausforderungen, wobei unter Management allgemein die Steuerung von Organisationen und Organisationseinheiten verstanden werden kann. Personalführung als Geschehen zwischen Führungskraft und Geführtem stellt dabei lediglich eine Teilfunktion des Managements dar. Beim erfolgreichen Managen sind zusätzliche Kompetenzen gefordert als personale und soziale Kompetenzen. Hierzu gehören etwa Systemkompetenzen (vgl. Dörner 2008; Meadows) wie strategisches Denken und Handeln, prozessuales Denken, Strukturierung, Multiperspektivität, Denken und Handeln im Konditional etc.

Referenzpunkte des Management-Coachings

Aus unserer Erfahrung besteht die Aufgabe des Coachs als Management-Coach darin, den Coachee bei der Erfassung, der Formulierung und Strukturierung von Managementproblemen sowie bei der Suche von Handlungsstrategien zu unterstützen, ohne ihm allerdings als Experte die Problemlösung vorzugeben. Dabei kann es durchaus sinnvoll sein – abhängig von der Expertise des Coachs – dem Coachee in gewissen Fällen auch inhaltliche Impulse als Angebote anzubieten. Referenzpunkte des Management-Coachings sind immer

* die **Person** des Coachees als Problemlöser, Informationsverarbeiter, Entscheider, aber auch als Bedürfnisträger und Individuum,
* seine **Funktion und Aufgabe** mit ihren Merkmalen und spezifischen Herausforderungen und
* die **formale und informale Organisation**, insofern die Managementaufgabe zum einen immer in einem organisationalen Kontext stattfindet, sich zum anderen immer auf Organisation bzw. Teile der Organisation bezieht.

Management-Coaching kann ohne das Verständnis von Organisation und den Blick auf die Organisation nicht erfolgreich sein, weil die Managementaufgabe ohne das Verständnis und die Berücksichtigung von Organisation nicht zu verstehen und zu bewältigen ist (vgl. Bauer & Mollbach 2009; Mollbach 2007b, Mollbach 2011). Managementprobleme erweisen sich meist als multidimensional und multifaktoriell bei starker Vernetzung von Dimensionen und Faktoren. Persönliche Motivationsprobleme oder Konflikte zwischen Personen sind bei umfassender Exploration und genauerer Betrachtung nicht selten strukturbedingt. Andererseits hängt beispielsweise die Entwicklung von Strukturen und Strategien auch von Motivstrukturen und Problemlösestilen der handelnden Personen ab. Die einem Managementproblem zugrunde liegenden Faktoren auf der persönlichen, interaktiven und organisational-strukturellen Ebene sind dabei nur selten modularisierbar bzw. isolierbar, sondern müs-

sen in einer Lösungsfindung gemeinsam angeschaut und berücksichtigt werden.

Prozessbegleitung in schwierigen Managementsituationen

Den Antworten der an der Studie teilnehmenden Unternehmen
nach wird die Bedeutung von Coaching als Prozessbegleitung in
aktuellen und schwierigen Managementsituationen in Zukunft in
80 % der Unternehmen wichtig bis sehr wichtig sein. Der Aufbau
bzw. die Weiterentwicklung sozialer und persönlicher Kompetenzen
durch Coaching wird in Zukunft in rund 70 % der Unternehmen
wichtig bis sehr wichtig sein.

Notwendigkeit eines Management-Coachs

Warum werden dem Manager in schwierigen Managementsituationen zunehmend ein Management-Coach – und nicht nur ein „Or-
ganisationsberater" oder ein „Strategieberater" zur Seite gestellt oder
ein rein „psychologischer Coach" angeboten? Dies mag zum einen
daran liegen, dass Wertschöpfung und Management in Organisationen – zumindest in den sogenannten „postindustriellen Ländern"
zunehmend personenabhängig werden, man könnte auch von einer
Urteilsabhängigkeit sprechen, sodass personale Aspekte und organi-
sationale Aspekte sich zunehmend vernetzen. Insgesamt haben es
Manager zudem immer weniger mit Situationen zu tun, in denen sie
routiniert handeln, sich an formalen Strukturen oder an früheren
Lösungen und Strategien orientieren können. Rasante und schnelle
Veränderungen in den Märkten und den Umwelten der Unternehmen führen dazu, dass Routinen und dauerhafte Regelungen zunehmend obsolet werden.

Auswirkungen von Unternehmensentscheidungen

Aufgrund der starken Vernetzungen in und um die Unternehmen
haben Entscheidungen zudem oft viel größere Auswirkungen als
früher. Das, was eine Führungskraft sagt oder tut, zieht heute durch
die Kommunikationstechnologie viel schneller und unkontrollierba-
rer weite Kreise. Nicht nur im Unternehmen, sondern auch bei
Kunden, Lieferanten, der Presse. All das führt dazu, dass Entscheidungen, Handlungen und Vorgehen gerade in schwierigen Managementsituationen von Managern noch besser durchdacht und be-

wusster gestaltet werden müssen. Dabei muss der Problemlöseprozess oft mehr oder weniger neu erarbeitet und situativ gestaltet werden: Es gibt für viele Managementprobleme keine Algorithmen (mehr). Führungskräfte müssen bei der Planung und der Realisierung von Plänen nicht nur ihre Ziele, sondern stets auch ihr Umfeld im Auge haben. Dabei ist es wichtig, Probleme und Aufgaben nicht nur mit den eigenen Augen zu sehen, sondern auch mit den Augen von Mitarbeitern oder Kunden, aber auch der Öffentlichkeit oder der Politik. Zudem ist das „Denken im Konditional" wie es D. Dörner (2008) als wichtige Fähigkeit des Managements von dynamischen Systemen beschreibt, von großer Bedeutung für das erfolgreiche Managen: Der Manager muss sich stets bewusst sein, dass getroffene Entscheidungen und gewählte Handlungsstrategien nie endgültig sind, sondern immer nur unter bestimmten Bedingungen gelten, die sich im Zeitverlauf ändern können, dass Entscheidungen auch Wirkungen haben können, die vorher nicht bedacht wurden und teilweise auch nicht bedacht werden konnten.

Das Unerwartete managen

Manager haben es zunehmend mit dem „Managing the Unexpected" (Weick & Sutcliffe, 2001) zu tun. Der Blick und die Offenheit für das Unerwartete fällt Managern aber nicht selten schwer, vor allem dann, wenn dadurch bisherige Ziele, Pläne und Absichten in Frage gestellt werden (in der Managementwissenschaft wird hier in jüngster Zeit von der sogenannten Pfadabhängigkeit gesprochen: vgl. dazu Koch & Rothmann, 2009). Denn haben sie erst einmal Feuer gefangen für eine Idee oder für Ziele, dann entwickeln sie nicht selten einen Tunnelblick. Es kommt ihnen dann nur schwer in den Sinn, dass man zu einem Thema auch anders denken kann oder für ein bestimmtes Problem eine andere Lösung sinnvoller wäre. Hier kann der Management-Coach als Sparringspartner den Coachee unterstützen, den Blick zu weiten, mehrere Perspektiven auf ein Thema einzunehmen, Abstand und einen *helicopter view* einzunehmen, Zusammenhänge zu erkennen, ungewöhnliche Ideen zuzulassen. Mit der Zielsetzung der „Öffnung" ermuntert der Coach als Sparringspartner beispielsweise, Lieblingsideen, Ziele und gewohnte

Sichtweisen und Entscheidungs- und Handlungsmuster zu hinterfragen:

- Passt die Idee wirklich als Lösung für dieses oder jenes Problem?
- Wie werden Personen oder Gruppen im oder außerhalb des
  Unternehmens auf diese Idee reagieren?
- Welche langfristigen Folgen wird die Realisierung dieser Idee
  haben?
- Gibt es Anzeichen dafür, dass eine in der Vergangenheit ent-
  schiedene Lösung doch nicht passt?
- Welche Handlungsstrategie ist sinnvoll?

Bei einem solchen Coaching geht es weniger darum, fachliches Wissen zu vermitteln. Manager sind fachlich meist fit – aber es fällt
ihnen schwer, unabhängig zu bleiben und das gesamte Spielfeld aus
einer fruchtbaren und zunächst nicht wertenden Distanz im Blick zu
halten. Dafür sind sie oft zu sehr Teil des Problemknäuels. Genau
deshalb nutzen Führungskräfte in schwierigen Führungs- und Managementsituationen einen Coach.

Die Ausbildung des Coachs sollte multidisziplinär angelegt sein

Der Trend zur Differenzierung von Coaching bei gleichzeitiger Zunahme der Bedeutung von „Management-Coaching" im oben beschriebenen Sinn haben für die Auswahl, die Ausbildung und die
Positionierung von Coachs eine erhebliche Bedeutung. 60 % der an
der Studie teilnehmenden Unternehmen halten es für „wichtig bis
sehr wichtig", dass Coachs in Zukunft neben einer psychologischen
Ausbildung auch ein profundes Wissen in der Steuerung und Organisation eines Unternehmens haben sollten. Für die Ausbildung von
Coachs hat dies zur Folge, dass die Ausbildung multidisziplinär
ausgerichtet sein muss und sich an der Schnittstelle vor allem zwischen Psychologie und Managementwissenschaften bewegen muss
(vgl. Mollbach 2007a, 2008a). Die Differenzierung von Coaching in
den Unternehmen nach Themen und Zielen – neben der herkömm-
lichen Differenzierung nach Zielgruppen – hat zur Folge, dass nicht
jeder Coach jedes Thema und jedes Ziel bedienen kann. Coachs
werden in Zukunft von den Unternehmen noch mehr nach der
Eignung hinsichtlich spezifischer Themen und Themenfelder ausge-
sucht werden. Dies setzt allerdings auf Seiten der Unternehmen eine

Weiterentwicklung bzw. eine Professionalisierung des „Managements von Coaching" voraus. Hierzu gehört auch eine systematische Beratung zum Coaching etwa durch dafür ausgebildete Personal- oder Personalentwicklungsfunktionen (vgl. Mollbach 2008b).

Professionalisierung und Standardisierung

Die Etablierung von Coaching zeigt in den Unternehmen zwei Richtungen, die zunächst gegenläufig scheinen, bei näherer Betrachtung aber durchaus einander bedingen. Der steigende Bedarf und die steigende Bereitschaft, ein Coaching in Anspruch zu nehmen, führen allein quantitativ besonders in größeren Unternehmen zu einer Steigerung der Ausgaben und Aufwendungen für Coaching. Aber auch der Koordinationsaufwand steigt. Coaching-Aktivitäten sind nicht mehr seltene Einzelfälle, die situativ, mehr oder weniger formal und im Einzelfall geregelt werden können. Wie in allen Bereichen der Betriebswirtschaft gilt auch hier: Die Zunahme an Quantität führt aus Effizienz- und Qualitätsgründen zu einer Zunahme an Regelung und der Etablierung von Standards. Diese Verstärkung des „Coaching-Managements" ist in den Unternehmen mehr und mehr zu erkennen, wenn auch längst noch nicht abgeschlossen: Die Steuerung von Coaching-Aktivitäten im Vorfeld, während und nach der Durchführung des eigentlichen Coachings wird zumindest von größeren Unternehmen zunehmend realisiert – etwa durch Standards und Verfahrensrichtlinien, aber auch durch Einrichtung von Funktionen oder der Erweiterung von Funktionen (z. B. im Personalmanagement die Funktion „Beratung zum Coaching"). Gegenstand von Standards oder Regelungen können etwa die Definition von Coaching-Anlässen, von Entscheidungsprozessen, aber auch von Anforderungen an Coachs, die Auswahl von Coachs, der Aufbau von Coach-Pools, die Evaluation und Transfersicherung etc. sein. Allerdings sind die verschiedenen Aktivitäten zum Management von Coaching in den Unternehmen zurzeit nicht alle bzw. nicht alle in einem zufriedenstellenden Ausmaß realisiert. In ca. 53 % der Unternehmen gibt es bereits einen fest definierten Pool an ausgewählten externen Coachs, allerdings gibt es nur in 36 % der Unternehmen eine verbindliche Kriterienliste zur Auswahl externer Coachs. In nur

36 % der Unternehmen müssen sich externe Coachs einem systematischen Auswahlprozess unterziehen, um als Coach tätig sein zu können.

Differenzierung bei der Auswahl von Coachs

In über der Hälfte der Unternehmen zeigt sich die oben beschriebene Differenzierung bei der Auswahl von Coachs: So stimmen ca. 60 % der Unternehmen der Aussage „Es gibt in unserem Unternehmen für verschiedene Themenschwerpunkte unterschiedlich spezialisierte externe Coachs" mit „trifft eher bis voll und ganz zu". Bei der Auswahl von Coachs werden von den Unternehmen vor allem folgende Kriterien genannt: persönliches Auftreten (93 %), Berufserfahrung als Coach (89 %), Coaching-Ausbildung (83 %), Empfehlung durch andere (78 %), eigene Führungs- und Managementerfahrungen des Coachs (77 %), psychologische Kompetenzen (71 %) sowie Change-Management-Kompetenzen (65 %). Eine Psychotherapieausbildung spielt bei der Auswahl von Coachs kaum eine Rolle, was zeigt, dass sich Coaching in Zielsetzung, Anlässen und Methoden als ein eigenständiges Beratungsformat etabliert hat.

Themen für das Coaching-Management des Unternehmens

In ca. 58 % der Unternehmen bewerten die Teilnehmer des Coachings nach dem Coaching die Qualität des Coachs. Dies hat nach Angabe der Unternehmen allerdings zurzeit nur in einem Drittel der Unternehmen Auswirkungen auf eine zukünftige Beauftragung des Coachs. So halten Unternehmen vor allem folgende Themen bezüglich ihres „Coaching-Managements" für wichtig:

• die Evaluation und Transfersicherung von Coaching sowie
• die Begleitung des Coaching-Interessenten bei der Entscheidung zum Coaching bzw. bei der Auswahl des Coachs (Beratung zum Coaching) durch die Personalabteilung.

Beratung im Vorfeld des Coachings

Dass die Abteilung Personal/Personalentwicklung den gesamten Coaching-Prozess in Zukunft begleitet und evaluiert, bezeichnen 60 % der Unternehmen als wichtig bis sehr wichtig. Hierzu ist es allerdings aus unserer Sicht notwendig, dass Personalverantwortliche entsprechende Beratungskompetenzen und Kenntnisse rund um das Themenfeld „Coaching" aufbauen, damit sie Coaching-Interessierte im Vorfeld, während und nach einem Coaching individuell beraten und begleiten können. Das Ergebnis einer Beratung im Vorfeld eines Coachings kann dabei übrigens auch sein, dass ein Coaching nicht das richtige Unterstützungsformat für einen Manager in einer spezifischen Situation ist oder das Coaching durch weitere Formate (Training, Expertenberatung, Mentoring etc.) ergänzt werden sollte. Coaching ist zwar ein wichtiges und zunehmend anerkanntes Unterstützungsinstrument, aber kein Tausendsassa – das Verständnis und die Akzeptanz der Grenzen von Coaching gehören zur Professionalisierung dazu.

Extra 2: Persönlichkeitscoaching für Studenten

von Barbara Foitzik und Marie-Luise Retzmann

Nicht nur im Fach- und Führungskräfte-Kontext gewinnt Coaching mehr und mehr an Bedeutung. Mit dem folgenden Beispiel wollen wir Ihnen einen Eindruck vermitteln, in welchen Bereichen Coaching ebenfalls sinnvoll eingesetzt werden kann – nämlich bei der Arbeit mit Studierenden.

Ziel dieses Gastkapitels ist es, Ihnen eine Idee zu vermitteln, wie Coaching in einer Organisationsform aussehen kann, die nicht dem klassischen Unternehmen entspricht – hier am Beispiel der EBS Business School. Sie werden erkennen: Viele der beschriebenen Prinzipien und Methoden, aber auch der Schwierigkeiten unterscheiden sich in keiner Weise von jenen, wie wir sie in Unternehmen oder im Beratungskontext vorfinden.

Das Programm Coaching@EBS – Persönlichkeitsentwicklung für Studierende

Als Studierender der EBS Universität für Wirtschaft und Recht begegnet man einer hohen Anforderungs- und Angebotsdichte: Klausurenphasen, Projektarbeit, Case Studies, Pflichtpraktika, Auslandssemester sowie intensives außercurriculares, gesellschaftliches Engagement bieten den Studierenden große Spielräume, die es auf individuell stimmige Weise auszugestalten gilt. Dabei gibt es Studierende, die die Angebotsvielfalt primär als Chance wahrnehmen, und andere, die die Auswahl an Möglichkeiten erst einmal als schwierige Herausforderung erleben.

Coaching-Gespräche für Studierende ab dem ersten Semester

Hier setzt Coaching@EBS als ein Angebot im Bereich der Persönlichkeitsentwicklung an: Ab dem ersten Semester ihres Studiums haben alle Studierenden und Doktoranden der EBS die Möglichkeit, von individuellen Coaching-Gesprächen zu profitieren.

Unter Coaching wird dabei eine professionelle, vertrauliche und individuelle Prozessberatung verstanden. Die Studierenden bringen als Coachees Anliegen im Spannungsfeld zwischen persönlichen

Bedürfnissen, Rollenanforderungen und übergeordneten Organisationszielen (insbesondere Anforderungen der Hochschule) ein.

Fragestellungen für Studierende

Typische Fragestellungen, die Studierende in dem Coaching ansprechen, sind:

- Wie kann ich mich organisieren, effizienter arbeiten und Prioritäten setzen, um den Wechsel von der Schule an die EBS erfolgreich zu meistern?
- Wie setze ich meine Stärken effektiv ein? Wie gehe ich mit meinen Schwächen um?
- Wie gehe ich mit Konflikten um, die die Zusammenarbeit mit anderen Studierenden mit sich bringen kann?
- Wo stehe ich jetzt – wo will ich hin? Was will ich beruflich und privat erreichen?

Ablauf des Coaching-Programms

Zu Beginn jedes Semesters wählen die Studierenden aus einem Coach-Pool ihren persönlichen Coach aus. Die Coachs sind Personalverantwortliche, Geschäftsführer, Berater & Co. aus unterschiedlichsten Branchen, die sich an der EBS in einer 24-tägigen Weiterbildung zum „systemischen Coach (EBS)" ausbilden lassen.

Neben dem Theorieerwerb in der Weiterbildung vertiefen die Coachs ihre Praxiserfahrungen, indem sie in realen Coaching-Gesprächen mit Studierenden und Doktoranden der EBS ihr Coaching-Know-how unmittelbar zur Anwendung bringen. Während die angehenden Coachs somit die Möglichkeit haben, zu coachen, kommen die Studierenden in den Genuss von Gesprächen mit ihrem persönlichen Coach. Dieser bietet ihnen eine neutrale Außenperspektive – fernab der Meinungen von Familien- und Hochschulangehörigen – an.

Passung zwischen Coach und Coachee

Damit ein für den Coachee zieldienlicher Prozess zustande kommen kann, bedarf es einer Passung zwischen Coach und Coachee. Sollte die Chemie zwischen Coach und Coachee nicht stimmen, was gelegentlich der Fall ist, kann der Coachee jederzeit – unterstützt von der EBS-internen Coaching-Abteilung – seinen Coach wechseln.

Neben der Frage nach der Passung zwischen Coach und Coachee kommt zu Beginn des Coachings auch regelmäßig die Frage nach der Passung zwischen den Erwartungen seitens des Coachees und dem tatsächlichen Angebot auf: Trotz intensiver Information im Vorfeld, was an der EBS unter Coaching zu verstehen ist und was nicht, kommt es gelegentlich vor, dass Studierende mit falschen oder unrealistischen Vorstellungen ins erste Gespräch gehen.

Nutzen des Coaching-Programms für die Studierenden

Das Programm Coaching@EBS ist weder als Fach-, Experten- oder Karriereberatung noch als Mentoring oder als psychologische Beratung zu verstehen. Nach der ersten Irritation, dass der Coach keine fertigen Lösungen vorgibt, sondern primär durch Fragen dazu anregt, selbstständig stimmige Antworten zu finden, sind die meisten Coachees von dem Mehrwert des Coachings für sich überzeugt.

Stimmen der Studierenden zum Coaching-Programm

„Im Gegensatz zu einer Karriereberatung werden beim Coaching-Gespräch keine Antworten vorgegeben. Vielmehr führen die Gespräche zum Hinterfragen von unbewussten Annahmen, einem Perspektiv-wechsel bei Problemen und damit auch dazu, überraschend einfache Lösungswege zu erkennen" (Bachelor-Studierender, 3. Semester).

„Mein Coach weiß mir stets dabei zu helfen, aus gedanklichen Sackgassen wieder herauszufinden!" (Bachelor-Studierende, 6. Semester).

„Im bisweilen hektischen akademischen Alltag kann man den Überblick schnell verlieren. Als Außenstehender hilft mir mein Coach dabei, das ‚Big Picture' nicht aus den Augen zu verlieren" (Doktorand).

Der Nutzen von Coaching für die Studierenden und Doktoranden, die an dem Programm teilnehmen, lässt sich wie folgt darstellen:

Steigerung der Selbstwahrnehmungs- und -reflexionsfähigkeit

* Reflexion von Stärken und Schwächen, typischen Denk- und Verhaltensmustern
* Erschließung neuer Perspektiven und Handlungsoptionen
* konstruktiver Umgang mit Feedback

Erhalt und Steigerung der Leistungsfähigkeit

- Verbesserung von Selbstorganisation und Zeitmanagement
- Umgang mit Stress und Zeitdruck
- Umgang mit Prüfungsängsten, Blockaden, Motivationsproblemen

Karriereplanung und Zielklärung

- Standortbestimmung
- Zielklärung und Erarbeitung von Strategien zur Zielerreichung
- Entwicklung einer realistischen Einschätzung von möglichen Karrierewegen

Im Jahr 2010 koordinierte die Coaching-Abteilung der EBS an 22 Coaching-Wochenenden bis zu 150 Gespräche zwischen Coachs und Studierenden. Bereits jetzt ist die Anzahl der Coachs, die sich in der Ausbildung befinden, nicht mehr ausreichend, um alle Coaching-Anfragen seitens der Studierenden und Doktoranden abdecken zu können. So kommt es, dass die EBS zusätzlich bereits ausgebildete Coachs in regelmäßigen Abständen für Coaching-Gespräche anfragt.

Die steigende Nachfrage bezeugt, dass mit Coaching@EBS offensichtlich ein Beratungsformat angeboten wird, das von den Studierenden als hilfreich erlebt wird, um persönlichkeits- und leistungsbezogene Anforderungen zu meistern.

Extra 3: Coaching mit Kind – Erfahrungen einer „Working Mom"

von Nina Noormann-Becht, selbstständiger Coach und Beraterin

Beispiel: Erfahrungen einer Working Mom

„Wir halten Sie definitiv für die richtige Kandidatin für diese Position. Sie haben die Erfahrung, das Know-how und vor allen Dingen die Souveränität, die wir suchen." Ich bedanke mich höflich, mache einen formvollendeten Abgang und amüsiere mich königlich darüber, einen souveränen Eindruck gemacht zu haben. Keine fünf Minuten vor unserem vereinbarten Termin hätte sich meinen Interviewpartnerinnen ein ganz anderes Bild geboten: wie ich verzweifelt versuche, einen klemmenden, widerspenstigen Kinderwagen auseinanderzufalten und dabei meinen Ehemann anzurufen, um technische erste Hilfe zu erhalten. Meine in dieser Situation völlig nutzlosen Highheels, mein Kostüm und der viel zu helle Wintermantel erfüllen immerhin den Zweck, dass sie die Aufmerksamkeit der Bauarbeiter von der gegenüberliegenden Straßenseite auf sich ziehen, was ihre Presslufthämmer eine Weile zum Schweigen bringt. So können sie sich in Ruhe über mich amüsieren, was immerhin den Vorteil hat, dass ich den technischen Support am anderen Ende der Leitung endlich auch verstehen kann. Die beste Tochter der Welt verschläft die ganze Situation und bekommt gar nicht mit, dass sie im Anschluss von einer Babysitterin durch die Stadt geschoben wird, während ihre Mutter einen Projektleitungsauftrag für ein Social-Business-Konzept „an Land zieht".

Seitdem ich eine Working Mom bin und meine Tochter oft live dabei ist, ist mein Berufsleben gespickt von solchen chaotischen Situationen: Da gibt es amüsante Momente, in denen meine Tochter beispielsweise ausgerechnet in dem Augenblick mit einem lautstarken Bäuerchen erwacht, in dem ich auf dem Anrufbeantworter eines Kunden spreche. Auch Situationen, in denen ich mit meiner Tochter den Fahrstuhl unseres Bürogebäudes betrete, bieten so manche Steilvorlage: „So jung und schon am Arbeiten!?", fragt ein Aufzugmitfahrer mit Blick auf meine Tochter. „Vielen Dank, das ist ganz reizend von Ihnen, aber ich denke, mit 37 sollte auch ich so langsam meinen Unterhalt selbst bestreiten ..."

Wenn das Baby seinen Coach braucht

Aber da gibt es auch heiklere Konstellationen: ausgerechnet beim Berufscoaching-Termin mit einer Kundin, von der ich nur zufällig wusste, dass sie unter einem unerfüllten Kinderwunsch litt, fing meine Tochter im Nebenraum so erbärmlich an zu weinen, dass es mir mein Mutterherz schier zerriss. Als dann kurz darauf meine Geschäftspartnerin (und Babysitterin in Personalunion) mit der Kleinen auf den Arm in das Beratungszimmer kam, war zwar die Mutter in mir erleichtert, die stets nach Professionalität strebende Beraterin in mir schlug jedoch die Hände über den Kopf zusammen. Trotzdem reagierte ich blitzschnell und steckte mein Kind sofort in das Tragerucksäckchen, um sie in dieser Position ganz dezent stillen und in den Schlaf wiegen zu können. Dass ich dabei meine Kundin zeitgleich durch eine Übung navigierte, war meinem professionellen Ich geschuldet. Meine Befürchtungen, ausgerechnet diese Kundin mit meinen (wenn auch gerade gestressten) Mutterfreuden zu konfrontieren, bestätigten sich zum Glück nicht. Im Gegenteil: Um an ihrer beruflichen Zukunftsplanung weiter arbeiten zu können, stellte es sich als wichtig heraus, auch ihren Kinderwunsch mit allen möglichen Alternativen zu thematisieren. Die Kundin erarbeitete sich daraufhin zusammen mit mir ein tragfähiges Karrierekonzept, dass auch ihre privaten Wünsche berücksichtigt.

Coach und Beraterin zu sein, ist für mich der wunderbarste Job der Welt. Allerdings hat dieser Traumberuf seit einiger Zeit Konkurrenz durch meine Mutterrolle bekommen. Derzeit gelingt es mir, beides mit Hingabe auszuüben, ohne mein Kind rund um die Uhr komplett „wegorganisieren" zu müssen. Das verdanke ich einem außergewöhnlichen, liebevollen und härte- und stresserprobtem Netzwerk inklusive meiner Eltern, ohne welches mein derzeitiges Lebenskonzept so nicht funktionieren würde. Ach ja: und ohne Tragesäckchen würde es natürlich auch nicht gehen. Besonders, wenn man nicht so versiert im Kinderwagenauseinanderfalten ist.

Erfahrungen in der Doppelrolle als Coach und Mutter

Und hier meine wichtigsten Erfahrungen in der Doppelrolle als Coach und Mutter:

- Bürogemeinschaften können hilfreich sein, insbesondere wenn man mit einer „Office Nanny" plant. Dabei müssen die Kollegen nicht ebenfalls Coachs oder Berater sein.

- Als besonders wichtig habe ich es erlebt, sich zu immunisieren gegen Anfeindungen von Menschen, die glauben, unsere Lebenssituation besser beurteilen zu können als wir. Es ist erstaunlich, wie häufig man noch immer hochgezogene Brauen und Sprüche wie „das arme Kind" hört. Männer erlebe ich im Umgang mit Working Moms übrigens oft viel entspannter als manche Frauen. Der gleiche Tipp gilt übrigens hinsichtlich aller anderen pädagogischen Konzepte, mit denen man von allen Seiten täglich bedacht wird. Ich vertraue darauf, schon selber ein ganz gutes Gefühl dafür zu haben, was meine Tochter braucht.

- Es war für mich hilfreich, mich vom Perfektionismus zu verabschieden. Ich lerne nach und nach, Dinge, die ich früher stundenlang vorbereitet habe, im Vertrauen auf meine Intuition ohne größere Vorbereitung zu erledigen.

- Insbesondere für die Kinderbetreuung habe ich immer einen Back-up-Plan – wenn meine Bürokollegin keine Zeit hat, weiß ich zum Beispiel, dass mein Mann und meine gesamte Familie hinter mir stehen.

- Wichtig ist es, mehr Zeit einzuplanen, denn alles dauert länger mit Kind. Wenn ich um 10:00 Uhr morgens einen Termin habe, stehe ich um 7:00 Uhr auf. Stillen, wickeln und sich um die Tochter kümmern – alles dauert seine Zeit. Es gibt einen Tipp, den ich von meiner Hebamme bekommen habe und den ich mir jeden Tag wie ein Mantra aufsage: Mit Kindern braucht man einfach mehr Geduld. So einfach es klingt, es hilft mir immer wieder, mir dies vor Augen zu führen.

5 Beraten, Trainieren und Coachen – Erfahrungswerte und Erfolgsfaktoren

5.1 Erfolgsfaktoren für HR-Berater, Trainer und Coachs

Gibt es über die beschriebene Haltung und die Methoden- und Alltagskompetenzen hinaus Erfolgsfaktoren oder Zusatzkompetenzen, die für den Berufserfolg wichtig sind? Wir glauben, ja! Auf den nächsten Seiten finden Sie eine Aufzählung von Fähigkeiten und Eigenschaften, die unseres Erachtens Trainer, Coachs und HR-Berater erfolgreich machen. Diese werden Sie vermutlich in keinem Lehrbuch und auch in keiner wissenschaftlichen Erhebung finden. Sie bilden vielmehr unsere persönlichen Erfahrungswerte aus der Zusammenarbeit, Ausbildung und Führung von Beratern, Coachs und Trainern. Wenn nicht anders angegeben, gelten die folgenden Eigenschaften dabei für alle drei „Berufsgruppen" gleichermaßen. Wir werden sie aber am Beispiel einer Zielgruppe (Coach, Trainer oder HR-Berater) genauer erläutern.

Vielseitigkeit, Anpassungsfähigkeit und Flexibilität

Vielseitigkeit wird Ihren Job als Coach, Trainer und HR-Berater ausmachen: Vielseitigkeit bezüglich Projekttypologien, Inhalten, Unternehmenskulturen und Anforderungen vonseiten des Kunden. Diese Vielseitigkeit ist spannend, aber auch herausfordernd.

Eine typische Beraterwoche

Stellen Sie sich die typische Woche eines HR-Beraters vor, der in einer Führungsposition arbeitet:

Am Montag führen Sie ein Assessment-Center für den Vertriebschef eines Automobilzulieferers in Frankfurt durch. Hier kommt es besonders darauf an, sich in die Welt des Kunden einzudenken. Schließlich müssen Sie für den Geschäftsführer des Automobilzulieferers den richtigen Kandidaten finden und dazu sollte man verstehen, was einen guten Vertriebschef ausmacht.

Am Dienstag sind Sie zur Angebotspräsentation bei einer Bank in Süddeutschland eingeladen, die HR-Unterstützung bei einer Restrukturierung sucht und müssen Ihren Ansatz und sich präsentieren. Sie wissen, dass auch drei andere Beratungen eingeladen sind. Es kommt also wirklich darauf an, in nur 60 Minuten den Vorstand davon zu überzeugen, mit Ihnen zusammenzuarbeiten.

Am Mittwoch und Donnerstag geben Sie das Training „Strategie für Bereichsleiter" für eine Behörde in Berlin. Die Teilnehmer des Seminars erwarten viel Zeit zum Austausch miteinander, dazu ein paar kluge, aber auf keinen Fall arrogant-überheblich wirkende Best Practices aus der Unternehmenswelt. Abends wird von Ihnen erwartet, dass Sie sich als Gesprächspartner im Restaurant des Seminarhotels mit den Teilnehmern auch unterhalten. Zwischendurch haben Sie eine zweistündige Telefonkonferenz mit den Leitern der Personalentwicklung eines Pharmakonzerns, da sie mit Ihnen in der kommenden Woche eine Großgruppenveranstaltung zu einem Veränderungsprozess durchführen werden. Die Kunden möchten dabei insbesondere die Logistik planen und erwarten von Ihnen genaue Anweisungen dazu, wie viele Flipcharts in welchem Raum um wie viel Uhr benötigt werden. Sie versuchen, während der Telefonkonferenz Gewissheit zu bekommen, ob die wichtigsten Stakeholder an der Großgruppenveranstaltung teilnehmen werden.

Am Freitag ist Coaching-Tag mit dem Rektor einer Hochschule. Ihr Coachee ist klug und gebildet, beschreibt aber selber, dass er Schwierigkeiten hat, „sich zu verkaufen". Gemeinsam arbeiten Sie an seinen Präsentationsfähigkeiten und am beruflichen Selbstbewusstsein. Doch der Rektor erwartet im Gespräch auch fundiertes Wissen über Funktionsmechanismen und Stolpersteine in der Universitätslandschaft und darauf aufbauende Ratschläge.

Es ist nicht leicht, in jeder Situation den Rollenanforderungen des Kunden entsprechen zu können. Je höher Ihre Anpassungsfähigkeit ist, desto zufriedener werden sich die Kunden über Sie äußern und desto besser können Sie Ihre Aufträge erfüllen.

Überfrachten Sie das Training nicht

Die Wichtigkeit von Flexibilität wollen wir zusätzlich am Beispiel des Trainers besprechen. Neben der sprichwörtlichen Angst des Torwarts beim Elfmeter ist auch eine weitere berufliche Angst weit verbreitet. Wir nennen sie die „Angst des Trainers vor der Leere".

Beispiel: Die Angst des Trainers vor der Leere

Kennen Sie diese Situation? Trainer und Teilnehmer stehen schon Stunden vor Abschluss des Seminars ohne Diskussionsthemen, Übungen, Folien und Übungsblätter da. Ein Schreckgespenst, welches wohl im Kopf eines jeden Trainers schon einmal gespukt hat. Zwar ist das Phänomen unseres Wissens noch nicht ein einziges Mal in einem Training eingetreten. Themen zur Diskussion gibt es eigentlich immer genug. Zur Not beendet man das Seminar eben eine halbe Stunde früher. Na und? Die Teilnehmer werden gewiss nichts dagegen haben.

Die Konsequenz aus der verbreiteten Angst lautet jedoch meistens: Trainer bereiten oft so viele Übungen, Fragestellungen und Themen zu ihrem Seminar vor, dass sie damit gut und gerne die doppelte Anzahl von Tagen füllen könnten. Dann wird das gesamte Vorhaben noch auf einem Flipchart als „Fahrplan" oder „Agenda" notiert und spätestens jetzt setzt sich der Trainer unter einen ebenso großen wie unnötigen Druck, alle Themen auch „abzufackeln". Daher unser Tipp: Legen Sie nicht alles, was Sie vorbereitet haben, zu Beginn des Trainings auf den Tisch.

Eine Übervorbereitung ist nicht generell negativ zu beurteilen. Die Verfügbarkeit ausreichender Materialien lässt auch Flexibilität zu. Gefährlich wird es jedoch, wenn ein auf die Minute getakteter Trainingsplan, viele Folien und ein Strauß an Übungen dazu führen, dass Sie als Trainer nicht mehr in der Lage sind, sich auf Teilnehmerwünsche und Dynamiken in der Gruppe einzustellen. In diesem Falle wäre Übervorbereitung gefährlich.

Flexibilität bedeutet nicht, dass Sie ohne Plan und Struktur vorgehen sollten. Ganz im Gegenteil: Viele Teilnehmer verzeihen es nicht, wenn ein Trainer ohne Agenda und Ablaufplan in das Seminar einsteigt. Doch auch eine Agenda kann eine gewisse Flexibilität beinhalten. Dies erfordert ein Mehr an Können. Zum einen müssen Sie als Trainer ein Gefühl dafür entwickeln, ob die veränderte Agenda dem Wunsch der ganzen Gruppe oder zumindest eines Großteils der Gruppe entspricht oder ob sie nur den Forderungen einer kleineren aber lauten Fraktion zugute kommt. Zum anderen erfordert Flexibilität die gute Kenntnis verschiedener Inhalte. Wer in der Lage ist, spontan ein passendes Führungsmodell aufzuzeichnen, zu erklären und zu diskutieren oder spontan einen Persönlichkeitstest aus dem Hut zaubert, wird mit Sicherheit positives Feedback dafür ernten. Diese Flexibilität setzt jedoch Erfahrung und gut verankerte Kenntnisse verschiedener Inhalte und Themen voraus.

Gleichzeitig sollten Sie als Trainer den ursprünglichen Ablauf des Seminars bzw. dessen Ziele stets im Blick behalten. Flexibilität ist schön und gut, sie darf jedoch nicht dazu führen, dass Sie sich als Trainer komplett im Neuen verrennen. Am Ende des Tages sollten die ursprünglich geplanten Themen zumindest angesprochen worden sein.

Die Teilnehmer schätzen Flexibilität

In Abschlussfeedbacks wird übrigens Flexibilität besonders häufig von Teilnehmern hervorgehoben:

- „Ich fand es besonders gut, dass Sie nicht nur an der Agenda gehangen sind, sondern sich auf die Wünsche der Teilnehmer eingestellt haben."
- „Sie haben über das gesprochen, was wirklich wichtig war, und das verkürzt, was wir schon wussten."

Verbindung von Kopf und Herz

Nicht nur Veränderungsprozesse in Unternehmen beinhalten immer eine inhaltlich-strukturell-prozessuale und eine zwischenmenschliche, emotionale Seite. Das Gleiche gilt für nahezu jedes HR-Projekt, Coaching oder Training in einem Unternehmen. Erfahrungsgemäß bedienen die meisten HR-Experten und Führungskräfte dabei primär die eine oder die andere Seite der Medaille. Sie finden in Organisationen den hochintelligenten Analytiker ebenso wie den Typ „Mutter der Nation". Um Mehrwert leisten zu können, brauchen Sie beide Seiten. So ergänzen Sie als guter Berater die Herzlichkeit des menschenfreundlichen Personalentwicklers mit Ihrer Analysefähigkeit und bestechender Argumentation. Und Sie machen den eher technokratischen Personalcontroller auf die menschlichen Auswirkungen der von ihm geplanten Entscheidungen aufmerksam.

Empathie

Als Coach, Trainer oder HR-Berater sollten Sie in der Lage sein, notwendige Perspektivwechsel vorzunehmen und sich in die Problem- und Gefühlslage Ihres Gegenübers zu versetzen. Dabei dürfen Sie jedoch nicht komplett „ins System fallen". Es muss Ihnen gelingen, bei aller Empathie weiterhin zu abstrahieren, einen Schritt zurückzutreten und sich bewusst zu machen, dass es auch andere Lösungswege, Handlungsoptionen und Sichtweisen geben könnte.

Gutes Standing

Gutes Standing ist im Coaching, Training und in der HR-Beratung von großer Bedeutung. In den Augen manches Kunden vereint der ideale Berater die Belastungsfähigkeit und den Arbeitseifer eines Hochschulabsolventen mit der Seniorität und Erfahrung des Vorstandsvorsitzenden eines Großkonzerns. Immer mehr Kunden merken jedoch, dass sie diese Kombination nur relativ selten finden werden. Und so wichtig Ihr Arbeitseifer, ein frischer unverstellter Blick oder Ihre Anpassungsfähigkeit auch sind: In vielen Beratungssituationen bedarf es auch des „Standings", als Berater einmal eine unschöne Wahrheit auszusprechen und zu dieser auch zu stehen.
Diese Fähigkeit hat nicht unbedingt mit dem Alter des Beraters zu tun. Selbstbewusstsein, Erfahrung und auch körperliches Erscheinungsbild sind jedoch Faktoren, die begünstigend wirken können. Achten Sie auf Ihr Standing und üben Sie, klare, aber wertschätzendhöfliche Ansagen zu machen. Hilfreich kann es hier auch sein, sich Rückmeldungen von Kollegen und Freunden geben zu lassen.

Strukturiertes Vorgehen

Diese Kompetenz ist insbesondere für Trainer und HR-Berater wichtig. Vergleichen wir die Tätigkeit doch einmal mit jener eines Steuerberaters: Wenn Sie einen Steuerberater suchen und zwei Kandidaten zum Kennenlerngespräch einladen, werden Sie sicher auf die Kompetenz „strukturiertes Vorgehen" Wert legen: Kommt der Kandidat zum ersten Termin pünktlich? Verfügt er über ein Buch, in dem er den Auftrag notiert oder nur über eine Zettelsammlung? Ist er in der Lage, Ihnen freie Termine zu nennen oder diese aus seinem Kalender herauszusuchen? Ähnliche Gedanken haben Ihre Kunden, wenn sie einen Coach, Trainer oder HR-Berater suchen.

Organisationsgeschick und Strukturiertheit braucht der Berater nicht nur bei der Analyse von Kundenproblemen und der Entwicklung von Empfehlungen. Diese Kompetenzen sind auch von entscheidender Bedeutung für die eigene Organisation und somit für das eigene Wohlbefinden. Checklisten können dabei helfen, sich gerade am Anfang zu organisieren. Ohne ein Mindestmaß an eigener Strukturiertheit wird es jedoch auf Dauer nicht funktionieren.

Humor

Humor ist wichtig und wird von anderen Menschen geschätzt. Für HR-Berater, Coachs und Trainer ist er sogar eine Kernkompetenz und eine Voraussetzung für den beruflichen Erfolg. Betrachten wir das Beispiel des Trainers: Als Trainer sind Sie nicht nur ein Wissensvermittler, der Lernräume schafft, Sie sind immer auch Entertainer, ob Sie dies wollen oder nicht.

Wenn Sie selber als Teilnehmer für mehrere Tage in einem Seminarraum sitzen, geht es Ihnen sicher nicht anders: Für Ihre abschließende Bewertung des Seminars sind nicht nur spannende Inhalte und eine sich positiv verstärkende Gruppe förderlich. Gut ist auch, wenn der Trainer das Seminar angenehm gestaltet und mit dem einen oder anderen guten Spruch aufgelockert hat.

In den letzten Jahren haben wir in Führungskräfte-Projekten weit mehr als 100 Trainer ausgebildet. Bei den meisten Trainern hatten wir im Anschluss die Möglichkeit, fast wöchentlich die Teilnehmerbewertungen zu evaluieren. Als eine Konstante zeigte sich dabei

Folgendes: Die Bewertungen der Trainer, die über eine gesunde Portion Humor verfügen, waren besser als die Bewertung jener, die wir in der Trainerausbildung als weniger humorvoll kennengelernt hatten. Aber Vorsicht: Es kann auch zu viel Humor sein!
Und noch eines zeigte sich: Humor kann man nicht erzwingen. Wer kein besonders humorvoller Mensch ist, sollte dies nicht krampfhaft versuchen. Wer kennt ihn nicht, den Arbeitskollegen oder den Verwandten, der versucht, mit alten Witzen bei jedem Anlass Aufmerksamkeit auf sich zu ziehen?

Positive Grundhaltung

Diese Kompetenz ist für HR-Berater, Coachs und Trainer gleichermaßen wichtig. Die Lernerfahrung aus zahlreichen Trainerausbildungen und -evaluationen wird wahrscheinlich nicht überraschen: Wer als Trainer im Seminar stöhnt, klagt und jammert, verliert die Teilnehmer.

Ob in der Arztpraxis, in der Schule oder im Fernsehen: Keiner möchte von Menschen begleitet werden, die eine negative Grundeinstellung zum Beruf und zum Leben ausstrahlen und kommunizieren. Diese Regel gilt ebenso für externe wie für interne Trainer. Aussagen wie „Ihr habt ja recht, eigentlich ist das in unserem Unternehmen sowieso alles sinnlos; aber irgendeiner muss das Training ja machen" sind somit eine unverzeihliche Trainersünde.

Natürlich: Als Teilnehmer eines Trainings möchte man sich unter Umständen einmal „ausheulen". Von Ihnen als Trainer erwartet man aber Anregungen, neue Ideen und positive Energie. Bedeutet dies, dass Sie im Training immer gut gelaunt sein sollten?

„Ständiges Lachen und fröhliches Auftreten waren mir suspekt." So notierte kürzlich ein Seminarteilnehmer einer befreundeten Trainerin in dem Evaluationsbogen. Und auch wenn Optimismus im manchmal nörgeligen Deutschland schnell an kulturelle Grenzen stößt: Gute Trainer brauchen ein Stück von beiden Eigenschaften, vom Positiven wie vom Skeptischen. Sie sollten als Trainer also eine gesunde Mischung aus realistischer, nicht verschönender Weltsicht und kritischem Geist mit positiver Grundeinstellung, lebensbejahendem Optimismus und ansteckender Freundlichkeit mitbringen.

Gutes Gedächtnis

Dieser insbesondere für Trainer wichtige Erfolgsfaktor scheint im ersten Moment aus der Reihe zu fallen. Warum sollte man mit einem schlechteren Gedächtnis kein guter Trainer sein können? In der Tat können Sie auch ohne besonders gutes Gedächtnis ein guter Trainer werden. Häufig gelingt es Trainern aber, sich dank ihres guten Gedächtnisses etwas besser auf ihre Teilnehmer einzustellen. Teilnehmer fühlen sich geschmeichelt, wenn der Trainer schnell ihre Namen und ihren jeweiligen beruflichen und persönlichen Hintergrund kennt, sich aus dem letzten Seminar an Erzählungen und Diskussionen erinnert und diese wieder aufgreift oder sogar neue Modelle anhand von Beispielen bespricht, die seine Teilnehmer zuvor erzählt hatten.

Und Teilnehmer freuen sich meistens über Illustrationen und Beispiele aus anderen Unternehmen. Hier hilft neben einem guten Gedächtnis ein großer Erfahrungsschatz, um zum gefragten „Storyteller" zu werden.

Wer von Natur aus kein gutes Gedächtnis hat, kann natürlich trotzdem gute Trainings gestalten. Hier helfen kurze Notizen zu den einzelnen Teilnehmern sowie gute Beispiele und Geschichten zum Verdeutlichen von Theorien, Modellen, Übungen etc.

Interesse an Menschen

Auch wenn diese Kompetenz fast selbstverständlich erscheint: In unserer Praxis erleben wir immer wieder Trainer, Coachs und HR-Berater, die über kein besonders ausgeprägtes Interesse an anderen Menschen verfügen. Sie sind oft stärker darauf fokussiert, dafür zu sorgen, dass die Technik läuft, der Seminarraum gut klimatisiert ist und in den Pausen ausreichend Kaffee zur Verfügung steht.

All dies sind wichtige Grundvoraussetzungen. Aber um Teilnehmer tatsächlich in einem Training zu begeistern, bedarf es mehr. Jeder Teilnehmer möchte das Gefühl haben, vom Trainer persönlich beachtet, in seiner Art ernst genommen, verstanden und wertgeschätzt zu werden. Teilnehmer erwarten ehrliches Interesse – der eine mehr, der andere weniger; der eine eher auf der menschlichen Ebene, der andere eher beim Austausch von sachlichen Inhalten.

Guter Smalltalk (siehe Seite 187 ff.) und eine grundlegende Teilnehmerorientierung sind erlernbar. Das ehrliche, authentische Interesse daran, Menschen kennenzulernen, und die echte Teilhabe an ihren Geschichten und Hintergründen sollten Ihnen jedoch zumindest ansatzweise in die Wiege gelegt worden sein.

Lebenserfahrung und Seniorität

Wenn Sie sich in Ihrer gesamten Person, mit Lust und Leiden, Sorgen und Nöten einem professionellen Gesprächspartner im Coaching oder Training öffnen wollten, was würden Sie von Ihrem Gegenüber erwarten? Oder einfacher: Welchen der beiden folgenden Coachs würden Sie lieber wählen?

Beispiel: Coach A oder B – Welchen würden Sie wählen?

Coach A. - Ein brillanter Kopf mit Doppelabschluss, PhD in Cambridge und MBA in Harvard, ausgestattet mit besten Zeugnissen und hervorragenden analytischen Fähigkeiten. Coach A wirkt jung, dynamisch und hochintelligent, er macht den Eindruck, als käme er gerade von der Universität bzw. seiner Coaching-Ausbildung. Optisch ist er ausgesprochen gepflegt und durchtrainiert, er spricht schnell, aber gut verständlich und strahlt unbedingte Zuversicht aus.

Coach B. - Ein älterer Herr (Typ „vertrauensvoller Onkel"), der vor etwa 25 Jahren sein Theologiestudium an der FH abgeschlossen hat und vier Kinder und zwei Enkel hat. Coach B wirkt mit Cordhose, weißem langen Haar und ungebügeltem Hemd auf den ersten Blick eher wie ein Sozialarbeiter als ein Coach. Hinzu kommt, dass er manchmal etwas nachdenklich und abwesend wirkt. Sie wissen, dass er seit seinem Studienabschluss fast täglich Führungskräfte aus Unternehmen wie jenem, für welches Sie arbeiten, coacht. Er hat im Laufe der letzten Jahre weit mehr als 2.000 Coachees begleitet.

Brauchen Sie eine Marktanalyse als Basis zur Erstellung einer neuen Unternehmensstrategie? Dann wäre Coach A sicher nicht uninteressant. Wahrscheinlich hätten Sie sich aber für Herrn B entschieden, wenn es um ein menschlich anspruchsvolleres Thema ginge.

Seniorität und Lebenserfahrung können wichtige Erfolgsfaktoren eines guten Coachs sein. Viele Klienten und Coachees empfinden es als hilfreich, auf den Erfahrungsschatz und Rat eines reifen Coachs bauen zu können. Jedoch ist auch hier ein Zuviel nicht unbedingt hilfreich. Führt große Erfahrung dazu, dass der Coach von Anfang an nicht aufmerksam zuhört, Schubladen frühzeitig öffnet und schließt, den Coachee vielleicht sogar bevormundet, dann kann Seniorität zum gegenteiligen Effekt führen. Wer als Student schon einmal versucht hat, seinen Vater, Onkel oder Großvater von seiner neuen Lieblingsmusik zu überzeugen, wird dieses Gefühl kennen. Wie bei vielen anderen Themen gilt auch beim Coaching: Die Mischung macht's. Optimal fungieren Sie als Coach, wenn Sie die Erfahrung und Reflektiertheit eines Menschen mitbringen, der viel erlebt, gesehen und gehört hat, aber gleichzeitig in jedes neue Gespräch mit der Offenheit, Neugier und Bescheidenheit eines Neueinsteigers gehen.

Intuition

Coaching ist weit mehr als ein rein rationaler Prozess des Zuhörens, Analysierens und Ratschläge-Gebens. Häufig ist es gerade die Intuition, die den entscheidenden Unterschied im Coaching ausmacht. Bemerkungen wie „Das wirkt auf mich ganz anders als Sie es mit Ihren Worten gerade schildern!" oder „Sie sind doch eigentlich gar nicht der Typ für so etwas!" wirken häufig konstruktiv-verstörend und helfen gerade sehr theorieorientierten Klienten manchmal dabei, den Blick aufs Wesentliche zu richten.

Voraussetzung ist die ausgeprägte Fähigkeit von Ihnen als Coach, Ihre Intuitionen zu kennen, zu überprüfen und gegebenenfalls zum Gegenstand des Coachings zu machen. Intuition ist erlern- und trainierbar. Grundvoraussetzung ist jedoch, diese nicht als etwas Irrationales abzulehnen.

Fokus und Aufmerksamkeit

Als guter HR-Berater, Trainer oder Coach sind Sie in jedem Ihrer Gespräche zu 100 % bei der Sache. Sie hören zu, sind interessiert, fragen nach und geben dem Klienten das Gefühl, nur für ihn und sein Thema da zu sein. Dies bedeutet übrigens nicht, dass Sie nicht die Scheinwerfer auf unterschiedliche Aspekte des Gesprächs richten könnten! So ist es mitunter sogar gut, den Ton im Coaching einmal bewusst „herunterzudrehen" und stärker auf die persönliche Resonanz zu hören.

Augen für das Wesentliche

Auch diese Fähigkeit können Sie als HR-Berater, Trainer und Coach im Laufe Ihrer Karriere weiterentwickeln und aufbauen: Die Fähigkeit zum Filtern und zum Trennen von bloßen Daten und wirklichen Informationen.

Erfahrung zeigt: Längst nicht alles, was der Coachee oder Klient als wichtig betrachtet, wird für die Lösung des Falles oder die Entwicklung von Handlungsoptionen wirklich wichtig sein. Viele – gerade weniger Coaching-erfahrene – Klienten beginnen gerne sehr ausführlich und glauben, dass auch eine Erläuterung frühkindlicher Beziehungsmuster für die Lösung des aktuellen Streits mit dem Abteilungsleiter von besonderer Bedeutung sein könnte. Manchmal ist sie das tatsächlich, häufig aber nicht.

Und wieder ist die berühmt-berüchtigte Gratwanderung gefragt. Als Coach müssen Sie höflich genug sein, den Coachee nicht frühzeitig zu unterbrechen. Auf der anderen Seite sollten Sie ein Gefühl dafür entwickeln, was die wirklichen „Pressure Points" (wunden Punkte) sind und wo Sie ansetzen müssen, um die wesentlichen Aspekte zu treffen.

Patentrezepte gibt es dabei nicht. Hilfreiche Ankerpunkte zum Fokus auf das Wesentliche können aber z. B. sein:

* plötzlich auftretende starke Emotionen beim Coachee
* sich häufig wiederholende Sprech- und Verhaltensmuster
* offensichtlich nicht hinterfragte Glaubenssätze und mentale Modelle
* ungeklärte Beziehungs- und Rollenkonstellationen

Menschliche Wärme

Menschliche Wärme und eine wertschätzende Grundhaltung gehören zu den wichtigsten Erfolgsfaktoren eines guten Trainings oder Coachings. Dies gilt natürlich nicht in gleicher Weise bei jedem Klienten. Braucht der Ingenieur im Automobilwerk vom Coach einige Ratschläge zum Umgang mit einem Auszubildenden, wird er auf Wärme unter Umständen weniger Wert legen, als der kürzlich genesene Burnout-Fall bei der Rehabilitation in seiner Führungsrolle. Doch auch der erste Kandidat möchte sich angenommen und respektiert fühlen in dem, was er tut – und keiner kalten „Ratschlagmaschine" gegenübersitzen.

Die vorangegangene Sammlung ist mit Sicherheit nicht vollständig. In vielen Beratungspositionen werden auch Fähigkeiten wie Belastbarkeit, Analysefähigkeit oder sogar mathematische Kenntnisse eine gewisse Rolle spielen. Lassen Sie sich jedoch von diesem umfangreichen Kompetenzkatalog nicht entmutigen. Viele Fähigkeiten werden Sie während Ihrer Arbeit entwickeln. Und zum Teil lassen sich auch bestimmte weniger stark ausgeprägte Kompetenzen mit anderen Stärken ausgleichen. Mit dem richtigen Einsatzwillen und einem natürlichen Interesse an Menschen und Organisationen sind Sie bereits ein gutes Stück auf dem richtigen Weg vorangeschritten.

5.2 Kurzinterviews mit Berufstätigen in der HR-Beratung

Was macht den Job als Coach, Trainer oder HR-Berater in der Praxis aus? Wir haben uns für Sie umgehört und mit Personen gesprochen, die schon seit Längerem erfolgreich im HR-Markt tätig sind. Mit den folgenden acht Kurzinterviews möchten wir Ihnen ein realistisches Bild dieser Tätigkeit vermitteln. Wichtig war uns bei der Auswahl der Gesprächspartner, Ihnen auch die Unterschiedlichkeit und den Facettenreichtum zu zeigen, den die Tätigkeit mit sich bringt.

Kurzinterview 1: Eine konzerninterne Trainerin

Als was arbeiten Sie derzeit?

Ich arbeite derzeit als fest angestellte Managementtrainerin und Beraterin, wenn es um Fragen der Auftragsklärung geht. In dieser Funktion führe ich Seminare und Entwicklungsprogramme durch. Ebenso erarbeite ich Seminar- und Workshop-Konzepte, die auf die einzelnen Zielgruppen und deren Bedarfe zugeschnitten sind.

Wie sieht Ihr Alltag aus?

Im Rahmen von Trainings bin ich relativ viel auf Reisen und dementsprechend in Seminarhotels tätig. Unsere Trainings führen wir meist zu zweit durch. Häufig ist der zweite Trainer ein externer.

Ansonsten trage ich die Produktverantwortung für bestimmte Seminarthemen. Ich habe die inhaltliche Verantwortung, wähle Trainer aus und achte auf die Qualität der Seminare. Ich bin verantwortlich und trainiere dabei ca. acht verschiedene Trainingsthemen. Dazu kommt noch die Betreuung eines Programms. Nebenher bilde ich systemische Berater aus und habe einen Lehrauftrag an der Universität für systemische Beratung.

War der Weg in dieses Berufsfeld schon immer intendiert?

Nein, eigentlich nicht. Ich habe Psychologie studiert und wollte ursprünglich etwas mit Kindern machen. Ich habe dann jedoch festgestellt, dass mir die Arbeit mit Erwachsenen mehr liegt. Parallel zum Studium und im Anschluss an mein Studium war ich zunächst selbstständig als Trainerin und Beraterin tätig.

Meine Praktika während des Studiums haben sich sehr bewährt, um Kontakte zu knüpfen. Dies ist sehr wichtig in unserem Beruf.

Als Jugendliche habe ich Gruppen in christlichen Verbänden und Gemeinden geleitet und war dort auch selbst Mitglied in Gruppen. Dort habe ich sehr früh gelernt, mit Gruppen zu arbeiten.

Geholfen für die Trainertätigkeit hat es mir ebenso, dass ich zwischendurch Assessment-Center moderiert habe. Ich habe dabei einen guten analytischen Blick auf Menschen entwickelt und meine Wahrnehmungsfähigkeit trainiert. Dies hilft in vielen Trainings vor allem beim Feedbackgeben.

Was sind aus Ihrer Sicht wichtige Zusatzqualifikationen als Trainer?

Das Trainingsgeschäft habe ich „on the job" gelernt, indem ich zunächst Gruppen moderiert und später Trainings zu zweit durchgeführt habe. Ansonsten hilft sicher eine Trainerausbildung. Ich habe in Wiesloch eine Ausbildung zur systemischen Beraterin angefangen und sie dann in Kassel fortgeführt. Diese Ausbildung war sehr wichtig, um eine professionelle Haltung als Trainerin und Beraterin zu entwickeln.

Ansonsten kommt es meiner Meinung nach darauf an, welche Inhalte man trainiert. Es gibt viele spezifische Zusatzausbildungen. Bei mir ist dies unter anderem eine MBTI-Ausbildung (Myers-Briggs Type Indicator, das weltweit wohl am meisten genutzte Instrument im Bereich der Persönlichkeitsentwicklung).

Was empfinden Sie als erfüllend und was als anstrengend in Ihrem Beruf?

Erfüllend ist es für mich immer wieder, Menschen zu sich selbst zu bringen und sie zu unterstützen, an sich zu arbeiten. Es ist schön zu sehen, wie Menschen vorankommen und wieder zu mehr Gelassenheit und innerer Stärke finden.

Darüber hinaus lerne ich natürlich viel über mich selbst. Zusätzlich treibt mich der Job immer wieder an, mich intensiv in bestimmte Themen einzuarbeiten. Ich genieße die Freiheit, die ich bei der Umsetzung von Themen habe.

Es gibt in meinem Beruf relativ wenige Routinetätigkeiten. Deshalb ist es wesentlich, mit sich selbst im Reinen zu sein, um auf andere eingehen zu können und die Gruppendynamik zu steuern. Und letztlich bin ich eben auch viel unterwegs. Ich habe zwar keine weiten Wege zu meinen Trainingsorten, wenn ein Training jedoch über mehrere Tage geht, bleibe ich natürlich vor Ort im Hotel.

Gibt es eine prägende, skurrile oder witzige Erfahrung aus Ihrer Zeit als Trainerin?

Ich habe mich einmal in der Anfangszeit an eine Moderationswand angelehnt und die ist in Zeitlupe mit mir nach hinten gekippt. So etwas passiert als junge Trainerin!

Welche goldenen Tipps würden Sie Personen mitgeben, die sich für diesen Beruf entscheiden?

Da fällt mir als Erstes ein, dass man meiner Meinung nach einen hohen eigenen inneren Antrieb braucht. Außerdem ist es wichtig, für sich selbst herauszufinden, welche Themen einem liegen, welche man gern anderen vermitteln möchte. Darüber hinaus sollte man gut für sich sorgen können und sich auch in Trainings immer wieder Freiräume zum Erholen nehmen.

Eine professionelle Haltung im Umgang mit den Teilnehmern ist wichtig. Eine gute Mischung aus Einfühlung in die Themen der Teilnehmer und gleichzeitiger Distanz, diese Themen nicht zu den eigenen zu machen. Ein gutes Trainernetzwerk hilft dabei zum Austauschen und Reflektieren. Das kann ich nur empfehlen.

Und wenn man es irgendwie beeinflussen kann, ist es gut, als neuer Trainer im Trainertandem mit einem erfahrenen Trainer zu arbeiten.

Kurzinterview 2: Andrea Nienaber, selbstständige Trainerin und Beraterin

Als was arbeiten Sie derzeit?

Ich befinde mich gerade in einem Umbruch. Im Schwerpunkt bin ich selbstständige Beraterin und Trainerin für Führung und Vertrieb. Demnächst mache ich mein Examen in Transaktionsanalyse und fange eine Ausbildung als Heilpraktikerin der Psychotherapie an. Ich möchte in Zukunft weg von der Vertriebsschiene und hin zur Beratung von Einzelklienten. Die Ausbildung zur Heilpraktikerin mache ich sowohl zu meinem eigenen Schutz als auch zum Schutz der Klienten. Das klingt jetzt spirituell, in diese Richtung soll es aber definitiv nicht gehen.

Wie sieht Ihr Alltag aus?

Derzeit habe ich zwei Standbeine: Zum einen arbeite ich mit einem größeren Trainingsinstitut zusammen. Hier entwickle ich Trainerleitfäden und Rollentrainings. Das Ganze findet bei mir im Büro statt. Zum anderen gebe ich eigene Trainings zum Thema Finanzdienstleistungen.

War der Weg in dieses Berufsfeld schon immer intendiert?

Ich bin Industriekauffrau, habe BWL studiert und wollte schon immer in die Aus- und Weiterbildung. Inspiriert wurde ich hierzu durch einen meiner Professoren, der heute sehr bekannt im Bereich Zeit- und Selbstmanagement ist: Prof. Dr. Seiwert. Nach dem Studium habe ich ein fünfzehnmonatiges Traineeprogramm absolviert und war viel im Außendienst unterwegs. Da das Programm aber eigentlich auf Trainings ausgerichtet war, habe ich in dieser Zeit auch eine Trainerausbildung durchlaufen.

Nach meiner Traineezeit war ich zunächst in der Aus- und Weiterbildung tätig. Zwischendurch war ich aber auch selbst im Vertrieb und war eine Zeitlang selbstständig. Aufgrund einer privaten Krise bin ich dann aber wieder zurück ins Angestelltenverhältnis gegangen und habe als Führungskraft im Vertrieb gearbeitet. Mittlerweile bin ich wieder selbstständig. Auf einer Konferenz habe ich dann einen Ansprechpartner meines jetzigen Klienten kennengelernt. Ich habe ihn einfach gefragt, ob wir etwas zusammen machen könnten und es hat funktioniert.

Was sind aus Ihrer Sicht wichtige Zusatzqualifikationen als Trainer?

Was man haben sollte, kann ich schwer sagen. Es sollte auf jeden Fall irgendetwas da sein. Stagnation ist in diesem Job gefährlich. Trainer müssen sich selbst aus meiner Sicht immer wieder in Frage stellen. Ich habe verschiedene Zusatzqualifikationen gemacht: NLP, lösungsorientierte Beratung, Aufstellungsarbeit (Familien- und Systemaufstellung), Transaktionsanalyse und eine Coaching-Ausbildung in Wiesloch. Eine Qualifizierung zur Lehrtrainerin ist anvisiert. Am meisten haben mich bisher die Transaktionsanalyse und die Aufstellungsarbeit geprägt. Als jemand, der relativ stark kopfgesteuert ist, war beides sehr spannend für mich.

Ein Chef von mir, der vom Hintergrund her Psychologe war, hat mal gesagt, dass NLP Hokuspokus sei. Daraufhin habe ich eine systemische Ausbildung absolviert und bin darüber wiederum an die Transaktionsanalyse sowie die Familien- und Systemaufstellung gekommen.

Was empfinden Sie als erfüllend und was als anstrengend in Ihrem Beruf?

Für mich ist es sehr erfüllend, anderen zu helfen, den eigenen Weg zu finden und mit dem eigenen Leben zufrieden zu sein. Dies bekommt man in der internen Beratung natürlich besser mit als wenn man als externe Beraterin in ein Unternehmen kommt. Da meine Projekte aber häufig über mehrere Module gehen, bekomme ich aber auch so ein Gefühl dafür.

Das Wort „anstrengend" würde ich so nicht verwenden. Manchmal ist es natürlich schwierig, alleine unterwegs zu sein. Der Austausch mit anderen fehlt dann schon. Im Rahmen von Supervisionen ist das aber selbstverständlich möglich. Der Austausch mit Peergroups, in eigenen Weiterbildungen oder eben in der Supervision kompensiert dann auch, dass man alleine unterwegs ist. Die Disziplin hierfür aufzubringen, war für mich eigentlich nie ein Thema.

Gibt es eine prägende, skurrile oder witzige Erfahrung aus Ihrer Zeit als Trainerin?

Zu Beginn meiner Selbstständigkeit habe ich mit einem Kompagnon zusammengearbeitet. Das ist natürlich immer schwierig. Bei uns war es ein Wechsel meines Wohnortes, der es schwierig gemacht hat. Die Veränderung meiner Lebensumstände und meinen privaten Crash konnte er nicht nachvollziehen. Diese Zeit hat mich sehr geprägt.

Welche goldenen Tipps würden Sie Personen mitgeben, die sich für diesen Beruf entscheiden?

Ich halte es für wichtig, nicht zu blauäugig an diesen Job zu gehen. Dies gilt besonders für die Akquise. Disziplin ist sicher eine der herausragenden Eigenschaften, die man an den Tag legen muss, um sich aufzuraffen, ständig neue Kontakte zu knüpfen.

Kurzinterview 3: Marc Minor, Coach und Professionsberater

Als was arbeiten Sie jetzt?

Ich bin Coach und Professionsberater, der Coaching nutzt, um Beispiele gelebter Professionskultur in Unternehmen zu bringen oder dort zu fördern.

Wie sieht Ihr Alltag aus?

Von „Alltag" zu sprechen, ist schwierig, denn jeder Tag ist anders. Aber schauen wir uns zum Beispiel mal diese Woche an:

Gestern habe ich eine Führungskräftewerkstatt mit dem Schreibgerätehersteller Schwan Stabilo gemacht. Der Inhaber und die erste Führungsmannschaft kommen regelmäßig zu uns. In der Werkstatt arbeiten sie an Themen, an denen sie ohnehin arbeiten würden. Als besonders wirksame didaktische Figur lernen und üben sie kollegiale Beratung. In Weiterbildungskontexten ist kollegiale Beratung ja hinlänglich bekannt. In hierarchischen Kontexten mit realen Kollegen noch völlig unterschätzt. Oder kennen Sie Unternehmen, wo beispielsweise ein Bereichsleiter den Geschäftsführer im Vier-Augen-Gespräch berät und das sogar vor den beobachtenden Kollegen?

Ich genieße das Privileg, eigene Seminarräume zu haben. Um 9:00 Uhr geht es los. Um halb acht gehe ich in den Seminarraum. In Ruhe, sogar mit Genuss und Vorfreude wandere ich durch den Tag, durchdenke mein Impulsreferat und schreibe ein paar Flipcharts.

Meine Vorfreudegefühle sind übrigens über Jahre erworben und erarbeitet. Früher fühlte ich mich vor Veranstaltungen oft auch unbehaglich. Teilweise auch heute noch.

Die Werkstatt geht dann bis ca. 18:00 Uhr, mit Mittagspause. Ich ziehe mich dann meist zurück. Meine Kunden wissen und akzeptieren, dass es mir nicht gut gelingt, in der Privatzeit die Coachrolle zu verlassen – und das mag ich denen und mir nicht zumuten. An Seminartagen gönne ich mir meist einen kurzen „kundenorientierten" Mittagsschlaf, was bedeutet, dass ich den Nachmittag noch mal durchdenke und dabei wegnicke.

Abends geht es nahtlos ins Abendessen – mit vier Kindern im Alter zwischen sieben und zehn. Danach ist derzeit leidenschaftlich das Kartenspiel Rommé angesagt.

Heute Morgen hatte ich dann ein Briefing mit dem Vorstand einer Bank in Nürnberg. Es ging um einen schon erteilten Auftrag, eine Zukunftskonferenz zu moderieren, den wir noch mal schärfen mussten. Vorhin habe ich die Kinder von der Schule abgeholt. Heute Nachmittag schreibe ich an einem Buchartikel, wo ein Abgabetermin „droht" (lacht), beantworte E-Mails, schreibe angefallene E-Mails und führe Telefonate und erledige, was halt so liegen geblieben ist. Im Hintergrund arbeitet ein Sekretariat. Mein Bruder ist mein Finanz- und Steuerfachmann. So habe ich das große Glück, von jeglicher Administration befreit zu sein.

War der Weg in diesen Beruf immer schon intendiert? Wie sind Sie da hingekommen?

Das war alles andere als intendiert, sondern ist eher Step by Step entstanden. Ich könnte jetzt, im Rückblick, einen strategisch klug geplanten Lebenslauf draus machen. Pustekuchen. So war es aber nicht.

Bei mir waren immer wieder Sinnkrisen prägend, die nächste Phasen einleiteten. Sinnkrise ist ja so ein mächtiges Wort. Ich habe öfter Dinge zu lange betrieben, die mich im Hintergrund nicht mehr erfüllten. Das ist natürlich ein schleichender Prozess.

Vom studierten Beruf bin ich so weit weg. Ich bin Diplomkaufmann; im Nachhinein war dies eine Fehlentscheidung. Ich habe vier Jahre unbrauchbares Wissen auf Vorrat gelernt. Konsequenz: das war Lernen für die Müllhalde. Als meine Kommilitonen sich für ihre erste wichtige Stelle bewarben, habe ich mich entschieden, mir nach dem Studium ein Jahr Zeit zu nehmen, um herauszufinden, was mein Ding sein könnte.

In dieser Zeit habe ich vieles ausprobiert, so war ich z. B. Radiomoderator bei einem Privatsender in Nürnberg, war Tennistrainer im Senegal, war Chefredakteur einer Hochschulzeitung. Dann kam die DDR-Wendezeit. Eine private Touri-Reise in die DDR Anfang 1990 endete in der Selbstständigkeit. So eigenartig das heute – sogar vor mir selbst – klingt: ich habe mit einem Kommilitonen Joghurts vertrieben, sogar in recht großem Stil. 40-Tonner mit unseren Frucht-joghurts füllten eine Weile die sächsischen HOs und Konsums. Heute scheine ich diese Zeit zu verklären und bin sogar stolz darauf, damals zugepackt zu haben. Damals war es mir, neben den Erfolgsgefühlen, immer wieder ein wenig peinlich. Habe ich dafür studiert? Wollte ich Joghurt-Baron von Sachsen werden? Belächeln mich die Exkommilitonen, die nun anständig Karriere machten?

Wichtige Veränderungen in meinem Leben kamen fast immer über zufälligen, also zugefallenen, Kontakt zu Menschen. Dadurch habe ich z. B. auch erste Berater und Trainer kennengelernt. Ich war Teilnehmer in einem Strategieseminar. Das war die Einstiegsdroge. „WOW, das ist es, was ich machen möchte." Im weitesten Sinne bin ich dem treu geblieben.

Wenige Jahre später landete ich in einer Ausbildung für systemische Beratung. Direkt zu Beginn hatte ich ein prägendes Erlebnis mit dem Lehrtrainer und Coach Bernd Schmid, der mich zu irgendeinem Kundenanliegen beriet. Nach nur zwei Minuten sagte er einfach zu mir: „Marc, wenn du dir alle Türen offenhältst, musst du dich darauf einrichten, das Leben im Gang zu verbringen." Das hat gesessen. Für mich als Mensch mit vielen Anfangstalenten war das wichtig. Und verdammt unbequem. Pioniergeist und Experimentierwut helfen zwar als Startbasis, wenn man aber auf die 30 zugeht, darf man sich nicht mehr von seinen Anfangstalenten blenden lassen. „Ich hab schon genügend promovierte gesehen, die als Tankwart an der Kasse sitzen", fügte Bernd Schmid noch hinzu.

Dadurch gab es eine nächste Krisenphase für mehrere Monate. Ich hatte das Gefühl, ich möchte professionell systemisch beraten, kann es aber noch lange nicht. Langsam lernte ich, dass gute Beratung in einem Kundenanliegen startet. Wie banal.

Dann kam eine Phase mit einigen Jahren Einzel-Coachings. Ich habe acht Stunden am Tag mit einer Person gearbeitet. Die Kunden waren begeistert. Klar, wer wäre das nicht bei acht Stunden uneingeschränkter Zuwendung. Mich hat das latent erschöpft. Im Jahr 2000 steckte ich im Loch. Mein Denkfehler war, die Beratungsarbeit mit Menschen völlig in Frage zu stellen, anstatt meinen Mix an Produkten anzureichern sowie meine Lust, mit Gruppen zu arbeiten und auf der Bühne zu stehen, ausgewogen zu befriedigen.

Was sind Ihres Erachtens die wichtigsten Zusatzqualifikationen?

Ich glaube, jeder mit jedem Naturell kann ein guter Berater werden, vorausgesetzt, er ist kreativ bezogen auf die Fragen seiner Kunden. Ich halte es für selbstverständlich, dass Berater sich immer wieder gut gemachte Resonanz zu sich als Professionelle und bezogen auf ihre Kundenanliegen einholen.

Welche goldenen Tipps würden Sie Personen mitgeben, die sich für diesen Beruf entscheiden?

Anstatt der goldenen Tipps gebe ich lieber eine Formel als mathematisches Produkt, also nicht als Addition von Einzelteilen:

Berater- bzw. Mitarbeiterkompetenz = Rollenkompetenz × Kontextkompetenz × Passung

- **Rollenkompetenz** – Wir sollten die Funktion beherrschen und das Handwerkszeug kennen.
- **Kontextkompetenz** – Wir sollten unser Feld kennen. Ich glaube nicht mehr daran, dass Generalisten-Know-how ausreicht. Man sollte den Kontext kennen, in dem man arbeitet! Ich staune über Politiker, die von einem Tag zum nächsten vom Bauminister zum Gesundheitsminister mutieren.
- **Passung** – Es muss einem Sinn machen, Auftrieb geben. Jeder sollte dass tun, wozu er Freude und Kraft hat. Dies ist natürlich nicht als Spaß- und Schoßhündchen-Kultur zu verstehen. Bislang glauben wir ja, die ersten beiden Faktoren reichen. 120 % Rollenkompetenz, 120 % Kontextkompetenz, also 120 % guter Mitarbeiter. Wie oft sehen wir aber, dass es bei Mitarbeitern oder uns Beratern einfach nicht passt, weil die Werte nicht stimmen oder das Herzblut für ein Thema verloren gegangen ist. Das schwächt die Gesamtkompetenz.

Das Ganze ist keine Summe, sondern ein Produkt. Man braucht also alle drei Faktoren, um erfolgreich zu arbeiten.

Kurzinterview 4: Norbert Hildebrandt, geschäftsführender Gesellschafter

Als was arbeiten Sie jetzt?

Ich bin mit meiner Frau zusammen geschäftsführender Gesellschafter eines Instituts für Erwachsenenbildung, das heute mit etwa 135 Mitarbeitern an etwa 20 Standorten vertreten ist.

Eigentlich bin ich Volljurist mit Spezialisierung auf internatonalem Geld- und Warenverkehr. Aber bei so einem Job ist mit Familiengründung nicht viel drin. Ich hab schon früher immer einen guten Coach/Berater gehabt, der mir als Kompass gedient hat. Der sagte: „Fachlich brauchen Sie nicht mehr viel, aber was Menschenführung betrifft, sind Sie wie ein Neugeborener." Er hat mir die systemische Beraterausbildung bei Dr. Bernd Schmid vorgeschlagen. Ich war bei einer entsprechenden Informationsveranstaltung dort – die hatte mich dann überzeugt. Dabei habe ich im Seminar auch eine nette Truppe kennengelernt. Wir treffen uns immer noch alle neun Monate.

Ich hatte davor auch schon gecoacht. Früher war das aber eher eine singuläre, weniger systematische Sache. Heute leiten meine Frau und ich eine Firma mit den Themenbereichen Coaching, Schulung, Training und Beratung. Meine Frau hat mit zwei Mitarbeitern angefangen, dann wurden es irgendwann an die 30, jetzt sind es weit über 100. Ein Großteil unserer Kunden sind Behörden. Wir machen viel z. B. im Bereich Sprachen oder Trainings, in denen wir Leute fit machen für den Arbeitsmarkt. Ich selber führe noch viele Coachings durch – für Mittelständler bis zu DAX-Vorständen.

Wie sieht der Alltag aus?

Morgens gehe ich ins Büro, lese die FAZ und die Regionalzeitung und mache meine Post. Dann habe ich meine Akquisezeit von 9:00 bis 12:00 Uhr, in der ich neue Kunden anrufe und mit alten den Kontakt auffrische. Insbesondere wenn eine Firma sich verändert und ich das in der Zeitung lese, rufe ich da an. Aufgrund meines Titels werde ich eigentlich immer durchgestellt zum Chef.

Dann ist Mittagessen. Nachmittags mache ich Nachbereitung und Vorbereitung der nächsten Tage. Ich schaue mir an: Was steht im

Prinzip an, habe ich ein Training? Dann muss ich das vorbereiten, im Allgemeinen mache ich das im Home-Office. Ich bin auch sehr viel unterwegs. In den letzten zehn Tagen waren das z. B. etwa 1.500 Kilometer.

Was sind die wichtigsten Zusatzqualifikationen, die man Ihrer Meinung nach mitbringen muss?

Gesunder Menschenverstand und Lebenserfahrung sind das A und O. Wer durch viele Höhen und Tiefen gegangen ist, ist bald ein guter Steuermann und Zuhörer. Dieses Gut-Zuhören- und Einfühlen-Können erachte ich für mich als sehr hilfreich.

Wichtig ist es, ein tolles Netzwerk aufzubauen, mit spannenden Themen und spannenden Leuten. Außerdem ist es wirklich entscheidend, einen guten Sinn dafür zu bekommen, wie Firmen von innen funktionieren. Diejenigen Berater, die auch mal in einer Firma gearbeitet haben, finde ich dabei bedeutend besser, als solche, die direkt aus der Ausbildung kommen. Man muss verstehen, wie die Leute reden und denken. Ansonsten wird es echt schwierig. Und noch eine Sache: Mit Humor bekommt man so ziemlich alles gebacken! Gerade so ganz wilde Situationen, wie man sie als Trainer und auch Geschäftsführer erlebt, lassen sich schwer nur sachlich abarbeiten.

Was ist erfüllend im Beruf? Was ist anstrengend? Was sind Herausforderungen?

Die Beherrschung von Komplexität ist in unseren Firmen das A und O. Jetzt bin ich 53, da ist man auch nicht mehr so naiv wie früher – letztlich geht es ja darum, dass ich mein System organisieren muss. Wir haben jetzt eine zwischengeschaltete Ebene im operativen Geschäft, wir treffen uns jede Woche und besprechen, was es Neues gibt.

Meine Frau und ich vernetzen uns auch permanent. Ich bin zum Beispiel Bundessenatsmitglied beim Verband „Die Familienunternehmer". Was mir wirklich etwas gebracht hat, ist der Austausch mit anderen Unternehmern. Die Leute mögen aber auch, dass ich komplexe Zusammenhänge gut darstellen kann und auch – trotz Ausbildung als Jurist – nicht abgehoben bin. Ich rede z. B. viel in Bildern.

Mir gefällt es auch immer, zu merken, dass man gute Fragen gestellt hat, die die Leute zum Nachdenken bringen.

Manchmal hört man bei Kunden von leitenden Mitarbeitern, die gestorben sind, man bekommt etwas von Scheidungen mit etc. Dann muss man auch mal trösten. Das braucht dann den ganzen Norbert Hildebrandt.

Ein negatives Gefühl betrifft die eigene Familie. Meine Tochter hat angefangen zu studieren und das war eine traurige Zeit für mich. Jahrzehntelang war ich von montags bis mittwochs weg. Freitags war immer ihr Tag. Ich habe gesagt, die Zeit organisierst du, da bin ich dein „Hiwi" und wir machen, was du willst. Dennoch: da bleibt so ein Schmerz zurück. Das Thema „regelmäßig zu Hause sein" habe ich verpasst. Ich bin fast fünfzehn Jahre jeden Sonntag in die fünf neuen Bundesländer gefahren. Ich hätte auch gerne mehr Freizeit, um Golf zu spielen. Aber das ist halt so.

Noch etwas Anstrengendes: Es ist in den fünf neuen Bundesländern sehr schwierig, einen Mittelstand aufzubauen und nur schwer möglich, Leuten in meinem Alter unternehmerisches Denken „einzupflanzen". Das beschwert mich etwas.

Welche drei goldenen Tipps würden Sie Personen mitgeben, die sich für diesen Beruf entscheiden?

Offen sein für Zufälle! Das hat mein Leben am meisten geprägt. Ich bin Firmenchef eines Bildungsinstituts und arbeite nicht mehr als Jurist. Jeder Tag bietet eine unbegrenzte Zahl neuer Möglichkeiten.

Sich wirklich auf etwas konzentrieren, was man gerne macht.

Wenn ich den Eindruck habe, dass etwas wirklich wichtig für mich ist, dann mache ich es, auch wenn es unangenehm ist. Zum Beispiel haben wir uns auch von lieb gewonnenen Sachen getrennt. Ich habe mit meiner Frau sieben Firmen gegründet und selber drei Firmen wieder zugemacht, das war sehr teuer. Das tut seelisch und finanziell weh. Aber da muss man gegen den Schmerz arbeiten.

Kurzinterview 5: Karen Seelmann-Eggebert, selbstständige Trainerin und Coach

Als was arbeiten Sie aktuell?

Seit 2008 bin ich selbstständig als Coach und Trainer. Im Eins-zu-eins-Coaching arbeite ich zum einen im Persönlichkeitscoaching mit Privatpersonen. Die Themen reichen von familiären bis zu beruflichen Themen. Das ist eine große Bandbreite an Themen. Zum anderen coache ich in Unternehmen. Hier sehe ich mir in erster Linie geschäftliche Abläufe an und arbeite mit dem *Kontinuierlichen Verbesserungsprozess.* Es sind aber immer wieder auch Führungsthemen dabei.

Bei den Trainings bearbeite ich Themen wie z. B. Telefontrainings, Sprache und Auftreten, Selbstpräsentation etc. Darüber hinaus biete ich auch stark selbstreflektorische Formate wie z. B. „Authentizität" an. Diese richten sich an beide Zielgruppen. Dieses Thema gewinnt nach meiner Einschätzung an Relevanz, weil immer mehr Menschen auch im Beruf versuchen, ihr wahres Wesen mit in die Tätigkeit einzubringen. Firmen finanzieren glücklicherweise auch diese Themen immer mehr für ihre Mitarbeiter. Häufig kommen Unternehmen auf mich zu mit klassischen Themen wie Vertriebstraining, und im Anschluss daran ergeben sich dann die zwischenmenschlichen Themen. Das ist sicher auch bedingt durch meine Art zu arbeiten, meine Art Fragen zu stellen.

Wie war Ihr Weg, was waren wichtige Wendepunkte?

Ursprünglich habe ich mal von 1994 bis 1997 Europa-Betriebswirtschaft studiert am European Business College. Im Anschluss bin ich dann zunächst in den Telekommunikationsbereich eines Unternehmens gegangen, wo ich mich schnell hochgearbeitet habe und dann Assistentin der Geschäftsführung wurde. Damals habe ich aus der Rolle heraus auch schon im Schulungsbereich gearbeitet. Anschließend habe ich in einem internationalen Unternehmen ebenfalls als Assistenz der Geschäftsführung gearbeitet. Ich bin ein Mensch, der sich sehr stark engagiert und für den Beruf immer auch Erfüllung sein muss. Mein damaliger Chef hat mir sehr viel Freiheit gegeben, um auch neue Dinge auszuprobieren. Beispielsweise hat es mir immer wieder Freude gemacht, Arbeitsorganisation und -prozesse zu verbessern. Es kamen dann immer häufiger Kolleginnen zu mir, um sich Ideen und Tipps abzuholen. Ich bin dann auch schon mal deren Arbeitsabläufe durchgegangen auf der Suche nach Optimierungsmöglichkeiten.

So hat sich in meiner Tätigkeit schon so etwas wie Coaching ganz natürlich nebenbei entwickelt. Ich habe dann recht zügig ein Team von acht Managementassistentinnen geführt. Als ich selbst zu einem eigenen Thema mit unserem damaligen externen Coach sprach, sagte er mir im Anschluss unvermittelt: „Kann es sein, dass wir Kollegen werden?" Ich hatte die Frage nicht erwartet, aber habe dann irgendwie sofort gewusst, dass das stimmt. Sechs Jahre nach meinem Berufseinstieg hatte ich schon mal einen starken Impuls, mich selbstständig zu machen, aber damals hatte ich noch nicht dieses klare Gefühl, dass es soweit ist und den Mut, wirklich loszulegen.

Jetzt ging es nur noch darum, wo ich meine Ausbildung machen würde. Er nannte mir zwei Institute. Bei einem der beiden habe ich bereits beim Lesen der Broschüre gemerkt, dass das gut passt. Der ganze Prozess vom Treffen mit dem Coach bis zur Aufnahme der selbstständigen Coaching-Tätigkeit hat dann letztlich nur sechs Monate gedauert. Ich hatte damals auch kurzzeitig überlegt, eine 50 %-Lösung zu suchen, um zunächst eine größere finanzielle Sicherheit zu haben. Ein Professionskollege hat mir zu dieser Idee dann gesagt, dass ich mich entscheiden müsse: „Selbstständig oder angestellt, halbschwanger funktioniert nicht!" Dieser Satz hat gewirkt und ich habe den Sprung gewagt. Rückblickend würde ich es wieder genauso machen, allerdings hatte ich einen großen Auftrag bereits sicher und auch einiges Erspartes. Das hat den Schritt natürlich maßgeblich erleichtert.

Mein Regelwert war, dass ich mindestens zwei Jahre auch ohne regelmäßige Geschäftstätigkeit überleben können muss, und mindestens diesen Zeitraum braucht man rückblickend auch, um sich fest am Markt zu etablieren. Ich war zu Beginn viel auf Messen, z. B. auf der Kölner Coaching Convention. Es hat mir damals viel geholfen, mich einfach in diesem Kreis zu bewegen, auch wenn ich mich noch gar nicht so richtig als Coach gefühlt habe. Ich hatte aber zu jeder Zeit die klare Idee, wirklich Coach werden zu wollen. Auf der Convention habe ich dann tatsächlich auch meinen ersten Auftrag bekommen aus einem Gespräch heraus mit einer anderen Besucherin, die genau so jemanden wie mich gesucht hat. Das hat sofort gepasst. Man muss sich innerlich in dieser Profession sehen, das ist aus meiner Sicht der Schlüssel. Ich habe da wirklich meine Berufung gefunden.

Was sind aus Ihrer Sicht die wichtigsten Zusatzqualifikationen oder Kompetenzen?

Ich habe wie gesagt eine Coaching-Ausbildung an einem systemischen Institut in Wiesloch gemacht. Dann habe ich noch eine Zusatzqualifikation in systemischer Aufstellungsarbeit von Olaf Jacobsen. Insgesamt habe ich außerdem ein sehr großes Interesse am Menschen und interessiere mich privat sehr für Psychologie, dafür, wie ein Mensch tickt oder ticken könnte. Weiterhin habe ich eine gesunde Neugier auf Menschen und Werdegänge von Menschen, das hilft mir sehr bei meiner Arbeit. Was ich in meiner jetzigen Situation auch noch als Pluspunkt empfinde, ist meine Erfahrung aus der langjährigen Arbeit in Wirtschaftsunternehmen. Dadurch bin ich auch sprachlich gut anschlussfähig. Professionskollegen von mir, die eher aus dem therapeutischen Bereich kommen, haben da häufig Schwierigkeiten.

Was ist für Sie im Job erfüllend? Was ist anstrengend?

Für mich ist es erfüllend, dass ich Menschen bei ihrem beruflichen Werdegang begleiten darf. Ich merke, dass ich hier etwas mit bewegen kann. Wenn ich Entwicklung und Bewegung sehe, dann beflügelt mich das, da glänzen meine Augen. Mir macht es Freude, einen kontinuierlichen Verbesserungsprozess auf allen Ebenen des Lebens zu initiieren. Wieder in den Fluss zu kommen, andere Menschen dabei zu begleiten, das ist erfüllend für mich.

Anstrengend als Selbstständige – gerade zu Beginn – ist es, sich seine Zeit selbst einzuteilen. Es ist dieser Spagat zwischen dem eigenen Vorankommen und dem Bekanntwerden auf der einen Seite und dem Blick auf die eigenen Ressourcen. Sich regelmäßig einen bis zwei Tage in der Woche Pause zu erlauben, ist unabdingbar. Im Klartext heißt das zum Beispiel, das Wochenende auch wirklich freizunehmen. Häufig mache ich aber am Wochenende dann die

Arbeit mit den privaten Kunden, z. B. systemische Aufstellungen oder Ähnliches. Da muss ich dann darauf achten, dass ich mir unter der Woche mindestens einen freien Tag gönne. Gerade wenn die Auftragslage gut ist, es Spaß macht, dann muss ich auf diese Freiräume achten.

Manchmal ist es außerdem anstrengend, bei Trainings immer 100 % Aufmerksamkeit zu bewahren. Wenn man mehrere Tage mit Teilnehmern arbeitet, auch in den Pausen immer präsent ist, das kann auch anstrengend sein. Aber das wird nach meiner Erfahrung mit der Zeit immer besser, ähnlich wie beim Joggen.

Gab es prägende, witzige, skurrile Erfahrungen?

Eine nicht skurrile, sonder eher schöne Erfahrung war ein Auftrag, der verdeckt die Zielrichtung hatte, der Geschäftsführerin ein Coaching angedeihen zu lassen. Ich wusste das. Der offizielle Auftrag lautete, ein Telefontraining durchzuführen. Ich war dann in den Tagen immer wieder mit der Geschäftsführerin in Kontakt und nach drei Tagen kam sie tatsächlich auf mich zu und fragte, ob denn die Möglichkeit bestünde, bei mir ein Coaching zu machen. Wir haben dann einen Tag gemeinsam gearbeitet und sie ist für sich einige Schritte weitergekommen. Das war wirklich ein sehr schönes Erlebnis.

Welche drei goldenen Tipps würden Sie Personen mitgeben, die sich für diesen Beruf entscheiden?

Man sollte absolut seinem Bauchgefühl und seiner Intuition vertrauen. Darin steckt viel mehr Potenzial, als man es sich häufig zugesteht.

Dann sollte man den Mut haben, Dinge auszuprobieren. Auch wenn die Meisterschaft noch nicht da ist, darf man sich im Nichtperfekten zeigen. Wenn man sich in diesem Beruf genau richtig fühlt, wird es auch funktionieren.

Weiterhin sollte man guten Kontakt zu anderen Coachs halten. Dabei ist es unerheblich, wie lange jemand schon am Markt ist. Ich kann sowohl von Marktneulingen als auch von alten Hasen lernen und genauso auch immer etwas weitergeben.

Kurzinterview 6: Torsten Brandenburg, interner Berater

Als was arbeiten Sie aktuell?

Ich arbeite als eine Art interner Berater bei einem im Jahr 2007 neu gegründetem Team, welches bei dem Aus- und Fortbildungsdienstleister einer Bundesverwaltung angesiedelt ist. Wir sind für verschiedene Behörden tätig und arbeiten in einem interdisziplinären Team bestehend aus siebzehn Kolleginnen und Kollegen, Psychologen und Betriebswirten. Wir sind in unserem Bereich noch eher Exoten, denn so ein Team hat es in unserer Verwaltung noch nicht gegeben. Unsere Tätigkeiten sind vielfältig. Sie sind abhängig von den konkreten Beratungsanfragen aus der Organisation. Zu meiner Tätigkeit gehören z. B. Konzeption, Bedarfsplanung, Ausführung und Evaluation von Führungskräftefortbildungen. Themen wie Personalauswahl – von der Konzeption der Instrumente, über Schulungen bis hin zum Roll-out – gehörten seit Langem dazu. Diese Themen bediene ich aber inzwischen nicht mehr so aktiv, da sie in einem gesonderten Bereich gebündelt wurden.

Ich mache vor allem recht viel im Bereich der Begleitung von Veränderungsprozessen – seien es Workshops, Einzelberatungen bzw. Coachings, Transfermaßnahmen und Meilensteinplanungen. Zukünftig wartet auch ein großes Projekt im Bereich Führungskräftefeedback auf uns. Häufig arbeiten wir auch interdisziplinär, z. B. wenn es um die Einführung einer Software geht. Dann sind die Experten für die Software und jemand für die „Change-Sichtweise" im Team zuständig.

Wie war Ihr Weg, was waren wichtige Wendepunkte?

Ich habe in Münster Psychologie studiert – mit den Schwerpunkten Organisationspsychologie und Pädagogische Psychologie. Dort habe ich vertieft an den Themen Personaldiagnostik bzw. E-Learning gearbeitet. Ich bin dann recht bald auf einen Dozenten getroffen, der eine sehr praxisbezogene Lehre und Praxisprojekte gemacht hat. Ich habe so in verschiedenen Projekten erste Praxiserfahrungen sammeln können und dann verschiedene Praktika in Unternehmensberatungen gemacht. Nach dem Studium bin ich dann nahtlos in eine HR-Unternehmensberatung gegangen. Herausfordernd war dabei, dass ich dort schon angefangen habe, bevor ich mein Diplom fertig hatte. So musste ich dann neben der Arbeit noch meine Diplomarbeit fertig schreiben. Das habe ich einerseits als ein sehr positives Feedback bzw. eine Steigerung meines Selbstwertgefühls erlebt, andererseits war es doch extrem stressig. Rückblickend würde ich es jedenfalls niemandem unbedingt raten.

In dieser Beratung war ich dann drei Jahre tätig. Meine Schwerpunkte lagen hauptsächlich in den Bereichen Training und Diagnostik. Dann kam bei mir im Bekanntenkreis einige Dynamik auf: Wer geht im Job als Nächstes wohin? Intern oder extern? Das hat mir dann auch zu denken gegeben, wie es so mit mir weitergeht. Ich habe dann angefangen, mich extern umzuschauen, habe mit mehreren Beratungen und auch Konzernen gesprochen und dann die Anzeige von meinem jetzigen Job gesehen.

Meine Bekannten haben zunächst die Hände über dem Kopf zusammengeschlagen: Von der Unternehmensberatung in den öffentlichen Dienst – das war für sie schon sehr ungewohnt. Mich hat es gereizt. Eine interne Beratung von der Pieke auf mitzugestalten und ins Laufen zu bringen klang spannend, die Tätigkeiten waren inhaltlich eigentlich sehr vergleichbar mit der Tätigkeit in der Unternehmensberatung. Also habe ich es im November 2007 ausprobiert und seitdem bin ich hier sehr zufrieden.

Ob es auch Wendungen gab, andere Ideen? Am Ende des Studiums habe ich zum Beispiel mal kurz überlegt, ob ich nicht vielleicht was ganz anderes machen will, z. B. im Bereich klinische Psychologie. Oder ob ich vielleicht an der Uni bleiben soll, um zu forschen. Aber mein Wunsch war dann doch sehr stark, direkt in die Beratung zu gehen. Im Berufsleben waren es dann eher thematische Wendungen. So habe ich im Studium – theoretisch und praktisch – sehr viel Diagnostik gemacht und bin dann im Job zu Beginn fast ausschließlich mit Trainings unterwegs gewesen. Als ich mich dann nach drei Jahren weiterentwickeln wollte und dann wieder mit Beratungen gesprochen habe, habe ich gemerkt, dass das vom Kontext her gesehen eigentlich nichts Neues wäre. Da habe ich dann die Wendung bewusst selbst herbeigeführt und bin in die Bundesverwaltung, also in den öffentlichen Dienst, eingestiegen. Dass es dann doch wieder eine beratungsähnliche Tätigkeit geworden ist, lässt meine Kollegen und mich häufig schmunzeln.

Was sind aus Ihrer Sicht die wichtigsten Zusatzqualifikationen oder Kompetenzen?

Hilfreich ist insbesondere für Psychologen zunächst ein gesundes Selbstbewusstsein, das ich zu Beginn – trotz meines Fachwissens und der praktischen Tätigkeiten – nicht immer hatte: Es gibt viele Erkenntnisse, viel Forschung und viel praktisches Wissen in der Organisationspsychologie. Dies ist nützlich, anwendbar und liefert Resultate. Häufig halten – insbesondere junge – Psychologinnen und Psychologen damit hinterm Berg, sodass der Eindruck entsteht: „Das war das Studium, jetzt kommt die Realität." Es geht nicht darum, mit stolzgeschwellter Brust oder gar arrogant aufzutreten, sondern vielmehr darum, ein gesundes Selbstbewusstsein zu haben und sein Wissen auch einzubringen. Hier könnten Psychologen noch besser werden und sich besser vermarkten. Ich persönlich habe besonders davon profitiert, dass ich während des Studiums viel Praxis- und Projekterfahrung sammeln konnte und danach umgekehrt noch Kontakte zur Hochschule gehalten habe.

Zusätzliche Weiterbildungen und Ausbildungen waren für meinen Weg bis jetzt nicht entscheidend. Ich habe da zum Teil sogar eine eher kritische Haltung. Einige Anbieter stürzen sich ja jetzt schon auf Studenten und bieten ihnen Coaching-Ausbildungen an. Für mich hat das etwas von „Pimp up my Lebenslauf". Auf der anderen Seite gibt es einige Bestrebungen, solche Themen wie Coaching beispielsweise mit in die Hochschulausbildung zu integrieren – dieses Konzept befürworte ich sehr.

Ich halte es auch für sehr wichtig, etwas praktisch zu tun, Erfahrungen zu sammeln und dann im Nachgang das Ganze zu reflektieren hinsichtlich Selbststeuerung, Projektsteuerung, innerer Haltung in Projekten etc. Ich kann in meinen Beratungen wild mit irgendwelchen Management-Tools hantieren, meist bringt dies jedoch nichts. Hilfreich ist es hingegen immer, die Metaebene einzunehmen und nachzudenken, zu reflektieren und auch sich selbst in der Steuerung zu beobachten. Dabei hilft außerdem der kollegiale Austausch mit anderen. Das funktioniert z. B. gut auf Reisen mit Kollegen oder in regelmäßig organisierten Treffen mit Kollegen und Bekannten, die einen ähnlichen Arbeitshintergrund haben.

Was ist für Sie im Job erfüllend? Was ist anstrengend?

Erfüllend finde ich zum Beispiel in Führungstrainings oder im Coaching, wenn Teilnehmer bestimmte Verhaltensmuster an sich erkennen und beginnen darüber nachzudenken, wie sie daran arbeiten können, welche Alternativen es gibt. Es geht nicht darum, jemandem etwas Neues überzustülpen, von dem ich der Überzeugung bin, dass es so sein müsste, sondern dass die Person sich aus ihren Ressourcen entwickelt. Wenn ich dann im Nachgang E-Mails von Teilnehmern dazu bekomme, was sich bei ihnen getan hat, ist das wirklich eine Freude.

Weiterhin erfüllend ist es, wenn man Projekte vernünftig zu Ende bringt und sich das in Rückmeldungen von Teilnehmern, aber auch Kollegen oder Vorgesetzten zeigt. Es gibt auch Themen, die erfüllender sind als andere. Wenn interaktive Formate z. B. gut laufen, ist dies erfüllender als eine konkrete Wissensvermittlung.

Anstrengend und energieraubend sind schlechte Projektabsprachen. Wenn hier schlecht und unpräzise kommuniziert wird und es dann immer wieder zu Rückschlägen kommt, dann ist das wirklich kräftezehrend. Was mich außerdem sehr anstrengt, ist Mikropolitik. Wenn also nicht die Sache oder das Thema im Vordergrund steht, sondern anderes.

Gab es prägende, witzige, skurrile Erfahrungen?

Ich denke, dass es die immer gibt, wenn Menschen intensiv zusammenarbeiten. Als ich als Berater gearbeitet habe, war ich viel unterwegs, auch gemeinsam mit Kollegen. Auch jetzt sind wir recht häufig bei unseren Auftraggebern bzw. sind bundesweit tätig. Da passieren schon einige lustige Dinge – individuell oder in der Gruppe. So bin ich beispielsweise einmal sehr bequem in Freizeitkleidung zu einem Projekt gefahren und wollte mich vor Ort umziehen. Anzug, Hemd, Krawatte – alles hatte ich dabei, nur die Schuhe hatte ich vergessen. Also stand ich – très chic, aber mit Turnschuhen – am nächsten Morgen vor den Kunden. Allerdings ist es den meisten gar nicht aufgefallen. Vielleicht hielten sie es aber auch für die neuste Mode.

Eine andere Sache ist mir bei einem Management-Audit widerfahren. Da stand plötzlich jemand vor uns, der Stromberg (aus der gleichnamigen Comedy-Fernsehserie) sehr ähnlich sah und dann hat er sich auch noch so verhalten. „Banking ist Krieg", sagte er damals und „die Mitarbeiter stehen bei mir ganz oben – erst kürzlich habe ich einen Kunden am Kragen gepackt und aus der Bank geschmissen, als er einen Kollegen blöd angemacht hat."

Es ist auch schon passiert, dass eine Führungskraft aus der Leitungsebene der Organisation bei einem Workshop ein motivierendes Statement zu Beginn abgeben wollte, aber leider den falschen Text dabei hatte. Diesen hat er aber konsequent durchgezogen und ist danach gegangen. Die Teilnehmer haben mich dann mit großen Augen angeschaut. Aber es gibt immer wieder Dinge, die passieren, wo man zunächst perplex dasteht, im Nachhinein aber wunderbar drüber lachen kann.

Welche drei goldenen Tipps würden Sie Personen mitgeben, die sich für diesen Beruf entscheiden?

• Keine goldenen Regeln sklavisch zu beachten, sondern Reflexionsfähigkeit ausbilden, sich und seine eigene Situation beobachten und in kleinen Schritten Anpassungs- oder Abgrenzungsprozesse zu vollziehen, um den eigenen Weg zu finden.

• Sich nicht durch „Name-Dropping" und „Management-Buzz-Words" verunsichern lassen. Vieles kocht sehr schnell runter, wenn man einmal genauer nachfragt.

• Frühzeitig jede Gelegenheit nutzen, um Praxiserfahrungen zu sammeln und die erlernte Wissenschaft mit der erlebten Praxis zu kombinieren.

Kurzinterview 7: Thorsten Veith, Geschäftsführer, Manager, Berater und Trainer

Als was arbeiten Sie aktuell?

Ich bin Geschäftsführer eines Weiterbildungs- und Beratungsinstitutes im Bereich Organisations-, Personal- und Kulturentwicklung für Fach- und Führungskräfte. In dieser Rolle habe ich die Verantwortung für die Repräsentation und Kommunikation nach außen, für Prozesse und Entscheidungen im operativen Tagesgeschäft und zusammen mit anderen für strategische Fragestellungen und Weiterentwicklungen. Ich schreibe Artikel und Veröffentlichungen in Fachzeitschriften und Büchern zu unseren inhaltlichen und didaktischen Themen, die uns beschäftigen und die wir weiterentwickeln. Und ich führe Workshops für Kunden durch, arbeite als Berater und Dozent und bin Seminarleiter in unserer Beraterausbildung für Junior Professionals, biete Berufsorientierungsberatung für Schüler, Studenten und Nachwuchskräfte an und habe Lehraufträge an Universitäten und Hochschulen. Parallel dazu schreibe ich meine Dissertation zum Thema „Gesundheit und Führung in Organisationen". Insgesamt ist die Mischung für mich stimmig, das passt gut. Die unterschiedlichen Bühnen als Geschäftsführer und Manager, Berater und Trainer machen Spaß und sind im richtigen Verhältnis für mich.

Wie war Ihr Weg, was waren vielleicht wichtige Wendepunkte?

Ich habe zunächst drei Semester Jura studiert, das war eine „fixe Idee" schon in der Oberstufe. Ich habe dann aber schnell gemerkt, dass das doch nicht mein Weg war. Dann habe ich die fällige Entscheidung eine Weile mit mir rumgetragen. Ich habe dann gewechselt zu Pädagogik, Soziologie und Politikwissenschaft sowie einige Einzelscheine in Psychologie gemacht und habe als Magister abgeschlossen. An der Uni habe ich dann ein Seminar besucht, das der Gründer unseres Institutes damals geleitet hat. Er hat mich sehr beeindruckt, sodass ich ihn ansprach. Nach der Zwischenprüfung habe ich dann sechs Monate als Praktikant in diesem Bildungsinstitut gearbeitet. Direkt im Anschluss war ich ein Jahr im Ausland in einem internationalen Studienprogramm, habe in Paris gelebt, studiert und kurz gearbeitet. Das war eine Mischung aus Politikwissenschaft, BWL, VWL und Sozialwissenschaften. Zurück in Heidelberg habe ich mein Studium beendet und in der Zeit parallel am angesprochenen Institut gearbeitet. In dieser Zeit habe ich selbst an vielen Weiterbildungen und Seminaren teilgenommen und Vertreter verschiedenster Ansätze, Schulen und Richtungen von Beratung in Organisationen kennengelernt. Seit 2006 bin ich Geschäftsführer des Instituts.

Der Einstieg in die Lehrtätigkeit war dann quasi ein Parallelprozess. Durch unsere Nähe zu Universitäten und deren Interesse an den Perspektiven und Erfahrungen von Praktikern habe ich mich als Lehrbeauftragter in unserer Begleitung beim Aufbau eines Zusatzstudiums und mittlerweile neuen Studiengangsschwerpunkts im Bereich OE/PE eingebracht. In diesem Rahmen habe ich nun selbst den Lehrauftrag für die Veranstaltung, die ich damals als Student besucht habe und über die ich auf das Institut aufmerksam wurde. Viele Schritte und Wendepunkte waren rückblickend nicht strategisch geplant, die haben sich auf dem Weg so ergeben.

Was sind aus Ihrer Sicht die wichtigsten Zusatzqualifikationen oder Kompetenzen?

Man sollte frühzeitig Erfahrung in der Arbeit mit Gruppen sammeln. Ich hätte mir im Nachhinein noch mehr Möglichkeiten im Studium gewünscht, um das zu trainieren. Da fühlte selbst ich als Pädagoge mich nicht besonders gut vorbereitet. Hier gilt für mich: Nutzt jedes Referat, jede Möglichkeit, als würdet ihr bereits einen Auftrag draußen haben. Das hab ich mir damals sehr zu Herzen genommen, und das hat sich später vielfach gelohnt und ausgezahlt. Wenn man in diesen Job will, muss man sich früh auf den Prozess einlassen, eine Idee didaktisch in die Umsetzung zu bringen.

Man muss aber für diesen Job nicht unbedingt ein Hauptdarsteller-Typ auf der Bühne sein. Es gibt ja unterschiedlichste Settings, um in unserem Bereich als Professional zu arbeiten, von der Großveranstaltung bis hin zum Einzel-Coaching. Man muss für sich im Laufe der Zeit herausfinden, was für einen selbst Formate, Bühnen und Rollen sind, mit denen man gut in seiner Kraft ist, das ist das Wesentliche. Bei manchen Menschen bestehen aber eben verzerrte

Bilder über Berufe in diesem Feld. Zum Beispiel hatte eine Studentin in einem meiner Seminare die Vorstellung, dass der interne Personal- und Organisationsentwickler ständig vor Menschen steht und mit Menschen arbeitet. Sie selbst hatte aber Schwierigkeiten damit, vor Gruppen zu stehen. Damit erschien ihr auch dieser Bereich vollständig ungeeignet. Es war eine unglaubliche Erleichterung für sie zu erfahren, dass diese Rolle durchaus unterschiedlich ausgestaltet ist, je nach Unternehmen und auch eigenen Stärken. Sicher gehören dazu auch das Arbeiten mit Gruppen und das Reden vor Menschen. Es ist gerade als Berufseinsteiger essenziell und spannend, sich mit diesen Passungsfragen auf ganz unterschiedlichen Ebenen selbst auseinanderzusetzen, sich und die eigenen Vorstellungen zu hinterfragen und abzugleichen mit dem, was in Unternehmen passiert und gebraucht wird. Darauf legen wir auch bei Karriere-, Berufsorientierungsberatungen und Standortbestimmungen Wert, neben: Was treibt mich an, wofür brenne ich, was macht mich aus, wozu kann man mich brauchen?

Eine weitere wichtige persönliche Kompetenz ist ein Gespür für den Anderen, das Gegenüber als Menschen, Empathie also im weitesten Sinne. Man könnte es zuspitzen auf die gesunde Kombination aus eben dieser Sensibilität einerseits und einer Robustheit andererseits. So lässt man sich auch in kritischen und schwierigen Situationen, die es ja in unserem Beruf ebenso gibt, nicht so leicht aus der Ruhe bringen.

Was ist für Sie im Job erfüllend? Was ist anstrengend?

Erfüllend ist mit Sicherheit, dass Menschen zusammen lernen können und man Lernprozesse ermöglicht und unterstützt. Das ist dieses erfüllende Gefühl, wenn man nach zwei Tagen mit seinen Teilnehmern in der Runde sitzt und hört, dass sie Fachliches und in vielen Fällen auch Persönliches für sich mitnehmen. Das ist wirklich der erquickende Moment der Tätigkeit. Die Kehrseite dabei ist, dass der Beruf auch anstrengend werden kann, wenn der Lernbogen nicht gelingt oder nicht wie gedacht gelingt. Das liegt aus meiner Sicht daran, dass man sich als Person und Persönlichkeit immer zeigt und sich öffnet. Damit wird man angreifbar und darauf muss man sich einstellen. Da muss man lernen, dass man solche Situationen nicht sofort mit der eigenen Professionalität verknüpft und diese in Frage stellt. Da sind wir dann wieder beim Thema Robustheit.

Gab es prägende, witzige, skurrile Erfahrungen?

Eine einprägsame, wenn auch banale Einsicht ist, dass ein Seminardesign mit zwei unterschiedlichen Teilnehmergruppen sehr unterschiedlich verlaufen kann. Keine Gruppe ist wie die andere. Keine Beratung ist wie die andere. Dies ist immer wieder faszinierend und hat mir klar gemacht, dass dieser Job einfach nie gleich ist. Das ist schön und herausfordernd zugleich. Es wird jedenfalls nie langweilig.

Welche drei goldenen Tipps würden Sie Personen mitgeben, die sich für diesen Beruf entscheiden?

• Nutze jede Gelegenheit, mit Gruppen Erfahrungen zu sammeln.

• Suche dir Leute, mit denen du Dinge gemeinsam entwickeln kannst und mit denen du Neues ausprobieren kannst. Suche dir kollegiale Partner und Mentoren.

• Finde eine Balance zwischen Mut zu und Respekt vor dem, was du tust.

Kurzinterview 8: Katharina Gürtler, Beraterin Talent & Organizational Performance

Als was arbeiten Sie jetzt?

Ich arbeite bei der Unternehmensberatung Accenture. Hier gibt es die drei Bereiche Managementberatung, IT-Beratung und Outsourcing. Innerhalb der Managementberatung gibt es wiederum verschiedene Unterbereiche, wie Customer Relationship Management, Supply Chain Management etc. Ich gehöre zum Bereich Talent & Organizational Performance. Dieser Bereich entwickelt Personal- und Talent-Management-Strategien, mit denen Unternehmen die operative Leistungsfähigkeit ergebniswirksam verbessern können. Hierzu gehören auch Aufgaben rund um das Thema Training und Coaching. Unser Bereich ist bei vielen Projekten involviert, denn bei fast allen Veränderungsprojekten müssen die Kundenmitarbeiter für neue Prozesse oder IT-Systeme geschult werden.

Wenn wir ein Trainingsprojekt starten, müssen wir zunächst den Trainingsbedarf analysieren. Manche Kunden bringen z. B. schon Vorkenntnisse in SAP mit, bei anderen Kunden müssen wir bei null anfangen, also mit Fragen wie z. B.: Wie logge ich mich in das System ein? Wie lege ich Favoriten an? Da wir häufig weltweite Veränderungen begleiten, muss die Bedarfsanalyse dann zum Teil für jedes Land und jeden Unternehmensbereich getrennt gemacht werden.

Im nächsten Schritt müssen wir ein Trainingskonzept für den Kunden erstellen. Hier geht es um Fragen wie z. B.: Welche Themen können wir als webbasierte Trainings vermitteln? Welche Themen sollten besser im Klassenraum geschult werden? Für welche Themen benötigen wir zusätzlich Job-Aids oder Handbücher? Außerdem überlegen wir uns auch immer ein Konzept für den sogenannten „on the job support", damit die Endanwender auch nach den Schulungen am Arbeitsplatz Unterstützung erhalten können. Dies kann durch die Benennung von Key Usern erfolgen, durch das Einrichten einer Hotline, das regelmäßige Versenden von Newslettern mit den neuesten Informationen etc.

Wenn das Trainingskonzept steht, werden die gesamten Trainingsmaterialien in Zusammenarbeit mit dem Kunden entwickelt. Ich habe z. B. gerade Trainings für den strategischen Einkauf erstellt. Nichts Psychologisches, aber ein spannendes Thema.

Je nach Projekt trainieren wir die Endanwender im Anschluss selbst oder verwenden einen „Train the Trainer"-Ansatz. Dann erhalten diese Trainer fachliche Schulungen, damit sie das Wissen an die Endanwender weitergeben können, sowie eine didaktische Schulung. Das ist der psychologischste Teil meiner Arbeit. Hier geht es um Themen wie: Umgang mit Widerständen, wie gebe ich effektiv Feedback? Was macht einen guten Präsentator aus? Wie gehe ich mit Nervosität um? Ich bin immer wieder erstaunt, aber da sind gestandene Männer in meinem Training, die Angst davor haben, andere Leute zu schulen. Oder sie wissen nicht, wie sie damit umgehen, wenn eine Person dauerhaft redet und das Training stört. Ein Trainer hat z. B. berichtet, dass er in seinem vorherigen Training mit seinem Schlüssel auf den Teilnehmer geworfen hat. Das ist zwar effektiv, denn der Teilnehmer ist erst einmal so perplex, dass er den Mund hält. Aber konstruktiv ist so ein Verhalten nicht.

Die Trainingsevaluation gehört auch zu jedem Projekt mit dazu – vorausgesetzt der Kunde ist auch bereit, dies zu zahlen. Denn Feedback ist wichtig für uns, damit wir die Trainings weiter verbessern können und auch wir für zukünftige Projekte dazulernen können.

Meine systemische Ausbildung hilft mir beim „Ankoppeln" an den Kunden und ganz besonders auch bei der Auftragsklärung. Ich stelle ganz andere Fragen, als ich es ohne diese Zusatzausbildung gemacht hätte. Und auch mein Psychologiestudium fließt immer wieder in meine Arbeit ein. Beispielsweise sind lernpsychologische Ansätze wichtig, wenn man überlegt, wie ein Training aufgebaut werden kann. So weiß manch einer z. B. nicht, dass ein zweitägiges webbasiertes Training ohne Pausen nicht funktionieren kann … da hört keiner mehr zu.

Wie sieht der Alltag aus?

Montags ist Anreise zum Kunden, am Donnerstag geht es in der Regel wieder nach Hause. Am Freitag können wir vom Accenture Office oder auch von zu Hause aus arbeiten.

Die Tage beim Kunden sind ein Mischmasch aus Kundenterminen und Accenture-internen Besprechungen, sie verlaufen, abhängig von den Aufgaben, je nach Projekt und Projektphase unterschiedlich. Nebenher kann man auch andere spannende Aufgaben übernehmen, z. B. in einem Campus-Team mitarbeiten und in diesem Rahmen Veranstaltungen (z. B. Case-Studies, Präsentationsworkshops) an Universitäten durchführen oder auch Messen besuchen. Oder man gibt Trainings für die eigenen Mitarbeiter (z. B. für die Neumitglieder), engagiert sich als Mentor für neue Kollegen oder hilft bei sozialen Projekten mit.

Die Arbeitszeiten hängen vom Kunden ab. Bei meinem aktuellen Kunden dürfen wir keine Überstunden machen. Ich bin dann zwischen acht und halb neun da und bleibe meistens bis halb sieben oder sieben. Am Freitag können wir unsere Überstunden „ausleveln" und weniger arbeiten. Mein Eindruck ist aber, dass die Stundenanzahl bei Banken und Versicherungen höher ist. Der Vorteil bei Accenture ist jedoch, dass wir die Überstunden aufschreiben können und sollen, diese kann man dann abfeiern oder sich auszahlen lassen.

Was sind die wichtigsten Zusatzqualifikationen?

Für mich ist es die systemische Beraterausbildung in Wiesloch – die würde ich jedem empfehlen. Ich hab sie schon als Studentin gemacht und es hat mir meinen Berufseinstieg erleichtert. Ich konnte mich schon anfangs im Bewerbungsgespräch ganz anders verkaufen und ich fühlte mich durch den „Methodenkoffer", den wir mitbekommen haben, gut gerüstet.

Dazu habe ich eine Mediatorenausbildung gemacht. Die ist ein Nice-to-have, aber kein Muss. Ich habe dadurch eine „Sonderstellung". Wenn es intern knatscht, darf ich auch mal Konflikte moderieren. Außerdem sind gute Englischkenntnisse und gute Präsentationskompetenzen ein Muss.

Was ist erfüllend im Beruf? Was ist anstrengend?

Spannend finde ich die Arbeit mit immer neuen Kunden und anderen Kollegen sowie das Kennenlernen verschiedener Firmenkulturen. Auch dass wir bei jedem Projekt wieder ins kalte Wasser geworfen werden und verschiedene Themen kennenlernen, ist für mich sehr interessant und erfrischend.

Als aufregend, aber bisweilen auch anstrengend empfinde ich die Reiserei. Denn Reisen kann auch bedeuten, montags um 5:00 Uhr in der Früh aufzustehen, um nicht allzu spät beim Kunden anzukommen, und die Woche im Hotel oder alternativ in einer Projektwohnung zu verbringen.

Welche drei goldenen Tipps würden Sie Personen mitgeben, die sich für diesen Beruf entscheiden?

Man sollte sich überlegen, ob man bereit ist, so häufig von zu Hause, den Freunden und der Familie, fort zu sein.

Bei Accenture kommt dazu die Frage: Bringt man eine gewisse IT-Affinität mit? Denn viele Projekte haben einen starken IT-Fokus.

Kurzum: Ich kann die Arbeit bei Accenture nur wärmstens empfehlen. Ein dritter Tipp fällt mir daher gerade gar nicht ein ...

5.3 Onlinebefragung zum Berufsbild von HR-Beratern

Was verdient man als selbstständiger Trainer und Coach? Arbeitet man als HR-Berater mehr, wenn man sich in einem Anstellungsverhältnis befindet, oder arbeitet der Selbstständige mehr? Wie viel kann man pro Coaching-Stunde oder pro Trainingstag abrechnen? Was fällt Freiberuflern schwer, was verschafft Zufriedenheit?

Die HR-Beratung und angrenzende Bereiche sind mit einigen zehntausend Berufstätigen nach wie vor relativ kleine Berufsfelder. Dies macht es schwierig, an gesicherte und aussagekräftige Informationen zu den Umfeldbedingungen der Tätigkeit zu kommen – von repräsentativen Aussagen ganz zu schweigen. Insbesondere die Frage nach Tagessätzen oder dem Einkommen ist eine, die normalerweise nur hinter verschlossenen Türen oder im engsten Freundes- und Kollegenkreis gestellt und diskutiert wird.

Wir denken, dass gerade diese Fragen bezüglich einer möglichen Berufs- oder Karriereentscheidung durchaus wichtig sein können.

Beispiel: Motivlage von Berufsanfängern

Fragt man Teilnehmer von Coaching- und Trainingsausbildungen, warum sie sich als HR-Berater selbstständig machen wollen, wirken manche Antworten mitunter tatsächlich etwas blauäugig:

„Als Mutter möchte ich nicht so viel arbeiten und in Teilzeit geht es als Coach einfach besser, gerade jetzt wenn ich damit anfange."

„Vier Tage im Monat arbeiten für 2.000 Euro Tagessatz, den Rest der Zeit relaxen. Das ist doch ein Traum!"

Onlinebefragung zu den Arbeitsbedingungen als HR-Berater

Der Frage nach den Arbeitsbedingungen in den beschriebenen Bereichen wollten wir näher auf den Grund gehen. Mithilfe einer Onlinebefragung wollten wir besser verstehen, was erfahrene Coachs, Trainer und HR-Berater umtreibt – wohl wissend, dass es auch mit dieser Umfrageform nicht gelingen würde, ein repräsentatives Berufsbild zu zeichnen. Wir kontaktierten HR-Berater, Trainer und Coachs aus dem ISB-Netzwerk, einem Zusammenschluss von ehemaligen Teilnehmern einer Ausbildung am Institut für systemische

Beratung in Wiesloch. Das Netzwerk umfasst in der Zwischenzeit mehr als 2.000 (mehr oder weniger aktive) Teilnehmer und dient als Austausch- und Unterstützungsplattform für alle Anliegen in den Bereichen Training, Coaching, Supervision, Personalentwicklung und für angrenzende Bereiche wie die Psychotherapie und Schulpsychologie.

Wir stellten unsere Anfrage im Herbst 2010 ins Netz: Zum einen suchten wir nach interessanten Persönlichkeiten, die bereit waren, mit uns Interviews zu ihrem Berufsalltag als HR-Berater, Trainer oder Coach durchzuführen. 25 Personen erklärten ihre Bereitschaft, Gespräche mit uns zu führen; davon sind acht Kurzinterviews in Kapitel 5.2 abgedruckt.

Fünfzehn Fragen zur Tätigkeit im HR-Bereich

Gleichzeitig enthielt unsere Anfrage eine Bitte zur Teilnahme an einem kurzen Onlinesurvey zur Tätigkeit im HR-Bereich. Wir baten die Netzwerkmitglieder darum, diesen Fragebogen nicht nur selber auszufüllen, sondern ihn auch an Bekannte und Kollegen weiterzuleiten. Insgesamt kam so eine Befragung mit 67 Teilnehmern zustande. Auch diese Befragung ist nicht repräsentativ und insbesondere im Vergleich zum Populationsdurchschnitt mit einem stark systemtheoretischen „Spin". Die Ergebnisse sind qualitativ interessant und aussagekräftig.

Die Onlinebefragung enthielt die folgenden fünfzehn Fragen:
- In welchen personalnahen Bereichen arbeiten Sie?
- In welcher Form sind Sie beruflich tätig?
- Was ist bei Coachings, Trainings, Moderation, OE-Projekten Ihre Zielgruppe?
- Wie viele Stunden arbeiten Sie im Durchschnitt pro Woche?
- Wie viele Coaching-Sessions haben Sie durchschnittlich pro Monat?
- Wie viel verlangen Sie als Coach im Durchschnitt pro Stunde?
- Wie viel verlangen Sie als Trainer im Durchschnitt pro Tag?
- Wie viel Freude bereitet Ihnen Ihre Tätigkeit?
- Durchschnitt Freude an Tätigkeit in Abhängigkeit vom Tagessatz
- Wie viele Tage sind Sie durchschnittlich beim Kunden bzw. von zu Hause weg?

- Was sind für Sie als Coach die drei wichtigsten Thematiken?
- Was sind für Sie als Trainer die drei wichtigsten Thematiken?
- Was sind Ihre wichtigsten Vertriebs- und Akquisekanäle?
- Was ist Ihre Besonderheit am Markt?
- Was waren Ihre wichtigsten Ausbildungsschritte, wo haben Sie am meisten gelernt?

Auf den folgenden Seiten finden Sie die Ergebnisse dieser Befragung im Einzelnen.

In welchen personalnahen Bereichen arbeiten Sie?

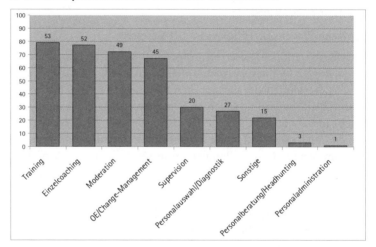

Viele Befragte geben an, in den Bereichen Training, Einzel-Coaching, Moderation oder Change-Management zu arbeiten. Personalberatung und -administration wurden selten genannt.

In welcher Form sind Sie beruflich tätig?

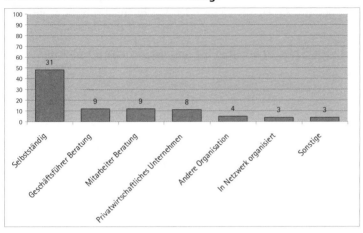

Beinahe die Hälfte der Befragten gibt an, selbstständig tätig zu sein. Am zweithäufigsten geben die Befragten an, in einem Unternehmen tätig zu sein.

Was ist bei Coachings, Trainings, Moderation, OE-Projekten Ihre Zielgruppe?

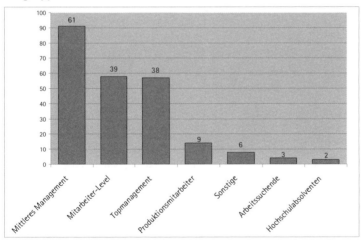

Über alle Teilnehmer hinweg berät, trainiert coacht die Mehrheit der Befragten auf dem mittleren Management-Level, gefolgt vom Mitarbeiter- bzw. Topmanagement-Level. Nur selten geben die Teilnehmer an, für Arbeitssuchende oder Hochschulabsolventen tätig zu sein.

Wie viele Stunden arbeiten Sie im Durchschnitt pro Woche?

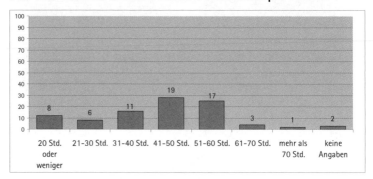

Die Mehrheit der Befragten (60 %) arbeitet im Durchschnitt mehr als 40 Stunden pro Woche. Allerdings geben nur vier von 67 Teilnehmern an, dass sie mehr als 60 Stunden pro Woche arbeiten.

Wie viele Coaching-Sessions haben Sie durchschnittlich pro Monat?

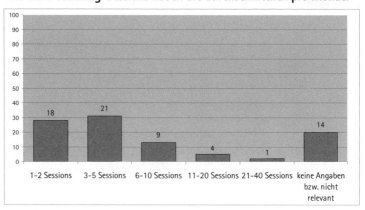

Die Mehrheit der Befragten (58 %) führt eine bis fünf Coaching-Sessions pro Monat durch.

Wie viel verlangen Sie als Coach im Durchschnitt pro Stunde?

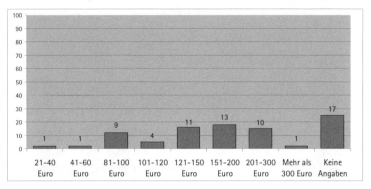

Die Hälfte der Befragten (51 %) rechnet für Coachings umgerechnet zwischen 121 und 300 Euro pro Stunde ab.

Wie viel verlangen Sie als Trainer im Durchschnitt pro Tag?

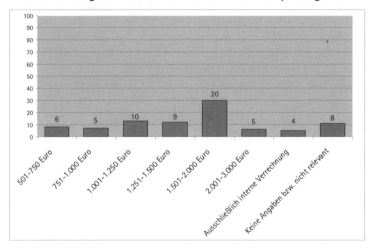

Ein Großteil der Befragten (ca. 58 %) rechnet zwischen 1.000 und 2.000 Euro pro Trainingstag ab. Mehr als 2.000 Euro Tagessatz verlangen nur fünf von 67 Befragten. Die Kalkulation umfasst Vorbereitungsleistungen wie die Konzeption.

Wie viel Freude bereitet Ihnen Ihre Tätigkeit?

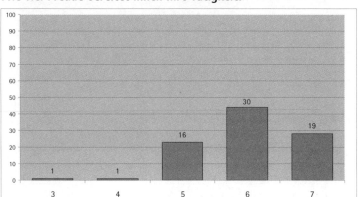

Skala: 1 = überhaupt keine, 7 = größtmögliche

Keiner der Befragten gab an, dass der Job überhaupt keine bzw. keine Freude bereite (entspricht dem Wert 1 oder 2 auf einer 7-stufigen Skala). Im Durchschnitt bewerten die Teilnehmer die Freude, die ihnen ihre Tätigkeit bereitet, mit ca. 6. Knapp die Hälfte der Teilnehmer bewerteten ihre Freude an der Tätigkeit mit dem Wert 6 oder 7, sind also zufrieden oder sehr zufrieden.

Knapp die Hälfte der Befragten gibt an, dass die größte Zufriedenheit in ihrem Beruf dadurch entsteht, dass sie Veränderungen anstoßen und begleiten dürfen. Beispielhafte Aussagen:

- „Größte Zufriedenheit: wenn man merkt es macht „klick" beim Teilnehmer, bzw. erkennbare Verbesserung im Training, positives Feedback, Vertrauen, dass einem entgegengebracht wird."
- „Die Freiheit bringt mir die größte Zufriedenheit."
- „Erfolg, Anerkennung, Herausforderungen, Grenzen erfahren … ganz wichtig! Der Neid der Mitbewerber ist die schönste Anerkennung."
- „Nachhaltig wirksam sein ist die Quelle für Zufriedenheit. Immer die wertschätzende Distanz zu halten."
- „Wenn ich sehe, dass bei Kunden „etwas passiert", wenn ich merke, dass Coaching Entwicklungen in Gang setzt, wenn ich nach Jahren nochmals angerufen werde."

Durchschnitt Freude an Tätigkeit in Abhängigkeit vom Tagessatz

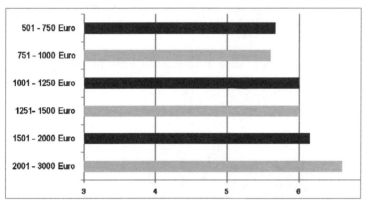

Die Freude an der Tätigkeit scheint weitestgehend unabhängig vom Tagessatz zu sein. Es ist nur eine ganz leichte Tendenz zu erkennen: Je höher der Tagessatz liegt, desto größer auch die Freude an der Tätigkeit. Der Vergleich der beiden Gruppen „bis 1.500 Euro" und „ab 1.500 Euro" ergab jedoch keine signifikanten Unterschiede in Bezug auf die Freude an der Tätigkeit. Auf Kausalitäten, also die Aussage, ob eine hohe Bezahlung für viel Zufriedenheit sorgt oder ob viel Zufriedenheit (und damit vielleicht auch mehr Einsatz für die eigenen Kunden) für eine bessere Bezahlung sorgt, lassen die Befragungswerte jedoch keinen Schluss zu!

Wie viele Tage sind Sie durchschnittlich beim Kunden bzw. von zu Hause weg?

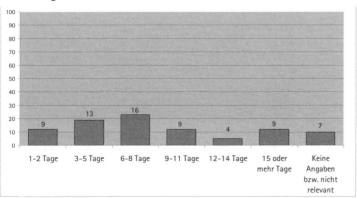

357

Die meisten Befragten (56 %) gaben an, dass sie pro Monat ein bis acht Tage unterwegs sind. Der Anteil derjenigen, die fünfzehn Tage oder mehr mit Reisen verbringen bzw. vor Ort beim Kunden sind, liegt bei 13 %.

Was sind für Sie als Coach die drei wichtigsten Thematiken?

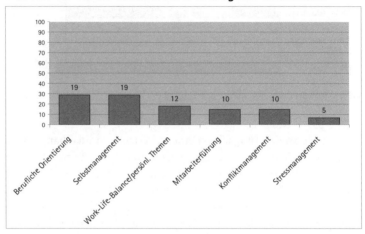

Aus den Freitextantworten zu den zentralen Coaching-Themen konnten verschiedene Cluster gebildet werden. Dabei wurden am häufigsten Themen genannt, die zu den Clustern „Berufliche Orientierung" und „Selbstmanagement" passen, gefolgt von persönlichen Themen.

Was sind für Sie als Trainer die drei wichtigsten Thematiken?

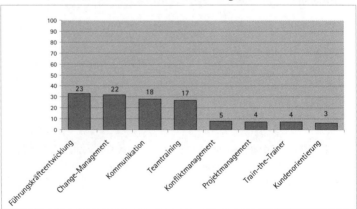

Auch bei der Frage nach zentralen Trainingsthemen konnten aus den Freitextantworten verschiedene Cluster gebildet werden. Dabei wurden am häufigsten Themen genannt, die in die Cluster „Führungskräfteentwicklung", „Change-Management", „Kommunikation" und „Teamtraining" eingeordnet werden können.

Was sind Ihre wichtigsten Vertriebs- und Akquisekanäle?

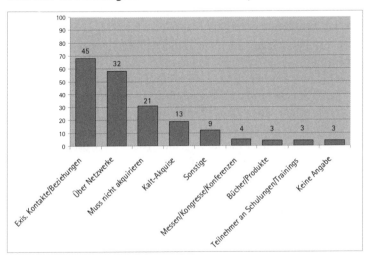

Die am häufigsten genannten Akquisekanäle sind langjährige Beziehungen bzw. existierende Kontakte und Netzwerke. Auffällig ist, dass nur wenige Kunden über Seminare und Trainings akquiriert werden.

20 % der Befragten geben in einer Freitextfrage an, dass sie die Akquise von Kunden am schwierigsten finden. Im Folgenden finden Sie einige Zitate zu erlebten Schwierigkeiten:

- „Chaotischer Markt, Neukunden gewinnen wird immer schwieriger."
- „Kunden, die nicht offen für sich selbst und das Leben sind, die allein auf ihre Arbeit fixiert sind."
- „Schwierig ist es, oft widersprüchliche Interessen zusammenzuführen, die verschiedenen Veränderungsgeschwindigkeiten bzw. Vorstellungen darüber zu integrieren und mit eigenen Zielen in Einklang zu bringen."

- „Zähe Entscheidungsprozesse in der Akquise, Dissonanz zwischen Anforderungen in der Akquise und Anforderungen in der Umsetzung des Auftrags."
- „Unternehmenspolitik und interne Machtspiele"
- „Interventionen/Maßnahmen durchzuführen, von denen klar ist, dass sie so zu kurz oder mit den falschen Schwerpunkten versehen sind."

Was ist Ihre Besonderheit am Markt?

Auch auf diese Frage finden Sie im Folgenden Auszüge aus Freitextantworten:

- „Organisationsberatung, Kommunikationsberatung, Zusammenarbeitsberatung und persönliche Entwicklung miteinander verzahnt aus einer Hand. Kundennähe, klare Kante zeigen, wir verändern wirklich."
- „… habe mir über die Jahre „einen Namen erworben", bin gut vernetzt und habe ein reichhaltiges Literaturverzeichnis."
- „Systemisch-konstruktivistische lösungsorientierte Arbeitsweise, internationaler Erfahrungshintergrund".
- „Kombination von technischem Basiswissen, betriebswirtschaftlichem Wissen, OE-Kompetenz und Feldkompetenz sowohl im Profit- als auch Non-Profit-Bereich".

Was waren Ihre wichtigsten Ausbildungsschritte, wo haben Sie am meisten gelernt?

Die folgenden Aussagen demonstrieren, dass es nicht den „einen besten Weg gibt". Aufgrund der Teilnehmergruppe der Studie findet sich die systemische Ausbildung natürlich besonders häufig.

- „Ausbildung bei Gunther Schmidt, Ausbildung in klientenzentrierter Fortbildung, Ausbildung im systemischen Management nach Malik."
- „Ausbildung zum systemischen Berater am ISBW."
- „NLP Master und Trainer, Curriculum für hypnosystemische Orga-, Team- und Persönlichkeitsentwicklung, Coach für energetische Psychologie, Matrix-Inform Level 1-3".

- „Ich habe mir in den ersten Berufsjahren von zwei erfahrenen Kollegen vieles abgeschaut; Trainerausbildung in Hamburg, 1. Beraterausbildung WA Universität Hannover, Seminare bei Cornelia Edding und Klaus Doppler und die Ausbildung am ISB Wiesloch".

5.4 Arbeit als selbstständiger HR-Berater

Liest man die oben beschriebene Studie, drängt sich die folgende Rechnung nahezu auf: Gelingt es, als selbstständiger Berater beim Kunden einen durchschnittlichen Tagessatz von 1.500 Euro durchzusetzen, z. B. für Workshop-Moderationen, Trainings oder Coachings, könnte man schon mit 70 Kundentagen pro Jahr ein sechsstelliges Bruttogehalt realisieren – und das ohne Chef, dem man Rechenschaft ablegen muss, und mit 295 freien Tagen im Jahr. Das klingt doch paradiesisch, oder?

So verlockend die Rechnung auch ist, natürlich hat sie einen bzw. sogar mehrere Haken.

- Tage zur Konzeption, Auftragsklärung, Vor- und Nachbereitung sind bei vielen selbstständigen Beratern in diesem Tagessatz mit eingepreist. Bei Weitem nicht alle Kunden sind bereit, für diese Tage zusätzlich Geld zu investieren.
- Trainings, Workshops und Coachings sind nicht nur geistig und emotional, sondern auch körperlich anstrengend und verlangen vom HR-Berater Höchstleistungen. So gelingt es nur ganz wenigen Beratern, längerfristig und nachhaltig mehrere Trainings oder andere Interventionen für mehrere Kunden in einer Woche durchzuführen.
- Die Akquise von neuen Aufträgen und die Pflege von Kundenkontakten nimmt viel Zeit in Anspruch. Dazu kommen Kosten für das Back Office und die Administration, Reise- und Kommunikationskosten sowie die Vorbereitung von Materialien, der Einkauf von Testverfahren und Ähnlichem.

Insbesondere die regelmäßige Auftragslage bildet eine Variable, mit der in einer Kalkulation nicht gerechnet werden kann. Komplexe Beratungsleistungen sind schon daher nicht mit dem – überspitzt dargstellt – Verkauf von Backwaren in einem Geschäft in einer Fußgängerzone vergleichbar. Hätten Anwaltskanzleien, Werbeagenturen oder Unternehmensberatungen einen vergleichbaren konstanten Kundenstrom, könnten auch sie mit niedrigeren Tagessätzen kalkulieren. Eine Auslastung von weniger als 100 % muss stattdessen durch höhere Preise ausgeglichen werden.

Der Aspekt der Selbstvermarktung soll daher in diesem abschließenden Kapitel genauer beleuchtet werden. Dieser ist nicht nur für angehende Selbstständige von Interesse. Auch wenn Sie in Beratungsunternehmen tätig sind, wird die Selbstvermarktung mit zunehmender Zeit im Job immer wichtiger. Zum einen erwarten viele Firmen von ihren Beratern Akquisestärke. Zum anderen ist die Selbstvermarktung auch innerhalb des eigenen Unternehmens nicht unbedeutend. Berater, Trainer und Coachs sollten ihre Fähigkeiten auch intern bewerben – zum Beispiel um von Geschäftsführern, Projektleitern oder Partnern bei neuen Projekten eingesetzt zu werden.

Bei vielen Lesern löst das Stichwort „Vermarktung" Assoziationen zur berühmt-berüchtigten Kaltakquise aus. Sie denken vielleicht an die Gelben Seiten und Adressenlisten von Unternehmen, die man dabei „durchtelefoniert" – am Besten aus einem Callcenter mit genau vorgegebenen Textbausteinen und Standardgrußformeln: „Guten Tag, mein Name ist Falk Führmann. Ich bin Trainer. Hätten Sie oder Ihr Unternehmen Interesse an einer Führungskräfteentwicklung?" Auch wenn unsere Studie zeigt, dass die Kaltakquise durchaus genutzt wird; besonders effizient ist diese Akquiseform in den allermeisten Fällen nicht. Gerade bei erklärungsbedürftigen „Produkten" wie Beratungsleistungen ist man hier schnell auf verlorenem Posten.

Aktivierung von Netzwerken

Unsere Umfrage hat gezeigt, dass die meisten erfolgreichen Berater, Trainer und Coachs über ein gutes Kontaktnetz verfügen. Wir haben die Erfahrung gemacht, dass viele Einsteiger in die Selbstständigkeit ihr eigenes Netzwerk unterschätzen.

Kienbaum Expertentipp: Netzwerke analysieren und aktivieren

Schritt 1: Organisieren Sie sich eine große Metaplanwand oder eine andere Form, verschiedene Zusammenhänge zu visualisieren. Listen Sie nun alle Personen auf, die Sie kennen und mit denen Sie schon einmal gearbeitet oder in anderer Form interagiert haben, z. B. aus:

- Ausbildung oder Studium
- Praktika
- Gastvorträgen
- Schule
- Zusatzseminaren
- Nachbarschaft
- Freundeskreis des Bekanntenkreises
- früheren Jobs oder Vereinen

Schritt 2: Versuchen Sie nun zunächst herauszubekommen, wer Ihre Unterstützung brauchen könnte. (Zuvor sollten Sie natürlich genau wissen, welche Form von Unterstützung Sie eigentlich anbieten möchten!) Dafür ist es ausgesprochen wichtig, die genauen Aufgaben, Tätigkeiten und die Funktion dieser Personen zu kennen. Es spricht absolut nichts dagegen, sich mit diesen Personen über ihre Tätigkeiten auch zu unterhalten. Die meisten Menschen sprechen sehr gerne über ihre Arbeit und freuen sich, wenn jemand ihnen dabei zuhört. Wir raten nur dringend davon ab, in einem Informationsgespräch plötzlich auf Akquise zu gehen – darauf reagieren die meisten Menschen zu Recht allergisch. Es spricht aber nichts dagegen, in einem späteren Gespräch das Thema „mögliche Formen der Zusammenarbeit" konkret anzusprechen!

Für das Zusammentragen von Informationen bietet auch das Internet heute zahlreiche Möglichkeiten. Sicher verfügen Sie über einen Account bei Xing, Facebook, Linked-In oder sonstigen Plattformen, die Ihnen Informationen liefern können, was Ihre Bekannten genau machen.

Weiterhin sollte in diesem Schritt kritisch reflektiert werden, welcher der Bekannten aus Ihrem Umfeld einen positiven Eindruck von Ihnen hat. Optimale Kontaktpartner sind natürlich Menschen, für die oder mit denen Sie schon einmal gearbeitet haben und die Ihnen positives Feedback gegeben haben.

Schritt 3: Aufgrund der Fragestellung nach der Position des Kontaktpartners und dem persönlichen Verhältnis werden Sie mit Sicherheit viele Personen aus der Netzwerkanalyse aussortieren können. Bevor Sie dies tun, sollten Sie sich aber noch eine Frage stellen: Kennt die Person möglicherweise andere wichtige Entscheider und könnte sie mich mit ihnen bekannt machen oder mich empfehlen? „Gute Leute kennen gute Leute", hört man manchmal in Unternehmen. In der Tat verlassen sich bei der Auswahl von Beratern viele Menschen eher auf Empfehlungen von Kollegen als auf die eigene Suche. Insofern lohnt es sich, vor dem Aussortieren noch einmal zu reflektieren, ob die entsprechende Person selber über ein gutes Netzwerk verfügt und Sie in dieses Netzwerk empfehlen würde.

Schritt 4: Am Ende des Prozesses werden Sie wahrscheinlich eine Liste von etwa fünf bis zehn relevanten Kontaktpartnern in den Händen halten. Mit diesen können Sie nun ins Gespräch gehen. Seien Sie dabei offen und transparent und vermeiden Sie die Akquise „von hinten durch die Brust ins Auge".

Ein Punkt liegt uns in diesem Zusammenhang besonders am Herzen. Wir raten davon ab, wie bei einer Drückerkolonne bei den engsten Freunden und der Familie zu beginnen. Das kann schnell in die Hose gehen. Manche Berater bevorzugen sogar die komplette Trennung von Berufs- und Privatleben und sprechen in diesem Zusammenhang überhaupt keine Freunde an. Zumindest ist aber ein sehr bewusster Umgang mit dem Thema, für den sich beide Seiten bewusst entschieden haben, wichtig.

Neben der Aktivierung von Netzwerken gibt es zahlreiche andere Wege, Kunden zu finden. Viele Berater arbeiten nebenbei in Ausbildungsinstituten bei offenen Seminaren als Trainer. Häufig ergeben sich so aus der längerfristigen Interaktion Anknüpfungspunkte für Projekte. Der Teilnehmer erlebt den Trainer über einen längeren Zeitraum und kann auf dieser Basis besser entscheiden, ob er mit ihm weiter zusammenarbeiten möchte. Auch hier besagt jedoch die Erfahrung: Der Trainer tut sich keinen Gefallen damit, das offene Seminar als Akquiseveranstaltung zu missbrauchen. Häufig entstehen Geschäftsbeziehungen erst viel später. Ein ehemaliger Teilnehmer ist zum Beispiel Jahre später mit einer herausfordernden Situation konfrontiert und erinnert sich an den Trainer. Voraussetzung ist natürlich, dass in der Zwischenzeit weiterhin Kontakt bestand.

Steigerung der eigenen Bekanntheit

Ein weiterer Weg der Selbstvermarktung ist die Steigerung der eigenen Bekanntheit. Beispielhafte Kanäle sind die Publikation von Artikeln in Fachzeitschriften oder Büchern, die Suchbegriff-Optimierung über Google und andere Suchmaschinen oder die

Präsentation angebotener Produkte (besser: Lösungen) auf Kongressen und Konferenzen. In extremen Fällen veranstalten HR-Berater nach der Publikation von Büchern regelrechte „Roadshows" mit Buchvorträgen in Kongresshallen, Hotels und auf anderen Veranstaltungen. Dies ist mit Sicherheit nicht der einfachste Einstieg in die Selbstständigkeit.

Ausweitung der bestehenden Kundenkontakte

Dem wichtigsten Weg der Selbstvermarktung wird dabei häufig viel zu wenig Augenmerk geschenkt: Der Ausweitung der Kontakte zu bestehenden Kunden. Viele Berater, die den Weg in die Selbstständigkeit wählen, betreuen zunächst weiter ihr eigenes, früheres Unternehmen. Sicherlich kein schlechtes Konzept, gefährlich wird es jedoch, wenn der Berater ausschließlich von diesem einen Kunden abhängt. Auch die Gefahr der Betriebsblindheit besteht natürlich, wenn man weiter für die frühere Organisation arbeitet.

> **Kienbaum Expertentipp: Kundenbeziehungen ausweiten**
>
> Sollten Sie als Berater bereits für einen Kunden arbeiten, lohnt es sich auf jeden Fall, alles daran zu setzen, auch nach Abschluss eines laufenden Projektes weiter für ihn arbeiten zu können. Achten Sie auf weitere Bedarfe. Bieten Sie aktiv Ihre Unterstützung an – natürlich, wie immer, ohne dabei aufdringlich zu werden. Die Aussage: „Ich habe nach den vielen Trainings den Eindruck gewonnen, die Prozesse im Personalbereich sollten auch einmal analysiert und neu ausgerichtet werden. Hätten Sie Interesse, dass wir Ihnen hierzu ein Angebot erstellen?" kann der Kunde immer noch dankend ablehnen!

Sorgen Sie für eine gute, tragfähige Beziehung für die Zusammenarbeit. Normalerweise wird auch Ihr Kunde glücklich sein, Sie als verlässlichen Partner weiterhin beauftragen zu können, anstatt sich wieder auf die schwierige Suche nach einem geeigneten Partner zu machen.

Extra: Elevator-Pitch – So überzeugen Sie Ihr Gegenüber in 30 Sekunden

Beispiel: Im entscheidenden Augenblick richtig reagieren

Sie sitzen beim Abendessen eines Personalkongresses und neben Ihnen sitzt der Leiter der Personalentwicklung eines größeren Konzerns: „Sagen Sie mal kurz, was machen Sie denn eigentlich?", fragt er Sie. Natürlich wittern Sie Ihre Chance und können gar nicht schnell genug den Bissen, an dem Sie gerade kauen, herunterschlucken. Einzig: Die passenden Worte fallen Ihnen gerade nicht ein: „Ach, gar nicht so einfach zu erklären", antworten Sie, „im Grunde genommen alles mit Trainings, Coachings und so. Ich schule da die ganze Palette, von Motivation bis hin zu Selbstmanagement. Aber nicht so, wie die vielen anderen Trainer, sondern irgendwie anders. Ich mache zum Beispiel immer viele Übungen ..." „Prima", lautet die Antwort Ihres Gegenübers. „Dann wünsche ich Ihnen weiterhin viel Erfolg. Ich schau' dann mal weiter."

Was ist ein „Elevator-Pitch"?

Die in dem Beispiel beschriebene Herausforderung wird in der Managementliteratur häufig als „Elevator-Pitch" bezeichnet. Ihre Aufgabe ist es, in wenigen Sekunden Ihren Gesprächspartner neugierig zu machen und Interesse bei ihm zu wecken – durch eine kurze und knackige Erklärung. Der Name dieser Technik stammt aus den USA. Berater oder junge Mitarbeiter sollten in der Lage sein, einen Vorstand, Geschäftsführer oder Entscheider während einer Aufzugfahrt von sich zu überzeugen. Wenn Ihnen beim Drücken auf dem Knopf im Erdgeschoss die Frage gestellt wird: „Sagen Sie mal, was machen Sie eigentlich?", sollten Sie es in 30 Sekunden geschafft haben, Ihrem Gegenüber den Satz entlockt zu haben: „Oh, das ist aber spannend. Lassen Sie uns bitte darüber einmal weiter sprechen. Ich bin interessiert."

Elevator-Speech – eine kurze, überzeugende Rede halten

Der Marketingexperte Giso Weyand beschreibt in einem Artikel im August 2006 aus dem Magazin *managerSeminare* eindrucksvoll die richtige Strategie. Zu dieser Strategie gehört es, den Leidensdruck des Kunden zu erkennen, sich von den Mitbewerbern zu unterscheiden und eine ungewöhnliche Kombination zu bieten. Die Dramaturgie der kurzen Rede folgt den Schritten Einleitung, Spannungsaufbau, Spannungsauflösung und Folgeimpuls.

Wir empfehlen Ihnen sogar als Interner, eine Elevator-Speech (die Rede für den Pitch) für ähnliche Situationen parat zu haben. Die Vorbereitung ist zwar alles andere als einfach und durchaus zeitaufwendig – im Fall des Falles werden Sie aber dankbar sein, wenn Sie im entscheidenden Augenblick nicht um Worte verlegen sind.

Beispiel: Elevator-Speech eines selbstständigen Coachs

Ich arbeite als selbstständiger Unternehmensberater und unterstütze in Coachings und Trainings Führungskräfte darin, ihre eigene Rolle zu finden und zu gestalten.

Abraham Lincoln hat mal gesagt: „Wenn ich fünf Stunden Zeit hätte, einen Baum zu fällen, würde ich drei Stunden darauf verwenden, die Axt zu schärfen." Meine Erfahrung ist, dass viele Führungskräfte sich diese drei Stunden häufig nicht nehmen oder nicht nehmen können.

Genau dort setze ich an, indem ich Führungskräfte dabei begleite, das eigene Werkzeug zu schärfen und ressourcensparend einzusetzen. So bleibt nach dem Fällen des Baumes noch genügend Zeit für die eigene Familie, den nächsten Baum oder die weitere Optimierung des Werkzeugkoffers.

Wenn Sie Interesse haben, lasse ich Ihnen gerne ein Profil mit weiteren Informationen zu meiner Person zukommen.

Literaturverzeichnis

Andler, N. (2010): *Tools für Projektmanagement, Workshops und Consulting: Kompendium der wichtigsten Techniken und Methoden.* Publicis Publishing. 3. Auflage.

Bauer, W.; Mollbach, A. (2009): *Arbeiten und Führen in der Wissensökonomie.* In: Personal, 11, S. 30-33.

Bresser, F. (2009): *Global Coaching Survey 2008/2009.* Frank Bresser Consulting.

Beratung, in: Tomaschek, N. (Hrsg.) (2006): *Systemische Organisationsentwicklung und Beratung bei Veränderungsprozessen in Organisationen.* Carl-Auer.

Döring, K. W. (2008): *Handbuch Lehren und Trainieren in der Weiterbildung.* Beltz Verlag.

Dörner, D. (2008): *Die Logik des Misslingens. Strategisches Denken in komplexen Situationen.* Rowohlt Verlag.

Franz, H.-W.; Kopp, R. (2003): *Die Kollegiale Fallberatung. Ein einfaches und effektives Verfahren zur „Selbstberatung".* Sozialwissenschaften und Berufspraxis, 3, S. 285-294.

Harris, T. A. (1975): *Ich bin o. k., Du bist o. k.: Wie wir uns selbst besser verstehen und unsere Einstellung zu anderen verändern können. Eine Einführung in die Transaktionsanalyse.* rororo-Taschenbuchverlag.

Hersey, P. und Blanchard, K. (1982): *Management of organizational behavior.* Prentice-Hall.

Koch, J.; Rothmann, W. (2009): *Zur Überwindung organisationaler Pfadabhängigkeit durch Coaching: Ansatzpunkte zur Diagnose und Intervention.* In: Schreyögg, A.; Schmidt; Lellek, Ch. (Hrsg.): *Die Organisation in Supervision und Coaching*, S. 81-94, VS Verlag.

Leinweber, S. (2009): Material zur Ausbildung zum Management-Coach der Firma Kienbaum (unveröffentlichtes Material).

Leitl, M. (2008a): *Zwang zur Professionalisierung.* In: Harvard Business Manager, 3, S. 38-44.

Leitl, M. (2008b): *Coaching mit System*. In: Harvard Business Manager, 3, S. 46 – 51.

Meadows, D. H. (2010): *Thinking in Systems*. Earthscan.

Meifert, M. T., Richter, J. und Kienbaum, J. (2010a): *Attraktivität des Personalmanagements für Hochschulabsolventen. Do we really love HR?* Kienbaum Management Consultants.

Meifert, M. T. (Hrsg.) (2010b): *Strategische Personalentwicklung. Ein Programm in acht Etappen.* Springer-Verlag.

Minto, B. (2005): *Das Prinzip der Pyramide. Ideen klar, verständlich und erfolgreich kommunizieren.* Pearson Studium.

Mollbach, A. (2007a): *Funktionsorientiertes Coaching. Anforderungen an den Coach.* In Schreyögg, A.; Schmidt; Lellek, Ch. (Hrsg.): *Konzepte des Coachings* (S. 70-88). VS Verlag.

Mollbach, A. (2007b): *Coaching von Interimsmanagern als Prozessbegleitung.* In: Groß, H.; Bohnert, R. (Hrsg.): *Interimmanagement* (S. 275-295). Verlag Vahlen.

Mollbach, A. (2008a): *Zukunft des Coachings – aus Unternehmenssicht.* In: OSC, 4, S. 404-420.

Mollbach, A. (2008b): *Von der Notwendigkeit der ‚Beratung zum Coaching' und der ‚Beratung im Coaching'.* In: Wirtschaftspsychologie aktuell, 2, S. 45-50.

Mollbach, A. (2011): *Coaching als Begleitung zur individuellen oder familienbezogenen Bewältigung von Unternehmenskrisen.* In: Rüsen, T. (Hrsg.). Familienunternehmen erfolgreich sanieren. Erich Schmidt Verlag, S. 357-369.

Prior, M. (2009): *MiniMax Interventionen: 15 minimale Interventionen mit maximaler Wirkung.* Carl Auer Verlag, 8. Auflage.

Rauen, Ch. (2008): *Coaching-Tools: Erfolgreiche Coachs präsentieren 60 Interventionstechniken aus ihrer Coaching-Praxis.* Managerseminare Verlag, 6. Auflage.

Rauen, Ch. (2009): *Coaching Tools II.* Managerseminare Verlag, 2. Auflage, 2009.

Richter, S.: *Berater reden – Zur Sprache in Falk Richters „Unter Eis" in:* Beileger: „Unter Eis – die erste Consulting-Oper der Geschichte", am 13.04.2011 abgerufen auf www.2007.ruhrtriennale.de/static/.../MaterialUnterEis.pdf

Sattler, J.; Förster, L.; Saller, T. und Studer, T. (2011): *Führen: Die erfolgreichsten Instrumente und Techniken.* Haufe-Verlag, 2. Auflage.

Schmid, B., Veith, T.; Weidner, I. (2010): *Einführung in die kollegiale Beratung.* Heidelberg, Carl-Auer-Systeme Verlag.

Skambraks, J. (2004): *30 Minuten für den überzeugenden Elevator Pitch.* Gabal Verlag.

Ulrich, D. (1996): *Human Resource Champion.* Harvard Business Press.

von Schlippe, A. und Schweitzer, J. (2007): *Lehrbuch der systemischen Therapie und Beratung.* Vandenhoeck und Ruprecht, 10. Auflage.

Weick, K. E.; Sutcliffe, K. M. (2001): *Managing the Unexpected.* Jossey. Bass.

Werthschütz, R. und Sattler, J. (2010): *HR Studie Strategie & Organisation 2010/2011.* Kienbaum Management Consultants.

Weyland, G. (2006): *Überzeugen in 30 Sekunden. Selbstmarketing per Elevator-Pitch.* managerSeminare, Heft 101, August 2006.

ZEIT. Dossier 35/2008 „Das gecoachte Ich".

Zelazny, G. (2005): *Wie aus Zahlen Bilder werden. Der Weg zur visuellen Kommunikation.* Gabler.

Internetlinks

http://www.coaching-index.de/ (Suche nach der richtigen Coaching-Ausbildung über die Seiten von Christopher Rauen)

http://www.coaching-lexikon.de/Coaching-Verbände (Übersicht und Erklärungen zu verschiedenen Coaching-Verbänden im deutschsprachigen Raum)

www.edutrainment-company.com (Beispiel für innovative Lernkonzepte)

www.rauen.de (interessante Artikel, Informationen, News etc. zum Thema Coaching)

www.wikipedia.de (Definitionen von: Talent-Management)

www.systemische-professionalität.de (Ideen, Texte, Konzepte zu systemischer Beratung und Coaching)

Stichwortverzeichnis

Kienbaum-Arbeitshilfen

Im Anhang haben wir für Sie Kienbaum-Arbeitshilfen zusammengestellt, die Sie sofort einsetzen können.

Sie finden auf den folgenden Seiten:

Selbsttest: Ist HR-Beratung für mich das Richtige?

Die folgenden Fragen dienen Ihrer Selbstreflexion. Es lässt sich abschließend nicht ableiten, dass eine gewisse Anzahl von Fragen, die Sie mit Ja oder Nein beantwortet haben, Erfolg und Freude in der Beratertätigkeit garantiert. Wir möchten Sie trotzdem einladen, die Fragen für sich zu beantworten und Ihren Berufswunsch vor dem Hintergrund des Ergebnisses noch einmal zu reflektieren. Dies gilt natürlich insbesondere, falls Sie die Fragen in vielen Fällen mit Nein beantworten müssen.

Selbsttest: Ist HR-Beratung für mich das Richtige?	✓
Teil 1: Zwischenmenschliche Fragestellungen	
Haben Sie Interesse an Menschen, ihrem Verhalten, Erleben und Denken?	
Sind Sie in der Lage, sich auf andere Menschen und Typen einzustellen, d. h. Ihre Sprech- und Verhaltensweise, Ihre Geschwindigkeit, Ihre Ausdrucksform etc. an andere anzupassen?	
Verfügen Sie über ein ausreichend hohes Maß an Empathie, d. h. sind Sie in der Lage, zuzuhören, Verständnis zu zeigen, zu paraphrasieren und verbalisieren, aber auch grundsätzlich sich in die Gefühlswelt anderer Menschen hineinzuversetzen?	
Können Sie auch mal „hart sein", z. B. also anderen Menschen ins Gesicht sagen, dass ihre Leistung im Assessment-Center sie nicht zu einem Job befähigt, oder ihnen ehrlich im Feedback rückmelden, was Ihnen nicht gefallen hat?	
Beobachten Sie gerne menschliches Verhalten und können Sie dieses treffend beschreiben?	
Können Sie mit der Situation umgehen, eindeutig mehr zu wissen als Ihr Gegenüber und dennoch ihm/ihr recht geben zu müssen (oder zumindest sie nicht kritisieren zu dürfen), da er der Kunde ist und keine Kritik akzeptiert?	
Verfügen Sie über ein gewisses diplomatisches Geschick? (Gelingt es Ihnen z. B. im Allgemeinen dennoch, im richtigen Moment die notwendige Kritik schonend aber treffend zu äußern?)	
Gelingt es Ihnen, Probleme und Lösungen aus der Sichtweise des Gegenübers zu durchdenken und dabei zu verstehen, was wirklich für den Anderen hilfreich wäre (und nicht für Sie)?	

Selbsttest: Ist HR-Beratung für mich das Richtige?   ✓

Verfügen Sie über ein ausreichend stabiles persönliches Umfeld, das es Ihnen verzeiht, viel und unregelmäßig zu arbeiten, manchmal spontan verreisen oder arbeiten zu müssen, Nachtschichten einzulegen etc.? Werden Ihr Partner und Ihre Familie Ihre Arbeit akzeptieren, ohne dass Sie jeden Tag und jede Stunde Rechtfertigungsdruck empfinden?

Sind Menschen gerne mit Ihnen zusammen? Hört man Ihnen gerne zu? Sagt man Ihnen nach, dass Ihr Auftreten angenehm (oder zumindest nicht unangenehm) ist?

Können Sie schnell tragfähige Beziehungen aufbauen?

Können Sie „small talken" ohne das Gespür dafür zu verlieren, wann Sie besser nichts sagen?

Verfügen Sie über „Skripte" wie typischerweise menschliche Verhaltensmuster ablaufen (z. B. „was ist ein typischer Konflikt")? Interessieren Sie sich generell für solche Themen?

Wirken Sie ausreichend „senior", sodass Kunden Sie ernst nehmen würden?

Arbeiten Sie gerne oder zumindest nicht ungerne im Team, d. h. mit anderen Menschen/Beratern oder Kunden zusammen?

Verfügen Sie, zumindest zeitweilig, über die „Klaviatur von Verhaltensweisen" die Ihr Gegenüber erwartet, von seriös/strukturiert/trocken bis hin zu humorvoll/locker/dynamisch, um sich an verschiedene Kundentypen anzupassen? Merken Sie generell, wie Sie auf andere wirken?

Können Sie Komplexität reduzieren und anderen Ihre Gedanken auf strukturierte Art und Weise erklären?

Teil 2: Persönliche Fragestellungen

Lernen Sie gerne neue Menschen und neuartige Situationen kennen?

Fühlen Sie sich wohl mit der Situation, vor neuartige Probleme gestellt zu werden, dabei schnell Ergebnisse liefern zu müssen, ohne dabei von Anfang an zu wissen, wie Sie genau vorgehen sollen?

Selbsttest: Ist HR-Beratung für mich das Richtige?   ✓

Sind Sie in der Lage, auch einmal zu „bluffen", d. h. nach dem „SABVA-Prinzip" zu verfahren? (SABVA = Sicheres Auftreten bei völliger Ahnungslosigkeit)

Gelingt es Ihnen, Kritik wegzustecken und zwischen Kritik an Ihrer Rolle und Ihrer Person zu unterscheiden? (Berater sind nicht immer beliebt.)

Sind Sie bereit, sich so weit zu verbiegen, dass Sie Kleidungsstücke und andere Insignien tragen müssen, die u. U. nicht Ihrem Lieblingsstil entsprechen, welche aber im Kundenkontakt zum „Ankoppeln" erforderlich sind?

Können Sie akzeptieren, manchmal über längere Phasen (Durststrecken) hinweg, wenig reizvolle Projekte in wenig reizvollen Regionen bei nicht freundlichen Kunden durchzustehen?

Haben Sie ein gutes oder zumindest durchschnittliches Gedächtnis, z. B. um sich Namen zu merken, Best Practices aus Referenzunternehmen nennen zu können oder in Trainings Beispiele von anderen Teilnehmern, Situationen oder Settings beschreiben zu können?

Empfinden Sie den häufigen Wechsel von Unternehmen, Ansprechpartnern und Projekten eher als Ausdruck von Autonomie und Freiheit denn als Bedrohung und Stressor?

Können Sie gut in fremden Betten schlafen? Können Sie auch einmal einige Tage mit wenig Schlaf „funktionieren"?

Sind Sie bereit, wenn es notwendig ist, ab und zu die „Extrameile" zu gehen und z. B. eine bereits fast fertige Abschlusspräsentation noch einmal bis in die Morgenstunden optisch „feinzutunen", auch wenn dies Ihnen zunächst nicht wirklich sinnvoll erscheint?

Ist es für Sie in Ordnung, sich mit einem unterstützenden Prozess (das ist HR nun mal meistens) zu beschäftigen, ohne sich „für Besseres geboren zu fühlen"?

Sehen Sie in neuen Erfahrungen grundsätzlich Lernchancen, d. h. können Sie in schwierigen Situationen abstrahieren und denken: „Das hilft mir für mein nächstes Thema sicher, auch wenn es dieses Mal unangenehm ist"?

Selbsttest: Ist HR-Beratung für mich das Richtige?   ✓

Teil 3: Fachliche Fragestellungen

Können Sie ausreichend gut mit dem Computer umgehen, schnell tippen, das Office-Paket bedienen etc. oder glauben Sie in der Lage zu sein, dies relativ schnell lernen zu können?

Haben Sie Übung und Erfahrung damit, nach Informationen an den richtigen Stellen zu recherchieren und Ihre Ergebnisse zu verdichten, dabei Komplexität ausreichend zu reduzieren, ohne gleichzeitig unzuverlässig zu vereinfachen?

Können Sie aus langen Gesprächen, Interviews und Datensammlungen „Wesentliches" herausfiltern?

Verfügen Sie über eine grundlegende betriebswirtschaftliche Denkweise und das wichtigste Vokabular in diesem Bereich? Können Sie z. B. mit Begriffen wie EBIT, wertschöpfender Prozess, Unternehmensstrategie oder Kernkompetenzen etwas verbinden und finden Sie dies auch nicht völlig uninteressant?

Wissen Sie Bescheid bzgl. grundlegender (HR-)Prozesse und Personen in Unternehmen und Organisationen? (Was macht ein Betriebsrat; welche Funktionen gibt es in Unternehmen; wie sieht eine Budgetrunde aus, was ist SAP; was macht die Einkaufsabteilung; wie läuft ein Mitarbeitergespräch etc.) Haben Sie idealerweise ein Unternehmen schon einmal von innen gesehen?

Sind Sie in der Lage, Sachverhalte strukturiert zu analysieren und Ihre Analyseergebnisse wiederum logisch konsistent und strukturiert darzustellen?

Sind Sie in der Lage, frei zu sprechen, sodass man Sie versteht und Sie dabei nicht vor Nervosität umkippen?

Trainingsunterlagen und -packliste

Übersicht: Teilnehmerunterlagen

Dokument	Anzahl	Seitenlayout	Farbe	Ringeln Tackern Lochen
Handout	Teilnehmeranzahl + 2	2 auf 1	bunt	R
Übung 1	Teilnehmeranzahl	normal	schwarz/weiß	L
Übung 2	Teilnehmeranzahl	normal	bunt	TL
...	...	...	...	...
...	...	...	...	...
...	...	...	...	...
...	...	...	...	...

Übersicht: Trainermappen

Dokument	Anzahl	Seitenlayout	Farbe	Ringeln Tackern Lochen
Teilnehmerliste	...	...	schwarz/weiß	L
Dramaturgie	...	...	schwarz/weiß	TL
Grobablauf	...	...	schwarz/weiß	TL
Fotoprotokoll der letzten Veranstaltung	...	...	bunt	TL
...	...	...	...	...
...	...	...	...	...
...	...	...	...	...
...	...	...	...	...

Kundenname: _____

Datum: _____

Lernziele: _____

Titel der Veranstaltung: _____

Zeit	Thema	Methode	Ziel	Bemerkung/Medien/Instrumente
1. Tag *Datum*				
09:00	Einstieg			
	Transfertagebuch			
10:30	Kaffeepause			
10:45				
	Transfertagebuch			
ca. 12:30	Mittagessen			
13:30				
	Transfertagebuch			
15:30	Kaffeepause			
	Transfertagebuch			
17:00	Abschluss			
Ende des ersten Tages				

Modulname

Datum	
09.00–09.30	Einstieg
Vormittag I	
10:30–10:45	Kaffeepause
Vormittag II	
12.30–13.30	Mittagspause
Nachmittag I	
15:30–15:45	Kaffeepause
Nachmittag II	
17:00	Blitzlicht/Abschluss
anschl.	Abendgestaltung

Datum	
09.00–09.15	Wiedereinstieg
Vormittag I	
10:30–10:45	Kaffeepause
Vormittag II	
12.30–13.30	Mittagspause
Nachmittag I	
15:30–15:45	Kaffeepause
Nachmittag II	
16:30	Seminarabschluss
17:00	Ende

Kienbaum

Modulname

Datum	
09.00–09.30	Einstieg
Vormittag I	
10:30–10:45	Kaffeepause
Vormittag II	
12.30–13.30	Mittagspause
Nachmittag I	
15:30 – 15:45	Kaffeepause
Nachmittag II	
17:00	Blitzlicht/Abschluss
anschl.	Abendgestaltung

Datum	
09.00–09.30	Einstieg
Vormittag I	
10:30–10:45	Kaffeepause
Vormittag II	
12.30–13.30	Mittagspause
Nachmittag I	
15:30 – 15:45	Kaffeepause
Nachmittag II	
17:00	Blitzlicht/Abschluss
anschl.	Abendgestaltung

Datum	
09.00–09.30	Einstieg
Vormittag I	
10:30–10:45	Kaffeepause
Vormittag II	
12.30–13.30	Mittagspause
Nachmittag I	
15:30 – 15:45	Kaffeepause
Nachmittag II	
17:00	Blitzlicht/Abschluss
anschl.	Abendgestaltung

Kienbaum ⓚ

385

Checkliste: Trainerkompetenzen

Die nachfolgende Checkliste gibt Ihnen die Möglichkeit, über ausgewählte Verhaltensanker Ihr Selbstbild in Bezug auf Ihre Trainerkompetenzen zu schärfen.

Sollten Sie Trainerkollegen oder andere Personen kennen, die zu Ihren Trainingskompetenzen aussagefähig sind, weil sie Sie schon in entsprechenden Veranstaltungen erlebt haben, können diese die Checkliste ebenfalls für Sie ausfüllen. So erhalten Sie neben Ihrem Selbstbild auch ein Fremdbild. Das Gespräch über Gemeinsamkeiten und Unterschiede in der Einschätzung kann sehr erhellend sein.

Bitte nutzen Sie die folgende Skala, um die einzelnen Aussagen zu bewerten:

1 Kompetenz ist nicht bzw. kaum vorhanden („klare Schwäche")
2 Kompetenz ist erkennbar, jedoch noch nicht ausreichend ausgeprägt („Lernfeld")
3 Kompetenz ist vorhanden („gelebte Praxis")
   (entspricht den Mindestanforderungen an einen zukünftigen Trainer)
4 Kompetenz ist sehr gut ausgeprägt („variantenreiche Praxis")
5 Kompetenz ist herausragend ausgeprägt („absolut professionell")

Es lässt sich nicht exakt formulieren, welche Kompetenzen und Eigenschaften ein guter Trainer benötigt. Gerade im Training kommt es sehr stark auf die Ausbildung eines individuellen Profils an, nicht zuletzt dazu, um sich von der Konkurrenz abzusetzen. Sie werden daher kein Sollprofil in dieser Arbeitshilfe finden, welches Sie mit Ihrem persönlichen Profil vergleichen können. Die Reflexion Ihrer Kompetenzen zeigt Ihnen aber unter Umständen interessante Lernfelder oder Quellen schwieriger Situationen in Ihren Trainings auf.

Datum	
Trainingsthema	
Name des Ausfüllers	

Empathie und soziale Wahrnehmung	1	2	3	4	5	Begründung
Ich ...						
• versetze mich in den Teilnehmer hinein und sehe seine Bedürfnisse und Verhaltensweisen voraus.						
• habe ein gutes Verständnis für schwache Signale innerhalb der Gruppe, die auf mögliche Konfliktpotenziale zwischen den Teilnehmern hinweisen.						
• habe ein Gespür dafür, auf welche Themen die Gruppe besonders anspringt und bei welchen die meisten Teilnehmer innerlich abschalten.						
• kann meist recht schnell einordnen, wer mit wem gut kann und wer sich eher aus dem Weg geht.						
• nehme früh wahr, wenn sich in der Gruppe Widerstand/Unverständnis zu meinen Themen regt.						
• interessiere mich für Meinungen, Gedanken, Gefühle der Teilnehmer und respektiere diese.						
• mache deutlich, dass ich mich für die Belange der Teilnehmer interessiere.						
Gesamtergebnis						

Grundhaltung als Trainer	1	2	3	4	5	Begründung
Ich ...						
• vertrete die Grundhaltung, dass die Teilnehmer bei mir sehr viel lernen können, aber gleichzeitig häufig bereits viele eigene Erfahrungen zu meinen Themen mitbringen, mit denen ich im Training gut arbeiten kann.						
• bin im Gesamtauftreten im Training ruhig und souverän.						
• habe ein positives, stärkenorientiertes Bild von meinen Teilnehmern.						
• bringe direktives und kooperatives Verhalten in Trainingssituationen angemessen ins Gleichgewicht.						
• hole aktiv Feedback (z. B. von Kollegen) ein, um mir meiner Wirkung auf die Teilnehmer bewusst zu werden						
• lebe meinen Teilnehmern gegenüber eine hohe Serviceorientierung.						
• begegne Einwänden meiner Teilnehmer mit Offenheit.						
• verstehe Verständnisschwierigkeiten meiner Teilnehmer nicht als persönliche Angriffe.						
• gehe mit einer „Ich bin O. K. – du bist O. K."-Haltung in meine Trainings.						
Gesamtergebnis						

Kommunikationsverhalten und Didaktik	1	2	3	4	5	Begründung
Ich ...						
• gebe ein klares Ziel für das Training und einzelnen Trainingssequenzen vor.						
• lasse eine klare Gesprächsstrategie erkennen.						
• überzeuge und gewinne meine Teilnehmer durch stichhaltige Argumente.						
• führe Lehrgespräche durch den Gebrauch offener Fragen.						
• ermögliche den Teilnehmern ausreichende Redeanteile.						
• bringe den zu vermittelnden Stoff auf einen für meine Teilnehmer gut zu verarbeitenden Komplexitätsgrad.						
• verfüge über ein großes Set verschiedener Methoden und Instrumente und setze diese situationsadäquat ein.						
Gesamtergebnis						

389

Beziehungsgestaltung und Motivation	1	2	3	4	5	Begründung
Ich ...						
• lege viel Wert darauf, eine gute Beziehung zu meinen Teilnehmern aufzubauen.						
• gehe von mir aus auf Teilnehmer zu und beginne das Gespräch.						
• hake nach, wenn ich das Gefühl habe, dass der Teilnehmer sich unwohl fühlt und es nicht offen thematisiert.						
• bekomme von Teilnehmern positive Rückmeldungen über die konstruktive Arbeitsatmosphäre meiner Trainings.						
• schaffe es, meine Teilnehmer für die anstehenden Trainingsthemen zu begeistern.						
Gesamtergebnis						

Durchsetzung und Konfliktlösung	1	2	3	4	5	Begründung
Ich ...						
• behalte die Lehrziele im Blick, ohne die Motivation meiner Teilnehmer zu gefährden.						
• steuere das Gespräch auch in kritischen Situationen, ohne zu direktiv zu werden.						
• nehme Kritik der Teilnehmer ernst und bin bereit, Verbesserungsvorschläge in Verhalten umzusetzen.						
• bemühe mich nicht nur um die sachliche, sondern auch um die emotionale Klärung von Konflikten.						
• finde eine ausgewogene Balance zwischen verschiedenen Perspektiven und Sichtweise, um die Gruppe in schwierigen Situationen wieder arbeitsfähig zu machen.						
• arbeite an der gemeinsamen positiven Lösung (Win-win-Situation)						
Gesamtergebnis						

Gruppenintegration und -organisation	1	2	3	4	5	Begründung
Ich ...						
• verstehe es, meine Teilnehmer aktiv mit ihren Ressourcen und ihrem Erfahrungs- wissen in mein Training einzubinden.						
• steuere meine Trainings in einem ausge- wogenen Verhältnis zwischen Energie der Gruppe und geplanter Trainingsdramatur- gie.						
• schaffe es in der Regel, alle meine Themen zu bearbeiten und gleichzeitig meine Trai- ningszeitpläne einzuhalten (Start-, Pau- sen- und Endzeiten).						
• habe kein Problem damit, die Seminar- organisation neben der Arbeit mit meinen Teilnehmern professionell zu bewältigen (Teilnehmer- und Mittagessenlisten, Mate- rialnachschub, Abstimmung mit dem Ho- tel, Fotoprotokoll etc.).						
• erreiche es, allen Teilnehmern die Mög- lichkeit zur Beteiligung zu geben.						
Gesamtergebnis						

Fach- und Transferwissen	1	2	3	4	5	Begründung
Ich ...						
• verfüge über tiefes Hintergrundwissen zu den von mir trainierten Themen.						
• kenne aktuelle Entwicklungen zu meinem Thema in der Forschung sowie im Markt.						
• kann souverän auch über die direkten Trainingsthemen (Modelle, Theorien, Instrumente) hinaus mit Teilnehmern einen qualitativ hochwertigen Dialog zum Thema führen.						
• kenne die besondere Relevanz des Transfers für den Erfolg meiner Trainings.						
• kenne Einflussfaktoren auf den Transfererfolg und berücksichtige diese systematisch bereits in der Konzeption meiner Trainings.						
• sensibilisiere sowohl meinen Auftraggeber als auch meine Teilnehmer und deren Führungskräfte für die Wichtigkeit sowie über die Verantwortlichkeiten im Rahmen des Trainingstransfers.						
Gesamtergebnis						

Checkliste: Welche Trainerausbildung ist für mich die richtige?	✓
Habe ich Vorerfahrungen als Trainer oder brauche ich eine Ausbildung mit fundierter Grundlagenschulung (z. B. Präsentationstechniken, Moderationstechniken, Visualisierungstechniken etc.)?	
Möchte ich eine allgemeine Trainerausbildung absolvieren oder möchte ich spezifische Trainingsinhalte gleich mit erlernen (z. B. Konfliktmoderation, interkulturelle Themen)?	
Möchte ich eine allgemeine Trainerausbildung absolvieren oder benötige ich ein branchenspezifisches Angebot?	
Werde ich später nur „abtrainieren" oder möchte (oder muss) ich auch selbst Trainingskonzepte erstellen?	
Welches Zertifikat ist mir wichtig? Erscheinen die Ausbildungsinhalte auf meinem Zertifikat?	
Möchte ich meine Ausbildung innerhalb der Woche oder am Wochenende absolvieren?	

Über welchen Zeitraum soll sich meine Ausbildung erstrecken?	
Wie viele Teilnehmer sollten maximal, aber auch minimal in meiner Ausbildungsgruppe sein, damit ich mich wohlfühle?	
Was bin ich bereit, für meine Ausbildung auszugeben?	
Bin ich bereit, eventuell anfallende Unterbringungs- und Verpflegungskosten zu zahlen?	
Wie weit würde ich für eine gute Ausbildung reisen?	
Verfüge ich bereits über ein eigenes Trainernetzwerk oder bin ich darauf angewiesen, dass der Netzwerkaufbau über das Ausbildungsinstitut erfolgt?	

Checkliste: Trainingsgestaltung	✓
Wägen Sie ab, ob Ihre Tätigkeit eher in Richtung Unterricht oder Training gehen sollte.	
Prüfen Sie, ob Sie Ihren Teilnehmern genügend Möglichkeiten zum „Ausatmen", also zur Verarbeitung der Inhalte, geben.	
Fragen Sie sich, ob Sie wirklich nur die wichtigsten Themen vermitteln, und arbeiten Sie ansonsten weiter an der Stoffreduktion.	
Überprüfen Sie, ob Ihre Teilnehmer genügend durch die Inhalte geleitet werden. Falls nicht, arbeiten Sie an einer Fachlandkarte und bilden Sie Inseln mit wichtigen Begriffen.	
Machen Sie sich auf die Suche nach treffenden Beispielen, die allgemein verständlich, aber auch genügend detailliert sind.	
Fügen Sie Ihren Trainingsthemen aussagekräftige Bilder hinzu und schaffen Sie so weitere Abrufmöglichkeiten für die Erinnerung nach dem Training.	
Stellen Sie sicher, dass die Ziele der einzelnen Trainingssequenzen die Methoden bestimmen und nicht umgekehrt.	
Erfinden Sie gerne auch eigene Methoden und seien Sie dabei kreativ. Methodisch ist (fast) alles erlaubt, was dem Ziel dient.	
Vergewissern Sie sich, dass Sie einen guten Mix an Methoden einsetzen, um die Aufmerksamkeit der Teilnehmer zu binden.	
Prüfen Sie, ob Sie alles getan haben, um einen Transfer in die Praxis zu erleichtern.	
Wenden Sie abschließend das PITT-Prinzip auf Ihr Training an und überprüfen Sie, ob Ihr Konzept mikro- und makrodidaktisch sinnvoll aufgebaut ist.	

Checkliste: Packliste für das Training	✓
1. Trainingsmaterial	
Teilnehmerunterlagen (Handout, Übungen etc.)	
Trainermappen (Teilnehmerliste, Dramaturgie, Grobablauf etc.)	
Digitalkamera (aufgeladene Akkus)	
Laserpointer	
Digitalboxen (sofern nicht am Veranstaltungsort vorhanden)	
Moderationsstifte (2 Pakete schwarz, 2 bunt)	
Blöcke in Teilnehmerzahl + 2	
Kulis in Teilnehmerzahl	
Namensschilder Teilnehmer + Trainer	
gegebenenfalls weiteres Moderationsmaterial (sofern nicht am Veranstaltungsort vorhanden)	
2. Weitere To-dos	
Check mit Hotel: Was ist am Veranstaltungsort vorhanden?	
• Beamer	
• Digitalboxen	
• Flipchartständer und -blöcke	
• Metaplanwände	
• Moderationskoffer (Karten, Pinnnadeln, Klebeband etc.)	
Flipcharts, die vor der Veranstaltung geschrieben werden:	
• Begrüßung/Willkommensflip	
• Organisatorisches/Arbeitszeiten	
• „Spielregeln"	
• Trainerziele	
• grobe Inhalte	
• Grobablauf auf Metaplankarten	

Zehn goldene Trainertipps	✓
1.	Klären Sie Auftragssituation und Beteiligungen im Voraus genau. Machen Sie sich nicht durch Unwissenheit zum Spielball interner Konflikte.	
2.	Gehen Sie nicht unvorbereitet in das Training hinein. Bereiten Sie sich auf die Gegebenheiten rechtzeitig vor.	
3.	Stecken Sie den Rahmen des Trainings sauber ab. Investieren Sie Zeit in Erwartungen, Agenda, Rollendefinition und Spielregeln.	
4.	Leisten Sie Beziehungsarbeit auf individueller Ebene. Stehen Sie allen Teilnehmern als Ansprechpartner zur Verfügung – auch und gerade in Trainingspausen.	
5.	Leben Sie die Inhalte vor. Seien Sie sich Ihrer Vorbildwirkung als Trainer 24 Stunden am Tag (während der Seminare) bewusst.	
6.	Halten Sie den Energielevel der Gruppe hoch. Achten Sie auf Pausen, gute Durchlüftung und rechtzeitigen Abschluss. Wechseln Sie die Medien, nutzen Sie Übungen und setzen Sie Humor ein.	
7.	Verbinden Sie klare Vorgaben und Flexibilität. Passen Sie Ihre Agenda an die Wünsche der Teilnehmer an, allerdings ohne sich „die Butter vom Brot nehmen zu lassen".	
8.	Wägen Sie Transfererfolg und Zufriedenheitserfolg ab. Sorgen Sie für längerfristige Verhaltensänderungen, vergessen Sie aber auch nicht, dass Trainings attraktiv sein müssen.	
9.	Freuen Sie sich über Teilerfolge. Verzweifeln Sie nicht an sehr negativ eingestellten Personen, sondern beobachten Sie die positive Entwicklung einzelner Teilnehmer.	
10.	Genießen Sie Ihre Trainings. Verzeihen Sie sich Fehler und führen Sie Rituale zur Selbstbelohnung ein.	

Vorlage: Coaching-Plan

Persönlicher Coaching-Plan für _____ [Name ergänzen]

Ihr Coach: _____ [Name ergänzen]

Datum: _____ [Datum ergänzen]

Meine Entwicklungsschritte:

Welche Anregungen oder Ideen habe ich für meine persönliche Entwicklung?

Was möchte ich erreichen?	Wie sieht die konkrete Aktivität aus?	Wer wird mich dabei unterstützen?	Woran werde ich merken, dass ich damit erfolgreich war?	Bis wann werde ich dies erreicht haben?

Ergänzende Kommentare/Bemerkungen/Beobachtungen

Checkliste: Leitfragen an den Auftraggeber des Coachings	✓
Warum halten Sie das Coaching für angezeigt?	
Worin sehen Sie das Problem des Klienten?	
Was sollten Ihrer Meinung nach die Ziele des Klienten (Coachee) sein?	
Wann wäre das Coaching aus Ihrer Sicht erfolgreich?	
Woran würden Sie bemerken, dass das Coaching erfolgreich war?	
Welche Ziele verbinden Sie mit dem Coaching?	
Ist die direkte Führungskraft des Coachees in den Prozess eingebunden?	
Welche Maßnahmen zur Problembehebung gab es schon innerhalb der Führungsbeziehung?	
Welche Erwartungen und Wünsche haben Sie an mich als Coach?	
Haben Sie mit Ihrem Mitarbeiter schon über ein mögliches Coaching gesprochen? Können Sie mir seine Reaktion beschreiben?	

Wie wird es Ihr Mitarbeiter wahrscheinlich auffassen, wenn Sie ihn über Ihr Vorhaben informieren?	
Haben Sie mit Ihrem Mitarbeiter schon über Inhalte, Methoden und mögliche Ergebnisse des Coachings gesprochen?	
Wie viel Zeit wollen Sie dem Mitarbeiter für das Coaching einräumen?	
Wann erwarten Sie sich eine Verbesserung? Gibt es einen spätesten Zeitpunkt?	
Was können Sie und was kann ich tun, um das Coaching erfolgreich zu gestalten?	
Was könnten wir rein theoretisch tun, um das Coaching für den Coachee unangenehm zu gestalten?	
Wie könnte man ihn für ein Coaching gewinnen?	
Wie sollte der Informationsfluss im Coaching-Prozess aussehen?	
Welches sind Abbruchkriterien für ein Coaching?	
Was bedeutet ein vorzeitiger Abbruch für den Coachee und den Auftraggeber?	
Welchen Ruf hat Coaching bei Ihnen im Unternehmen?	

Checkliste: Leitfragen zum Erstgespräch mit dem Coachee	✓
Wie stehen Sie zum Coaching?	
Welches Ansehen hat Coaching bei Ihnen im Haus bzw. in der Abteilung?	
Was werden die Kollegen, Mitarbeiter oder Ihr Chef denken und sagen, wenn Sie ein Coaching in Anspruch nehmen?	
Was haben Sie bislang über Coaching gehört?	
Wie stellen Sie sich eine einzelne Sitzung und den Gesamtprozess vor?	
Wie stellt sich das Problem aus Ihrer Perspektive dar?	
Wie erklären Sie sich, dass das Problem entstanden ist?	
Haben Sie schon etwas unternommen, um das Problem zu lösen?	
Was war davon hilfreich und was nicht?	

Warum widmen Sie sich dem Problem gerade jetzt erneut?	
Hat das Problem Auswirkungen auf andere Personen? Welche sind das?	
Würden andere Personen das Problem genauso definieren wie Sie?	
Was wird passieren, wenn sich an dem Problem nichts ändert?	
Gibt es jemandem, der von dem Problem profitiert? (Vielleicht sogar Sie selbst?)	
Angenommen Sie hätten einen Wunsch frei: Was wäre morgen anders als heute?	
Woran würden Sie sehen, dass das Coaching für Sie erfolgreich war?	
Wie planen Sie, hilfreiche Gedanken und Ideen aus dem Coaching fest- und nachzuhalten?	

Checkliste: Meine Erwartungen an die Coaching-Ausbildung	✓
Habe ich Vorerfahrungen als Coach oder brauche ich eine fundierte Grundlagenausbildung (z. B. Techniken der Gesprächsführung, psychologisches Hintergrundwissen etc.)?	
Gibt es eine bestimmte Schule, nach der ich coachen möchte, oder ist es mir wichtig, einen Überblick über verschiedene gängige Schulen zu erhalten?	
Welchen Coaching-Ansatz möchte ich unbedingt kennenlernen?	
Benötige ich eine zielgruppenspezifische Coaching-Ausbildung (z. B. zum Vertriebscoach, für das Topmanagement etc.)?	
Bin ich diskussionssicher, wenn es um betriebswirtschaftliche Themen geht, oder sollte meine Ausbildung auch dieses Thema enthalten?	
Welches Zertifikat ist mir wichtig? Erscheinen die Ausbildungsinhalte auf meinem Zertifikat?	

Welches Zertifikat sollen meine Lehrcoachs haben? Sollen auch sie einem bestimmten Verband angehören?	
Möchte ich meine Ausbildung innerhalb der Woche oder am Wochenende absolvieren?	
Über welchen Zeitraum soll sich meine Ausbildung erstrecken?	
Wie groß können/sollen die Zeitfenster zwischen den einzelnen Modulen sein?	
Wie viele Teilnehmer sollten maximal, aber auch minimal in meiner Ausbildungsgruppe sein, damit ich mich wohlfühle?	
Was bin ich bereit, für meine Ausbildung auszugeben?	

Bin ich bereit, eventuell anfallende Unterbringungs- und Verpflegungskosten zu zahlen?	
Wie weit würde ich für eine gute Ausbildung reisen?	
Verfüge ich bereits über ein eigenes Coachnetzwerk oder bin ich auf einen Netzwerkaufbau über das Ausbildungsinstitut angewiesen?	
Ist es mir wichtig, in der Ausbildung viel zu üben oder lege ich mehr Wert auf Theorie und Grundlagen?	
Welche Altersstruktur soll meine Ausbildungsgruppe haben?	
Welcher Bildungshintergrund der Teilnehmer sollte aus meiner Sicht Voraussetzung sein?	

Zehn goldene Tipps fürs Coaching	✓
1.	Klären Sie den konkreten Coaching-Auftrag und das Ziel der aktuellen Coaching-Sitzung. Stellen Sie sich zu jedem Zeitpunkt auf ein „Re-Contracting" ein. Klären Sie sorgfältig, worüber gesprochen werden soll.	
2.	Stellen Sie grundsätzlich lieber Fragen, anstatt Tipps zu geben. Ratschläge sind oft nicht hilfreich, selbst entwickelte Lösungen wirken oft langfristiger.	
3.	Machen Sie sich von Denkschulen, Regeln und Verboten frei. Gutes Coaching ist, wenn es hilft.	
4.	Verbinden Sie Phasen des Zuhörens mit Phasen des Vorausgehens. Verwenden Sie auch mal klare Worte – sie können oft die beste Hilfe sein.	
5.	Gehen Sie nicht nur rational vor. Nutzen und trainieren Sie auch Ihre Intuition und spiegeln Sie, was Themen bei Ihnen für Resonanz auslösen.	
6.	Achten Sie auf Glaubenssätze, mentale Modelle und irrationale Reaktionen Ihres Klienten. Sie sind oft der Schlüssel zu Problemen und müssen genau hinterfragt werden.	
7.	Arbeiten Sie in der Gedankenwelt des Coachees. Wechseln Sie die Perspektive, aber behalten Sie auch Ihre eigene Sichtweise bei.	
8.	Nutzen Sie Instrumente der Selbststeuerung. Beobachten Sie sich selber und prüfen Sie, ob Sie noch auf dem richtigen Weg sind.	
9.	Kennen Sie Ihre eigenen Grenzen. Betätigen Sie sich nicht als Psychiater, Suchttherapeut oder Ernährungsexperte, wenn Sie dies nicht gelernt haben.	
10.	Behandeln Sie Coaching als abgegrenzte Dienstleistung. Versuchen Sie nicht, die Welt des Gegenübers zu verändern – arbeiten Sie an klar definierten Aufträgen.	

Autoren

Matthias T. Meifert, Jg. 1968, ist Herausgeber der Kienbaum-Edition im Haufe-Verlag und Mitglied der Geschäftsleitung der Kienbaum Management Consultants GmbH am Standort Berlin. Mit seinem Team berät er Organisationen der Privatwirtschaft sowie der öffentlichen Hand in allen Fragen des wirkungsvollen Personalmanagements. Sein besonderer Fokus liegt in den Themen Management von komplexen Veränderungsprojekten, Aufbau einer strategischen Personalentwicklung, Realisierung von Coaching und Training sowie wirkungsvoller Mitarbeiterführung. Der gelernte Bankkaufmann und studierte Wirtschaftspädagoge hat an der Technischen Universität Berlin promoviert und nimmt regelmäßig Lehraufträge an renommierten Hochschulen war. Er hat über 30 Aufsätze zu Fragen des Personalmanagements und der Personalentwicklung veröffentlicht sowie mehrere Fachbücher publiziert. Sein Beratungsansatz ist stark praxisorientiert und systemisch akzentuiert. In seiner Beratertätigkeit berücksichtigt er neben seiner umfangreichen Consultingexpertise auch seine zwölfjährige Managementerfahrung in einer deutschen Großbank.

E-Mail: *matthias.meifert@kienbaum.de*

Thomas Saller, Jg. 1977, ist Director Corporate Relations an der EBS Business School in Oestrich-Winkel. Er gestaltet die Vorlesungen in den Bereichen Human Resources Management und Leadership und trainiert im Bereich der EBS Executive Education Führungskräfte zu Themen wie Organisationsentwicklung oder Change-Management. Zusätzlich ist er als selbstständiger Trainer und Coach tätig. Vor seinem „Wechsel zurück" an die Universität war er Projektleiter bei der Kienbaum Management Consultants GmbH an den Standorten Berlin und Frankfurt (Main) und arbeitete als Manager beim Konsumgüterkonzern Procter & Gamble. Im Laufe seiner Tätigkeit als Berater, Trainer und Coach hat er die „Leiden und Freuden" von mehr als 1.000 Trainern und Führungskräften kennengelernt und mit ihnen an Lösungen für größere und kleinere Probleme gearbeitet. Thomas Saller verfügt über eine Zusatzausbildung als systemischer Berater und Coach am Institut für systemische Beratung in Wiesloch.

E-Mail: *thomas.saller@ebs.edu*

 Johannes Sattler, Jg. 1981, ist derzeit als selbstständiger Unternehmensberater, Trainer und Coach für Kienbaum tätig. Gleichzeitig absolviert er nebenberuflich ein Maschinenbau-Studium an der TU Berlin. Nach seinem Erststudium an der Westfälischen Wilhelms-Universität arbeitete der Diplom-Psychologe von 2007 bis 2011 bei der Kienbaum Management Consultants GmbH. Seine Arbeits- und Beratungsschwerpunkte lagen während dieser Zeit in den Bereichen HR-Strategie und -Organisation, Change-Management, Personaldiagnostik, Coaching sowie vor allem in der Trainerausbildung, -supervision und Führungskräfteentwicklung. Seit über drei Jahren trainiert Johannes Sattler Führungskräfte verschiedener Hierarchieebenen und diskutiert deren Alltagsherausforderungen. Seine gesammelten Erfahrungen sowie Methoden, die sich in der Praxis als besonders wirkungsvoll herausgestellt haben, sind in dieses Buch eingeflossen.

E-Mail: *johsat@gmail.com*

 Lars Förster, Jg. 1977, ist seit 2004 bei der Kienbaum Management Consultants GmbH in Berlin tätig. Der Diplom-Kaufmann hat in Berlin und in Christchurch/Neuseeland mit dem Schwerpunkt Organisation und Führung studiert und seine Diplomarbeit gemeinsam mit Kienbaum über Teamentwicklung für Führungskräfte geschrieben. Er ist zertifizierter systemischer Berater mit Schwerpunkt auf der Begleitung von Veränderungsprozessen (Institut für systemische Beratung, Wiesloch) sowie in Kanada zertifizierter Outdoor-Instructor. Derzeit arbeitet er in der Funktion Expert/Project Manager in den Bereichen Change-Management, Führungskräfteentwicklung und -Coaching, Teamentwicklung sowie in der Qualifizierung von Führungskräftetrainern und Beratern. Ab 2012 baut er außerdem gemeinsam mit Thomas Saller das Junior Professionals Curriculum des Instituts für systemische Beratung (ISB-Wiesloch) in Leipzig auf.

E-Mail: *lars.foerster@kienbaum.de*

. . . .

. . . .

. . . .

. . . .

. . . .

. . . .

. . . .

. . . .

. . . .

. . . .

. . . .

. . . .

. . . .

. . . .

. . . .

. . . .

. . . .

. . . .

. . . .

. . . .

. . . .

. . . .

. . . .

. . . .

. . . .

. . . .

. . . .

. . . .

. . . .

. . . .

. . . .

. . . .